Figures de proue
Madame Récamier

Duc de Castries
de l'Académie française

Madame Récamier

La gloire ne saurait être pour une femme que le deuil éclatant du bonheur.

GERMAINE DE STAËL
De l'Allemagne, III, 19.

Tallandier
61, rue de la Tombe-Issoire
PARIS 14e

Cet ouvrage a été publié pour la première fois en 1971 aux éditions Hachette-Littérature.

Portrait de Mme Récamier
sous le nom de Léonie
par Chateaubriand
d'après le texte original conservé
à la Bibliothèque de la ville
de Montpellier.

Léonie est grande, sa taille est charmante; Léonie est belle. Ce qui donne une rare expression de beauté, c'est cette ligne ovale qu'on ne voit que dans les têtes de Raphaël et que, jusqu'ici, on aurait pu croire idéale. Il y a une harmonie parfaite entre tous les traits de Léonie. Ils expriment la douceur, la finesse et la beauté.

L'esprit et le caractère de Léonie se distinguent par les mêmes traits que sa beauté, mais ce qui ajoute un caractère particulier à sa personne, c'est un esprit piquant et une imagination romanesque, en contraste avec sa tranquillité naturelle. Quelquefois ses paroles sont passionnées, tandis que sa physionomie est timide et naïve. On trouve en elle, par un mélange extraordinaire, le double enchantement de la vierge et de l'amante. Elle séduit comme Vénus, elle inspire comme la Muse. On tombe d'amour à ses pieds et l'on y est enchaîné par le respect.

NOTE LIMINAIRE

« *MAIS où sont les neiges d'antan?* » demandait Villon en évoquant les beautés qui illustrèrent les siècles révolus. La liste s'est d'autant plus enrichie que l'art a permis de la mieux conserver : à travers une belle figure féminine, reproduite avec bonheur, revit souvent toute une époque dans son atmosphère, sa poésie et sa douceur.

A l'heure où la France était déchirée par la crise révolutionnaire, un de ces visages a surgi ; il a incarné le primat de la beauté près d'un demi-siècle. Qui a pu contempler les portraits de Mme Récamier sans être frappé par une grâce si totale qu'elle ne peut plus être oubliée?

Cette femme, unanimement admirée depuis le Directoire jusqu'à Louis-Philippe, a été la reine d'un salon où se sont rencontrés les survivants du siècle des lumières et les fondateurs du romantisme; ce salon a joué un rôle politique non négligeable et un rôle littéraire de premier plan.

Son animatrice a régné par son esprit autant que par sa beauté et elle a posé une énigme incomplètement résolue : désirée par tous les hommes qui l'ont approchée, sensible au charme de quelques-uns, elle semble pourtant n'avoir jamais été pour eux plus qu'une amie.

Ses multiples soupirants ont porté des noms illustres, depuis Lucien Bonaparte jusqu'à Chateaubriand, qui trouva enfin en elle le visage de la « sylphide » dont sa jeunesse avait rêvé quand il errait par les landes de Combourg.

Comme tout ami des lettres, j'ai, depuis longtemps, lu le lundi de Sainte-Beuve consacré à son souvenir, les Mémoires de Madame Récamier de Benjamin Constant, et surtout le livre retrouvé des Mémoires d'outre-tombe. Ces ouvrages ont toujours *piqué ma curiosité, d'autant plus que je savais que certains de mes proches parents avaient été des familiers de l'Abbaye-aux-Bois.*

J'avais toujours cru que la célèbre thèse de doctorat d'Édouard Herriot avait épuisé le sujet ; quand elle parut, c'était une vue exacte.

Depuis la publication de cette somme, un peu ardue pour une génération pressée, on a publié un grand nombre de volumes qui ont apporté un surcroît de précisions sur Mme Récamier.

Les correspondances de Chateaubriand, de Mme de Staël, de Ballanche, livrées en éditions critiques, ont enrichi singulièrement le sujet et il convient de rendre hommage aux travaux de Jean Mistler, de Maurice Levaillant, d'Emmanuel Beau de Loménie et aux révélations de la comtesse de Pange.

Ces apports nécessitent de sérieux suppléments de lecture si l'on veut connaître et approfondir Mme Récamier et ses entours ; ce sont plusieurs milliers de pages qu'il faut ajouter aux deux volumes d'Édouard Herriot.

Après avoir tout lu avec un vif intérêt, il m'a paru possible de réduire ces ensembles à une synthèse permettant de connaître l'essentiel de ce qui concerne Mme Récamier, et, sur un fond de grande histoire, de faire revivre une société pleine de raffinement et de charme à travers un idéal visage de femme.

PREMIÈRE PARTIE

LA DAME BLANCHE
(1777-1805)

Ses pas étaient à chaque instant retardés par les spectateurs pressés autour d'elle; elle jouissait de l'effet de ses charmes avec la gaieté d'une enfant et la timidité d'une jeune fille.

Benjamin Constant
Mémoires de Madame Récamier.

CHAPITRE PREMIER

UN MARIAGE SOUS LA TERREUR

LE 24 AVRIL 1793 ‖ LE COUVENT DE LA DÉSERTE ‖ DES LYONNAIS
A PARIS ‖ M. RÉCAMIER ‖ SINGULARITÉS D'UNE UNION.

Le 24 avril 1793

L E 5 FLORÉAL de l'an I (24 avril 1793) Paris fut secoué par
une visible agitation. Dès l'aube, de nombreux groupes
affluèrent des faubourgs vers l'île de la Cité et des rassem-
blements se formèrent. Si l'on pouvait y dénombrer quelques
bourgeois portant la culotte et la perruque poudrée, attirés
probablement par la curiosité, la plus grande partie des présents
était constituée par des hommes déguenillés, vêtus de pantalons
de nankin ou de toile, de chemises largement ouvertes, et coiffés
du bonnet rouge. Leurs compagnes, échevelées, avaient le physique classique des tricoteuses et des mégères. Cette foule hétéroclite et d'aspect assez inquiétant encombra peu à peu les
abords du Palais de Justice où siégeait le Tribunal révolutionnaire.

Ce jour-là, on n'attendait pas une condamnation de ci-
devant, mais un acquittement, celui du tribun le plus populaire
de la Convention, Jean-Roch-Sébastien Marat, que l'on désignait
familièrement du nom de son journal, l'Ami du Peuple. Cet ancien
médecin royal, devenu le plus fanatique des révolutionnaires,
était l'un des grands responsables de la condamnation de
Louis XVI et il voulait pousser jusqu'au terme sa politique
d'extermination nobiliaire et cléricale.

Le 5 avril, il avait applaudi, plus que tout autre, à la création du Comité de salut public; il avait alors affirmé à la tribune que l'on ne pourrait établir la liberté que par la violence. Passant immédiatement à l'action, il avait lancé une circulaire pour demander aux sections révolutionnaires d'agir contre les traîtres. Paris venait d'apprendre la défection de Dumouriez; aussi l'initiative de Marat remporta-t-elle un vif succès et, le 8 avril, une délégation se présenta à l'Assemblée pour réclamer la mise en accusation des complices présumés du général félon; ces complices étaient nommément désignés : c'étaient les députés girondins.

Robespierre prit alors la parole pour appuyer la motion : dans un discours d'une grande violence, il approuva l'action menée par Marat. Les girondins, directement menacés, relevèrent le défi; leur principal animateur, Vergniaud, demanda la mise en jugement de l'Ami du Peuple. Par bravade, Marat se vanta alors d'être l'auteur du texte appelant le peuple à l'insurrection. Les députés, blessés dans leur dignité, décidèrent alors de passer au vote pour réclamer l'arrestation.

Pendant que l'on perdait du temps en formalités, Marat parvint à s'échapper et se terra dans une cachette. Ainsi commença la lutte à mort qui se terminera par l'exécution des députés girondins sept mois plus tard. Mais, dans l'immédiat, ils remportèrent l'avantage : l'offensive contre Marat suivit son cours et l'acte d'accusation fut lancé. L'Ami du Peuple sortit alors de son refuge et vint se livrer; il ne doutait pas que le peuple de Paris ne fût avec lui et pensait qu'un acquittement fortifierait sa position.

Le 24 avril 1793, à dix heures du matin, il vint s'asseoir devant ses juges et leur cria :

« Citoyens, ce n'est pas un coupable qui paraît devant vous, c'est l'Ami du Peuple, l'apôtre et le martyr de la liberté » et invita l'accusateur public Fouquier-Tinville a requérir contre lui. Le réquisitoire était rédigé de telle manière que la suite n'était pas douteuse.

« Si les juges eussent osé me condamner, confiera Marat à Harmand de la Meuse, ils eussent été pendus au-dessus de leurs sièges. »

L'acquittement fut donc prononcé : c'est en triomphateur que Marat sortit du Palais de Justice. Quand le peuple en attente vit paraître l'affreux personnage au visage cuivré, dont le corps contrefait flottait dans une longue lévite fort sale, ornée d'un collet d'hermine jaunie, les vivats éclatèrent.

Enlevé par la foule de ses admirateurs, Marat fut littéralement porté en triomphe, et son fauteuil hissé sur les épaules des manifestants. Spontanément un cortège se forma pour conduire le tribun jusqu'à la Convention, établie depuis peu au Palais des Tuileries. Cette troupe bruyante et d'un aspect terrifiant passa le grand bras de la Seine pour déboucher sur la place de Grève qui se trouva brusquement noire de monde au point d'interdire la circulation.

Au même moment, un mariage sortait de la grande porte de l'Hôtel de Ville, et la douceur de ce spectacle contrastait avec l'agitation de la rue. Jamais peut-être on n'avait vu plus belle mariée que celle qui venait de paraître au seuil de la maison commune au moment où la marée humaine submergeait la place.

C'était une jeune fille, presque une enfant, d'une grâce troublante, dont la vie conjugale débutait par cette rencontre effrayante : elle eut un mouvement de recul à la vue de cette foule déchaînée et s'appuya craintivement au bras de son époux.

Celui-ci était un fort bel homme, de haute taille, dont les traits nobles et réguliers étaient marqués par une quarantaine largement sonnée.

Ce couple très décoratif n'était pas suivi d'un long cortège mais seulement des quatre témoins réglementaires pour une cérémonie purement civile, car en ces temps de persécution religieuse on n'en connaissait pas d'autres.

La foule s'écoulait sans même voir les mariés attendant de pouvoir faire avancer leur voiture. Bientôt la troupe révolutionnaire parvint jusqu'à la salle des séances et défila devant les députés médusés. Fermant la marche, Marat fut porté à la tribune par ses admirateurs et il déclara à ses collègues :

« Je vous offre un cœur pur. »

Les députés de la Montagne l'acclamèrent et des applaudissements jaillirent des tribunes.

Sur la place de Grève enfin déblayée, le nouveau couple et ses témoins purent monter en voiture ; après des moments aussi troublés, l'inquiétude régnait et les cœurs n'étaient guère enclins aux réjouissances.

Chez les parents de la jeune épousée, une collation attendait ; quelques intimes avaient été conviés à la fête. Le repas fut rapidement expédié et le nouvel époux emmena sa ravissante compagne dans le bel hôtel qu'il occupait au n° 12 de la rue du Mail.

L'homme était un important banquier qui se nommait Jacques-Rose Récamier. La jeune épouse qui fera passer ce nom à l'immortalité s'appelait Jeanne-Françoise, Julie, Adélaïde

Bernard; elle avait tout juste quinze ans et quelques mois
— l'âge requis pour le mariage – et ses familiers l'appelaient
Juliette.

Le couvent de la Déserte

Cette petite Juliette était née à Lyon, le 4 décembre 1777,
dans une triste maison de l'étroite rue La Cage, de Jean Bernard,
notaire royal, et de Julie Matton son épouse, dont elle devait être
l'unique enfant.

Jean Bernard, son père légal, était un bel homme aux traits
réguliers; son esprit était peu étendu, son caractère doux, ses
manières affables; il n'avait point la gravité que l'on prête
d'ordinaire aux hommes de loi; c'était plutôt un joyeux compagnon. La notairesse jouissait d'une réputation locale de beauté :
c'était une blonde éclatante, « faite à ravir », d'une figure charmante éclairée par des yeux malicieux; elle était consciente de
son charme et en jouait avec art. Ce n'est pas à tort, semble-t-il,
qu'elle passait pour coquette, mais la médisance avait peut-être
beau jeu. Cette femme si belle apportait à sa toilette un soin
visible, montrait du goût pour les bijoux, prenait plaisir à se
laisser faire la cour. De surcroît, Julie Bernard avait la réputation de très bien mener ses affaires, ce qui excitait la jalousie;
la futilité de ses dehors dissimulait un esprit pratique et aussi
une grande ambition.

Bien que le ménage Bernard ne fît point habituellement jaser
sur son entente, on esquissait parfois des sourires malveillants
quand l'épouse du notaire se montrait par trop élégante ou
quand elle s'absentait trop longtemps.

Peu après la naissance de leur fille, les Bernard avaient
traversé une passe financière difficile. Mme Bernard avait alors
été faire un voyage à Paris et la situation s'était mystérieusement
remise à flot. Un nouveau séjour à Paris, en 1784, allait être gros
de conséquences. Les archives n'ont jamais révélé comment
Julie Bernard était entrée en rapport avec le surintendant des
Finances, M. de Calonne; il est possible que ce fut tout simplement par l'entremise du gouverneur de Lyon et du Lyonnais, le
maréchal de Castries, collègue de Calonne au ministère.

Comment Calonne se comporta-t-il à l'égard de Julie
Bernard? Les historiens en ont jasé sans preuves. Calonne était
alors occupé pour lui-même d'un riche mariage avec sa maîtresse,
Mme d'Harvelay, dont il escomptait le prochain veuvage et cette

situation ne laissait pas grande place aux passades. Il n'en paraît
pas moins bizarre que Calonne, n'ayant jamais vu M. Bernard,
ait soudain décidé de lui attribuer une charge importante, à la
suite d'une démarche de sa femme.

Quand Julie Bernard fut de retour à Lyon, elle put, en effet,
annoncer à son mari que le contrôleur général avait fixé son
choix sur lui pour un poste de receveur des Finances à Paris;
c'était d'un coup passer de l'obscurité lyonnaise à la considération
et à la fortune.

Ce changement posait aussi des problèmes immédiats dont le
premier, celui de se démettre des fonctions notariales, fut aisément résolu. Presque aussi facilement fut réglé l'autre problème,
celui de l'éducation de la petite Juliette; ses parents la jugèrent
bien jeune pour un long voyage et ils se sentaient embarrassés
pour leurs débuts à Paris. On décida donc de laisser l'enfant en
pension dans la région lyonnaise. Elle fut d'abord confiée à une
tante habitant Villefranche-sur-Saône, Mme Blachette. Celle-ci
avait une fille, qui sera pour Juliette une fidèle amie et que l'on
retrouvera souvent au cours de sa vie sous son nom de femme
mariée, la baronne de Dalmassy.

Après quelques mois à Villefranche, Juliette Bernard entra
comme pensionnaire au couvent de la Déserte à Lyon. Cette
abbaye royale, dont il ne reste plus une trace, avait été fondée,
en 1269, par Blanche de Chalon, femme du connétable de France,
Guillaume de Beaujeu. Confiée à des clarisses, puis après 1503
à des bénédictines, l'abbaye de la Déserte recevait une quarantaine de pensionnaires de bonnes familles.

Il semble que la vie y était très douce. « Cette époque, a écrit
dans son âge mûr Mme Récamier, me revient quelquefois comme
un vague et doux rêve, avec ses nuages d'encens, ses cérémonies
infinies, ses processions dans les jardins, ses chants et ses fleurs. »

Une sœur de Mme Bernard était religieuse dans ce couvent;
elle veilla attentivement sur sa nièce et la marqua profondément dans ses convictions. Bien que la religion de Mme Récamier
n'ait jamais paru très ardente et qu'elle n'ait cru que ce qui lui
paraissait admissible dans la doctrine, la stabilité de sa foi n'a
fait de doute à aucun moment de son existence.

Plus que sa piété, sa précoce joliesse frappa ses éducatrices :
« Svelte et légère, écrit Benjamin Constant, elle devançait ses
compagnes à la course; elle couvrait d'un bandeau ses yeux qui
devaient un jour pénétrer toutes les âmes. Ses beaux cheveux
qui ne peuvent se détacher sans nous remplir de trouble tom-
baient alors sans danger sur ses blanches épaules. » C'était la

plus charmante enfant du pensionnat et un peintre donna ses traits à l'ange souriant au-dessus du tabernacle de la chapelle.

Dans cette même chapelle, on lui enseigne le chant; sa voix se révèle d'une pureté étonnante, et, précoce soliste, ses récitatifs attirent un nombreux public derrière les grilles aux jours de cérémonie. Parce que Juliette est la plus belle, chaque année elle sera choisie pour faire le compliment d'usage à la mère abbesse, le jour de sa fête.

Il est rare de trouver de si bonne heure une vocation de dominatrice aussi marquée; reine par le charme et la beauté, Juliette l'est déjà quand elle a dix ans et toutes ses compagnes s'inclinent sans contestation, car ces avantages physiques sont complétés par la bonté, une bonté si rayonnante qu'elle empêche la vanité et désarme l'envie.

La jeune fille ne paraît pas avoir été une élève exceptionnelle; elle apprend avec ses compagnes la danse, la musique, les arts d'agrément, mais demeure peu versée en histoire, en sciences et même en littérature. La fréquentation assidue du monde des lettres comblera plus tard ces lacunes initiales et Juliette s'y appliquera avec ardeur.

Cette vie monotone et délicieuse d'une petite fille adorée de ses maîtresses et de ses compagnes fut brusquement interrompue. Un jour sa tante annonça un prochain changement à Juliette; ses parents trouvaient le moment venu de la faire venir à Paris pour compléter son éducation; le départ était imminent.

Juliette alla faire ses adieux à l'abbesse, qui l'inonda de ses bénédictions, puis elle prit congé de ses amies à travers des flots de larmes : « Elle avait été heureuse dans cette maison, et grâce à ce caractère calme et aimant qui s'attache et qui se fixe, elle entrevoyait la vie avec l'indolence du rêve et non point avec l'impatience du désir. »

Des Lyonnais à Paris

On ignore la date exacte de l'arrivée de Juliette Bernard à Paris, mais on peut présumer qu'elle est à placer aux tout derniers jours de la monarchie absolue. En effet, quand la jeune pensionnaire eût été pourvue d'un vestiaire adéquat et coiffée à la mode du jour, elle fut menée par sa mère à Versailles pour l'un des ultimes grands couverts où le roi Louis XVI, la reine Marie-Antoinette et toute la famille royale se produisirent en public avec le cérémonial traditionnel. Dans ces occasions, les visiteurs étaient admis à circuler autour de la table royale.

Ce jour-là, l'attention des curieux fut détournée par la beauté de l'enfant qui assistait à la festivité et la reine elle-même remarqua au premier rang des assistants l'éclat de la jeune Juliette; elle délégua auprès de Mme Bernard une de ses dames d'honneur pour inviter celle-ci à conduire sa fillette dans les appartements où la famille royale se retirait après le dîner.

Au cours de cette réception privée, Juliette fut mesurée avec Madame Royale, qui avait sensiblement le même âge et fut trouvée plus grande que la fille du souverain. Madame Royale avait été jolie dans son enfance, mais elle se sentit tellement éclipsée par la visiteuse inconnue qu'elle parut peu satisfaite de se voir comparée avec une enfant prise dans la foule.

Il ne faudrait pas conclure de cette anecdote que le ménage Bernard jouissait de hautes relations et fréquentait le monde de la cour; c'étaient seulement des royalistes fervents.

M. Bernard s'était installé à Paris, dans un bel hôtel, sis 13, rue des Saints-Pères; il avait pris pour associé dans ses nouvelles fonctions un ami d'enfance, M. Simonard, qui l'aida avec autorité à mener ses affaires et vivra avec lui jusqu'à la fin du règne de Charles X. Simonard était, lui aussi, un royaliste inconditionnel et sa première curiosité, en s'établissant dans la capitale, avait été de voir Marie-Antoinette.

Pour y parvenir, il s'était mêlé à une chasse à courre en forêt de Saint-Germain et avait loué un mauvais cheval sur lequel il se sentait mal à l'aise, car il était un cavalier peu expérimenté; de surcroît, il était gros, de petite taille, avec un nez démesuré. Il parvint cependant à faire galoper sa bête et à se placer fort près de la reine; celle-ci remarqua aussitôt ce personnage ridicule qui la serrait de près. Au détour d'une allée, la chasse se dispersa et M. Simonard se trouva tout à coup juste à côté de la souveraine, qui lui dit alors :

« Comptez-vous suivre ainsi la chasse bien longtemps ?

— Aussi longtemps, madame, que les jambes de mon cheval pourront me porter. »

Comme pour corroborer ce propos, le cheval, à bout de souffle, s'effondra, laissant choir sur l'herbe le pauvre Simonard ruisselant de sueur. La reine éclata de rire et, saluant ironiquement son admirateur, elle prit le galop. Quarante ans plus tard, M. Simonard se plaisait encore à raconter sa seule chasse royale.

Cet excellent homme, que Juliette considérera toujours comme le plus fidèle de ses amis de jeunesse, avait un fils, qui fut le compagnon de jeux de la petite fille. Avec elle, il grimpait sur le mur mitoyen du jardin de la rue des Saints-Pères; le dessus de ce mur formait petite terrasse; les deux enfants y poussaient en courant une brouette dans laquelle ils entassaient des raisins dérobés sur la treille du voisin. Ce dernier, furieux de constater la disparition de ses grappes, se mit en embuscade; il vit bientôt le petit Simonard faire sa vendange, tandis que Juliette assurait le guet.

« Ah! je prends enfin mes voleurs », cria-t-il.

D'un saut le garçon disparut dans le jardin tandis que la malheureuse Juliette, restée au sommet du mur, pâle et tremblante, perdait contenance. Sa ravissante figure eût bien vite désarmé le sourcilleux propriétaire; quand il vit cette jolie créature, il se mit en devoir de la consoler et promit de ne rien dire à ses parents. Ainsi, dès sa prime jeunesse, Mlle Bernard prit conscience du pouvoir exercé par son incroyable beauté.

Bien douée pour la musique, elle apprit facilement le piano dont elle jouera toute sa vie; elle pincera volontiers la harpe. Boieldieu lui donne des leçons de chant. Sa voix se révèle peu étendue, mais expressive, harmonieuse et bien timbrée.

Mme Bernard veillait avec soin sur l'éducation de sa fille. Ayant le goût de la parure pour elle-même, elle regardait de près les toilettes de Juliette et celle-ci se désespérait parfois des trop longues heures perdues à la préparation de ses tenues aux jours de cérémonie.

En 1791, à l'église Saint-Pierre de Chaillot, Juliette fit sa première communion; après cette véritable entrée dans le monde, elle figura désormais dans le salon de ses parents et rencontra la société qu'ils fréquentaient. Bien que leur existence fût assez luxueuse, les Bernard étaient restés très provinciaux et paraissaient trouver plus de plaisir à recevoir des Lyonnais de passage à Paris que de s'intégrer à une société qui, en ces temps troublés, éprouvait de grands bouleversements.

Encore enfant, Juliette connut d'abord le député de Lyon, Édouard Lemontey, qui cherchait sa voie et la trouva dans un rôle de girouette, assez commun en cette période de mutation; on rencontrait également dans ce salon Camille Jordan, autre député de Lyon, celui-là de haute conscience, qui joua un rôle très important à la fin de sa vie, quand Louis XVIII monta sur le trône.

Les lettres étaient surtout représentées par le vieux critique La Harpe, dont les cours attiraient grand monde, mais furent interrompus par une arrestation en 1794, comme suspect.

La Harpe peut revendiquer le privilège d'avoir été le plus ancien adorateur de Juliette.

« J'appartiens de cœur à la charmante Juliette, en tout temps, en tout lieu », déclare le vieil écrivain à celle qui n'était encore qu'une petite fille d'une douzaine d'années.

Sur le plan de la haute politique, l'habitué le plus important était le fameux conventionnel régicide Barère de Vieuzac, celui qui a gardé le surnom d' « Anacréon de la guillotine ». Président de la Convention, membre du Comité de salut public, Barère jouissait d'une puissance assez grande pour que ses familiers pussent mener sous la Terreur une vie exempte de risques; son amitié pour les Bernard permit à ces royalistes avérés de n'être pas inquiétés.

Un dernier habitué faisait partie de fondation du salon; cet intime, qui gâtait visiblement la petite Juliette, était un homme d'âge mûr, de ceux que Molière appelait des barbons, ce qui supposait la quarantaine dépassée. Cet homme important, promis à jouer un très grand rôle dans l'histoire de Juliette, se nommait — comme on peut s'en douter — Jacques-Rose Récamier.

M. Récamier

La famille Récamier était originaire du village de Cressin, dans le Bugey et y possédait un domaine auquel elle était fort attachée; elle s'y était divisée en plusieurs branches au début du xviiie siècle. Tout en gardant ses attaches avec le Bugey, une de ces branches s'était installée à Lyon et y avait fondé une importante maison de chapellerie; sous le règne de Louis XV, cette affaire était dirigée par François Récamier, époux d'Émeraude Delaroche.

Un de ses proches, beaucoup plus jeune que lui, l'illustre Brillat-Savarin, passé à la postérité non comme magistrat, mais comme auteur de *La Physiologie du Goût*, a tracé de François Récamier un portrait de père de famille, dans le style de Greuze; c'était un homme sévère, rigoriste de principes, très attachant, mais inspirant autant de crainte que de respect.

François Récamier avait trois fils : Laurent, Nicolas et Jacques-Rose; ce dernier était né à Lyon le 10 mars 1751. Les deux autres s'occupèrent de la manufacture, tandis qu'il devenait le voyageur de la maison paternelle.

Jacques-Rose Récamier avait fait de solides études; bon

latiniste, il se plaisait à citer Horace avec à-propos; sa correspondance commerciale était donnée en modèle; circulant le plus souvent en Espagne, il parlait espagnol comme un natif. C'était un fort bel homme : ses traits réguliers, assez accentués, étaient éclairés par des yeux bleus, en harmonie avec ses cheveux blonds. Grand, de belle stature, bien fait de sa personne, Jacques-Rose Récamier plaisait aux femmes et ne l'ignorait pas. Sa jeunesse semble avoir connu un certain nombre d'aventures amoureuses. Tout le monde s'accorde à lui reconnaître un cœur généreux, facile à émouvoir, trop peut-être, par suite d'une incurable légèreté.

M. Récamier était volontiers prodigue de son temps, de son argent, de ses conseils; il assistait ses amis en difficulté, mais sans éprouver pour eux de sentiments profonds. Quand l'un d'eux mourait, il prononçait toujours la même oraison funèbre : « Encore un tiroir de fermé » et oubliait le disparu. Il était par nature trop confiant et atteignait aisément à l'imprudence. En réalité, il était assez incapable de discerner par lui-même la valeur morale des individus, ce qui lui joua de très mauvais tours dans la conduite de ses affaires.

Homme de bonne compagnie, il possédait cette parfaite politesse habituelle aux hommes de sa génération; elle provenait autant d'un long usage du monde que d'un désir, plus ou moins conscient, d'être agréable à tous. N'étant pas, comme cadet, héritier de l'affaire paternelle, il avait montré du goût pour ses entreprises personnelles et s'était constitué une fortune. Par quelle méthode? On ne le sait pas très bien et des avis fort divers ont été émis. Beaucoup d'historiens l'ont représenté comme un agioteur sans scrupules. D'autres ont assuré qu'il avait été enrichi par des trafics sur les biens nationaux. Tout cela n'est pas invraisemblable. Au moment de son mariage, M. Récamier était officiellement banquier et passait pour très riche. Sa fortune était-elle surévaluée ou connut-elle des erreurs de gestion? La suite le dira, mais tout donne à croire que la situation fut toujours fluctuante et incertaine, que la spéculation y joua un trop grand rôle et que M. Récamier était probablement moins doué pour les affaires que la famille Bernard ne le crut en 1793.

A cette époque, Jacques-Rose Récamier était vivement impressionné par la conjoncture politique; il vivait dans une angoisse maladive qui l'incitait à se rendre tous les jours aux exécutions capitales. Il avait été présent au supplice de Louis XVI. Après son mariage, il devait aussi voir décapiter Marie-Antoinette Il assista également à la décollation de plusieurs fermiers généraux et de beaucoup d'amis avec lesquels il avait été en relations d'affaires. Pour excuser ces goûts morbides, il répondait que s'il passait de longues heures devant la guillotine en marche, c'était pour se familiariser avec le sort qui l'attendait et qu'il n'était pas pour lui de meilleure préparation que de regarder les gens mourir.

Cette attitude étrange n'était pas sans fondement; on a depuis trouvé aux Archives un dossier sur M. Récamier prouvant que ses craintes n'étaient pas illusoires; s'il a traversé la Terreur sans être vraiment inquiété, il le doit à la protection de Barère de Vieuzac, par égard pour le gendre des Bernard. Le mariage aurait donc pu être dans l'esprit de M. Récamier un moyen de protéger sa vie.

Il semble cependant que sa décision ait été dictée par une autre considération : si le banquier Jacques-Rose Récamier passait devant le Tribunal révolutionnaire, ses biens seraient confisqués au profit de la nation puisqu'il n'aurait pas d'héritiers; il en irait différemment s'il était marié. En ce cas, toute femme eût pu convenir. Pourquoi, à quarante-deux ans bien marqués, demander la main d'une fille de quinze ans, tout juste nubile? Il est certain que l'affection manifestée si constamment à la petite Juliette Bernard expliquerait pourquoi Jacques-Rose Récamier voulait lui assurer sa fortune. Un testament en faveur d'une étrangère, encore mineure, eût pesé bien peu en face de l'arbitraire qui dominait la période; il n'était donc pas absurde d'envisager un mariage permettant de créer un lien légal pour assurer la dévolution des biens. La suite a donné à penser que ce fut le raisonnement profond de M. Récamier. Il existait alors beaucoup de mariages blancs pour de simples raisons d'intérêt; on pourrait en donner d'autres exemples. On s'étonne donc moins qu'un homme hanté par la mort désire assurer le fruit de ses efforts à une jeune fille qu'il a vue grandir, avec laquelle il se plaît à jouer, pour laquelle il éprouve une affection quasi paternelle.

En pleine Terreur, personne ne pouvait prévoir que cette alliance, qui semblait de pure forme, allait durer près de trente-cinq ans et poser aux contemporains des énigmes tellement obscures qu'elles ne sont toujours pas résolues avec certitude.

Elles obligent à examiner de près toutes les singularités du mariage célébré à l'Hôtel de Ville de Paris, le 24 avril 1793, en notant que cette union, alors purement civile, ne semble à aucun moment avoir été complétée par un mariage religieux, ce qui soulèvera par la suite de délicats problèmes.

Singularités d'une union

Le ménage Récamier a été très rapidement l'objet de commentaires qui n'ont cessé de s'amplifier, et sur lesquels la postérité a continué à s'interroger. Qu'il se fût agi d'un mariage blanc, personne n'en a jamais douté et cela est dû à l'attitude vraiment paternelle de l'époux; il traitait visiblement sa femme comme une enfant et ne faisait pas chambre commune avec elle. Comme les Récamier occupaient une situation en vue et ouvraient libéralement leur maison, il était assez aisé de se faire une opinion sur leur vie conjugale.

La beauté et l'éclat extraordinaire de la jeune Mme Récamier ne pouvaient que frapper les hommes tant était incarné par son aspect l'*incessu patuit dea*. Tous les admirateurs étant également des amoureux, souvent empressés à faire leur cour, se posaient des questions sur leurs chances.

Mme Récamier accueillait les compliments, ne décourageait pas les avances, mais personne ne pouvait se vanter d'avoir remporté la victoire. Ce n'était pas la Messaline souhaitée par tous les mâles éperdus, mais plutôt une Célimène sans méchanceté, toute disposée par sa douceur à panser les blessures causées par sa seule apparence. Ainsi naquit une légende qui a survécu : Mme Récamier est restée vierge parce que sa conformation physique la rendait impropre à l'amour.

Cette manière de voir est corroborée par de nombreux témoignages dont le plus marquant est celui de Mérimée, qui a expliqué à Maxime du Camp : « Ne la jugez pas défavorablement, je vous en prie; elle est plus à plaindre qu'à blâmer; c'était un cas de force majeure. Pauvre Juliette! Elle a bien souffert! »

On multiplierait inutilement des propos de ce genre; ce sont des opinions et non des témoignages; seul un homme indiscret, ayant poussé ses avantages jusqu'à la réalité de l'échec, aurait pu se prononcer; aucun ne l'a fait. Au contraire, sans nier la coquetterie indéniable de Juliette, on a généralement cru à sa vertu. En racontant l'histoire de sa vie et de ses flirts, il est possible que quelques lueurs se dégagent; on peut aider peut-être à cet éclairage en mentionnant au départ un fait assez surprenant qui fournirait une explication, d'ailleurs scabreuse, au mariage de Juliette.

M. Récamier avait été un homme à bonnes fortunes. Tout donne à penser que ce familier du salon Bernard avait courtisé autrefois la maîtresse de maison. Julie Bernard était une femme assez facile, ne laissant point passer les occasions profitables;

il n'est qu'à évoquer ses mystérieux voyages à Paris. Il paraît peu douteux que Jacques-Rose ait courtisé la belle Julie et fort probable que celle-ci ne se montra pas rétive. Un individu bonasse et naïf comme M. Bernard était facile à duper. On a donc pensé souvent que le vrai père de Juliette était M. Récamier. Cela expliquerait son affection pour une petite fille qui aurait dû devenir son héritière. Un biais aussi étonnant qu'un mariage blanc apparaissait comme une solution d'autant meilleure que M. Récamier se croyait voué à la guillotine.

Il paraît évident que ce père putatif n'était pas incestueux; on ne peut donc attribuer la réserve sexuelle de Juliette à une nuit de noces mal conduite. Cette supposition de paternité qui expliquerait au moins l'attitude de M. Récamier, n'a longtemps reposé que sur des on-dit, des propos d'amoureux déçus, des malveillances. Puis l'hypothèse a trouvé un semblant de véracité dans la lettre si curieuse qu'Édouard Herriot a trouvée dans les papiers des neveux de M. Récamier, les Delphin.

Deux mois avant d'épouser Juliette, Jacques-Rose avait écrit longuement à son cousin Delphin une épître qui n'est pas sans ressembler aux argumentations d'Arnolphe; dans ce document, fort long et embrouillé, M. Récamier laisse, volontairement ou non, échapper cet aveu : « On pourra dire que mes sentiments pour la fille tiennent à ceux que j'ai eus pour la mère. » C'est troublant sans être absolument convaincant. Plus exactement si cela autorise à croire que Jacques-Rose ait été l'amant de Julie Bernard, il ne s'ensuit pas nécessairement qu'il ait été père de Juliette.

En admettant l'hypothèse de la paternité, certains chercheurs ont voulu en faire une certitude : ils ont confronté de nombreux portraits des deux époux et noté les points de correspondance des lignes des deux visages, par des méthodes comparables à celles utilisées par Bertillon pour la dactyloscopie. Les résultats des recherches ont été assez troublants puisqu'il en est ressorti, avec une certaine évidence, que les traits de Juliette étaient plus voisins de ceux de M. Récamier que de ceux de M. Bernard.

M. Récamier ne s'est jamais expliqué davantage, et peut-être s'est-il trouvé fort embarrassé quand il a constaté que finalement la Révolution avait épargné sa vie. Qu'il ait aimé sa conjointe ne paraît pas douteux, même si cet amour est resté constamment platonique; sur ce dernier point le témoignage de Mme Lenormant, nièce et fille adoptive de Mme Récamier, paraît probant :

« Ce lien ne fut jamais qu'apparent. Mme Récamier ne

reçut de son mari que son nom. Ceci peut étonner, mais je ne suis pas chargée d'expliquer ce fait; je me borne à l'attester comme auraient pu l'attester tous ceux qui, ayant connu Mme Récamier, pénétrèrent dans leur intimité. M. Récamier n'eut jamais que des rapports *paternels* avec sa femme. Mme Récamier pourvut aux besoins de son mari avec une prévoyante et *filiale* affection. »

Si l'on ajoute à ce témoignage d'une femme qui vécut auprès de Mme Récamier pendant plus d'un tiers de siècle, celui de sa meilleure amie, Mme de Staël, elle-même, qui, en 1811, parle à Juliette « de la couronne blanche qu'elle peut encore porter et du bonheur que l'avenir lui réserve peut-être », on éprouve un certain trouble et l'on se pose d'autres questions.

Il semble évident que les femmes qui n'ont pas connu l'amour charnel ne trouvent qu'un accomplissement physiologique incomplet; le terme de « vieille fille » ne désigne pas seulement une condition d'état civil, mais aussi une manière d'être. Or on ne constate en Mme Récamier, dont la beauté et la fraîcheur se prolongèrent d'une manière étonnante à une époque où les femmes étaient considérées comme mûres à trente ans, aucun de ces dessèchements que produit chez la femme une chasteté forcée.

Si elle était vraiment asexuée, où aurait-elle trouvé la persistance de cette grâce et de cette féminité? Certes Mérimée a insisté lourdement sur les grands pieds de Mme Récamier et sur un certain manque de finesse de ses attaches; s'il n'y paraît guère dans ses portraits achevés, la remarque est juste pour les esquisses, même celle du fameux tableau de Gérard. Mais bien des femmes, authentiquement femmes, ont eu des extrémités volumineuses, sans qu'on élevât le moindre doute sur la réalité de leur sexe.

C'est l'une des étrangetés d'une destinée qui à première vue peut paraître unie et tranquille et qui si on l'approfondit se révèle avoir été pleine d'orages et de remous. Ce visage qui incarne tant de grâce et de séduction et sur lequel le bonheur semble inscrit, est aussi celui d'une femme qui, à la trentaine, a confié, dans un moment d'abandon, qu'elle n'avait jamais été heureuse et qu'elle ne le serait probablement jamais. La suite de son existence a parfois démenti cet aveu désenchanté, mais il ne semble pas cependant que la vie de cette déesse ait été un paradis, bien qu'elle se soit déroulée au milieu des dieux de son temps.

CHAPITRE II

L'EXISTENCE D'UNE MERVEILLEUSE

LES DÉBUTS DANS LE MONDE || LA RENCONTRE AVEC LE GÉNÉRAL BONAPARTE || LA DÉCOUVERTE DE MADAME DE STAEL ET L'AMITIÉ DE M. DE LA HARPE || L'AMOUR DE LUCIEN BONAPARTE || EN FACE DU PREMIER CONSUL.

Les débuts dans le monde

DEUX ANNÉES ont passé depuis les jours tragiques où M. Récamier conduisait Juliette devant l'officier municipal de la ville de Paris. Après de terribles orages politiques, un certain calme est revenu, et, sous l'oligarchie directoriale, la capitale retrouve un peu de son ancien visage. Les rues n'y sont plus que rarement envahies par des déguenillés aux figures inquiétantes. Comme il arrive souvent en ces périodes de renouveau, les modes versent dans l'extravagance, mais personne ne redoute d'y obéir. Aux sans-culottes ont succédé les muscadins et les incroyables : vêtus de fracs à longues basques, le cou engoncé dans d'extravagantes cravates, un énorme bicorne posé sur une perruque blonde, les hommes lorgnent à travers leurs besicles de ravissantes créatures, bien différentes des grandes dames à paniers qui donnaient le ton aux derniers jours de Versailles.

La mode est à l'antique : rien ne déguise les formes de celles qui se promènent quasi nues dans leurs robes plissées à l'athénienne ou drapées à la romaine; plus de manches, des bras nus, plus de souliers, remplacés par des sandales ou des cothurnes, plus de dessous; d'arrogantes poitrines s'étalent sans pudeur. La démarche légère, l'allure provocante, les femmes déambulent coiffées de hautes capelines; ce sont les merveilleuses.

Entre quinze et vingt ans, Mme Récamier est l'une de ces apparitions de rêve, mais elle ne partage pas les excès de la mode. Sa beauté s'est affermie; elle a la grâce et la simplicité d'une vierge de Raphaël, un visage séduisant, la tournure la plus moelleuse; elle affecte la simplicité la plus élégante.

Alors qu'une débauche de couleurs fait ressembler les femmes à des oiseaux exotiques, Mme Récamier est presque toujours vêtue de blanc, ce qui lui vaudra durablement le surnom de « Dame Blanche »; elle ne porte pas de diamants, ni de bijoux voyants, seulement des perles qui s'harmonisent avec son teint et dont le nombre de rangs varie selon les heures du jour.

Juliette ne peut se montrer dans la rue sans provoquer les émerveillements; chacun se retourne sur son passage et la désigne à tous ses voisins; par son port, par sa démarche, par son éclat, elle est reine à Paris, comme elle l'a été, enfant, au couvent de la Déserte.

Les affaires de M. Récamier ont prospéré; il est en passe d'atteindre la grande fortune dont il rêvait et sa maison de la rue du Mail ne désemplit pas : tandis qu'il s'enrichit et fréquente le monde des affaires et celui de la politique, Jacques-Rose, s'il ne se montre un mari dans l'intimité, en étale les qualités dans la vie publique. Juliette a trouvé en lui un époux empressé à satisfaire ses caprices et à combler ses moindres désirs. Il lui a ouvert de larges crédits chez les couturières les plus lancées et Juliette est une des inspiratrices de la mode; à sa suite, on adopte les tuniques à la Minerve, à la Galatée, les robes à la Flore, à la Diane, au Lever de l'Aurore, les chapeaux à la Jockey, les éventails à la Nation, sans parler de ses « schalls »; elle immortalisera ceux-ci dans une danse célèbre, que Mme de Staël prêtera à sa Corinne.

Maintenant on voit Mme Récamier dans tous les endroits élégants, aux jardins d'été comme Tivoli, Bagatelle, le Ranelagh, chez les glaciers à la mode comme Garchy, rue de la Loi, et l'on aperçoit dans son sillage les plus célèbres beautés du jour, telles Mme Tallien, Fortunée Hamelin, dite « la belle sans chemise », et l'ex-danseuse Julie Carreau, épouse séparée du fameux Talma. « Aucune de ses rivales ne produisait autant d'effet, a avoué une des envieuses amies. J'étais dans un salon, j'y captivais tous les regards. Mme Récamier arrivait : l'éclat de ses yeux, qui n'étaient pourtant pas très grands, l'inconcevable blancheur de ses épaules écrasaient tout, éclipsaient tout, elle resplendissait. »

Quel est l'envers de cette vie publique déjà éclatante et susceptible de griser une jeune femme de vingt ans, qui, lors d'un concours d'élégance au bois de Boulogne, vient d'être sacrée « la plus belle à l'unanimité » et qui, à la réouverture des églises, recueillera 20 000 francs (60 000 ou 80 000 francs 1970), lors d'une quête à la messe de Saint-Roch où sa beauté fascinante a délié d'un coup les cordons de toutes les bourses ?

Une fois éteints les éclats de la vie de société, c'est le retour soit rue du Mail, soit au château de Clichy, que Récamier loue depuis 1796 et dont les jardins fleuris dévalent vers la Seine, mais c'est aussi la solitude. La belle adulée reçoit de son vieil époux un chaste et paternel baiser sur le front, puis se retrouve, face à sa psyché, devant son lit désert. On se prendrait à rêver assez tristement sur cet isolement si l'on ne se doutait que Mme Récamier est différente des autres : si les hommes flattent son esprit et peut-être son cœur, ils semblent, pour le moment, sans effet sur ses sens. Réserve, froideur ou vertu, la question est déjà posée.

Pourtant un touchant et discret hommage vient troubler l'esseulée. M. Récamier a pris comme attaché le fils de sa sœur, un jeune homme, nommé Paul David. Celui-ci a raconté lui-même son aventure :

> J'avais dix-sept ans lorsque j'arrivai chez mon oncle; sa femme, qu'il avait épousée quelques années auparavant, avait précisément le même âge que moi. L'amitié dont cette femme accomplie m'a constamment honoré date, pour elle comme pour moi, de notre première jeunesse. J'ai été et je suis dès lors mieux que personne à même d'apprécier son caractère, ses qualités exquises et ses hautes vertus. Parmi toutes les perfections admirables de cette femme, dont la beauté fut le moindre don, il faut mettre au premier rang la plus rigide droiture, la plus scrupuleuse délicatesse et la rectitude de jugement qui la guidèrent dans toutes les circonstances de sa vie et lui firent éviter, dès l'âge le plus tendre, tous les dangers qui environnaient une femme, objet constant de l'adoration des hommes les plus distingués de son temps.

Paul David écrivait ces lignes dans sa vieillesse; il fut alors l'exécuteur testamentaire de Mme Récamier, et, hélas! par excès de zèle, il livra au feu des documents qui nous semblent aujourd'hui irremplaçables. On eût dit qu'en exécutant jusqu'à l'absurdité les volontés de la défunte, il avait voulu lui-même effacer une page douloureuse de sa jeunesse, car il avait été le premier à faire la cour à Juliette et s'était déclaré avec toute la fougue de son âge. La jeune épouse de Jacques-Rose Récamier gourmanda le jeune audacieux; quelques billets écrits alors par elle ont été conservés :

Vous êtes un maussade, un boudeur, un capricieux, un insupportable. Je ne veux pas de vous demain, mais je veux que vous dîniez ici samedi, et, comme je suis votre tante, vous devez m'obéir.

Mais l'amoureux de dix-sept ans revint à la charge et se fit répondre :

Mon amitié pour vous ne peut changer, mais vous la gênez et vous gâtez entièrement une des relations auxquelles j'attache le plus de prix en voulant y trouver ce qui ne peut y être. Voyez en moi une sœur, et vous pouvez être sûr alors de toute mon amitié et de toute ma confiance. Cette pauvre vie est si triste, votre amitié peut m'être douce, nécessaire, et je ne peux vous dire combien il m'est pénible de me sentir gênée avec vous et d'être obligée de parler de choses indifférentes.

Ce dernier billet est révélateur et semble tout un programme de vie. Il n'était peut-être pas très difficile de repousser un neveu de dix-sept ans; Mme Récamier subira de plus redoutables attaques. Mais ce qui paraît exceptionnel, c'est que tant d'amoureux transis soient devenus de si fidèles amis.

La rencontre avec le général Bonaparte

Si l'on en croit les souvenirs rapportés par Mme Lenormant, trois hommes seulement peuvent se vanter d'avoir exercé une influence sur Mme Récamier : le premier aurait été Mathieu de Montmorency, le deuxième le philosophe Ballanche, le troisième Chateaubriand. Montmorency domina son âme, Ballanche son esprit, Chateaubriand ses sens, autant que l'on puisse assurer que dans la cohorte de tant d'amoureux aucun ait pu réellement se vanter d'avoir exercé son empire sur une créature aussi ondoyante et insaisissable. A cette liste si limitative, il semble qu'il faille ajouter un homme qui joua un rôle considérable dans la première partie de la vie de Mme Récamier; il en modifia autoritairement le cours pendant plusieurs années et ces modifications eurent une importance psychologique considérable. Cet homme, dont elle se révéla l'adversaire, elle ne devait pourtant le rencontrer que deux fois; mais cela suffit pour qu'elle ne fût point oubliée de celui qui bouleversa son temps et reste probablement la plus grande figure de notre histoire, puisqu'il s'agit de Napoléon lui-même.

En 1797 le futur empereur n'était encore que le général Bonaparte, mais ce nom brillait déjà d'un vif éclat. Ce chef d'armée de vingt-huit ans venait de stupéfier l'Europe en remportant en Italie du Nord, puis en Autriche la plus étonnante série de victoires du siècle, dépassant Maurice de Saxe et égalant Turenne. Après un véritable proconsulat, avec résidence au château de Mombello, près de Milan, Bonaparte était venu faire un tour à Paris et, le 10 décembre 1797, le Directoire donna une fête triomphale pour la réception du guerrier vainqueur.

La solennité eut lieu dans la grande cour du Luxembourg, au fond de laquelle avaient été élevés un autel et une statue de la Liberté; devant s'étaient alignés les cinq Directeurs, dans leurs costumes à la romaine et autour d'eux, sur des sièges en amphithéâtre, étaient rangés les ministres, les ambassadeurs, les hauts fonctionnaires. Sur les gradins supérieurs, des banquettes avaient été réservées aux invités.

A travers une foule très dense, Mme Récamier, accompagnée de sa mère Mme Bernard, avait gagné le Luxembourg pour aller prendre place. Mme Récamier n'avait jamais vu le chef de l'armée d'Italie, mais, partageant l'enthousiasme universel, elle se sentait vivement émue par le prestige de cette jeune renommée.

Il parut : il était encore fort maigre à cette époque et sa tête avait un caractère de grandeur et de fermeté extrêmement saisissant. Il était entouré de généraux et d'aides de camp.

A un discours de M. de Talleyrand, ministre des Relations extérieures, il répondit quelques brèves, simples et nerveuses paroles qui furent accueillies par de vives acclamations.

De la place où elle était assise, Mme Récamier ne pouvait distinguer les traits de Bonaparte, qu'une curiosité bien naturelle lui faisait désirer de voir. Aussi, profitant d'un moment où Barras répondait longuement au général, elle se leva pour le regarder. A ce mouvement, qui mettait en évidence toute sa personne, les yeux de la foule se tournèrent vers elle et un long murmure d'admiration la salua. Cette rumeur n'échappa point à Bonaparte : il tourna brusquement la tête vers le point où se portait l'attention publique, pour savoir quel objet pouvait distraire de sa présence cette foule dont il était le héros. Il aperçut une jeune femme vêtue de blanc et lui lança un regard dont elle ne put soutenir la dureté; elle se rassit au plus vite. C'était une bien grande audace d'avoir, même involontairement, détourné à son profit, ne fût-ce qu'un instant, l'intérêt suscité par le vainqueur de Lodi et de Castiglione. Il semblerait que Bonaparte n'ait jamais oublié ce mince incident, mais aussi qu'il ait été frappé par cette beauté radieuse, capable d'éblouir toute une foule, même au moment où celle-ci est fascinée par la présence d'un général prestigieux.

Cette fête au Luxembourg fut l'une des apparitions les plus notables de Mme Récamier au cours du Directoire; car si elle se montra souvent dans les lieux publics, elle fréquenta peu, semble-t-il, les milieux politiques et les fêtes officielles.

On ne peut guère citer qu'une autre soirée au Luxembourg, offerte cette fois par Barras, vraisemblablement au début de l'année 1799. Cette fois-là, Mme Récamier était accompagnée par son mari. Quand le ménage fit son entrée, la soirée de musique était déjà commencée et l'orchestre exécutait l'ouverture du *Jeune Henri*.

L'éblouissante arrivée de Mme Récamier, que l'on voyait si rarement dans des manifestations de ce genre, causa une grande sensation, d'autant plus que Barras se leva, vint offrir son bras à l'arrivante, et la plaça ostensiblement aux côtés d'une femme encore gracieuse et élégante, bien qu'elle ne fût plus de la première jeunesse. Cette voisine dont elle allait faire la connaissance n'était autre que Joséphine Bonaparte.

Au cours de cette soirée, Mme Récamier rencontra également Talleyrand, avec lequel elle ne se liera jamais, et aussi le Directeur La Revellière-Lépeaux, petit homme contrefait mais d'un visage intéressant.

A minuit, un souper splendide fut servi. Barras plaça Mme Bonaparte à sa droite et Mme Récamier à sa gauche. La jeune femme n'avait accepté l'invitation de Barras que dans l'intention d'arracher à sa toute-puissance la grâce d'un vieux prêtre rentré d'émigration sans autorisation et qui moisissait dans la prison du Temple. Elle plaida véhémentement la cause auprès de son hôte illustre et Barras, ébloui par la beauté, la jeunesse, l'expression virginale de Juliette, écouta son discours sans l'interrompre, puis promit de s'occuper du protégé. Fait étonnant, il tint parole : peu de jours après le prêtre réfractaire était remis en liberté, et Mme Récamier pouvait juger de sa puissance sur les hommes, même les plus haut placés. Le fait était d'autant plus surprenant que Barras n'était pas de ceux qui ne donnent rien pour rien; il semblait donc que Juliette possédât le don de susciter les générosités.

La découverte de Mme de Staël et l'amitié de M. de la Harpe

Deux amitiés marquent fortement la vingtième année de Mme Récamier : l'une est celle d'une femme aventureuse qui, bien qu'imbue des idées du xviiie siècle, va ouvrir avec éclat les portes du xixe, l'autre est celle d'un vieillard, survivant, lui, d'un xviiie siècle dont son esprit ne s'évadera guère.

En 1798 les affaires de M. Récamier avaient prospéré de telle manière qu'il s'était persuadé de la nécessité d'une maison en rapport avec sa nouvelle fortune. Avant de liquider ce n° 12 de la rue du Mail, où avait débuté sa singulière vie conjugale, il rechercha un établissement convenable.

A ce moment, l'ancien ministre Necker venait d'être rayé de la liste des émigrés et, le séquestre ayant été levé sur ses biens, il en liquidait une partie. Sa fille, Mme de Staël, étant venue mener ces affaires à Paris, mit en vente le bel hôtel Necker sis 7, rue du Mont-Blanc (actuellement de la Chaussée-d'Antin). M. Récamier se porta sur les rangs des acquéreurs.

Un jour, raconte Juliette dans les rares fragments conservés de ses *Souvenirs*, et ce jour fait époque dans ma vie, M. Récamier arriva à Clichy avec une dame qu'il ne nomma pas et qu'il laissa seule avec moi dans le salon pour aller rejoindre quelques personnes qui étaient dans le parc. Cette dame venait pour parler de la vente et de l'achat d'une maison; sa toilette était étrange; elle portait une robe du matin et un petit chapeau paré, orné de fleurs; je la pris pour une étrangère. Je fus frappée de la beauté de ses yeux et de son regard; je ne pouvais me rendre compte de ce que j'éprouvais, mais il est certain que je songeai plus à la reconnaître, et pour ainsi dire à la deviner, qu'à lui faire les premières phrases d'usage, lorsqu'elle me dit, avec une grâce vive et pénétrante, qu'elle était vraiment ravie de me connaître, que M. Necker, son père... A ces mots, je reconnus Mme de Staël! je n'entendis pas le reste de sa phrase, je rougis, mon trouble fut extrême. Je venais de lire ses *Lettres sur Rousseau*, je m'étais passionnée pour cette lecture. J'exprimai ce que j'éprouvais plus encore par mes regards que par mes paroles; elle m'intimidait et m'attirait à la fois. On la sentait tout de suite une personne parfaitement naturelle dans une nature supérieure. De son côté, elle fixait sur moi ses grands yeux, mais avec une curiosité pleine de bienveillance et m'adressa sur ma figure des compliments qui eussent paru exagérés et trop directs s'ils n'avaient pas semblé lui échapper, ce qui donnait à ses louanges une séduction irrésistible. Mon trouble ne me nuisit point; elle le comprit et m'exprima le désir de me voir beaucoup à son retour à Paris, car elle partait pour Coppet. Ce ne fut alors qu'une apparition dans ma vie, mais l'impression fut vive. Je ne pensai plus qu'à Mme de Staël, tant j'avais ressenti l'action de cette nature si ardente et si forte.

Telle fut la première rencontre de ces deux femmes dont la personnalité a marqué si vivement le monde littéraire au début du xixe siècle. On dirait presque une découverte de la passion entre cette vierge si frêle et cette femme assez virile d'aspect et de caractère, encore qu'elle ait été tyrannisée par une sexualité toute féminine.

Entre ces deux créatures d'exception, le temps tissera de tendres et mystérieux liens, une « affection qui tient presque de l'amour » et dont les tumultueuses péripéties modifieront par la suite la vie de Mme Récamier; mais il est possible, encore que son récit ait été écrit bien longtemps après, qu'elle ait, ce jour-là, déjà senti passer son destin. De cette longue affection, qui s'étendra sur vingt années et connaîtra quelques passages à vide, l'histoire anecdotique n'a guère retenu qu'un petit fait, révélateur de l'esprit d'à-propos de Mme de Staël. Lors d'un dîner, un homme placé entre celle-ci et Mme Récamier, avait dit fort sottement :

« Me voici entre l'esprit et la beauté.

— Monsieur, avait répondu Mme de Staël, feignant de s'y méprendre, c'est la première fois que je m'entends dire que je suis jolie. »

On a prêté cette aventure à un certain nombre de contemporains mais on l'attribue le plus souvent à La Harpe, autre ami fidèle de Juliette, qu'il avait connue enfant.

Né en 1739, La Harpe était un représentant typique du xviiie siècle, un Voltaire du dernier rang, ayant conquis une renommée et des places à force de tragédies médiocres, d'essais fumeux, et de professions d'athéisme qui l'avait rangé parmi les esprits forts. Ses idées antireligieuses avaient, dans les

débuts de la Révolution, assuré à l'écrivain une certaine tranquillité, puis, au temps de la Terreur, il avait été inquiété comme intellectuel et jeté en prison. Après Thermidor il avait été libéré, ayant perdu sa femme et ses biens.

Réfugié à Corbeil, il y vivait pauvrement dans une grande solitude, rédigeant pour subsister ce *Cours familier de littérature* dont certains passages ont survécu. A vrai dire, son texte le plus connu reste cette curieuse « prophétie de Cazotte » qui fut surtout un jeu de son esprit. Il y a raconté une réunion imaginaire dans le salon du philosophe Cazotte, à la veille de la Révolution, où celui-ci prédit à ses hôtes le destin tragique qui les attend et annonce l'exécution du roi et celle de la reine. Mais ce qui étonne le plus les hôtes du devin, c'est qu'il prophétise à La Harpe qu'il sera touché par la grâce et mourra dans la peau d'un dévot, ce qui avait fait éclater de rire tous les présents.

Or l'invraisemblable était arrivé : La Harpe ne pensait plus qu'aux choses du Ciel et à son salut éternel, ce qui ne l'empêchait pas de souffrir de ses misères. Quand Mme Récamier apprit la pénible situation de son vieil ami, son cœur se fondit de pitié. Elle venait alors de s'établir dans l'ancien hôtel de M. Necker, dont l'argent de M. Récamier avait fait l'un des plus beaux intérieurs de Paris.

L'architecte Berthaut l'avait restauré avec l'aide de Percier. Les bâtiments furent agrandis. Chacune des pièces de l'ameublement, bronzes, sièges, candélabres, jusqu'aux moindres serrures, fut dessinée tout exprès; Jacob exécuta un mobilier exclusif. Du jour au lendemain l'hôtel Récamier fut célèbre dans la capitale. Quand on avait admiré les deux magnifiques salons, Juliette disait à ses hôtes : « Voulez-vous voir ma chambre? » Elle conduisait les visiteurs émerveillés dans une pièce entièrement entourée de hauts miroirs d'un seul morceau. Entre les panneaux de glaces et au-dessus des grandes portes de marqueterie, une boiserie blanche était soulignée par des réchampis bruns garnis de délicats ornements de bronze. Dans ce décor d'un goût discutable, s'élevait sur un piédestal le lit de la divine, une couche de style antique, ornementée de bronzes, encadrée de deux vases antiques et de deux candélabres à huit bougies. Du ciel de lit descendaient jusqu'à terre des rideaux de fine mousseline dont la blancheur tranchait vivement sur le violet du couvre-lit et sur le vieil or du lambrequin de satin. Dans cette demeure opulente, Mme Récamier était reine, toute simple et menue dans ses éternelles robes blanches.

En ce luxueux asile elle fit venir son vieil ami La Harpe dans le dessein de le consoler de ses malheurs et de lui redonner quelque goût pour la vie. Et le vieux littérateur lui écrit :

Quoi, Madame, vous portez la bonté jusqu'à vouloir honorer un pauvre proscrit comme moi ! Je fais dans ce moment beaucoup de vers ; en les faisant, je songe souvent que je pourrai les lire un jour à cette charmante et belle Juliette, dont l'esprit est aussi fin que le regard et le goût aussi pur que son âme... Vous avez lu dans mon âme, vous avez vu que j'y portais le deuil des malheurs publics et celui de mes propres fautes.

Attendrie par ces accents, Mme Récamier avait songé à remarier La Harpe, bien qu'il fût presque sexagénaire, ce qui était considéré alors comme le grand âge. M. Récamier connaissait depuis longtemps une veuve, Mme de Longuerue, sans grande fortune, chargée de deux enfants, dont une fille très belle, âgée de vingt-trois ans. La pauvreté des siens rendait la jeune fille difficile à établir. Les Récamier imaginèrent de la marier à La Harpe. Encore que cette union la pourvût d'un nom alors célèbre, la promise avait manifesté des réticences à lier sa vie à celle d'un homme d'un âge si différent du sien. Puis au bout de trois semaines, la nouvelle Mme de la Harpe déclara sa répugnance invincible et demanda le divorce. Mortellement blessé dans sa dignité, affligé dans les croyances auxquelles il était revenu, La Harpe pardonna à son épouse le scandale et l'éclat de la rupture et consentit au divorce.

A ce malheur s'en joignit un autre : suspecté de royalisme, La Harpe fut compris dans les proscriptions qui suivirent le coup d'État du 18 fructidor; interdit de séjour à Paris, il retourna s'enterrer dans sa solitude de Corbeil. Mme Récamier l'invita à séjourner au château de Clichy et c'est alors qu'il faut placer un incident curieux, que Sainte-Beuve a raconté le premier et dans lequel il ne voyait qu'une farce innocente.

C'était au château de Clichy, où Mme Récamier passait l'été : La Harpe y était venu pour quelques jours. On se demandait (ce que tout le monde se demandait alors) si sa conversion était aussi sincère qu'il le faisait paraître, et on résolut de l'éprouver. C'était le temps des mystifications et on en imagina une qui parut de bonne guerre à cette vive et légère jeunesse. On savait que La Harpe avait beaucoup aimé les dames et ç'avait été un de ses grands faibles. Un neveu de M. Récamier, neveu des plus jeunes et apparemment des plus jolis, dut s'habiller en femme, en belle dame, et, dans cet accoutrement, il alla s'installer chez M. de la Harpe, c'est-à-dire dans sa chambre à coucher même. Toute une histoire avait été préparée pour motiver une intrusion aussi imprévue. On arrivait de Paris, on avait un service pressant à demander, on n'avait pu se décider à attendre au lendemain. Bref, M. de la Harpe, le soir, se retire du salon et monte dans son appartement. De curieux et mystérieux auditeurs étaient déjà à l'affût derrière des paravents pour jouir de la scène. Mais quel fut l'étonnement, le regret, un peu le remords de cette folâtre jeunesse, y compris la soi-disant dame assise au coin de la cheminée (elle était dans l'alcôve) de voir M. de la Harpe, en entrant, ne regarder à rien et se mettre simplement à genoux pour faire sa prière, une prière qui se prolongea longtemps.

Lorsqu'il se releva et qu'approchant du lit il avisa la dame, il recula de surprise; mais celle-ci essaya en vain de balbutier quelques mots de son rôle; M. de la Harpe y coupa court, lui représentant que ce n'était ni l'heure, ni le lieu de l'entendre, et il la remit au lendemain en la reconduisant. Le lendemain, il ne parla de cette visite à personne dans le château, et personne aussi ne lui en parla.

Cette anecdote piquante a été citée comme une simple gaminerie, une réminiscence du *Mariage de Figaro*, où Mme Récamier joue le rôle de la comtesse Almaviva aidant Suzanne à travestir Chérubin. Ce genre d'aventures était habituel au temps de Faublas. Étant donné la vie sexuelle si étrange de Mme Récamier, ce petit incident donnerait probablement à réfléchir aux psychanalystes du xxᵉ siècle; ils y décèleraient peut-être des refoulements ou des tendances cachées.

Car deux aventures venaient de s'esquisser pour cette vierge de vingt ans et elles avaient conservé une forme très respectueuse : La Harpe était un homme d'âge et bien qu'il fît la cour à Mme Récamier dans ses lettres, ses sentiments étaient probablement tout aussi paternels que ceux de M. Récamier. Quant à Paul David, le neveu enivré par la beauté de sa tante, ce n'était encore qu'un enfant. L'heure approche où Mme Récamier va devoir affronter un homme en pleine possession de ses moyens, et soutenir un siège au cours duquel elle résistera victorieusement, bien que l'assiégeant soit un personnage d'importance, rien moins que le président du Conseil des Cinq-Cents, le frère du général victorieux de la campagne d'Italie, Lucien Bonaparte lui-même.

L'amour de Lucien Bonaparte

En 1799, les Récamier s'étaient installés au château de Clichy dès la venue du printemps; ils y voisinaient parfois avec un important homme d'affaires, nommé Sapey, qui recevait somptueusement au château de Bagatelle. A l'un de ses dîners était convié également Lucien Bonaparte. Le frère du futur Empereur n'avait alors que vingt-quatre ans; c'était un homme de petite taille, assez mal fait, dégingandé d'allures avec ses jambes et ses bras trop longs. Son visage rachetait en grande partie ses imperfections corporelles, car il évoquait, par une ressemblance frappante, celui du général Bonaparte. Lucien possédait une intelligence comparable à celle de son frère, se piquait de bel esprit, adorait les arts. Véritable chevalier d'industrie, il avait déjà parcouru une carrière aventureuse, passant de la modeste condition de garde-magasin à Saint-Maximin, à celle de prisonnier d'État, puis d'homme politique. Il avait mis à profit cette nouvelle position pour s'enrichir par des tripotages éhontés, remployés en acquisitions d'œuvres d'art, de meubles rares, de livres précieux.

Un médiocre mariage avec Christine Boyer n'empêchait nullement Lucien Bonaparte d'être un impénitent coureur de femmes; amant de la célèbre actrice Alice George, il s'offrait à l'occasion toutes les passades et, même en ce temps de morale relâchée, ses débordements révoltaient l'opinion. Quand ce roué aperçut Mme Récamier, il tomba sous le charme et ne le dissimula point; le dîner fini, il invita la belle à parcourir à son bras les jardins de Bagatelle, puis sollicita la faveur de lui rendre visite à Clichy, dès le lendemain.

Il n'attendit pas jusque-là pour écrire, et l'on peut vraiment assurer que c'est de lui que Juliette reçut la première des lettres d'amour qui emplirent plus tard ses cartons.

Mme Lenormant assure que sa mère adoptive n'avait alors jamais aimé et que c'était vraiment pour elle une nouveauté de recevoir une déclaration d'un homme qui pouvait être un amant possible. Elle connut un moment de trouble que sa dignité de femme surmonta d'autant plus aisément que Lucien ne lui plaisait pas physiquement.

La lettre n'était d'ailleurs qu'un assez plat exercice d'école dont Ballanche et Chateaubriand ont conservé le texte :

Première lettre de Roméo à Juliette.

Roméo vous écrit, Juliette. Si vous refusez de me lire, vous seriez plus cruelle encore que nos parents dont les longues querelles viennent enfin de s'apaiser...

Vous arrivâtes. Tous autour de vous s'empressaient : « Qu'elle est belle ! » s'écriait-on... Le hasard ou l'amour me plaça près de vous, j'entendis votre voix. Vos regards, votre sourire fixèrent mon âme attentive. Je fus subjugué. Je ne pouvais assez admirer vos traits, vos accents, votre silence, vos gestes et cette physionomie qu'embellit une douce indifférence... car vous savez donner des charmes à l'indifférence...

Lorsque vous paraissez, tous les regards sont votre propriété. Ceux des hommes qui vous admirent et ceux des femmes cherchent en vous un sujet de consolation qu'ils ne trouvent point...

Je voulus me rendre compte du trouble qui s'emparait de moi ; je reconnus l'amour et je voulus le maîtriser par la raison.

Chaque jour, je voudrais vous revoir comme si le trait n'était pas assez fixé dans mon cœur... J'ai voulu vous écrire. Vous me connaîtrez, vous ne serez plus incrédule. Mon âme est inquiète, elle a soif de sentiments...

Ces extraits d'une lettre interminable, médiocre imitation des romans épistolaires à la mode du xviiie siècle, donnent assez bien le ton d'une correspondance dont on a dénombré trente-trois autographes, échelonnés entre le printemps de 1799 et celui de 1800. Il y avait dans cette littérature banale, mais d'une science éprouvée, de quoi troubler un cœur qui ne s'était pas encore livré. Pourtant Juliette demeura sur la réserve et manœuvra fort habilement. Quand Lucien vint lui faire la visite prévue, elle s'arrangea pour avoir beaucoup de monde autour d'elle et restitua publiquement la lettre à son auteur, comme s'il s'était agi d'un simple morceau de littérature soumis à son appréciation. Tout en le félicitant de son talent, elle engagea Lucien à le réserver pour de plus hautes destinées et lui conseilla de ne pas perdre à des œuvres d'imagination un temps qu'il pouvait consacrer plus utilement à la politique.

L'amoureux ne se tint pas pour battu par cette feinte habile. Il reprit la plume : cette fois-ci il écrivit directement, sans user de fiction et déclara hautement sa passion.

Ne sachant comment retrouver sa tranquillité, Juliette montra les lettres à son mari; elle réclama ses conseils et son appui, envisageant de fermer sa porte à Lucien Bonaparte.

M. Récamier loua fort la vertu de sa jeune femme et la remercia de lui avoir témoigné sa confiance. Toutefois, comme il avait le souci de ses affaires, il déconseilla une rupture avec un personnage si haut placé. « Il fallait, dit-il, ne pas le désespérer, mais ne rien lui accorder. » C'était tout un programme d'avenir que Jacques-Rose Récamier traçait ainsi pour sa femme, programme auquel elle restera constamment fidèle. L'attitude qu'elle va désormais adopter a été analysée par certains de ceux qui l'ont aimée ou connue.

« Émue de la peine qu'elle faisait, fâchée de son émotion, ranimant l'espoir sans le savoir par sa seule pitié et le détruisant par son insouciance dès qu'elle avait apaisé la douleur qu'avait fait naître cette pitié passagère », telle est la subtile définition que l'on doit à Benjamin Constant, l'un des mieux placés pour juger, et aussi un des meilleurs connaisseurs des passions.

Chateaubriand, qui utilisa ce texte de Constant dans les *Mémoires d'outre-tombe*, trouva cette analyse si sévère qu'il finit par faire sauter la citation dans sa rédaction définitive.

Sainte-Beuve a écrit tout aussi finement à propos de cette aventure : « Lucien aime; il n'est pas repoussé, il ne sera jamais accueilli. Il en sera ainsi de tous ceux qui vont se presser alors comme de tous ceux qui succéderont... Elle aurait voulu *tout arrêter en avril...* »

L'aventure avec Lucien éclaire donc assez bien la personnalité qui se révèle chez Juliette; elle est de cette espèce que l'on appelle frôleuse. Une lettre d'amour, une pression de main, peut-être un baiser dérobé, Juliette les permet, les accepte et probablement les souhaite. Puis quand la passion se dessine avec ses conséquences possibles, elle hésite et fait un pas en arrière. Crainte ou coquetterie, les hommes ne supportent guère ce comportement, et plus encore quand ils appartiennent à l'espèce conquérante où il convient de ranger Lucien. Cet homme réaliste et brutal ne se contentait pas de rêveries. La preuve que Mme Récamier lui inspira une passion véritable est la durée même de la lutte qu'il poursuivra toute une année.

On ne saurait parler de dialogue entre Lucien et Juliette : il s'agit du monologue d'un homme tourmenté par le désir, et qui veut obtenir sa victoire à tout prix. Tout en ménageant cet amoureux influent, Mme Récamier en riait parfois en secret tant l'emphase de Lucien Bonaparte lui paraissait ridicule. Pourtant celui-ci ne jouait pas la comédie et souffrait d'être manœuvré :

Qu'avant le soir où je vous ai quittée, suffoqué par mes larmes, lui écrit-il, *vous fussiez insensible à la passion que vous m'avez inspirée, je le conçois sans peine. Mais depuis ce moment dont je rougis encore, que vous n'ayez pas changé de conduite envers moi,*

*je ne puis plus expliquer cette inaltérable égalité que par l'indiffé-
rence... Vous m'avez vu, entendu et vous m'avez abreuvé de cette
gaieté assassine, de cette cruelle bienséance que vous appelez amitié ! ! !
Oh ! Juliette, l'épreuve est trop forte... Si je continue à vous voir,
je me perds ! Encore quelques émotions comme celles de ces deux
jours et je deviens fou. Je ne puis plus vous haïr, mais je puis me
tuer.*

Ces propos d'amoureux transi paraissent assez surprenants
sous la plume d'un homme dont le sang-froid va changer le
destin politique de la France, puisque Lucien devient alors
président des Cinq-Cents.

Il siégera le 19 brumaire à Saint-Cloud quand son frère, le
général Bonaparte, viendra maladroitement haranguer les
députés et que ceux-ci voudront le mettre hors la loi.

Sans l'à-propos de Lucien qui se couvrit, déposa sa toge et
suspendit la séance, Napoléon Bonaparte était promis à la guillotine ou au peloton d'exécution. Grâce à la fermeté de son frère,
il devenait, peu d'heures après, le maître de la France et avait
acquis le droit d'être ingrat envers son sauveur. Est-ce à sa
sagesse politique, lors des événements de Saint-Cloud, le 19 brumaire, que Lucien dut de recouvrer aussi son équilibre senti-
mental ? C'est à la même époque qu'il écrit à celle qu'il a tant
désirée :

*Juliette, oubliez mes aveux s'ils vous offensent, rappelez-moi
si vous me plaignez, mais voyez toujours dans celui qui vous écrit
un homme qui mettra dans toutes les occasions sa félicité à contribuer
à la vôtre.*

Juliette avait gagné : elle ne serait plus importunée par
Lucien. Elle n'en resterait pas moins l'amie de celui qui, devenu
ministre de l'Intérieur, semblait alors promis à une éclatante
carrière.

En face du Premier Consul

La France avait maintenant un maître et l'ordre renaissait,
ce qui n'excluait ni les intrigues, ni les complots, ni les périls
extérieurs. Devenu Premier Consul, le général Bonaparte s'était
préoccupé d'abord de la pacification intérieure et avait désarmé
les maquis provinciaux, par la négociation, la force ou la ruse.

En face des périls extérieurs, il cherchait un moyen d'aller
en personne, s'il le fallait — bien que la nouvelle constitution

approuvée à l'unanimité par les Français, ne le lui permît pas —, mettre fin aux hostilités avec l'Europe par quelque victoire éclatante, où, une fois encore, il jouerait son destin à pile ou face.

Pour l'aider à gouverner la France, il ne disposait encore que d'un personnel restreint ; les hommes d'État de l'Ancien Régime, hors Talleyrand, rentré sous le Directoire, vivaient en émigration et la mort raréfiait leur nombre. Parmi ceux qui étaient restés et avaient échappé aux proscriptions et à la guillotine, certains avaient été trop loin dans l'excès, d'autres s'étaient montrés tièdes ou incapables. Les choix étaient donc limités : le Troisième Consul, Lebrun, était un survivant, ancien secrétaire de Maupeou, le Second, Cambacérès, de petite noblesse, avait donné de sérieux gages à la Révolution ; le ministre des Finances, Gaudin, était un employé modèle ayant servi obscurément tous les régimes. On comptait peu de militaires dans les postes gouvernementaux, car Bonaparte redoutait les jalousies qu'excitait sa supériorité.

Les meilleurs généraux étaient aux armées : Masséna portait sur ses épaules le destin de la France en Italie, et Moreau, le plus doué peut-être, faisait front en Allemagne, où il remportera la victoire de Hohenlinden, qui, plus encore que Marengo, assurera enfin la signature d'une paix.

Par défaut d'hommes, par manque de connaissance du personnel civil, il était donc naturel que Bonaparte, marqué par un esprit de clan spécifiquement corse, accordât de hautes places aux membres de sa famille et spécialement à Lucien, qui s'était montré le plus efficace.

Devenu ministre tout-puissant, Lucien, ayant renoncé à ses déclarations enflammées, sans être complètement guéri de son désir, continuait à voir Mme Récamier ; en dépit de ses occupations, il allait souvent lui rendre visite et se plaisait à l'inviter à ses soirées de gala.

Un jour, à la fin de l'hiver ou au début du printemps de l'année 1800, le ménage Récamier fut donc prié par le ministre de l'Intérieur à un grand dîner, suivi d'un concert, en l'honneur du Premier Consul. Pour la seconde fois de sa vie, Juliette allait se trouver en face du général Bonaparte : celui-ci n'était plus un simple guerrier heureux, invité du gouvernement, mais le maître du pays et des destins de ses habitants.

Comme à l'habitude, Mme Récamier revêtit une robe de satin blanc ; elle se para de colliers et de bracelets de perles et, triomphante, fit son entrée dans des salons illuminés où sa beauté fit tourner les têtes.

En raison de la mauvaise santé de son épouse condamnée à garder la chambre, Lucien l'avait remplacée par sa propre sœur, Élisa Bonaparte, épouse Bacciochi. Élisa se montra particulièrement gracieuse pour Juliette, qu'elle connaissait un peu, appréciait vivement, et qu'elle savait fort liée avec Caroline Bonaparte, future épouse d'Achille Murat.

Devant la cheminée du grand salon était adossé un homme : de loin, Mme Récamier le prit pour Joseph Bonaparte, qu'elle avait rencontré chez Mme de Staël; elle lui fit un signe de tête amical. Le salut fut rendu avec un extrême empressement, mais avec une nuance de surprise qui frappa Juliette assez vivement pour qu'elle prît conscience de sa méprise : car, dans l'homme à qui elle avait souri, elle reconnut soudain le Premier Consul.

Celui-ci regarda la belle apparition et se pencha vers Fouché, à qui il dit quelques mots à l'oreille. Quelques instants après, le ministre de la Police s'approcha de Juliette et lui glissa :

« Le Premier Consul vous trouve charmante. »

Au même moment, on annonça que le dîner était servi. Devançant tous les présents, Bonaparte passa à table et s'assit en plaçant à sa droite sa mère, Mme Lætitia. La place de gauche demeura vide. En allant à la salle à manger, Mme Bacciochi avait indiqué à Mme Récamier que cette place lui était réservée mais la jeune femme, fort troublée, n'avait pas compris et avait été s'asseoir au hasard. Voyant la place restée vide, le Premier Consul s'impatienta et se tournant avec humeur vers les personnes encore debout, il dit brusquement à l'une d'elles :

« Hé bien! Garat, mettez-vous là. »

Au même moment, le second consul, Cambacérès, qui passait pour ne pas aimer les femmes, s'assit à côté de Juliette. Avec ironie, Bonaparte lui lança :

« Ah! ah! Citoyen Consul, toujours auprès de la plus belle! »

Bonaparte ne traînait jamais à table et les invités durent se hâter. Dès qu'on se leva, le Premier Consul s'approcha de Mme Récamier :

« Pourquoi ne vous êtes-vous pas placée auprès de moi ?

— Je n'aurais pas osé, répondit-elle.

— C'était pourtant votre place.

— C'est ce que je vous disais en allant à la salle à manger », précisa Élisa Bacciochi.

Les invités passèrent alors au salon de musique et Garat, la plus illustre voix du temps, se fit entendre dans un morceau de Gluck. Très sensible à l'harmonie, Juliette se laissa d'abord captiver par le chant, puis, plusieurs fois, elle surprit le regard du

Premier Consul attaché sur elle avec une persistance singulière. Le dernier accord tombé, il s'approcha d'elle :

« Vous aimez bien la musique, madame ? »

La conversation fut interrompue par l'arrivée de Lucien, qui, peut-être jaloux de son frère, l'entraîna avec lui. Mme Récamier resta vivement frappée par cette brève rencontre et elle a laissé entendre qu'elle s'était parfois prise à rêver sur ses conséquences possibles. Sur ce point elle avait vu juste : sa beauté avait frappé le futur Empereur si vivement qu'il n'oubliera plus ce joli visage et la grâce inouïe de ce corps. Quand il se verra le maître de satisfaire tous ses désirs, il éprouvera la nostalgie de Juliette, mais c'est en vain qu'il lui offrira une place à la cour; Mme Récamier refusera, car elle ne veut pas figurer dans le harem d'un tyran. Il aura suffi de peu d'années pour que ces deux êtres faits pour s'attirer deviennent des adversaires et que la galanterie du Premier Consul fasse place aux rudesses odieuses d'un despote qui ne contrôle plus ses passions.

Du moins, Mme Récamier ne perdra-t-elle pas complètement l'amitié des sœurs de Napoléon et elle jouera un rôle important auprès de Caroline Murat. Quant à Lucien, il demeurera blessé de son aventure sans issue. Veuf au mois de juillet 1800, il se remariera bientôt avec Alexandrine de Bleschamp, ce qui le brouillera avec son tout-puissant frère et provoquera sa mise à l'écart. C'est, semble-t-il, au cours de son veuvage, qu'ayant perdu tout espoir de conquérir Juliette, il lui demanda de lui rendre ses lettres. Il se fit ironiquement répondre qu'elle « entend bien les garder comme témoignage irrécusable de sa vertu », ce qui va loin dans la coquetterie.

Certains aspects de cette aventure ne paraissent pas à la louange de Mme Récamier qui ne conserva pas toute la discrétion souhaitable; elle se moqua de la passion qu'elle avait soulevée dans le cœur du ministre de l'Intérieur et donna parfois lecture de ses lettres à des familiers pas toujours discrets, soulignant avec ironie les fautes de français de l'épistolier et se gaussant de son manque de goût.

La rupture consommée, Lucien chercha une occasion publique de revanche; il la trouva, lors d'une soirée chez le fameux munitionnaire Ouvrard. Celui-ci offrait un grand dîner dans son château du Raincy en l'honneur de Mme Récamier et de Mme Tallien, dont il était alors l'amant.

On avait beaucoup bu au cours du banquet et des yeux égrillards s'allumèrent quand, au dessert, l'un des convives proposa de boire à toutes les jolies femmes présentes. Le toast porté, un autre dîneur s'avisa qu'il ne serait pas galant d'oublier les jolies femmes absentes et parmi celles-là, celles qu'on aimait. Ce fut l'occasion d'un nouveau toast qui échauffa encore l'atmosphère. Alors Lucien Bonaparte se dressa, la tête froide, car il ne buvait que de l'eau ; levant une coupe à la hauteur de ses yeux, il dit :

« Je vous propose, moi, de boire à la plus belle des femmes ! »

Tous les yeux se tournèrent vers Mme Récamier, assise à la dextre du maître de maison. Juliette regarda, à la dérobée, Mme Tallien, dont elle se sentait assurée de triompher, et ravie que le frère du Premier Consul ne lui tînt pas rigueur de ses refus, « elle baissa modestement les yeux en rougissant et tournant plus que jamais sa bouche en cœur ».

« Nommons donc cette plus belle des femmes, disaient tous les convives.

— Eh bien, messieurs, c'est la paix ! la paix que nous désirons tous, n'est-ce pas ? »

C'est aux *Mémoires* de Lucien Bonaparte qu'est due cette anecdote. Dans ses récits assez partiaux, l'ex-ministre de l'Intérieur du Consulat se donne d'ordinaire le beau rôle et se montre sans tendresse pour Mme Récamier. Aussi ne s'étonnera-t-on pas que l'amoureux déçu affirme que son toast fut accueilli très gaiement et très sincèrement, excepté par Juliette. Lucien se plut à jouir de sa déconvenue et il ajoute, en guise d'excuse, qu'il croyait avoir, ce jour-là, le droit d'humilier sa coquetterie. Il semble que cet incident ait marqué le terme des rencontres de Juliette avec le cadet de Napoléon, qui, bientôt disgracié, disparaîtra de la scène politique française.

CHAPITRE III

UN VENT DE FRONDE

UN SALON FRÉQUENTÉ || LE VOYAGE EN ANGLETERRE || L'ARRES-
TATION DE M. BERNARD || LA FERMETURE DU SALON RÉCAMIER ||
LES DÉSIRS DE L'EMPEREUR.

Un salon fréquenté

AUX PREMIERS jours du Consulat, la situation mondaine de
Mme Récamier s'élargit : son salon va devenir rapidement
un des lieux de rencontre les plus appréciés de Paris et
le niveau social de ses habitués ne va cesser de s'élever pour
dépasser d'assez loin ce qu'aurait pu espérer une provinciale,
même aussi jolie, mariée si singulièrement à un affairiste parfois
discuté.

La réputation de Mme Récamier avait connu une hausse
lors de la réouverture des bals masqués de l'Opéra, pour les
jours gras de l'année 1800. Elle fut accompagnée dans ces festi-
vités par son beau-frère, Laurent Récamier, plus jeune de neuf
années que son mari. Jusqu'alors très timide, Juliette trouva
sous le masque une subite assurance; la grâce de ses formes et
l'éclat de ses yeux la faisaient reconnaître de beaucoup, d'autant
plus qu'elle ne contrefaisait pas sa voix. Ce fut dans ces occasions
qu'elle déploya librement les agréments de son esprit et bénéficia
par là même d'une sorte de libération. Elle connut dans ces
circonstances plusieurs aventures piquantes dont l'une se situe
justement au début du Consulat.

Le prince de Wurtemberg reconnut Mme Récamier en dépit
de son masque; mais, feignant d'ignorer à qui il avait affaire,

il prit la main de Juliette et osa s'emparer d'une bague. Outrée par cette audace, Mme Récamier remit vivement le téméraire à sa place et il présenta des excuses, au cours des jours suivants, par un billet, heureusement conservé :

Du prince, depuis roi de Wurtemberg, à Mme Récamier.

C'est à la plus belle, à la plus aimable, mais toujours à la plus fière des femmes que j'adresse ces lignes en lui renvoyant une bague qu'elle a bien voulu me confier au dernier bal masqué. Si mon étourderie était inconcevable, j'aime à l'avouer, ma punition a été bien sévère et j'assure que cette leçon me corrigera pour toute la vie.

Cette manière de tenir les hommes à distance et de les rappeler à la correction va se retrouver dans le brillant salon de Mme Récamier. On y côtoie des gens de lettres parmi lesquels Dupaty, Benjamin Constant, Hoffmann, Ducis, des politiques tels Barère de Vieuzac, Tallien, Rœderer, des hommes de finances comme Séguin, Ouvrard et Perregaux. Talleyrand et son frère Archambaud de Périgord, qui ne furent jamais des assidus, marquent le lien entre le nouveau régime et l'ancien; c'est ce dernier qui va fournir au salon de Mme Récamier ses représentants les plus notoires.

Le doyen en date, introduit vraisemblablement par Mme de Staël, fut le « premier baron chrétien », Adrien de Montmorency, duc de Laval. Ce grand seigneur du temps passé avait alors trente-cinq ans. « Son esprit, a écrit de lui Lamartine, paraissait peu parce qu'il était dénué de toute prétention, mais il était juste et modéré, réfléchi autant que son cœur était bon et solide. » Au physique, l'homme était d'une taille élégante et svelte, mais une forte myopie et un léger bégaiement le rendaient un peu gauche. L'ensemble était pourtant différent de la société mêlée que Mme Récamier avait connue jusqu'alors au point que le duc de Laval retint aussitôt son attention : elle ne l'empêcha pas de se déclarer et de lui écrire des lettres fort tendres. Fidèle à sa tactique, Juliette le laissa bien s'avancer, puis le fit indéfiniment attendre.

Ce que vous me faites est-il sensible? Je n'ose parler, mais je suis sûr que votre pénétration devine ce que je veux, ce que je dois vous dire, écrit l'amoureux transi. *De grâce, une réponse à l'instant!*

Ernest Legouvé, auteur alors célèbre pour avoir publié *Le Mérite des Femmes*, consacre une longue épître à la manière dont Juliette conduit ses flirts :

Au plus doux sentiment serez-vous donc rebelle?
Pour vivre indifférent, Dieu vous fit-il si belle?
...Tout au sentiment vous appelle.
Aimez donc : à sa voix laissez-vous entraîner,
Méritez le bonheur en daignant le donner
Et soyez la plus tendre ainsi que la plus belle.

Ces conseils poétiques ne furent guère suivis puisque Adrien de Montmorency, toujours écarté, écrit encore à Juliette :

Ce n'est plus que je sois sensible à l'humiliation d'être refusé; il y a longtemps que j'ai déposé tout amour-propre à vos pieds. J'obéirai à vos ordres; je n'irai plus dans ce lieu si vanté aujourd'hui par votre belle présence. Je sacrifierai le plaisir de vous voir contemplée et admirée par un concours immense à la sévère consolation de vous avoir obéi.

Cet amour déçu, Mme Récamier, par son obstination raisonnée, va le transformer en une amitié qui durera plus de trente ans, et, sans manifester de rancune, Adrien va faire entrer dans sa vie un homme dont la chaste passion aura sur elle une durable influence, son cousin Mathieu de Montmorency.

Ce personnage, qui appartient à la grande histoire, va régner près d'un quart de siècle sur l'esprit de Juliette. Né en 1760, Mathieu de Montmorency avait fait ses premières armes aux côtés de La Fayette pendant la guerre d'Indépendance américaine. Député de la noblesse en 1789, pour le bailliage de Montfort-l'Amaury, il s'était signalé par ses idées avancées, lors de la nuit du 4 août, et plus encore comme secrétaire de l'Assemblée constituante en prononçant, lors de la séance du 19 juin 1790, un discours célèbre pour réclamer l'abolition des armoiries et des livrées.

Rivarol avait alors affirmé que M. de Montmorency agissait ainsi par piété filiale, car sa mère, Mme de Montmorency-Luxembourg, « prenait souvent les leçons d'un laquais qui avait une excellente *constitution* et qui se trouva le père du petit Mathieu ».

Continuant sa carrière progressiste, Mathieu de Montmorency avait réclamé le transfert des cendres de Jean-Jacques Rousseau au Panthéon, puis, en dépit de ses excès, il avait subi la rigueur des proscriptions. Son jeune frère, l'abbé de Laval, avait été guillotiné et Mathieu n'avait dû de survivre qu'à la générosité de Mme de Staël qui l'avait fait sortir de France et recueilli au château de Coppet.

Frustré de ses grandeurs, Mathieu fit oraison; il avait

retrouvé la foi de son enfance et s'était décidé à vouer tout le reste de sa vie aux œuvres pies. Le futur chef de la Congrégation, tout en devenant un amoureux platonique de Juliette, sera aussi une espèce de Mentor, un conseiller éclairé, avec le ton d'une sorte d'Alceste qui a renoncé d'avance à devenir l'amant d'une Célimène angélique. « Ce vertueux grand seigneur, a écrit Guizot, s'éprit pour Mme Récamier d'une passion pieuse et ombrageuse, qui fut pour lui, pendant vingt-six ans, une préoccupation sérieuse et charmante, bien que quelquefois un tourment, et pour elle un salutaire appui. Il l'aimait en amant, la respectait en frère et veillait sur elle en directeur tendre et inquiet. »

Parmi les intimes de Juliette, on trouve encore à cette époque Brillat-Savarin un autre cousin de son mari, le docteur Récamier, médecin réputé, Eugène de Beauharnais, fils de Joséphine, lui aussi amoureux déçu, un ancien officier Joseph-Marie de Gérando, marié à Mlle Anne de Rathsamhausen, qui laissera de précieux récits sur Mme Récamier et son entourage. Il faut également noter dans le salon la présence de militaires en renom comme Junot, Moreau, et bientôt Bernadotte, également d'artistes dont le plus ancien en date fut un lyonnais, élève de David, le peintre Fleury Richard, devenu subitement célèbre par son tableau représentant Valentine de Milan.

Ce fut probablement lui qui suggéra à son maître David d'entreprendre le portrait de Mme Récamier; la réalisation fut malaisée; l'ébauche suscita des critiques et David, lui-même, s'en déclara peu satisfait; il interrompit son travail (aujourd'hui au Louvre) et, prié de le continuer, il écrivit à Mme Récamier :

C'est bien moi qui suis le plus difficile à contenter. Mon intention bien prononcée est de faire un ouvrage digne du modèle qui en est l'objet. Sous peu, belle et bonne dame, vous entendrez encore parler de moi ; nous nous y remettrons pour ne plus le quitter et si j'ai eu des torts apparents vis-à-vis de vous, mon pinceau, je l'espère, les effacera.
Salut et admiration.

DAVID.

Le grand peintre, ne semblant pas vouloir donner suite au projet, M. Récamier s'adressa alors à Gérard, qui ne se fit pas prier. Le tableau qu'il peignit de Mme Récamier (au musée Carnavalet) est non seulement le meilleur qu'on lui doive, mais

un des plus beaux portraits de femme de tous les temps et celui
à travers lequel survit le charme intact de Juliette. La confection
de ce portrait demanda de nombreuses séances de pose. Gérard
était d'un caractère difficile et n'aimait guère les observations.
Quand le tableau fut à peu près terminé, les amis de Mme Récamier furent admis à défiler et le peintre supporta très malaisément
leurs remarques. Un des amis priés, Christian de Lamoignon,
ayant été empêché, vint seulement le lendemain et Gérard lui
dit avec fureur en entrouvrant la porte, sa palette à la main :
« Entrez, monsieur, mais je crèverai mon tableau après. » Lamoignon admira la toile et quand Gérard répéta sa menace, il lui dit
seulement : « Je serais au désespoir de priver la postérité d'un
pareil chef-d'œuvre », jugement que la suite a ratifié.

Des rencontres de ces deux premières années du xixe siècle
il faut encore en citer une, celle qui joua le plus grand rôle, mais
dont l'importance ne fut pas alors perçue par les intéressés :
un matin de l'année 1801, un jeune écrivain dont tout Paris
chantait alors les louanges, l'auteur d'*Atala*, François-René de
Chateaubriand rendait une visite matinale à la fille de Necker.

J'étais chez Mme de Staël, raconte-t-il dans les *Mémoires
d'outre-tombe ;* elle m'avait reçu à sa toilette; elle se laissait
habiller par Mlle Olive, tandis qu'elle causait, en roulant de
ses doigts une petite branche verte. Entre tout à coup
Mme Récamier, vêtue d'une robe blanche; elle s'assied au
milieu d'un sopha de soie bleue. Mme de Staël, restée
debout, continua sa conversation fort animée et parlait
avec éloquence; je répondis à peine, les yeux attachés sur
Mme Récamier. Je n'avais jamais inventé rien de pareil et
plus que jamais je fus découragé; mon admiration se changea
en humeur. Mme Récamier sortit et je ne la revis que douze
années plus tard.

Sans qu'il s'en doutât alors, Chateaubriand avait passé près
de sa sylphide, mais il avait reculé, lui qui aimait charnellement
la féminité, devant ce qu'il avait senti d'inaccessible dans
cette beauté distante, et éprouvé peut-être un soupçon de rancune à l'idée d'une victoire impossible.

Le voyage en Angleterre

Parmi les admirateurs habitués aux réceptions de Mme Récamier se faisait remarquer un notable survivant des temps

royaux, le duc de Guines, naguère ambassadeur de Louis XV à Londres.

Ce personnage pittoresque avait mené une vie brillante et parfois scandaleuse, puis sa fin de vie avait été assombrie par les années d'émigration où il avait perdu sa fille chérie, la duchesse de Castries, morte de privations à trente-sept ans, à Eisenach en Saxe. Dès qu'il en avait vu la possibilité, le duc de Guines avait quitté son exil chez le duc de Brunswick et regagné Paris, où, tout en tâchant de rassembler les débris de son ancienne fortune, il se plaisait à briller dans les salons, son âge avancé ne l'empêchant point de continuer à faire la cour aux femmes qui avaient été une de ses raisons de vivre.

Cet amoureux platonique de Mme Récamier considérait qu'une personne aussi belle était digne d'une société plus brillante que le Paris consulaire. Aussi, dès qu'eut été signée la paix d'Amiens, il conseilla à la jeune femme de se rendre à Londres, où elle trouverait un monde à sa mesure ; ayant de nombreux amis anglais, étant lié personnellement avec George III, auprès duquel il avait été accrédité pendant près de dix ans, le duc de Guines pourvut Mme Récamier de lettres tellement enthousiastes que toutes les portes britanniques s'ouvrirent devant elle.

Accompagnée de sa mère, Mme Bernard, Juliette Récamier, après une saison à Spa, passa de Belgique en Angleterre.

Recherchée dans les cercles les plus remarquables, rapporte Ballanche, objet de la curiosité publique et des empressements de chacun, elle se dérobait aux démonstrations de l'effet qu'elle produisait, sans néanmoins y être insensible. Le roi George IV, alors prince de Galles, montra aussitôt à son égard cette amabilité si parfaite qui le distinguait. La duchesse de Devonshire, si longtemps célèbre par sa figure, se fit comme un triomphe de la montrer chez elle à ses amis, et au spectacle à la foule charmée. Les journaux retentissaient de son nom, son portrait fut gravé et répandu dans toutes les villes d'Angleterre. Il fait partie de la collection de Bartolozzi. A Londres ainsi qu'à Paris, on l'environnait quand elle paraissait et, malgré le plaisir qu'elle éprouvait à entendre dire qu'elle était belle, elle paraissait toujours prête à prendre la fuite, aussitôt que l'attention était fixée sur elle. Une fête, donnée la veille de son départ au prince de Galles, fut marquée par un nouveau succès. Elle céda aux instances qui lui furent faites de jouer

un duo de harpe avec M. Marin, que son admirable talent
a rendu si célèbre, et dansa au bal qui suivit le concert.
Les journaux anglais et les français célébrèrent à l'envi ce
concert. Ils remarquèrent surtout l'enthousiasme si gracieux
et si animé du prince de Galles et son empressement sans
partage auprès de Mme Récamier.

Fêtée par toute la haute société anglaise, Mme Récamier s'y
constitua de durables amitiés, notamment avec la belle Élisabeth
Forster, qui devint par la suite duchesse de Devonshire et avec
le marquis de Douglas, futur duc d'Hamilton. Elle fréquenta le
duc d'Orléans (futur Louis-Philippe) et ses deux jeunes frères
également exilés, les princes de Beaujolais et de Montpensier,
qui moururent tous deux prématurément sous l'Empire.

Les témoignages rapportant les succès londoniens de
Mme Récamier sont innombrables. L'aristocratie anglaise
n'attendit pas ses visites et prit les devants pour aller la saluer.
Dans les *Souvenirs de cinquante ans* du vicomte Walsh, on relève
ce tableau de genre :

> Le premier dimanche du mois de mai (1802), jour où
> toute la capitale des trois royaumes se porte à Kensington
> Gardens pour l'ouverture du printemps, Mme Récamier
> parut au milieu de cette foule. Suivant la mode française
> d'alors, elle avait sur son chapeau un voile de dentelle, à
> l'Iphigénie, voile qui tombait jusqu'à terre, enveloppant la
> femme qui le portait d'une espèce de vapeur blanche,
> légère et diaphane. John Bull, peu courtois et galant d'habi-
> tude, se mettait à genoux.

Les journaux français n'étaient pas en reste et Paris était
tenu au courant des détails d'un voyage pourtant strictement
privé.

> La jolie Française va quitter Londres, écrit *Le Journal de
> Paris*, du 27 prairial an X. Les éloges, les vers, les applau-
> dissements la suivent et ne parviennent pas jusqu'à elle;
> elle repousse les hommages servis aux grâces par cette
> aimable modestie qui est une grâce de plus. Elle semble ne
> pas entendre toutes ces louanges et ne pas apercevoir tous
> ces empressements flatteurs dont partout elle est l'objet.
> Aussi un homme d'esprit lui disait hier : « Madame, vous
> avez donc le projet de partir d'ici sans avoir vu Mme Réca-
> mier ? »

Londres ne faisait pas oublier Paris à Juliette. De ce temps datent les premières lettres que lui adressa Mme de Staël :

Eh bien, belle Juliette, nous regrettez-vous? Les succès de Londres vous feront-ils oublier les amis de Paris? J'en ai vu un, Adrien, qui est vraiment triste de votre départ (13 floréal an X).

Adrien de Montmorency n'entendait pas se laisser oublier et, aux brefs billets pleins de coquetterie de Juliette, il répondait par de longues lettres, où il déplorait la durée de cette séparation. Mais Mme Récamier se plaisait en Angleterre et, après ces semaines triomphales à Londres, elle gagna la ville d'eaux de Bath, où les lettres d'Adrien vinrent la relancer :

Personne mystérieuse, inconcevable que vous êtes! Que vos sentiments, que vos procédés sont étranges! Qu'il est malheureux d'y attacher tant d'importance, tandis que vous n'y attribuez que de l'incrédulité. Vous avez une manière de déjouer tout ce qu'on vous dit qui empêche que je vous en dise davantage. Vos amis ne sont pas les miens, car il y a toujours quelque chose dans vos amitiés qui m'inquiète (Dampierre, 12 juin 1802).

Et quinze jours plus tard, il ajoute : *Vous êtes la personne la plus séduisante, la plus dangereusement aimable que j'aie jamais connue.*

Mme Récamier regagna la France en traversant la Hollande et revint à Paris au mois de juillet 1802. Son amie, Mme de Gérando, écrit alors à Mme de Stein :

Mme Récamier est de retour; nous sommes voisines et déjà presque amies. Je ne sais pourquoi elle a pris une sorte de goût pour moi. J'éprouve un irrésistible attrait pour sa délicieuse figure. C'est une bonne petite créature, point gâtée autant qu'elle pourrait l'être par son immense fortune et la folie de la mode et des hommes qui lui assignent le premier rang entre les jolies femmes.

De fait, cette situation brillante dissimulait des épreuves qui vont fondre assez rapidement sur la belle Juliette. La vie de celle-ci ne suscitait d'ailleurs pas des jugements unanimement bienveillants, et, à côté des dithyrambes précédents, il est piquant de citer ce rapport d'un agent secret de Louis XVIII sur le séjour à Londres :

Pendant que les classes supérieures de la société, que les amateurs et les artistes s'empressaient à Londres à rendre leurs hommages à Mme Récamier, le peuple s'était fait une singulière idée de cette femme; un émigré, qui a demeuré plusieurs années à Londres, étant allé y passer quelques jours, rendit visite à un de ses amis et fut reçu par une vieille gouvernante anglaise qui lui demanda quelles nouvelles il apportait de Paris : « Aucune, répondit-il. — Ah! ah! dit la vieille bonne, vous ne me parlez pas de Mme Récamier, il faut avouer que vos marchands sont bien habiles, ils nous envoient une marchande de modes déguisée; ils lui paient des frais de voyage énormes pour mettre en vogue, parmi nous, leurs modes et leurs chiffons, mais nous n'y serons pas longtemps attrapées. »

Évidemment, ce jugement populaire ne correspondait guère à la réalité d'un voyage dépourvu d'arrière-pensées commerciales.

D'Angleterre, Juliette avait seulement rapporté quelques amitiés compromettantes aux yeux du gouvernement consulaire. De surcroît, Benjamin Constant, familier de son salon, était tenu à carreau par le ministère de l'Intérieur. Enfin une crise plus sérieuse allait s'ouvrir autour de son ami lyonnais Camille Jordan : cet homme d'une grande probité politique avait fait imprimer, en 1802, une brochure ayant pour titre *Sens du vote national sur la question du Consulat à vie*. Au milieu d'éloges, cette brochure contenait de vives critiques contre le Premier Consul; l'édition fut saisie avant d'être mise en vente. Jordan, menacé d'arrestation, n'en fit pas moins réimprimer clandestinement sa brochure et la distribua en secret. Mme Récamier paraît avoir eu part à cette diffusion qui attira sur elle l'attention de la police à un moment malencontreux, celui d'une affaire beaucoup plus grave dans laquelle M. Bernard, père de Juliette, allait risquer sa liberté et peut-être sa vie.

L'arrestation de M. Bernard

Haut fonctionnaire au temps de Louis XVI, le père de Juliette Récamier était resté royaliste de tendances et d'opinions. Toutefois, parce qu'il était un ami de l'ordre public, il avait accepté une place dans le régime consulaire, et, au cours de l'année 1800, avait été pourvu du rôle délicat d'administrateur des Postes.

Tout donne à croire qu'il mit sa situation à profit pour aider la contre-révolution royaliste. Méneval assure dans ses *Mémoires* que « M. Bernard prêtait son couvert à une feuille périodique, rédigée par un de ses amis, l'abbé Guyot, contre le gouvernement, le Premier Consul et les membres de sa famille, ce qui était un abus de confiance caractérisé ».

Il semble que la responsabilité du fonctionnaire ait été moins directement engagée : il n'était pas le promoteur des libelles incriminés, mais avait profité des facilités offertes par ses fonctions pour assurer leur diffusion. Une enquête policière fit découvrir la filière.

Mme Bernard et Mme Récamier ne soupçonnaient pas ces activités clandestines qui leur furent brusquement révélées un soir de l'année 1802. Juliette donnait un dîner pour réunir Élisa Bacciochi et La Harpe, qui ne se connaissaient pas; à ce repas étaient également invités Mme de Staël, le comte de Narbonne et Mathieu de Montmorency. La soirée s'annonçait agréable et la conversation fut vite très animée. Comme on sortait de table, un domestique vint remettre à Mme Bernard un billet; celle-ci y jeta un coup d'œil furtif et perdit connaissance. Il convient de passer la parole à Mme Récamier, car elle a relaté l'événement dans un des rares fragments conservés de ses *Mémoires* :

Je cours à elle, les secours qui lui sont prodigués la raniment; je l'interroge avec anxiété; elle me tend le billet qu'elle vient de recevoir : il contenait la nouvelle de l'arrestation de mon père conduit à la prison du Temple. Ce fut un coup de foudre pour tout ce qui était présent. Anéantie par ce cruel événement dont je n'osais envisager les conséquences, je sentis cependant la nécessité de surmonter ma douleur et, rassemblant toutes mes forces, je m'avançai vers Mme Bacciochi dont le maintien exprimait plus de malaise que d'attendrissement.

« Madame, lui dis-je d'une voix entrecoupée par l'émotion, la Providence qui vous rend témoin du malheur qui nous frappe veut sans doute faire de vous mon sauveur. Il faut que je voie le Premier Consul aujourd'hui même; il le faut absolument et je compte sur vous, madame, pour obtenir cette entrevue.

— Mais, dit Mme Bacciochi avec embarras, il me semble que vous feriez bien d'aller trouver Fouché pour savoir au juste l'état des choses. Alors, s'il est nécessaire que vous voyiez mon frère, vous viendrez me le dire et nous verrons ce qu'il sera possible de faire.

— Où pourrai-je vous retrouver, madame ? repris-je sans me laisser décourager par la froideur de ces paroles.

— Au Théâtre-Français, dans ma loge, où je vais rejoindre ma sœur qui m'attend. »

Un pareil rendez-vous, dans un pareil moment, me fit tressaillir; toutefois ce n'était pas le temps de manifester mes sentiments. Je demandai ma voiture et courus chez Fouché. Il me reçut en homme qui savait bien ce qui m'amenait chez lui. Il m'écouta en silence et répondit laconiquement à mes questions :

« L'affaire de M. votre père est grave, très grave, mais je n'y puis rien; voyez le Premier Consul ce soir même; obtenez que la mise en accusation n'ait pas lieu; demain il ne sera plus temps; c'est tout ce que j'ai à vous dire. »

Je le quittai dans un état d'angoisse impossible à rendre. Mon seul espoir était alors Mme Bacciochi; je me décidai, quoi qu'il m'en coûtât, d'aller la chercher au rendez-vous qu'elle m'avait indiqué. En arrivant au Théâtre-Français, je pouvais à peine me soutenir. Le bruit, la foule, les lumières, me causaient une sensation étrange et douloureuse. Je m'enveloppai de mon châle et me fis conduire à la loge de Mme Bacciochi qu'on m'ouvrit pendant un entracte.

Elle était avec Mme Leclerc; en me reconnaissant, elle ne put réprimer l'expression d'une vive contrariété, mais j'étais soutenue par un sentiment trop fort pour en tenir aucun compte :

« Je viens, madame, lui dis-je, réclamer l'exécution de votre promesse. Il faut que je parle ce soir même au Premier Consul ou mon père est perdu.

— Eh bien, me dit Mme Bacciochi froidement, laissez achever la tragédie; dès qu'elle sera finie, je suis à vous. »

Il fallait bien se résigner à attendre; je m'assis ou plutôt je me laissai tomber dans le coin le plus reculé de la loge. Heureusement pour moi c'était une loge d'avant-scène, très profonde et assez obscure, où je pouvais du moins me livrer sans contrainte à toutes mes désolantes pensées. Je remarquai alors, pour la première fois, dans le coin opposé au mien, un homme dont les grands yeux noirs attachés sur moi exprimaient un si ardent et si profond intérêt que je m'en sentis touchée. Après avoir essuyé tant de froideur, j'éprouvais quelque soulagement à rencontrer un peu de bienveillance et de compassion.

Les autres présents ayant continué leurs frivoles propos,

l'inconnu laissa échapper un mouvement d'impatience... et il se pencha vers Mme Bacciochi :

« Mme Récamier paraît souffrante, lui dit-il à demi-voix ; si elle voulait m'en accorder la permission, je la reconduirais chez elle et je me chargerais de parler au Premier Consul.

— Oui, sans doute, répondit Mme Bacciochi, enchantée d'être déchargée de cette corvée. Rien ne peut être plus heureux pour vous, ajouta-t-elle en se tournant vers moi. Confiez-vous au général Bernadotte, personne n'est plus en situation de vous servir. »

J'étais si pressée de sortir de cette loge, d'échapper au poids d'un service que l'on me faisait si chèrement acheter, que je me hâtai d'accepter les offres du général Bernadotte ; je pris son bras et je sortis avec lui. Il me conduisit à ma voiture où il se plaça près de moi, après avoir donné ordre à la sienne de le suivre. Pendant tout le chemin, il s'efforça de me rassurer sur le sort de mon père et me répéta tant de fois qu'il était sûr d'obtenir de Bonaparte que le procès ne fût point entamé que j'arrivai chez moi un peu consolée. Il me quitta pour se rendre aux Tuileries, promettant de me rapporter le soir même une réponse, quelle qu'elle fût.

Cet événement paraît capital dans la vie de Mme Récamier et il allait la marquer pour les années à venir : en quelques heures, elle avait pris la haine du Premier Consul, haine qui sera attisée par l'influence de Mme de Staël, et conduira ces deux femmes célèbres à une attitude d'opposition qui les vouera aux proscriptions et aux persécutions de tous ordres, tant que la France sera soumise à Bonaparte.

La nouvelle de l'arrestation de M. Bernard s'étant rapidement propagée, le salon de Mme Récamier s'était empli d'une foule de curieux. La maîtresse de maison les écarta quand Bernadotte revint pour lui dire à l'oreille que sa démarche avait été couronnée de succès, que M. Bernard ne serait pas mis en accusation et que sa mise en liberté pourrait être rapide.

Quoique un peu rassurée, Mme Récamier ne put dormir et elle passa la nuit à chercher par quels moyens elle pourrait approcher son père, tenu au secret. Elle connaissait un peu un gardien du Temple nommé Coulommier. Bravement, elle alla le trouver, et celui-ci conduisit la visiteuse auprès du prisonnier.

Elle avait à peine fini de rendre compte de ses démarches à M. Bernard que Coulommier reparut, tout pâle, saisit Mme Récamier par le bras et l'entraîna dans un cachot obscur dont il referma la porte sur elle.

Les deux heures que Juliette passa dans ce trou sombre, où elle évoqua les fantômes de la famille royale qui y avaient vécu de tristes jours moins de dix ans auparavant, ne s'effacèrent jamais de sa mémoire. Enfin elle entendit un bruit, celui d'une clef tournant dans la serrure. Un rai de lumière passa par la fente de la porte entrouverte :

« J'ai eu une belle peur dit le gardien, suivez-moi et ne me demandez plus rien de pareil. »

J'appris alors, continue Juliette, qu'on était venu chercher mon père pour le conduire à la préfecture de Police, où il devait subir un interrogatoire. [...]

Bernadotte, cependant, n'abandonna point la tâche qu'il avait entreprise. Un matin, il arriva chez moi, tenant à la main l'ordre de mise en liberté de mon père, qu'il me remit avec cette grâce chevaleresque qui le distinguait. Il demanda, comme seule récompense, la faveur de m'accompagner au Temple pour délivrer le prisonnier. Ce fut un beau jour. Mon père fut destitué; je devais m'y attendre. Le gouvernement était dans son droit.

A Sainte-Hélène, l'Empereur s'est souvenu de cette circonstance. Las Cases en parle dans le *Mémorial*. Napoléon était pourvu d'une solide mémoire; il n'avait jamais oublié la radieuse apparition de Mme Récamier. Cette beauté l'avait séduit au premier abord, et il découvrait son hostilité. Autour de cette séduisante créature se groupaient des esprits critiques et des opposants; son père était un agent royaliste, ses amis des agitateurs ou des censeurs.

On ne brave pas impunément le pouvoir d'un tyran. Bientôt la foudre tombera sur le salon Récamier; elle n'épargnera ni la belle Juliette, ni les affaires de son mari, ni les amis qui gravitent dans ce foyer d'opposition, et bien des vies et des œuvres seront profondément modifiées par l'animosité du maître de la France.

La fermeture du salon Récamier

L'orage gouvernemental éclata sur les proches de Mme Récamier au début de 1803. Adrien de Montmorency en fut la première victime. Le cabinet noir avait décacheté une de ses lettres dans laquelle il examinait la situation politique de la France au cas où celle-ci perdrait Bonaparte, et il y avait posé cette question irrévérencieuse : « Qui diable mettrions-nous à la place de ce petit polisson-là ? »

Le Premier Consul avait trouvé le propos insupportable de la part d'un duc et pair, ancien émigré, à qui il avait permis de regagner sa patrie et d'y vivre paisiblement. Le duc de Laval reçut donc l'ordre de quitter le territoire.

Ce n'était qu'un début. Peu après la brochure de Camille Jordan, Necker avait publié en Suisse ses *Dernières vues de politique et de finances*. Bonaparte avait rencontré Necker à Genève, avant d'entreprendre la campagne de Marengo. L'homme lui déplut ; il l'avait trouvé « pareil à un lourd régent de collège », mal informé des questions financières et avait jugé que l'activité de cet ancien Premier ministre et les intrigues de sa fille étaient à ranger parmi les causes de la Révolution.

Or le livre que publiait Necker était une analyse féroce de la constitution consulaire ; il prouvait que l'exécutif absorbait tous les pouvoirs ; il nommait Bonaparte « l'homme nécessaire » et, tout en déplorant l'abaissement du Tribunat, il proposait à la France une constitution nouvelle dont il était l'auteur. Pour finir, il posait cette question :

« Si Napoléon se décidait à établir une monarchie constitutionnelle, irait-il chercher le souverain dans l'ancienne maison régnante ou dans sa propre famille ? »

Persuadé que Mme de Staël avait inspiré cet écrit, Bonaparte était entré dans une grande fureur. Mme de Staël le comprit si bien qu'elle resta quelque temps à Coppet auprès de son père. Les griefs du Premier Consul contre la fille de Necker se nourrissaient aussi d'autres aliments. Elle avait poussé son ancien amant Benjamin Constant dans la politique ; celui-ci avait obtenu la nationalité française pour devenir membre du Tribunat ; il s'était immédiatement signalé dans cette Assemblée par un discours d'opposant qui avait provoqué sa radiation ; cet incident avait porté grand tort à Mme de Staël, dont le futur Empereur détestait les idées, les aventures et dédaignait le physique.

Consciente de l'antipathie qu'elle provoquait, Germaine de Staël parut mettre un point d'honneur à aiguillonner son adversaire : « Il me craint, confiait-elle à Charles de Lacretelle, au cours de l'année 1802, c'est là ma jouissance, mon orgueil et c'est là ma terreur. »

Un roman épistolaire, *Delphine*, paru à la fin de 1802, allait mettre le feu aux poudres. Dans cet interminable écrit, qui eût

peut-être passé à la postérité si le texte en avait été resserré,
Mme de Staël offrait une peinture transparente de la société
consulaire. Chacun se plut à trouver des clefs aux personnages;
dans l'opinion, Delphine représentait Mme de Staël elle-même.
Mme de Vernon aurait eu pour modèle M. de Talleyrand qui se
vengea par un de ses plus jolis mots :

« On dit, déclara-t-il, que Mme de Staël nous a représentés
tous deux dans son roman, *déguisés en femmes*. »

Sous le personnage de M. de Lebensei, on distingua Benjamin Constant et l'on assura que Mme Récamier était peinte sous
les traits de Thérèse d'Ervins, puisque cette héroïne était mariée
à un homme âgé « et qu'une expression à la fois naïve et passionnée donnait à sa personne je ne sais quelle volupté d'amour
et d'innocence singulièrement aimable ».

Dans de nombreux comparses, la malignité publique se plut
à reconnaître quelques notables du régime consulaire. Ces allu-
sions et ces portraits irritèrent le Premier Consul; de surcroît
il jugea le livre immoral et le définit « vagabondage d'imaginations, désordre d'esprit, métaphysique du sentiment », jugement
qui se traduisit par une sentence brutale :

« J'espère que les amis de Mme de Staël ne l'ont pas avisée
de venir à Paris; je serais obligé de la faire reconduire à la
frontière par la gendarmerie. »

Mme de Staël avait quitté la capitale en mai 1802 pour
s'occuper de son mari malade; celui-ci était mort au cours du
voyage. Son absence avait coïncidé avec le voyage de Juliette en
Angleterre; puis elle était revenue s'établir aux environs de
Paris, au village de Maffliers, en bordure de la forêt de Montmorency. Elle fit adresser des appels à Bonaparte par Fouché, par
Junot, par Joseph Bonaparte. Le Premier Consul répondit
brutalement : « Jamais la fille de M. Necker ne rentrera à Paris. »

Pour échapper à la police, car elle croyait son arrestation
imminente, Mme de Staël vint se réfugier chez Mme Récamier,
qui avait alors loué le château de Saint-Brice. La police perdit
ainsi sa trace pendant cinq jours, mais son hôtesse resta durablement compromise. Puis Mme de Staël retourna faire un tour à
Maffliers, où elle vit arriver un commissaire de police en civil
qui lui signifia, avec beaucoup de courtoisie, qu'elle devait quitter
la France. Ce n'était pas l'arrestation spectaculaire qu'elle avait
rêvée. Bonaparte n'ignorait pas les égards dus à une femme
célèbre. Mme de Staël tenta une dernière résistance : elle vint
séjourner au château de Mortefontaine, chez Joseph Bonaparte,
et celui-ci tenta en vain une démarche auprès de son frère, après

laquelle Mme de Staël se résigna à prendre la route de l'Allemagne. Mme Récamier fut très meurtrie par cette proscription.

J'avais pour Mme de Staël une admiration passionnée. L'acte arbitraire et cruel qui nous séparait me montra le despotisme sous son aspect le plus odieux. L'homme qui bannissait une telle femme, qui lui causait des sentiments si douloureux, ne pouvait être dans ma pensée qu'un despote impitoyable; dès lors mes vœux furent contre lui, contre son avènement à l'Empire, contre l'établissement d'un pouvoir sans limites.

On conçoit qu'une pareille attitude, rendue publique, ait suscité une réaction; elle se traduisit par une mesure de fermeture autoritaire du salon Récamier qui était ouvert à tous, chaque lundi.

Mais la mesure ne visant pas les invitations particulières, Mme Récamier continua à recevoir en privé des opposants de marque dont le plus notoire était le général Moreau. Le vainqueur de Hohenlinden, dont l'offensive sur Vienne avait permis de signer la paix de Lunéville, était l'un des hommes les plus brillants de ce temps, mais sa carrière avait souffert de son irrésolution. Pressenti pour tenter un coup d'État à l'automne de 1799, il avait préféré laisser courir le risque par Bonaparte, et regretté ensuite une attitude qui l'avait fait mettre d'autant plus à l'écart que son épouse, créole comme Joséphine, jalousait vivement la femme du Premier Consul.

Républicain de tendances, Moreau ne craignait pas de dire que Bonaparte était l'ennemi de la liberté. Dans son château de Grosbois, il recevait à la fois les sollicitations républicaines de Bernadotte et celles, royalistes, de Mme Récamier et de Mathieu de Montmorency.

Si une première conspiration, dite des généraux, tourna court en 1802, sans que Moreau fût vraiment inquiété, il n'en allait pas être de même alors de celle de 1804, fomentée par Georges Cadoudal, actionnée par Pichegru et encouragée par Moreau. Mme Récamier paraît avoir été au courant du complot et de l'entrevue de Moreau avec Cadoudal sur le boulevard des Capucines, au cours de l'hiver 1804.

Le 14 février 1804, Bonaparte, averti par Réal, qui avait obtenu les aveux d'un des conjurés, prit la grave décision de faire arrêter Moreau sur la route de Grosbois à Paris. Comme jadis Henri IV en avait usé pour Biron, le Premier Consul était prêt à pardonner à son compagnon d'armes si celui-ci passait aux aveux et faisait sa soumission. Par fierté, Moreau atermoya. Pichegru et Cadoudal ayant été arrêtés les jours suivants, il s'alarma et écrivit au Premier Consul une lettre que celui-ci versa au dossier du procès.

Peu de jours après, l'enlèvement et l'exécution du duc d'Enghien, conséquence directe de la conspiration, faisaient trembler l'Europe et incitaient le Sénat à offrir à Bonaparte la dignité d'empereur héréditaire, ce qui assurait la sécurité des institutions politiques et de ceux qui s'y étaient ralliés.

Le procès des conjurés s'ouvrit au mois de mai 1804. Juliette a laissé un récit de ce qu'elle en connut. Quand les débats commencèrent, la générale Moreau dit à Mme Récamier, que son mari serait sensible à une marque de sollicitude de sa part.

Le lendemain de cette conversation, rapporte Mme Réca- mier, je me fis un devoir d'aller au tribunal; j'étais accompa- gnée par un magistrat, proche parent de M. Récamier, Brillat-Savarin... Il me fit entrer par la porte qui s'ouvre sur l'amphithéâtre en face des accusés, dont j'étais séparée par toute la largeur de la salle. D'un regard ému et rapide je parcourus les rangs de cet amphithéâtre pour y chercher Moreau. Au moment où je relevai mon voile, il me reconnut et me salua. Je lui rendis son salut avec émotion et respect et je me hâtais de descendre les degrés pour arriver à la place qui m'était destinée... Chaque accusé était entre deux gendarmes; ceux qui étaient auprès de Moreau montraient de la déférence dans toute leur attitude. J'étais profondé- ment touchée de voir traiter en criminel ce grand capitaine dont la gloire était alors si imposante et si pure...

Moreau ne parla point. La séance terminée, le magistrat qui m'avait amenée vint me reprendre. Je traversai le par- quet du côté opposé à celui par lequel j'étais entrée, en suivant ainsi dans toute leur longueur les gradins des accusés. Moreau en descendait en ce moment, suivi de ses deux gendarmes et des autres prisonniers; il n'était séparé de moi que par une balustrade; il me dit, en passant, quelques mots de remerciement que, dans mon trouble, j'entendis à peine : je compris cependant qu'il me remerciait d'être venue et m'engageait à revenir. Cet entretien si fugitif, entre deux gendarmes, devait être le dernier.

Le lendemain, à sept heures du matin, je reçus un message de Cambacérès. Il m'engageait, dans l'intérêt même de Moreau, à ne pas retourner au tribunal. Le Premier Consul,

en lisant le compte rendu de la séance, avait dit brusquement :
« Qu'allait faire là Mme Récamier ? »

De fait, Mme Récamier ne put revoir Moreau. Condamné seulement à deux ans de prison, le général fut gracié par l'Empereur mais contraint de quitter la France.

Ayant vendu le château de Grosbois au maréchal Berthier, Moreau alla s'établir en Amérique. Avant de s'embarquer à Cadix, il écrivit une lettre d'adieu à Mme Récamier. Il ne devait revenir en Europe que pour combattre dans les rangs des Alliés, et tomber, frappé par un boulet français, à la bataille de Dresde en 1813.

Les désirs de l'Empereur

Une prise de position aussi nette en faveur d'un condamné politique avait fait classer définitivement cette jeune femme de vingt-sept ans parmi les opposantes au régime impérial. Mais, maintenant qu'il devenait un souverain héréditaire, l'Empereur cherchait à rallier autour de lui une partie de l'ancienne noblesse. Mme de la Rochefoucauld, première dame d'honneur de Joséphine, s'était chargée de convertir le Faubourg Saint-Germain.

Aux femmes déjà ralliées, telles Mmes de Rémusat, de Talhouët, de Luçay et de Lauriston, on vit bientôt se joindre quelques-uns des noms les plus anciens de la France monarchique : Mmes de Mortemart, de Bouillé, de Turenne, de Colbert, de Ségur, de Montesquiou. A un d'Aubusson La Feuillade demandant un grade de colonel, il fut proposé une clef de chambellan.

Les Montmorency prêchèrent la résistance :

Peu de jours après que Bonaparte monta sur le trône, a rapporté le duc de Laval, le baron de Breteuil rassembla chez lui tous les membres de notre famille et nous communiqua les ordres du nouvel empereur : ils signifiaient que nous devions tous, sans exception, nous attacher à son service, dans une carrière quelconque, et cela par des considérations qui pouvaient flatter notre orgueil. Le lendemain, nous nous réunîmes à l'hôtel de Tingry et nous prîmes l'engagement de ne jamais paraître à cette cour et de n'accepter aucun emploi; dans ce conseil de famille, Mathieu parla avec une force qui nous arracha des larmes.

Moralement dominée par Mathieu de Montmorency, il était assez naturel que Mme Récamier opposât, elle aussi, quelque résistance au cas où une offre lui serait faite.

L'éventualité se présenta très vite. On était à la fin de l'été de 1805. Juliette avait rouvert le château de Clichy et y recevait plus de monde que jamais. On s'étonnait d'y voir Fouché multiplier ses visites, alors qu'il se plaignait d'astreignantes occupations. Mme Récamier l'accueillait avec amabilité, car elle lui soutirait des grâces ou des faveurs pour ses amis en difficulté.

Un jour, le ministre de la Police, ayant réclamé un entretien particulier, fut invité à déjeuner pour le lendemain. Il arriva longtemps avant l'heure pour bénéficier d'un tête-à-tête avec Mme Récamier. Dans cette conversation il ne lui cacha point combien il déplorait la position d'opposante dans laquelle s'obstinait son hôtesse; après tout, l'Empereur avait gracié M. Bernard alors qu'il était coupable; la rancune n'était donc pas de mise.

La duchesse de Chevreuse, qui socialement représentait bien plus que Mme Récamier, sous la menace de la confiscation des biensd e la maison de Luynes, avait été contrainte par sa belle-famille d'accepter une place à la cour. La situation de Mme Récamier exigeait de la prudence, certains bruits peu favorables circulaient sur les gestions de son mari; on prétendait que la maison Récamier connaissait des échéances difficiles; la Banque de France, déjà dans la main.de l'État, était maîtresse du crédit.

« L'Empereur, depuis le jour déjà éloigné où il vous a rencontrée, ne vous a ni oubliée, ni perdue de vue; soyez prudente, ne le blessez point. »

Quoique un peu surprise des conseils donnés par Fouché, Mme Récamier le remercia; elle se déclara à la fois étrangère à la politique et fidèle à ses amis.

Quelques jours plus tard, le ministre de la Police, de retour à Clichy, entraîna Mme Récamier dans le parc :

« Devinez-vous avec qui j'ai parlé de vous hier au soir pendant près d'une heure? Avec l'Empereur!

— Mais il me connaît à peine.

— Depuis le jour où il vous a rencontrée, il ne vous a jamais oubliée, et quoi qu'il se plaigne que vous vous rangiez parmi ses ennemis, il n'accuse point vos sentiments personnels mais vos amis. »

Et Fouché insista vivement pour que Mme Récamier lui fît connaître ses dispositions réelles envers l'Empereur. Elle répondit avec franchise que d'abord elle s'était sentie attirée vers lui par l'attrait de sa gloire, l'éclat de son génie et les services qu'il avait rendus à la France; qu'en le rencontrant la grâce et la simplicité de ses manières avaient ajouté une impression aimable à une admiration préconçue, mais que la persécution exercée par le Premier Consul sur ses amis, la catastrophe du duc d'Enghien, l'exil de Mme de Staël, le bannissement de Moreau avaient froissé toutes ses sympathies et arrêté l'élan qui la portait vers lui. Fouché parut négliger la portée de tels propos et en vint directement à son sujet : Mme Récamier devait demander une place à la cour et elle aurait immédiatement satisfaction.

Juliette répondit que sa timidité et la simplicité de ses goûts ne l'inclinaient guère vers un pareil projet et que ses obligations d'épouse et de maîtresse de maison ne lui en laissaient pas le loisir.

Alors Fouché s'expliqua davantage : en acceptant une charge, Mme Récamier pourrait plus facilement intervenir en faveur des opposants et éclairer la religion de l'Empereur. « Il n'a pas encore, précisa-t-il, rencontré de femme digne de lui et nul ne sait ce que serait l'amour de Napoléon s'il s'attachait à une personne pure; assurément il lui laisserait prendre sur son âme une grande puissance qui serait toute bienfaisante. »

C'était le langage d'un entremetteur offrant à la plus belle femme du temps la situation de favorite impériale. La réputation de virginité de Mme Récamier ajoutait du piquant à la proposition. Fort inquiète, Juliette se confia à Mathieu de Montmorency; celui-ci conseilla la prudence et la réserve.

Quelques jours plus tard, Juliette déjeunait chez Caroline Murat au château de Neuilly. Fouché assistait au repas et il entraîna Mme Récamier dans une île de la Seine où se dresse encore un petit temple de l'Amour. Là, il revint à son sujet en présence de Caroline, en parlant seulement d'une place parmi les dames du palais.

La princesse appuya le ministre et proposa à Juliette de la prendre dans sa propre maison; pour l'amadouer, elle lui offrit la disposition de sa loge aux Français. Talma faisait alors des salles combles; désireuse de le voir jouer, Mme Récamier profita de l'occasion et utilisa deux fois la loge. Elle eut alors la surprise de voir l'Empereur assister à ces deux représentations dans la loge qui faisait face à celle qu'elle occupait. Avec une persistance affichée, Napoléon ne cessa de braquer sa lorgnette sur Juliette, et les courtisans, attentifs au manège, répétèrent à satiété qu'elle était à la veille de jouir d'une haute faveur.

Fouché reprit aussitôt l'offensive; sans tarder il se rendit à Clichy, prit Juliette à part et lui dit :

« Vous n'opposerez plus de refus; ce n'est plus moi, c'est l'Empereur lui-même qui vous propose une place de dame du palais et j'ai l'ordre de vous l'offrir moi-même. »

Mme Récamier allait-elle choisir le sort de Mme de Pompadour? Son hésitation ne fut pas longue : dans la soirée, Jacques-Rose Récamier revint de sa banque et comme Juliette l'avait fait naguère quand Lucien Bonaparte la poursuivait, elle fit part à son mari de l'offre qui lui était faite et de sa répugnance à l'accepter. Il rendit hommage à la droiture de son épouse et lui laissa toute liberté de guider sa conduite.

Forte de cette liberté, Mme Récamier répondit par la négative à la nouvelle démarche de Fouché. Celui-ci, furieux de voir ses plans renversés, s'emporta; éclatant en reproches contre Juliette et Mathieu de Montmorency, il prononça les mots d' « outrage à l'Empereur », flétrit la caste nobiliaire pour laquelle Napoléon montrait une indulgence fatale et, sur cet éclat, il quitta le château de Clichy pour n'y plus revenir.

En refusant d'être une nouvelle Esther, Juliette s'était préparé bien des traverses; elles vont rendre pathétiques les dix années suivantes de sa vie, celles qui vont jusqu'à la restauration monarchique.

DEUXIÈME PARTIE

LE SILLAGE DE CORINNE
(1805-1817)

Je n'ai jamais vu dans personne une union si intime entre l'âme et le corps que chez vous. C'est, au reste, ce qui a donné tant de charme à votre beauté...

Vous vous enivrez des parfums que l'on brûle à vos pieds. Vous êtes ange en beaucoup de choses, vous êtes femme en quelques autres...

BALLANCHE
Lettres à Mme Récamier
des 14 février et 5 mars 1816.

CHAPITRE IV

LE ROYAUME DE COPPET

LUEURS SUR MADAME DE STAËL || A QUARANTE LIEUES DE PARIS ||
LA RUINE DE M. RÉCAMIER || LA MORT DE MADAME BERNARD ET
L'APPARITION DE CORINNE || LA VIE AU CHATEAU DE COPPET.

Lueurs sur Mme de Staël

« L'EUROPE était envahie; et, au sein de l'Europe, sur les bords du lac de Genève, était un coin de terre où s'étaient réfugiées à la fois la politesse et l'élégance des anciennes mœurs françaises, l'indépendance de la pensée, les idées généreuses de patriotisme et de liberté. Et ce coin de terre était un lieu d'exil sur lequel le maître du monde daignait souvent abaisser son regard menaçant.

« Cependant, au château de Coppet, il y avait autre chose que le culte de la pensée libre et indépendante. Un sentiment romanesque de poésie, tous les arts qui parlent aux nobles facultés de l'homme, y avaient aussi trouvé un asile.

« Mme de Staël avait reçu de la nature des facultés immenses et cette prodigieuse activité qui les fait toutes valoir. Son esprit vaste embrassait tout le domaine de l'intelligence humaine et son âme ardente était faite pour reculer toutes les limites. Elle portait dans sa pensée tout l'avenir de l'Europe... Auprès d'elle était une autre femme dont nous ne devons point confier le véritable nom à la voix indiscrète de la renommée; nous l'appellerons Léonie. »

Ce passage du manuscrit de Ballanche sur Mme Récamier, facile à reconnaître en Léonie, est la meilleure introduction aux dix années qui vont s'écouler.

Mme Récamier va être meurtrie par la vie, frappée dans ses affections, dans ses biens, dans ses sentiments. Mais elle surmontera ses épreuves, car elle sera constamment soutenue par l'amitié d'une femme, très virile de physique et de caractère, dont elle partagera les soucis et aussi les tendresses.

« *C'est une des personnes que j'aime et que j'admire le plus* », écrit-elle à un ami à propos de Mme de Staël, au moment de la mort de Necker [1]. Entre ces deux créatures d'exception — l'esprit et la beauté, selon le mot déjà cité — vont se resserrer des liens si tendres et si solides qu'ils donnent un peu à rêver : l'amitié y frôle l'amour, bien que chacune des intéressées ait continué à vivre ses aventures personnelles, faites pour l'une d'excès et pour l'autre d'abstentions.

Au moment où Mme de Staël et l'asile de Coppet vont tenir le premier rang de la scène, il est nécessaire de connaître un peu ce lieu et celle qui l'anima d'une manière si brillante que le souvenir ne s'en est jamais effacé.

Fille de Jacques Necker et de Suzanne Curchod, Germaine était née à Paris en 1766. Son père était alors un banquier important, déjà possesseur d'une fortune considérable. La réputation de grand financier dont jouissait Necker, le fit appeler au Contrôle général par Louis XVI, en 1776, bien qu'il fût Suisse et protestant. La célébrité de Necker n'avait fait alors que croître et la précocité d'esprit de sa fille n'y avait pas été étrangère. Intelligente, instruite, douée pour les arts et les lettres, elle eût été assurément l'un des premiers partis de Paris s'il n'avait fallu compter avec des réserves : la première fut la disgrâce de Necker, après la publication du Compte rendu de 1781, et les assignations à résidence qui en furent plusieurs fois la conséquence. La religion joua également un rôle dans un pays où, le protestantisme ayant été aboli, ses adeptes n'existaient pas aux yeux des lois. Il était donc probable que Germaine ne pourrait se marier qu'à l'étranger : une union envisagée avec le jeune William Pitt eût probablement donné un tour différent à son existence.

On se rabattit sur un gentilhomme suédois de bonne maison, Eric Magnus de Staël-Holstein; il était perdu de dettes, mais, son union lui assurant l'ambassade de Suède à Paris, le parti paraissait acceptable.

Le mariage n'alla pas sans difficultés; elles furent en partie aplanies par un collègue de Necker, le maréchal de Castries,

1. Inédit des archives de la comtesse de Pange, née Broglie.

ministre de la Marine; il raconte dans son Journal inédit que le 13 juillet 1784, il alla supplier la reine Marie-Antoinette d'autoriser le mariage. Castries obtint l'agrément royal. Ce fut au tour de Necker de faire des difficultés et il fallut plusieurs mois pour le convaincre de céder.

La suite allait montrer combien les inquiétudes de Necker étaient fondées; il voulait que sa fille fût heureuse; ce mariage, si lent à élaborer, fut malencontreux; il n'apporta à Germaine ni la sécurité, ni le bonheur; en revanche, il fortifia en elle un goût de la liberté et elle le contenta par l'aventure.

Ce serait une recherche oiseuse et décevante que de recenser tous les amants de Germaine. Parmi les plus anciennement connus il semble que l'on puisse compter Mathieu de Montmorency et Talleyrand. Son premier grand entraînement de cœur fut le comte de Narbonne-Lara, probablement fils adultérin de Louis XV, auquel il ressemblait de manière troublante. Aux côtés de Narbonne, ministre de la Guerre de Louis XVI, Germaine espéra modifier la politique de l'Europe. Ses rêves s'effondrèrent quand, en mai 1792, fut constitué le ministère girondin.

Bientôt, pour sauver sa vie, Germaine dut se résigner à l'exil. Réfugiée en Angleterre, elle anima le petit groupe d'émigrés de Juniper Hall, où régna Talleyrand, puis, quand les circonstances le lui permirent, elle alla rejoindre son père au château de Coppet.

Ce château, toujours intact, domine les rives du Léman, face au mont Blanc, à quatre lieues de Genève; c'est un des endroits les plus attachants qui existent au monde.

Necker l'acquit en 1785, dans l'intention d'y prendre sa retraite et le fit aménager aussi confortablement que l'époque le permettait. En 1789 il le mit à la disposition du maréchal de Castries et des siens qui y vécurent un peu plus d'un an. Coppet fut alors une des étapes des émigrés gagnant Turin ou cherchant un établissement en Suisse. Ces activités attirèrent dangereusement l'attention de l'Assemblée constituante. En 1790, le maréchal de Castries quitta les lieux, car Necker, écarté du pouvoir, souhaitait s'y retirer.

Une grande époque allait commencer pour Coppet quand Germaine vint y résider en 1794. Pendant plus de vingt années inoubliables, le nom de Coppet va rayonner sur l'Europe, comme un bastion de l'esprit et un refuge de la liberté.

Autour de Germaine se groupaient quelques émigrés qui lui devaient leur salut : les plus notoires étaient Adrien et Mathieu de Montmorency.

Une visite imprévue allait bientôt modifier durablement l'atmosphère. Le 19 septembre 1794, un jeune cavalier de vingt-sept ans avait quitté Lausanne pour se rendre à Coppet, car il éprouvait un grand désir d'en connaître la châtelaine. Il croisa celle-ci sur la route, comme Mme de Staël se rendait à sa maison de Mézery, près de Nyon, où elle donnait asile aux émigrés français. Elle fit monter dans sa voiture ce voyageur assez maigre, à la chevelure roussâtre. Il avait dit se nommer Benjamin de Constant de Rebecque, appartenir à une famille protestante d'origine française, réfugiée en Suisse depuis la révocation de l'édit de Nantes.

Dans ce jeune homme, qui s'adonnait alors à des essais littéraires auprès d'une femme de lettres d'âge canonique, Mme de Charrière, Germaine de Staël discerna immédiatement « l'un des premiers esprits de l'Europe ».

Après une vie aventureuse et un long séjour à la cour de Brunswick, où il avait contracté un mariage malheureux avec Minna von Cramm, Constant trouva dans Coppet une maison de délices. Sensible à l'intelligence de Mme de Staël, il caressa le rêve non désintéressé de devenir son amant. Mais l'homme, ne répondant pas à son idéal physique, ne parut point à Germaine suffisamment prometteur de voluptés : elle le renvoyait chaque soir, avant minuit, et un jour, dans un mouvement de colère, Benjamin brisa sa montre qu'il appelait « l'instrument de sa condamnation ».

Une des nuits suivantes, des plaintes éveillèrent le château endormi; elles provenaient de la chambre de Constant. Mathieu de Montmorency s'y précipita.

Benjamin, blême et hoquetant, montra du doigt la fiole d'opium à laquelle il avait demandé la fin de ses tourments; il réclama la maîtresse de maison pour lui dire un suprême adieu. Germaine se pencha sur le lit du moribond qui la couvrit de baisers et protesta de l'irrévocable amour dont il allait mourir. Mme de Staël le supplia d'avaler un contrepoison.

Ainsi débuta l'ère de ces « suicides de Coppet » tant raillés par Sainte-Beuve, car ces suicides n'ouvraient point les portes des tombeaux, mais seulement celles des alcôves. Le jour suivant, Benjamin pouvait écrire fièrement dans son journal intime : « Je n'ai pas racheté de montre, je n'en ai plus besoin. »

Tel fut le théâtral début d'une des aventures les plus illustres de l'histoire littéraire, qui, après un enivrement de quatre ans, devint aux deux amants une chaîne souvent insupportable, qu'ils n'arrivèrent jamais à rejeter complètement.

La liaison fut honorée d'un fruit, une fille, qui sous le nom de Staël sera plus tard la duchesse de Broglie et transmettra à ses descendants les intelligences conjointes de ses deux auteurs.

Mme Récamier, qui connut Mme de Staël à l'époque où cet amour n'était plus qu'une source de souffrances, jugea celui-ci avec lucidité : *De tout temps, leurs esprits s'étaient convenus bien mieux que leurs cœurs; c'est par là qu'ils se reprenaient toujours.*

Quand Mme de Staël était revenue à Paris en 1798, non seulement Juliette devint son amie, mais elle fréquenta tout son groupe, ce qui marquera toute sa vie.

En 1803, à l'époque où Germaine dut quitter la France sur l'injonction de Bonaparte, Constant cherchait à se détacher de l'impétueuse amante qu'il surnommait « l'homme-femme ». Il envisageait — son sot mariage ayant été dissous — de contracter une union nouvelle avec une ancienne maîtresse, Charlotte de Hardenberg, baronne de Marenholz, remariée à un émigré français nommé du Tertre. Dans la servitude nouvelle qu'il recherchait, il croyait trouver enfin le moyen d'échapper à l'empire de Germaine de Staël.

Celle-ci avait voyagé en Allemagne où elle avait rencontré Wieland, Gœthe et Schiller, puis attiré dans ses filets un savant germanique, Auguste-Guillaume Schlegel, qui allait vivre à ses côtés comme précepteur de ses enfants après lui avoir signé ce curieux serment d'allégeance :

Je déclare que vous avez tous les droits sur moi et que je n'en ai aucun sur vous. Disposez de ma personne et de ma vie, ordonnez, défendez, je vous obéirai en tout. Je n'aspire à aucun autre bonheur que celui que vous voudrez me donner. Je ne veux rien posséder. Je veux tout tenir de votre générosité. Je consentirai volontiers à ne plus penser à ma célébrité, à vouer exclusivement à votre usage personnel ce que je puis avoir de talents et de connaissances. Je suis fier de vous appartenir en propriété. Vous avez sur moi une puissance surnaturelle, contre laquelle il serait vain de lutter. J'ai perdu une partie de ma vie à chercher, j'ai enfin trouvé ce qui est impérissable et ne me quittera plus jusqu'au tombeau.

Cet homme de trente-six ans, critique déjà célèbre en Allemagne, devait désormais dévouer sa vie à Mme de Staël, vivant dans son ombre comme un esclave, dédommagé par un traitement confortable.

Sur ces entrefaites, la nouvelle de la mort de Necker vint douloureusement bouleverser Germaine. L'ancien Premier ministre de Louis XVI s'était éteint à Coppet, après avoir contribué, peut-être involontairement, au bouleversement du monde occidental.

De Weimar, Mme de Staël reprit la route de Suisse, le 1er mai 1804, en compagnie de Schlegel et de Benjamin Constant, venu consoler sa tyrannique amie. L'arrivée à Coppet fut dramatique : en descendant de voiture, Germaine poussa un cri déchirant et on dut l'emporter, évanouie, dans ses appartements.

Devenue l'une des femmes les plus riches de l'Europe, Mme de Staël souffrit d'être immobilisée à Coppet; elle n'aimait point ce lieu, malgré son charme, car il était à ses yeux le symbole de l'exil. Toutefois, elle organisait peu à peu autour d'elle une véritable cour pour tromper son ennui.

Bien qu'elle atteignît à peine quarante ans, Germaine, qui n'avait jamais été bien jolie, s'empâtait, son nez devenait rubicond, ses bras énormes. Benjamin repoussait ses avances :

« Je ne voudrais pas qu'on me demande de l'amour, après dix ans de liaison, lorsque nous avons tout près de quarante ans et que j'ai déclaré deux cents fois depuis longtemps que de l'amour je n'en avais plus. »

A défaut de Benjamin, Mme de Staël se laissait faire, par Elzéar de Sabran, jeune poète distingué, une cour qui resta vraisemblablement platonique, car la châtelaine de Coppet avait déjà jeté son dévolu ailleurs.

Un voyage en Italie, en 1805, fut marqué par une passade avec un jeune Portugais, Dom Pedro de Souza, âgé seulement de vingt-quatre ans, puis, à l'été de cette même année, ce fut une passion pour un autre héros de roman, celui qu'elle peindra dans *Corinne* sous le nom d'Oswald, le fils du préfet de·Genève, le jeune Prosper de Barante.

Il avait vingt et un ans quand, en 1804, son père le conduisit à Coppet pour la première fois; il professait pour Mme de Staël une grande admiration et conquit aisément son amitié; il ne se douta probablement pas tout de suite du feu qu'il avait allumé dans le cœur et les sens d'une femme mûrissante. Il semble que le pas fut franchi assez rapidement et que les essais furent concluants. Veuve depuis trois ans, la baronne de Staël-Holstein estima qu'elle ne dérogerait point en s'appelant Mme de Barante, et, à l'automne de 1805, Prosper s'engagea à épouser Germaine.

M. de Barante intervint alors : il fit remarquer à son fils qu'il avait seize ans de moins que Mme de Staël, pas de fortune personnelle, une carrière à assurer. Préfet de l'Empire, M. de Barante, respectueux de toutes les convenances, songeait aussi à lui-même et se souciait assez peu d'une union qui serait jugée aussi sévèrement sur le plan social que sur le plan politique.

Et, tandis que, sur le petit théâtre de Coppet, Mme de Staël, s'essayant au rôle de Phèdre, déclamait des vers d'amour à Barante-Hippolyte, le préfet de Genève faisait attacher son fils au Conseil d'État.

Pour continuer à voir « l'aimable Prosper », Mme de Staël entreprit des démarches en vue de revenir en France; elles vont aboutir et mêler désormais sa vie à celle de Mme Récamier.

Toutefois, Germaine ne fut pas autorisée à résider dans Paris : Fouché obtint seulement de l'Empereur qu'elle demeurât au moins à quarante lieues de la capitale.

A quarante lieues de Paris

« Surtout qu'elle ne dépasse point ses quarante lieues », avait précisé Napoléon à Fouché. Quarante lieues, c'étaient alors seize heures de voiture consécutives, donc l'isolement et la coupure avec Paris.

Espérant adoucir son sort par un grignotement progressif des distances, Mme de Staël, tout en ne rêvant que de Prosper, avait pris la route de France le 19 avril 1806, accompagnée de ses enfants, de Schlegel et du comte de Souza, qui lui tint compagnie quelques jours, avant de regagner le Portugal.

Mais elle songeait aussi à Mme Récamier, comme à un double d'elle-même, et c'est au cours de l'été 1806 que l'amitié des deux femmes va prendre un tour exalté.

Pour son établissement en France, Mme de Staël avait loué au banquier Bidermann le château de Vincelles, entre Avallon et Auxerre, en se ménageant également une résidence dans cette dernière ville.

Elle s'ennuya immédiatement et, dès le 8 mai, Schlegel et Albert de Staël, fils aîné de Germaine, étaient envoyés à Paris pour y chercher Mme Récamier.

Deux jours plus tard, Juliette était auprès de son amie, précédée de quelques heures par Mathieu de Montmorency. Mais, inquiète de la santé de sa mère, Juliette ne put rester qu'une journée; elle revint faire un séjour entre les 20 et 25 mai. C'étaient les premières retrouvailles des deux amies depuis les jours tragiques de Saint-Brice, où la police de Bonaparte avait traqué Mme de Staël : ces nouveaux contacts furent une griserie, comme si l'absence avait nourri l'amitié.

Pendant bien longtemps, le secret de ces premières conversations et de celles plus longues de juillet 1806 n'a pu être percé. Le journal intime de Benjamin Constant a complété utilement les indications que l'on avait pu tirer des lettres de Mme de Staël, qui révèlent une amitié de plus en plus exaltée, où il semble pourtant que, comme avec les hommes, Juliette soit réservée alors que Germaine s'enthousiasme.

« Je vous serre sur mon cœur avec plus de dévouement qu'aucun amoureux ne pourrait le faire », écrit Germaine, le 27 mai, et elle lance de nouveaux appels tandis que Juliette, retenue par la maladie de Mme Bernard, se voit obligée de différer sa venue.

Enfin, le 15 juillet, au soir, Juliette prenait la route en compagnie de Benjamin Constant. « Couru la poste la nuit, note-t-il. Nuit bizarre », propos que la suite rendra plus énigmatique encore.

Adrien de Montmorency les accueille, et Constant écrit à son sujet : « Celui-ci est d'autant plus amoureux qu'on ne l'aime plus. C'est la règle », ce qui donne à penser qu'il est plus facile de juger pour les autres que pour soi-même.

Onze jours plus tard, Juliette regagnait Paris et Benjamin Constant, resté à Vincelles, recommençait à se quereller avec Germaine.

Mme de Staël espérait que pour son anniversaire, le 15 août, devenu fête nationale, l'Empereur proclamerait une amnistie qui lui permettrait de regagner Paris. Rien ne vint. Germaine s'installa à Auxerre pour y soigner plus commodément Schlegel, atteint de fièvre récurrente. D'Auxerre, elle écrit à Mme Récamier cette lettre sur laquelle on s'est beaucoup interrogé :

Je suis inquiète de votre situation. Tout le monde en parle. Vous devenez un prix pour l'amour-propre autant que pour l'amour. Prenez-y garde, chère amie, aimez-vous assez pour être heureuse ? C'est à cette simple réflexion que se borne ma morale. Ah ! vous, du moins, vous êtes sûre d'être aimée.

Il semble que ce propos visait le prince Pignatelli, que l'on retrouvera dans la vie de Mme Récamier et qui semble un de ces nombreux amoureux qu'elle laissa s'avancer sans rien lui concéder.

Au cours d'un nouveau séjour à Vincelles, au mois d'août, Mme Récamier et Mme de Staël formèrent le projet d'acheter un château en commun, projet que les circonstances ne permirent pas de réaliser. Mme de Staël se raccrochait d'autant plus à

Juliette que Prosper semblait la fuir; il avait été informé de la présence de M. de Souza lors du trajet de Coppet à Vincelles, et en avait été froissé. Revenu à la maison, il s'était dit que ce serait pour lui une folie que d'épouser Mme de Staël. Celle-ci le convoqua donc à Vincelles, il céda par trois fois et reçut des remontrances de son père.

Une autre influence allait le ramener au sens commun, mais par le biais d'une autre folie. Pressée de rentrer à Paris, Mme de Staël envoya Prosper chez Juliette Récamier pour qu'il envisageât avec elle les moyens d'adoucir son sort. Juliette fit intercéder Murat et, à cette occasion, elle revit Prosper. Elle constata qu'il n'était plus jaloux de M. de Souza.

Mme de Staël avait pressenti ce qui était en train de se jouer. Juliette était coquette et belle, Prosper très sensible au charme féminin. Son amant et sa meilleure amie allaient-ils la décevoir à la fois ? Germaine ne put s'empêcher de laisser percer le bout de l'oreille : « Est-il vrai, chère Juliette, que vous avez la douce intention de venir me voir ?... Venez avec Mathieu et *non pas avec Prosper.* »

Consciente des inquiétudes de son amie, Juliette souriait peut-être, car elle savait arrêter où il le fallait ses aventures; du moins elle en était sûre encore.

M. de Barante père était peut-être moins tranquille, puisqu'il intervenait au ministère pour que l'on envoyât son fils en mission à l'étranger. Prosper semblait peu pressé de s'en aller. En Juliette, il avait soudain découvert la féminité et compris la tendresse. Peut-être même fut-il inquiet de son propre cœur. Il accepta une mission en Espagne. Rassurée, Mme de Staël rappela auprès d'elle Pedro de Souza. Puis elle brava les règlements policiers et rencontra Prosper à Étampes, sa première étape sur la route d'Espagne.

Ensuite, Mme de Staël gagna Rouen, où Fouché l'avait autorisée à résider temporairement. Prosper revint d'Espagne dès la fin de septembre 1806. Il reprit contact avec Germaine pour lui jurer une éternelle amitié et se mit à faire la cour à Juliette, osant écrire à Mme de Staël :

Je vois souvent la belle amie et je m'attache à elle ; j'ai un peu sa confiance. Elle me conte ses mille et un commencements d'amour, le vide de son âme. J'ai peur que cette habitude de gaspiller le sentiment ne s'oppose à tout bonheur vif pour elle. Nous parlons souvent de vous ; elle vous aime, dit-elle, beaucoup.

Prosper de Barante a tenu un journal; on y lit à la date du

17 novembre 1806 : « Beaucoup changé. Pensé à ma situation. Envie de me marier, mais pour aimer et être aimé. Crainte de rechercher ce plaisir ailleurs si je ne me marie pas. J'ai penchant à chercher ce genre de rapport avec Juliette. »

Germaine n'eût guère goûté le propos et moins encore celui du 19 novembre : « Je pense avec déplaisance à cette tyrannique liaison — embarras de la rompre — souhait d'être en situation de me marier. Je veux me marier pour être heureux. »

Mais lui sera-t-il possible d'oublier Juliette qui, il le sent, tient maintenant une grande place dans sa vie ? Alors il accepte une mission en Allemagne sous les ordres de Daru.

Ce départ d'un amoureux qui eût peut-être emporté la victoire, car il était jeune, beau et charmant, coïncida pour Mme Récamier avec une tragique épreuve : elle qui avait vécu dans le luxe et les facilités depuis sa quinzième année, allait soudain connaître la gêne : la banque Récamier était au bord de la faillite.

La ruine de M. Récamier

Mme Récamier avait dédaigné les avances non déguisées que Fouché lui avait faites de la part de Napoléon. Elle crut « que puisqu'elle consentait à l'oublier, nul n'avait le droit d'en conserver du ressentiment ». C'était là une grande naïveté; un homme qui a vraiment désiré une femme se souvient de son refus, et plus encore s'il est tout-puissant. En dépit de ses grandeurs, Napoléon s'est toujours montré assez bassement vindicatif et son admiration pour Corneille ne l'a jamais converti au « Soyons amis, Cinna ».

Mme Récamier ayant repoussé l'offre du maître, il était à prévoir que celui-ci ne laisserait pas passer l'occasion de se venger si elle se présentait et son impitoyable mémoire avait pour toujours rangé le nom de Récamier parmi ceux des suspects.

La situation de la banque Récamier, si prospère sous le Directoire, avait commencé à péricliter pendant le Consulat; le franc de Germinal, qui paraît, rétrospectivement, avoir été la plus solide de nos monnaies, débuta dans l'incertitude. La rupture de la paix d'Amiens en 1803 fit renaître la méfiance dans le billet de banque; le remboursement en espèces fut de plus en plus souvent réclamé. Quand la guerre reprit en 1805, les guichets furent assaillis de porteurs de papier réclamant de l'or; ce mouvement devint une panique quand fut connue le désastre de Trafalgar. L'annonce de la victoire d'Austerlitz raffermit la confiance, mais bien des banques restèrent durablement meurtries et la maison Récamier fut parmi celles-là.

Le 7 décembre 1805, avait été publié à Paris, sous la signature d'un certain Darragon, un petit écrit intitulé : *Le Dire de Monsieur Récamier, banquier de Paris, ou l'Infortune aux prises avec l'opinion publique.* Cette brochure était une défense de la banque Récamier dont la gestion était alors très critiquée, bien que, d'après les rapports des agents de Louis XVIII, elle ait été, jusqu'alors, un des rares établissements soutenus par le gouvernement impérial.

Les inquiétudes étaient cependant fondées ; le 1er février 1806, M. Récamier déposait son bilan et, le 11 février, par-devant les juges du tribunal de commerce comparut le sieur Gorneau, agréé, « lequel a requis le tribunal de commerce qu'il jugerait à propos de procéder à l'examen, vérification et affirmations des créances portées au bilan par lui et déposées au greffe du tribunal, le 1er février 1806 ».

La maison de M. Récamier au 12 de la rue du Mont-Blanc était estimée 360 000 francs, dont il fallait déduire une hypothèque du vendeur, M. Necker, évaluée à 160 000 francs, plus la reprise de Mme Récamier, qui était de 200 000 francs. Il ne restait rien de cet avoir pour les créanciers de la faillite. Une maison à Épinay, évaluée 45 000 francs, appartenait en propre à Juliette.

Au 10 janvier 1806, la caisse contenait encore 819 000 francs, le portefeuille était évalué 361 000 francs ; les débiteurs en compte courant étaient inscrits pour 1 053 976 francs 95. Les créanciers par compte courant ou fonds prêtés représentaient 6 800 000 francs. En bloc, l'actif était de 8 240 630 francs et le passif de 9 609 681,17 francs [1]. L'examen du bilan s'était prolongé pendant plus de six mois, au cours desquels Jacques-Rose Récamier n'épargna pas les démarches pour redresser la situation. Il se rendit très vite compte que personne n'avait envie de l'aider. Il suffisait pourtant d'une avance d'un million (3 ou 4 millions 1970) pour le remettre à flot. Faute de trouver cette somme chez des particuliers, il fit appel au crédit de l'État et sollicita un prêt garanti par de solides valeurs. Barbé-Marbois, ministre du Trésor, n'osa prendre une décision sans en référer à l'Empereur.

Napoléon, qui venait de remporter la victoire d'Iéna, mar-

1. Dossier de la faillite Récamier, archives du Consulat de Paris. Bilans. Carton 103 aux Archives de la Seine.

chait alors en triomphateur vers Berlin. Un message lui fut dépêché. En attendant une réponse, Jacques-Rose Récamier multipliait les expédients, soutenant encore son crédit par le mirage d'une aide gouvernementale. La réponse tardait; aux derniers jours d'octobre 1806, M. Récamier fut averti par son caissier que les tiroirs étaient vides et que d'ici à deux jours la banque devrait fermer ses guichets.

La mort dans l'âme, Jacques-Rose mit alors Juliette au courant de la situation. C'était un samedi; si le lundi le prêt du Trésor n'était accordé, la banque suspendrait ses paiements. Or le dimanche, dans la maison de campagne d'Épinay-sur-Seine, les Récamier offraient un dîner d'apparat, où, entre autres personnalités, était invité le sous-gouverneur de la Banque de France, commissaire officiel des créanciers et maître du sort de la maison Récamier. Contremander le dîner l'aurait alarmé. Courageusement, le ménage Récamier essaya de faire tête à l'orage, mais les nerfs de Jacques-Rose craquèrent; il prit le large, laissant à Juliette le soin de présider seule le repas.

Le dîner eut lieu. Mme Récamier savait que ce serait probablement la dernière réception qu'elle pourrait donner. En la voyant si belle dans sa robe blanche, contrastant avec le large ruban de velours noir qui ceignait sa chevelure, qui donc eût pu soupçonner son angoisse? Elle a avoué plus tard qu'elle se croyait dans une hallucination, « la proie d'un horrible rêve où figures et objets prenaient des aspects de fantasmagorie ».

Vers minuit, les invités se dispersèrent. Le lundi matin, M. Récamier n'était toujours pas de retour. La banque ferma.

Peu après arriva la réponse de l'Empereur. Junot, qui avait intercédé pour sa « belle amie », s'était entendu brutalement répondre : « Je ne suis pas l'amant de Mme Récamier, moi, et je ne viens pas au secours des négociants qui tiennent une maison de six cent mille francs par an. Sachez cela, monsieur Junot, sachez que le Trésor ne prête point à des gens qu'il sait en faillite depuis longtemps; il a bien d'autres destinations. »

L'amoureux vexé se vengeait; l'Empereur précipitait la déesse de son piédestal doré. Mme Récamier comprit d'où venait le coup et sa fierté lui imposa le silence. Avec courage et dignité, elle aida son mari à liquider la faillite. L'hôtel de la rue du Mont-Blanc fut mis en vente; il ne devait trouver un acquéreur qu'en 1808, en la personne du banquier Mosselmann. En attendant, Mme Récamier le loua meublé au prince Pignatelli, ne se réservant que trois petites pièces au rez-de-chaussée. Elle vendit son argenterie et ses bijoux. Tous comptes apurés, il lui resta

deux cent mille francs (entre 700 000 et 800 000 francs 1971)
comprenant le total de sa dot, de son douaire et de ses reprises.
Ce petit capital représentait encore la possibilité d'une vie
indépendante, mais modeste. A trente ans, cette femme jusqu'alors si gâtée sur le plan matériel devait dire adieu au luxe et
aux fêtes.

Avec une grande dignité, Mme Récamier entra dans cette
nouvelle vie. Son mari parvint à servir à ses créanciers un divi-
dende de 42 %, et ceux-ci, pour lui montrer leur confiance, le
chargèrent du soin de sa propre liquidation.

Il fallut deux ans pour la terminer, et ce fut seulement en
1810 que le banquier réhabilité put se remettre aux affaires,
où de nouveaux déboires lui étaient promis.

A défaut d'une aide financière, que ses amis étaient probablement hors d'état de lui fournir, Mme Récamier reçut beaucoup
de sympathie et d'affection; chacun tint à lui dire que M. Récamier conservait l'estime de ses clients.

Le témoignage le plus éclatant vint de Mme de Staël, qui,
le 7 novembre 1806, écrivait de Rouen :

*Ah ! ma chère Juliette, quelle douleur j'ai éprouvée par l'affreuse
nouvelle que je reçois ! Que je maudis l'exil qui ne me permet pas
d'être auprès de vous, de vous serrer contre mon cœur.*

*Vous avez perdu tout ce qui tient à la facilité, à l'agrément de
la vie. Mais s'il était possible d'être plus aimée, plus intéressante
que vous ne l'étiez, c'est ce qui vous serait arrivé. Je vais écrire à
M. Récamier que je le plains et le respecte... Certainement, en
comparant votre situation à ce qu'elle était, vous avez perdu ; mais
s'il m'était permis d'envier ce que j'aime, je donnerais bien tout ce
que je suis pour être vous. Beauté sans égale en Europe, réputation
sans tache, caractère fier et généreux, quelle fortune encore dans
cette triste vie où l'on marche si dépouillé !*

*Chère Juliette, que notre amitié se resserre, que ce ne soit plus
simplement des services généreux qui sont tous venus de vous, mais
une correspondance suivie, un besoin réciproque de se confier des
pensées, une vie ensemble... Chère Juliette, ce luxe qui vous entourait,
c'est nous qui en avons joui, votre fortune a été la nôtre et je me sens
ruinée parce que vous n'êtes plus riche. Croyez-moi, il reste du
bonheur quand on se fait aimer ainsi. Benjamin veut vous écrire ;
il est bien ému. Mathieu m'a écrit sur vous une lettre bien touchante.
Chère amie, que votre cœur soit calme au milieu des douleurs.
Hélas ! ni la mort, ni l'indifférence de vos amis ne vous menacent ;
et voilà les blessures éternelles.*

Adieu, mon ange, adieu ! J'embrasse avec respect votre visage charmant.

On ne possède malheureusement pas la lettre de Benjamin Constant ; elle eût été d'un grand intérêt, car ce joueur impénitent, ce besogneux malhabile, cet aigrefin sans scrupules, était spécialement qualifié pour trouver les mots qu'inspirent les difficultés matérielles. De ces jours pénibles, il ne reste que cette note dans son journal :

« J'apprends la banqueroute de M. Récamier. Encore une de nos amies qui souffre ! Le malheur ne tombe-t-il donc jamais que sur ce qu'il y a de bon dans le monde ? »

A Paris, un courant de sympathie presque unanime s'était manifesté : la porte de Mme Récamier fut littéralement assiégée par tous ceux qui naguère se pressaient à ses réceptions ; ils exprimèrent leur affection avec une ostentation qui devait se révéler de brève durée.

Mme Récamier avait une autre raison d'ailleurs de se soustraire aux mondanités, car la santé de sa mère s'aggravait visiblement. Tandis que Juliette disparaît du premier plan de la scène, elle suscite cependant un intérêt nouveau. Comme l'écrit Chateaubriand, « elle quitta le monde sans se plaindre et sembla faite pour la solitude comme pour le monde ».

Cette solitude devait être toute relative ; ce fut un changement de train de vie et non de société. Son opposition au régime impérial avait déjà valu à Mme Récamier beaucoup d'audience dans le Faubourg Saint-Germain. Aux côtés de Mme de Staël, elle entre, selon l'expression de Villemain, « dans le camp des suspects, des disgraciés, bientôt des persécutés ».

Le malheur est aussi une des formes de la fortune et il aide parfois plus aux carrières que les réussites trop voyantes. Par ses épreuves, Mme Récamier avait acquis une situation comportant une dimension nouvelle, et Ballanche l'a précisé en une phrase heureuse :

Mme Récamier, par la manière dont elle supporta ce revers, sut inspirer un intérêt général. Quoiqu'elle fût dans tout l'éclat de sa jeunesse, elle cessa dès lors d'aller dans le monde. Non seulement elle conserva tous ses amis, mais elle continua d'être encore le centre de la société. Ainsi la fortune n'entraîna pas après elle le cortège qui la suit toujours, et, pour la première fois peut-être, *la fortune se retira seule.*

Mort de Mme Bernard et apparition de Corinne

Peu de jours après sa ruine, une nouvelle épreuve vint frapper Juliette Récamier. Depuis longtemps, la santé de sa mère laissait à désirer et lui causait de vives inquiétudes. Le désastre financier du gendre qu'elle avait tant aimé porta le dernier coup à la malheureuse Mme Bernard. Elle mourut entre les bras de sa fille, le 20 janvier 1807.

L'aggravation subite de l'état de Mme Bernard empêcha Juliette de se rendre à l'invitation pressante que lui avait adressée Mme de Staël de venir la rejoindre dans une nouvelle résidence.

Grâce à la complaisance de Fouché, complaisance due au fait que Napoléon était retenu dans l'Est européen par la campagne commencée contre la Russie, Mme de Staël avait pu commencer la réalisation de son projet de se rapprocher de Paris par étapes, en conservant l'espoir que lui serait bientôt rendu le droit de revoir « son vieux ruisseau de la rue du Bac ».

Son nouvel établissement était situé aux environs de Mantes, dans la commune d'Aubergenville, où elle avait loué le château d'Acosta à son ami, le comte de Castellane, préfet des Basses-Pyrénées, désireux de ne pas laisser sa demeure à l'abandon.

C'est de Meulan, près de ce château, que Mme de Staël écrit à Mme Récamier qu'elle s'inquiète de l'état de sa mère et demande au ministre de la Police l'autorisation d'aller passer vingt-quatre heures auprès d'elle à Paris. Fouché trouva la demande trop risquée pour y donner suite. Avisée du décès de Mme Bernard, Germaine envoya ce billet à sa « belle amie » :

Combien je souffre de votre malheur ! Combien je souffre de ne pas vous voir ! N'est-il donc pas possible que je vous voie et faut-il que ma vie se passe ainsi ? Je ne sais rien vous dire, je vous embrasse et je pleure avec vous.

L'installation de Mme de Staël au château d'Acosta avait eu lieu au début de novembre 1806. Fouché dut vite regretter sa mansuétude, puisque lui parvint bientôt une lettre de Napoléon, datée de Pulstuck, le 31 décembre 1806, disant au ministre de la Police : « Ne laissez pas approcher de Paris cette coquine de Mme de Staël. Je sais qu'elle n'en est pas éloignée. »

N'osant pas revenir tout de suite sur l'autorisation qu'il avait accordée, Fouché tenta des manœuvres de diversion que la distance et la lenteur des courriers devaient faire traîner pendant deux mois. Mme de Staël mit à profit ce répit pour inviter ses amis de Paris et mener à Aubergenville une vie mondaine dans le style de Coppet.

Un essai littéraire, presque un pamphlet, dû à la collaboration de Mme de Staël et de Schlegel, la *Comparaison entre la Phèdre de Racine avec celle d'Euripide*, suscita des discussions dans la critique et éveilla d'autant plus l'attention que les idées soutenues peuvent être considérées comme le premier manifeste en faveur de ce théâtre romantique qui allait bouleverser les vieilles règles et faire litière de la contrainte des trois unités.

Mais l'intérêt et le travail de Mme de Staël n'allaient pas seulement à ce modeste essai; elle achevait la mise au point et corrigeait les épreuves de son « roman italien », cette *Corinne* où elle donnera d'elle un portrait dont elle gardera le surnom.

Ces activités n'empêchaient point d'actives correspondances avec Prosper de Barante, qui circulait à travers l'Allemagne, et avec Juliette, qu'elle pria impérieusement de venir la rejoindre par une lettre datée du 6 février 1807. Elle lui proposait alors d'acheter une propriété sous son nom et d'y vivre avec elle, projet qui fut réalisé en février par l'acquisition d'une maison à Cernay, près de Franconville, à moins de dix lieues de Paris. L'installation dans ce nouveau gîte, prévue pour la fin de février, ne put être menée à bien, car le préfet de Seine-et-Oise notifia son interdiction et borna le terme du séjour à Aubergenville au 1er avril, avec obligation à cette date de regagner Rouen pour respecter la distance de quarante lieues de Paris.

En dépit des démarches de Mme Récamier auprès de Regnault de Saint-Jean-d'Angély, la décision de principe fut maintenue, mais un délai de grâce fut obtenu, celui dont Mme de Staël avait absolument besoin pour atteindre le jour de la publication de *Corinne*.

C'est au cours de cette période, semble-t-il, que Mme Récamier fit la connaissance d'un personnage qui allait jouer un grand rôle dans sa vie et qu'elle recommanda à Mme de Staël, le prince Auguste de Prusse. Celle-ci, lors de son voyage en Allemagne en 1804, avait déjà rencontré ce neveu du Grand Frédéric. Depuis, il avait été fait prisonnier à Prentzlow, par M. de Reiset, officier du corps de Murat, quatre jours après avoir perdu son frère, le prince Louis de Prusse, tué d'un coup de pointe à la bataille de Saalfeld.

Napoléon, qui avait un faible pour les grands, traita avec bienveillance ce captif de marque. Assigné à résidence à Soissons, le prince était fréquemment autorisé à se rendre à Paris. Sa prestance, son infortune, sa réputation de galanterie mirent immédiatement Auguste de Prusse à la mode; il fut accueilli avec faveur dans le Faubourg Saint-Germain. Mme de Staël l'invita à venir séjourner au château d'Acosta, en lui rappelant leur rencontre à Berlin; le prince n'ayant pu se rendre à l'invitation, il fut convenu que, dès qu'il en aurait la possibilité, il viendrait séjourner à Coppet.

L'impression de *Corinne* étant achevée, Mme de Staël commit une imprudence; elle se rendit clandestinement à Paris, dans un appartement qu'elle avait loué en 1803 rue de Lille, dans l'hôtel de Salm et conservé à tout hasard.

Elle n'avait amené, a raconté Sainte-Beuve d'après les dires de Mme Récamier, qu'un très petit nombre d'amis. Elle se promenait chaque soir et une partie de la nuit, à la clarté de la lune, n'osant sortir le jour. Mais il lui prit, durant cette aventureuse incursion, une envie violente qui la caractérise, un caprice, par souvenir, de voir une ancienne amie de son père Mme de Tessé (née Noailles), celle-là même qui disait : « Si j'étais reine, j'ordonnerais à Mme de Staël de me parler toujours. »

Cette dame, alors fort âgée, s'effraya de recevoir une proscrite et il résulta de la démarche une série d'indiscrétions qui firent que Fouché fut averti. Il fallut vite partir et ne plus se risquer désormais à ces promenades au clair de lune, le long du quai, du ruisseau favori, et autour de cette place Louis XV si chère à Mme de Staël.

Cette fois-ci, Fouché s'alarma; il donna à Germaine un ordre de départ immédiat. Par une police parallèle, Napoléon avait appris la venue de l'exilée à Paris et avait menacé de la faire arrêter. La colère impériale fut d'autant plus vive que Mme de Staël avait personnellement écrit au maître de la France pour lui demander l'autorisation de résider dans la vallée de Montmorency. « Qu'elle s'en aille dans son Léman, avait-il grommelé, et surtout qu'elle y reste! Ou si elle veut faire à l'étranger des libelles contre moi, les frontières lui sont ouvertes! »

Corinne venait d'être distribuée dans les librairies aux derniers jours d'avril. Continuant à espérer que le succès de son ouvrage fléchirait un jour les fureurs napoléoniennes, Mme de Staël jugea plus prudent, son service de presse achevé, de prendre la route de Coppet, en faisant un détour par Lyon. Depuis la ville natale de Juliette, elle lui écrivit :

Vous avez Corinne *à présent. Dites-moi ce que vous en pensez, dites-moi ce que vous en entendez dire littérairement et si, du côté*

*du gouvernement, il ne vous en revient rien de mauvais, car c'est de
là que j'attends l'adoucissement de ma triste situation. Il me semble
qu'une occupation si innocente doit désarmer, si quelque chose
désarme...*

Le succès du livre fut éclatant, mais il ne contenta pas tout
le monde. Prosper de Barante ne ménagea pas ses critiques sur
le personnage d'Oswald, dans lequel il se reconnut et dont il dit
crûment à l'auteur : « Je ne sais s'il était né pour être heureux,
mais son bonheur est perdu; sa position est fausse et toute sa
jeunesse est gâchée pour avoir rencontré Corinne. »

Les réactions de Napoléon furent plus vives encore. Il reçut
le livre en Prusse Orientale, au temps où Marie Walewska charmait une partie de ses loisirs. Le courrier arriva au milieu de la
nuit; l'Empereur dormait peu; il tira le volume du paquet avec
impatience, ordonna de réveiller l'aide de camp de service et,
pendant trois heures, se fit lire de nombreuses pages. Puis il
interrompit la lecture et cria brutalement à l'aide de camp :

« C'est du fatras! Cette femme ne sait pas ce que c'est que
l'amour. Allez vous coucher. »

Par la suite, il formula cette critique :

« Je ne puis pardonner à Mme de Staël d'avoir ravalé les
Français dans son roman. »

Corinne n'en reste pas moins une œuvre touchante, dont la
sensibilité émeut encore. Mais les jugements de l'Empereur
étaient sans appel dans l'Europe asservie; la condamnation qu'il
portait sur l'ouvrage rendait définitif l'exil de Mme de Staël.
La hargne impériale fut sans pouvoir contre la gloire de l'auteur.
Germaine avait écrit son chef-d'œuvre et, comme l'a justement
exprimé Sainte-Beuve, « avec *Corinne*, Mme de Staël était décidément entrée dans la gloire et dans l'Empire ».

C'est au moment où la publication du livre va faire briller
Coppet d'un éclat inégalé, que Juliette répondra à la pressante
invitation de son amie et risquera le voyage.

Au début de juillet 1807, comme l'horizon européen était
en train de s'éclaircir après la victoire de Friedland, Mme Récamier dit au revoir à son époux, monta dans sa voiture personnelle
accompagnée de sa femme de chambre et d'Elzéar de Sabran.

Les premiers jours du voyage furent sans histoire, puis tout
se gâta après le dernier relais, celui de Morez, dans les monts
du Jura. Sur une route difficile, longeant un précipice, un postillon manqua un virage en lacet. Une roue porta dans le vide et
l'équipage entier versa. Deux chevaux furent tués, le postillon

blessé. Les portes de la berline ne s'étant point ouvertes sous le choc, les occupants s'en tirèrent avec des contusions légères, hors Mme Récamier, qui se foula gravement un pied. Il fallut porter la blessée à Morez, où lui furent prodigués les premiers soins; la nouvelle de l'accident suscita la plus grande émotion parmi les amis de Juliette.

La jeune femme avait pris la route de Coppet dans des dispositions d'âme inquiétantes : à trente ans tout juste, sa vie venait d'être bouleversée par des catastrophes; en faisant le bilan de sa jeunesse, elle pouvait se dire qu'elle avait manqué une existence qui n'offrait désormais plus beaucoup d'espoir. M. Récamier était si conscient de ce désenchantement qu'il écrivait à son épouse le 19 juillet 1807 :

Je m'afflige beaucoup de cette situation de ton âme, qui nécessairement finirait par te rendre malade, si tu ne fais pas sur toi-même tous les efforts possibles pour la combattre, la surmonter et retremper ton caractère pour lui rendre toute son énergie.

Quel réconfort pouvait alors espérer Mme Récamier de l'intimité avec Mme de Staël, alors qu'au même moment la fille de Necker écrit à M. de Gérando, le 16 juillet 1807 :

J'ai bien l'idée que je suis née pour souffrir et je me fais tout un système religieux sur cela. Je me reproche d'avoir été légère pendant ma prospérité, je m'accuse beaucoup parce que je crois à la justice divine et que j'ai tant pleuré depuis près de quatre ans qu'il faut que je l'aie mérité.

Du moins, Mme de Staël, qui a tant de goût pour l'amour, peut-elle espérer quelque consolateur qui charmera son esprit et enchantera ses sens. Tandis que Juliette, l'esseulée, celle qui attire les hommes pour les mieux repousser, Juliette, qui semble n'avoir jamais connu l'amour physique, quelle passion viendra l'arracher à son désenchantement? La question se pose tandis que Mme Récamier souffre et gémit dans l'auberge de Morez où Germaine va venir la chercher.

Est-ce la visiteuse, avec quelque arrière-pensée, qui pousse en ce lieu « l'intéressante victime » à écrire au prince Auguste de Prusse pour lui demander des nouvelles de sa santé et lui rappeler qu'il est invité à Coppet? Une telle conduite serait assez dans la ligne des machiavélismes sentimentaux chers à Mme de Staël, qui, de son côté, adresse à son tour une lettre à Auguste de Prusse :

Mme Récamier vous a écrit de Morez, mon cher Prince, au

*moment de son affreuse chute, et je suis sûr que vous avez besoin
d'apprendre que j'ai été la chercher dans le lieu où cet accident est
arrivé et que je l'ai amenée heureusement ici ; elle est si fatiguée de
la route qu'elle ne vous écrira pas par le courrier prochain, quoi
qu'elle soit constamment occupée de votre santé.*

Jusqu'alors si insensible, Mme Récamier était-elle pour la
première fois troublée ? La question se pose au moment où
elle aborde la vie si animée et si intéressante que connaît alors
le château de Coppet.

La vie au château de Coppet

Mme de Staël n'aimait la solitude ni au lit, ni au salon ;
aussi la vie à Coppet, hors des heures intimes, était une perpé-
tuelle fermentation d'esprit. Jamais saison n'y fut si brillante
qu'en cet été de 1807 où la réputation de Germaine avait atteint
son paroxysme. Après avoir lu *Corinne*, Gœthe fit dire à son
auteur qu'il était enthousiasmé ; il n'était pas alors de témoignage
qui pût dépasser celui-là ; c'était la consécration du génie. Un
rayonnement de gloire auréolait Coppet et Sainte-Beuve a écrit
avec pertinence : « Ce que le séjour de Ferney fut pour Voltaire,
celui de Coppet le fut alors pour Mme de Staël. » Le hasard a fait
voisins de quelques kilomètres ces deux hauts lieux de l'esprit,
fort dissemblables d'apparence, bien que le mur du Jura leur
donne un fond de décor identique et qu'ils bénéficient tous deux
de la commode particularité pour des persécutés d'avoir des clô-
tures qui sont en même temps des frontières. A Coppet, la perspective nord du parc débouche sur le territoire français, et le
mausolée des Necker, s'il est construit sur leur terre de naissance, frôle leur patrie d'adoption.

En ces lieux, le souvenir de Mme de Staël et celui de
Mme Récamier sont restés vivants parce que le décor demeure
intact.

Coppet est une vaste bâtisse en fer à cheval ouverte vers le
nord ; on accède dans la cour intérieure par une voûte qui traverse
l'aile de l'ouest ; de cette cour assez vaste, on ne peut soupçonner
l'admirable horizon qui s'offre sur la façade méridionale ; celle-ci
domine un village d'opérette aux maisons à colombage dont les
volets blancs sont striés de chevrons rouges ; par-dessus des toits
aux chaudes teintes de feuille morte, on aperçoit l'un des plus
beaux lacs du monde, encadré par les ressauts des monts du

Chablais, dominés par les glaciers du mont Blanc. Chaque heure du jour fait varier les reliefs et les lumières, et quand le couchant descend les neiges rosissent et le Léman s'enflamme. On pourrait rester des heures à rêver devant cet horizon mouvant dont les lignes sont restées immuables parce que les constructions n'ont guère été modifiées.

Ce paysage, Mme Récamier pouvait l'admirer depuis sa fenêtre, dans une petite chambre conservée telle qu'elle l'a connue avec son mobilier Directoire, son lit au baldaquin de soie verte, le bureau sur lequel parfois elle a écrit. Voisine de la maîtresse de maison, Juliette connaissait auprès d'elle cette intimité dont elles rêvaient l'une et l'autre, et il leur était possible de se confier un peu les orages qui assaillaient leurs âmes.

Ces heures d'intimité étaient d'ailleurs rares tant la vie de Coppet se présentait comme une exaltation absorbante, car la société groupait jusqu'à trente personnes. Le château, dont l'architecture est assez indifférente, mais dont les proportions sont très majestueuses, compte un grand nombre d'appartements, de magnifiques salons ouvrant sur le lac, une imposante bibliothèque. Rien n'y a changé et l'on peut toujours, dans la pénombre, espérer l'entrée de Juliette, dans sa robe blanche, de Germaine, avec ou sans turban, et des familiers, qu'ils se nomment Benjamin Constant, Sismondi, Prosper de Barante, Gaudot, Schlegel. A défaut de leurs présences, leurs lettres et leurs ouvrages conservés dans la bibliothèque y maintiennent leur souvenir vivant.

> Je parcours, a écrit Chateaubriand, des lettres qui me rappellent des jours heureux où je n'étais pour rien. Il fut du bonheur sans moi, des enchantements étrangers à mon existence aux rivages de Coppet, que je ne vois pas sans un injuste et secret sentiment d'envie... L'été se passa en fêtes; le monde était bouleversé, mais il arrive que le ralentissement des catastrophes publiques, en se mêlant aux joies de la jeunesse, en redouble le charme; on se livre d'autant plus vivement aux plaisirs que l'on se sent plus près de les perdre.

Il semble bien, en effet, que ces heures de l'été 1807 furent pour les hôtes de Coppet des heures de bonheur concédées par un destin jaloux et que ceux-ci se hâtèrent d'en jouir, peut-être sans sérénité, car des orages déchiraient leurs cœurs.

La fête de l'esprit était certes ininterrompue : « A Coppet, écrit Albert Sorel, on commençait à causer le matin au déjeuner, à onze heures, on reprenait au dîner, vers six heures; puis au jardin ou à la promenade en voiture; puis entre le dîner et le souper, entre chien et loup; puis au souper, à onze heures, et l'on continuait fort avant dans la nuit. »

Entre tous ces êtres si doués, c'étaient des passes d'armes continuelles : l'esprit était prodigué jusqu'au gaspillage en des discussions sans fin, sur des sujets parfois futiles, nouveau livre, chronique, anecdote, potin venu de Paris.

Il suffisait que l'un des assistants lançât le dé pour que l'esprit de Corinne, sans cesse en bouillonnement, s'excitât et dégageât des faits les idées, en faisant briller leurs facettes.

Généralement, c'était Benjamin Constant qui donnait le premier coup d'archet, car il excellait aux idées neuves, puis, la discussion entamée, il apportait la réplique. Finalement les assistants abasourdis assistaient à d'éblouissants dialogues où Germaine et Benjamin, brillant l'un par l'autre, cherchaient mutuellement à se dépasser. Constant l'a raconté lui-même, avec un sens critique acéré :

> Mme de Staël est de bonne foi successivement dans mille sens contraires, mais, comme dans chacun des moments où elle parle, elle est réellement de bonne foi, on est subjugué par l'accent de vérité qui retentit dans ses paroles. La raison que l'on croyait avoir disparaît, et l'on se tâte pour savoir si l'on est bien le même être, si l'on a bien la même intelligence qu'une heure avant, quand on ne l'entendait pas.

Benjamin savait mieux que personne, quels orages secouaient Coppet en cet été de 1807; entre Germaine et lui, achevait de se jouer une tragédie du désespoir, digne de ces pièces raciniennes si fort à l'honneur sur le théâtre du château.

La saison dramatique y fut alors brillante : on avait dressé une scène au fond de la bibliothèque, et tout ce qui comptait dans la société, depuis Lausanne jusqu'à Genève, jouissait de la faveur d'applaudir une des plus étonnantes troupes d'amateurs que le monde connut jamais.

Mme Récamier fit ses débuts sur les planches dans un acte biblique, *Agar dans le désert*, où elle interprétait le rôle d'un ange, fort bien accordé à ses incertitudes physiologiques. L'auteur, Germaine elle-même, interprétait avec fougue le rôle d'Agar la répudiée. Benjamin savait soigner les distributions. Il était à la fois le régisseur et le principal acteur de ce petit théâtre, où venaient l'applaudir ses cousins, Charles et Rosalie de Constant,

dont les correspondances ont tant aidé à faire revivre cette
société.

Les grands morceaux du répertoire, après avoir appartenu
aux tragédies de Voltaire, devinrent en 1807 l'apanage de Racine.
Andromaque et *Phèdre* furent les deux grands succès de l'été;
dans cette dernière pièce, Mme Récamier charma tout le monde
dans le rôle d'Aricie. Mais elle n'atteignit jamais la virtuosité
de Germaine dans Hermione, lors de la représentation d'*Andromaque* du 22 août 1807.

Les dissentiments de Germaine et de Benjamin Constant
étaient alors de notoriété publique. En 1804, il avait promis à
Germaine non de l'épouser, car elle désirait rester la baronne de
Staël, mais de n'épouser jamais une autre femme, ce qui était
une manière de rester esclave.

Je ne balançai pas, a-t-il raconté dans le récit autobio-
graphique intitulé *Cécile*, dans l'irritation où m'avait jeté
la pensée que ma liberté m'était disputée, à lui déclarer que,
dès qu'elle considérerait nos engagements comme légaux,
je prétendais qu'ils fussent exécutés sans retard. Elle n'était
ni préparée à cette résolution soudaine, ni habituée à me voir
prendre un ton décidé. Son courroux fut égal à sa surprise.

On peut donc concevoir dans quel climat de fièvre se dérou-
lèrent les répétitions d'*Andromaque*, où Hermione-Germaine et
Benjamin-Pyrrhus ne s'identifiaient que trop à leur personnage.
« Cela est très curieux, écrit Rosalie de Constant, il est
incroyable que l'on mette ainsi sa situation au grand jour. Benjamin est fort aise de jouer ce rôle. Il est d'ailleurs assez malheureux et paraît toujours décidé à sortir de sa situation. »

Mais l'on peut imaginer les réactions des nombreux spectateurs au cours de la scène du IVe acte, quand à la déclaration de
Benjamin :

> J'épouse une Troyenne; oui, Madame, et j'avoue
> Que je vous ai promis la foi que je lui voue,

une Germaine déchaînée lança la plainte fameuse :

> Je ne t'ai point aimé, cruel, qu'ai-je donc fait?
> Je t'aimais inconstant, qu'aurais-je fait fidèle?
> Et même en ce moment où ta bouche cruelle
> Vient si tranquillement m'annoncer le trépas,
> Ingrat, je doute encor si je ne t'aime pas !

« Jamais, ajoute Rosalie de Constant, le rôle d'Hermione ne
fut joué avec plus de fureur et de vérité. » Les spectateurs furent

tellement frappés par cette identification de la fiction à la réalité qu'ils se retinrent d'applaudir. Une semaine après, ayant probablement joué la même scène au naturel, Constant notait dans son journal à la date du 1er septembre : « Nuit convulsive. Parti pour Lausanne, à sept heures du matin. Tout est rompu. »

Après une chevauchée de huit lieues en deux heures, le cheval fourbu déposa Constant à Chaumière, près de Lausanne, chez une parente où Rosalie séjournait, et celle-ci nous apprend que le 8 septembre, « alors que Benjamin commençait à se tranquilliser, nous entendîmes des cris dans le bas de la maison. Il reconnaît sa voix. Mon premier mouvement fut de sortir de la chambre en la fermant à clef. Je sors; je la trouve à la renverse sur l'escalier, le balayant de ses cheveux épars, et de sa gorge nue en criant : « Où est-il ? Il faut que je le retrouve ! » Et, de retour à Coppet, Benjamin note dans son journal : « Elle est arrivée, elle s'est jetée à mes pieds, elle a poussé des cris. Quel cœur de fer eût résisté ? Je suis à Coppet, de retour avec elle. »

Confidente de ces orages, témoin de cette vie agitée, comment Juliette n'eût-elle pas été à son tour roulée dans le torrent des passions ? Aussi faut-il placer ce séjour à Coppet comme un des points culminants de sa vie. Pour la première fois, ce cœur si maître de lui va vibrer, pour la première fois la déesse impassible va se révéler femme et échapper quelques jours au désenchantement où l'ont plongée ses épreuves.

Quand elle arrive à Coppet, elle confie à Gaudot, l'un des familiers de Mme de Staël à qui l'on doit de connaître le mot :

« Je n'ai jamais été heureuse, je crois que je ne le serai jamais. »

Quand elle quitte le château, elle est une amante meurtrie, qui a découvert « le seul homme qui ait jamais fait battre son cœur ».

CHAPITRE V

LE JEU DE L'AMOUR ET DE LA MORT

LE PRINCE AUGUSTE DE PRUSSE A COPPET || L'ENGAGEMENT MUTUEL ET LE PROJET DE DIVORCE DE MADAME RÉCAMIER || LA ENTATIVE DE SUICIDE || RETOUR DE MADAME RÉCAMIER A LA VIE TMONDAINE DE PARIS ET ORAGES DE MADAME DE STAËL EN EUROPE || UN SECOND ÉTÉ A COPPET EN 1809.

Le prince Auguste de Prusse à Coppet

L'ARRIVÉE de Mme Récamier à Coppet fut marquée pour elle par une triste nouvelle. Au cours des derniers mois passés à Paris, elle avait apporté beaucoup de soins à la santé d'un ami qui lui avait été présenté par Mme de Boigne, ce prince Pignatelli devenu locataire de l'hôtel de la rue du Mont-Blanc mis en vente après la faillite de la banque.

Comme tous les hommes, Pignatelli avait été amoureux de sa charmante infirmière. Juliette éprouvait une attirance pour lui mais d'ordre tout spirituel : elle savait que le prince, malade de la poitrine, était condamné à brève échéance; sous l'influence de Mathieu de Montmorency, elle entreprit de convertir le bel Italien, chrétien fort superficiel. Il se laissa convaincre, et accepta que Juliette lui amenât un prêtre avec lequel il eut des entretiens qui paraissent avoir été décisifs.

Quand parut le printemps de 1807, les médecins envoyèrent le prince Pignatelli à Pau, avec l'espoir que le climat réputé de la cité pyrénéenne aiderait sa guérison.

Une lettre de Mathieu de Montmorency allait décevoir cette espérance. Ce mystique avait vu dans le fait que Juliette n'avait pas trouvé la mort dans l'accident de Morez, une sorte de récompense du Ciel « pour le soin qu'elle avait pris de ménager de hautes consolations à l'intéressant malade de Pau », ce malade qu'elle ne reverrait plus, comme la suite de la lettre le laissait redouter :

L'abbé Fousset vient de m'envoyer d'Orléans, la copie d'une lettre qu'il lui avait écrite, et où il rend compte de sa confession générale, de sa résignation et de toutes les consolations que la religion lui a apportées. Il désire, le bon abbé, que vous soyez instruite de cette lettre. Alphonse avait beaucoup souffert, mais se trouvait un peu mieux pour la souffrance ; on n'ose rien ajouter, mais prions pour lui.

Pour surmonter la tristesse de cette disparition, Juliette accepta d'accompagner Germaine de Staël à Chamonix, afin de visiter les glaciers et aussi pour « échapper à l'importunité d'une nuée de Genevois inondant Coppet pour voir Mme Récamier ».

« Juliette a été très affectée de la mort du pauvre Alphonse (Pignatelli). Sa douleur est douce et naturelle, mais sa santé en souffre et j'en suis assez inquiet pour elle. Elle tâche de se distraire plus qu'elle ne réussit », écrit alors Benjamin Constant, qui s'intéressait déjà à Mme Récamier.

Au cours de l'excursion, Juliette montra de la mélancolie. Ce nouveau deuil paraissait la frapper comme un glas. Cette année, elle aurait trente ans ; pour les femmes d'alors, c'était le début de l'automne, la fin de la vraie jeunesse et de ce temps d'aimer qu'elle n'avait pas connu.

Pourtant tous les témoins s'accordent pour dire que Mme Récamier paraissait alors avoir tout au plus vingt ans ; elle avait conservé la finesse de sa taille, la souplesse de sa démarche, et surtout cet air virginal et pudique qui formait l'un de ses charmes les plus irrésistibles.

Mme de Staël pensait certainement que son amie était une belle fleur à cueillir et qu'elle pourrait assurer le bonheur d'un homme haut placé. Puisque le prince Pignatelli avait disparu, pourquoi ne pas insister pour hâter l'arrivée du prince de Prusse ? Peut-être fixerait-il l'insensible beauté que, malgré son affection, Mme de Staël considérait comme un danger pour ses multiples amours personnelles.

Ayant recouvré sa liberté après Tilsit, le prince Auguste de Prusse s'était rendu le 11 août à Ouchy ; il y fut reçu par Rosalie de Constant, et celle-ci constata qu'il avait été frappé à Paris par la beauté de Mme Récamier et en était déjà amoureux.

On appelait Auguste de Prusse « le prince Don Juan ». Il passait pour avoir connu de multiples aventures bien, qu'il atteignît tout juste vingt-quatre ans. A Paris, les femmes se l'étaient disputé. On sait qu'il eut une intrigue avec Mme de Custine, sœur d'Elzéar de Sabran ; celle-ci s'afficha beaucoup avec lui, mais on a considéré, en général, qu'il s'était agi d'une liaison platonique, bien que le billet d'adieu de Delphine de Custine donne encore à rêver :

Il faut donc vous dire adieu pour jamais. Je ne crois pas aux circonstances heureuses, ainsi nous ne nous reverrons plus. Je ne puis vous écrire ces lignes sans avoir le cœur serré et j'espère que vous ne les lirez pas non plus sans émotion. Je ne vous oublierai jamais.

La venue du prince Auguste à Coppet est à placer entre le 12 et le 14 août 1807 ; on ignore les circonstances exactes de son arrivée au château, mais la littérature leur a donné un tour légendaire. Il est dû à un récit imaginaire de Mme de Genlis, intitulé *Athénaïs ou le château de Coppet en 1807.* Ce récit a été transposé dans les *Mémoires d'outre-tombe,* avec l'agrément de Juliette, à qui il fut soumis. Il est intéressant de citer cette page célèbre, en dépit de ses inexactitudes :

Le prince, écrit Mme de Genlis, entra dans le salon conduit par Mme de Staël. Tout à coup la porte s'entrouvre, Athénaïs (Mme Récamier) s'avance. A l'élégance de sa toilette, à l'éclat éblouissant de sa figure, le prince ne peut la méconnaître, mais il s'était fait d'elle une idée toute différente ; il s'était représenté cette femme si célèbre par sa beauté, fière de ses succès, avec un maintien assuré et cette espèce de confiance que donne trop souvent ce genre de célébrité, et il voyait une jeune personne timide s'avancer avec embarras et rougir en paraissant. Le plus doux sentiment se mêla à sa surprise.

Après dîner, on ne sortit point à cause de la chaleur excessive ; on descendit dans la galerie pour faire de la musique jusqu'à l'heure de la promenade. Après quelques accords brillants et des sons harmoniques d'une douceur enchanteresse, Athénaïs chanta en s'accompagnant sur la harpe. Le prince l'écouta avec ravissement et lorsqu'elle eut fini, il la regarda avec un trouble inexprimable en s'écriant : « Et des talents ! »

Ce récit, qui a fini par faire autorité, débute visiblement par une erreur ; le prince avait déjà rencontré Mme Récamier, elle lui avait plu et la soirée de Coppet n'était pas une surprise. Et encore! la vraie surprise n'est-ce point la découverte de l'amour? Alors, pour le reste, pourquoi ne pas faire confiance à Mme de Genlis, corroborée par Chateaubriand avec la caution de Juliette?

La vérité ne dut pas être différente de l'affabulation. Ce soir, ce premier soir de Coppet, Auguste de Prusse comprit qu'il aimait; son cœur fut pris et devait le rester. Ce charme inexprimable, fait d'une grâce où la modestie se mêlait à la douceur, avait produit un miracle de séduction; mais, cette fois-ci, la « belle des belles » s'était prise à son propre jeu, et les hôtes de Coppet s'aperçurent bien vite que si le prince était prisonnier, pour la première fois Juliette n'était plus complètement libre.

On remarqua les poses plus alanguies de la coquette quand le prince s'approchait d'elle, ses regards mouillés quand elle le regardait à la dérobée, la tendresse de ses inflexions quand elle lui adressait la parole. Laissant les beaux esprits briller autour de la maîtresse de céans, Juliette se retirait dans un angle discret du salon; le prince Auguste venait s'asseoir auprès d'elle et elle rougissait en le voyant s'approcher. Il lui parlait doucement, comme on parle à une blessée, et elle le remerciait d'un regard voilé de tendresse.

Un jour, il s'enhardit à lui prendre une main qu'elle ne retira pas; une autre fois, lors d'une promenade à cheval où Benjamin se trouvait auprès des amoureux, le prince dit d'un air qu'il estima des plus fins :

« Monsieur de Constant, vous devriez faire un temps de galop. »

Et Constant enfonça les éperons dans les flancs de sa bête.

Fut-ce ce jour-là, dans une allée écartée du parc, tandis que le lac miroitait à travers les troncs des hêtres, que le prince Auguste osa dire enfin ce qui emplissait son cœur? On ne sait pas. Les lettres du prince à Mme Récamier ont été conservées; il en existe plus de cent; dans la première, il évoque le début de l'enchantement :

Il ne faut que vous voir pour vous aimer ; mais il faut avoir eu l'occasion de connaître la noblesse et la douceur de votre caractère, le charme inexprimable répandu sur votre personne et dans vos manières pour éprouver le sentiment passionné que vous m'avez inspiré. Vous seule, ma chère Juliette, m'avez fait connaître le véritable amour qui exclut tout autre sentiment et exclut les limites du temps.

C'était bien le langage de l'amour vrai. Les paroles étaient éloquentes, l'accent chaleureux. Juliette écouta la déclaration et tout donne à supposer qu'elle tomba dans les bras du soupirant.

Était-elle vaincue? Sur le moment peut-être. Mais, dès le lendemain, elle se reprenait. Tout en continuant pourtant à caresser le prince d'un regard chargé de tendresse, elle opposait une froideur étudiée à ses déclarations, pour lui rendre sans doute l'espoir une heure après. Et, venu à Coppet pour une quinzaine, le prince Auguste ne parlait plus de son départ.

L'engagement mutuel et le projet de divorce

Les heures, les jours, les semaines passaient comme un rêve en flâneries dans le parc, en apartés dans les salons, en promenades des plus romantiques sur le lac. Le prince asservi ramait, Juliette tenait le gouvernail. Rien ne troublait cette solitude à deux, « rien que la poésie de ces flots et de ces monts peuplés de tant de fantômes qui se parlent d'amour ».

Un soir, leur navigation les conduisit jusqu'aux rochers de Meillerie, lieu cher aux âmes sensibles de ce temps, par les souvenirs vivaces de Jean-Jacques Rousseau et *La Nouvelle Héloïse*; dans ce paysage, lourd de réminiscences et propice aux épanchements, il semble qu'Auguste et Juliette, confondant leurs aveux, eurent le sentiment de les rendre définitifs.

La situation de ces deux êtres n'en restait pas moins étrange. Auguste de Prusse était protestant; sans le prôner, sa religion autorisait le divorce. De surcroît, il était neveu et petit-fils de rois, ce qui le mettait en marge des lois. Certes il en résultait des contraintes et un mariage éventuel avec celle qui ne semblait pas accepter d'être seulement sa maîtresse serait nécessairement une union inégale, avec les conséquences qui s'attachent aux mariages morganatiques. C'était la perte certaine de droits successoraux éventuels au trône de Prusse, une situation particulière à prévoir pour une épousé non issue de lignée souveraine; mais cette épouse serait pourvue d'un titre, d'un rang, d'une dotation et bénéficierait d'une position toute différente de celle d'une petite bourgeoise, mariée à un barbon dont les affaires se trouvaient en déconfiture. Aux yeux du prince Auguste, il semble que l'amour ressenti pour Juliette balançait largement les inconvénients qu'il pourrait éprouver s'il poussait son inclination jusqu'au mariage.

Pour Juliette, la situation était plus claire encore; c'était passer d'un monde dans un autre, de la terre aux cieux. Reine par la beauté, elle le serait désormais presque par le rang. Son mariage n'en était pas un : unie à un excellent homme, dont elle était peut-être la fille, mais sûrement pas l'épouse, qu'avait-elle à perdre à le quitter pour une vie brillante, où elle rencontrerait enfin cet amour qui n'avait jamais fait vibrer son cœur, en dépit de tant d'hommages ? Peut-être cette vierge inaccessible se révélerait-elle une de ces amantes enivrées dont Germaine de Staël ne lui fournissait que trop constamment l'exemple ! Il n'existait qu'un obstacle à ces rêveries : Juliette était mariée ! Mais de quelle manière : une union bâclée, un jour d'émeute, devant un fonctionnaire de rencontre, en une époque de législation imprécise; un *oui* proféré par une enfant à peine nubile et ignorante des réalités physiologiques; une union jamais bénie par un prêtre et n'ayant pas reçu cet accomplissement charnel qui seul pouvait lui donner une valeur.

Le temps s'avançait et une lettre de Berlin réclamait le prince : Auguste se vit forcé de fixer une date à son départ. Mais avant d'envisager son retour dans sa patrie, il eut avec Juliette une conversation de la plus haute importance. Il obtint de celle qu'il aimait une lettre à son mari pour lui réclamer cette liberté qui lui permettrait enfin de vivre. Plutôt que d'être une créature inaccessible, objet de toutes les convoitises, Juliette pourrait accéder à cet idéal, plus cher à un cœur de femme, celui de se donner à l'homme qu'elle aime. La missive fut donc expédiée à M. Récamier; il paraissait que la réponse eût à peu près le temps de parvenir avant la date fixée pour la séparation.

Au cours de ce délai, l'exaltation des fiancés monta au paroxysme. Si discrète sur sa vie privée, Mme Récamier dans sa vieillesse a laissé échapper quelques confidences troublantes sur ses rapports avec le prince de Prusse. Il est certain que, du moins à Coppet, elle ne donnait pas au mot « rapports » un sens aussi précis que Mme de Staël; il est probable que cette dernière poussait à la roue, persuadée à la fois qu'elle assurait le bonheur d'une amie qui lui était chère dans tous les domaines, mais en qui elle redoutait toujours une rivale, car devant un homme passionné la beauté a plus de pouvoir que l'esprit.

Ces semaines enivrantes allaient se terminer sur une apothéose. Au soir du 27 octobre 1807, Mme de Staël, pour la clôture de sa saison dramatique, avait prévu une représentation de *Phèdre*, car elle excellait dans ce rôle de furie amoureuse.

Non sans réticences, Juliette s'était laissé convaincre de tenir l'emploi de la timide Aricie.

« Cinq cents personnes, choisies dans la société de Genève

et parmi les nombreux étrangers qui visitent la Suisse » composaient un auditoire de choix. Mme de Staël remporta un triomphe. Mais on peut en dire autant de Mme Récamier, comme le rapporte une relation rétrospective de Ballanche :

A peine apparut-elle, drapée de voiles blancs et d'étoffes immaculées, coiffée d'un bandeau à l'antique et d'un diadème de camées, qu'un frémissement parcourut l'auditoire. A peine eut-elle prononcé quelques vers de sa voix pure et harmonieuse à laquelle une émotion trop explicable ajoutait des vibrations pénétrantes, qu'elle suscita cette admiration douce où se mêlent de sympathiques élans.

Le prince, témoin de cet enthousiasme universel, voyait en quelque sorte son amour sanctionné par cette foule d'élite et le sentait redoubler. Mais quand Mme Récamier prononça les vers qui semblaient de circonstance :

Partez, prince, et suivez vos généreux desseins,
J'accepte tous les dons que vous voulez me faire,

les personnes présentes, qui connaissaient les intentions du prince de Prusse, laissèrent éclater de vifs applaudissements.

Le même soir marqua un nouveau progrès dans les rapports des deux amoureux. Pour loge, Mme Récamier utilisait la chambre que l'on montre toujours comme la sienne quand on visite Coppet; elle donnait sur la même terrasse que la grande galerie, c'est-à-dire qu'elle était immédiatement voisine de la bibliothèque où s'était donnée la représentation.

Le prince mit à profit cette proximité et Mme Récamier, « dans l'ivresse de son succès, voulut bien le recevoir chez elle pour la première fois et dans la solitude et le silence de cette brusque intimité tous deux pouvaient se livrer aux douces sensations de l'âme ».

Ce fut dans ce moment de griserie que les deux amoureux échangèrent, selon les modes sentimentales de l'époque, de réciproques promesses de mariage, dont les textes ont été conservés.

Je jure par l'honneur et par l'amour de conserver dans toute sa pureté le sentiment qui m'attache à Juliette Récamier, de faire toutes les démarches autorisées par le devoir pour me lier à elle par les liens du mariage et de ne posséder aucune autre femme tant que j'aurai l'espérance d'unir ma destinée à la sienne.

AUGUSTE, prince de Prusse.

Coppet, le 28 octobre 1807.

Sous la plume du « prince Don Juan » un pareil serment, impliquant un vœu de chasteté conditionnel, représentait une décision des plus sérieuses.

En face d'un engagement aussi grave que flatteur, Juliette pouvait-elle refuser à son fiancé une promesse analogue ? D'où ce texte, encore plus solennel que le précédent par son caractère presque religieux. Car voici les lignes que, tandis que la lune argentait les eaux du Léman, Mme Récamier, encore drapée des voiles d'Aricie, traça dans l'enivrement de cette nuit resplendissante :

Je jure, sur le salut de mon âme, de conserver dans toute sa pureté le sentiment qui m'attache au prince Auguste de Prusse, de faire tout ce que permet l'honneur pour rompre mon mariage, de n'avoir d'amour ni de coquetterie pour aucun autre homme, de le revoir le plus tôt possible, et quel que soit l'avenir, de confier ma destinée à son honneur et à son amour.

JULIETTE RÉCAMIER.

Coppet, le 28 octobre 1807.

Avec le recul, ces engagements si émouvants semblent avoir été d'une grande imprudence, puisque Juliette ignorait encore la prise de position éventuelle de son mari.

Ces serments réciproques furent complétés par l'échange « d'anneaux de promission », constituant un véritable mariage mystique. Hélas ! ils ne se transformeront jamais en anneaux nuptiaux, mais trente ans plus tard, le prince Auguste mourra sans avoir ôté celui que Juliette passa à son doigt. En plus de la bague, Auguste avait cerné le poignet de Mme Récamier d'un bracelet d'or et il lui avait entouré le cou d'une chaîne d'or d'où se balançait un cœur de rubis.

Cette émouvante veillée précéda la séparation ; avant l'aube, le prince quitta Coppet, et, à six heures et demie, tandis que sa voiture relayait à Lausanne, il fit porter ce mot à son amante :

Le serment que vous m'avez fait, mais plus encore la confiance entière que j'ai en vos sentiments et en votre caractère devraient me rassurer si je pouvais être tranquille éloigné de vous.

La tentative de suicide de Mme Récamier

Quelques instants après que lui eut été remis ce touchant billet, brûlant de flammes amoureuses, le courrier apportait à Juliette une autre lettre, « impatiemment attendue », la réponse de M. Récamier.

Cette lettre de Jacques-Rose, si capitale dans l'histoire de la crise qui agitait Juliette, a malheureusement disparu dans sa teneur originale. On n'en connaît les grandes lignes que par un résumé figurant dans les *Souvenirs*, publiés par Mme Lenormant :

Il répondit qu'il consentirait à l'annulation de leur mariage, si telle était sa volonté, mais, faisant appel à tous les sentiments du noble cœur auquel il s'adressait, il rappelait l'affection qu'il lui avait portée dès son enfance, il exprimait même le regret d'avoir respecté des susceptibilités et des répugnances, sans lesquelles un lien plus étroit n'eût pas permis cette pensée de séparation, enfin il demandait que cette rupture de leur lien, si Mme Récamier persistait dans un tel projet, n'eût pas lieu à Paris, mais hors de France, où il se rendrait pour se concerter avec elle.

Émue par les accents d'un homme pour lequel elle éprouvait de l'affection depuis son enfance et qui traversait dans sa maturité une crise matérielle des plus pénibles, Juliette considéra le moment inopportun pour condamner son mari à la solitude. L'obstacle qu'elle avait cru pouvoir renverser d'un mot se révélait durable et solide; pour l'abattre, il fallait entreprendre une lutte comportant des aspects odieux. Comme frappée par la foudre, Mme Récamier, la lettre à la main, « demeura quelques instants immobile et consternée; puis son cœur se raffermit et le devoir l'emporta ». C'est du moins ainsi que sa fille adoptive a résumé une scène qui dut être fort longue et douloureuse.

Il paraît en effet peu vraisemblable qu'au moment où Juliette avait aperçu la possibilité d'être heureuse par un homme qui l'avait troublée d'une manière jusqu'alors inconnue, elle ait pu renoncer, en un instant, à l'espoir du bonheur dans la facilité, pour choisir la morne quotidienneté dans la gêne, à moins qu'éclairée soudain sur elle-même, elle se fût d'un coup dégrisée; pensa-t-elle que ses propres sentiments étaient fragiles, et la crainte d'un accomplissement peut-être impossible freina-t-elle son élan ?

Des deux, c'est probablement Auguste qui aimait le plus, mais qui peut dire si cette fois Mme Récamier n'avait pas vraiment engagé tout son être ? Il semble probable, encore que toute la lumière n'ait pas été apportée sur ce point, qu'elle confia son angoisse à Germaine de Staël et lui montra ces deux lettres reçues dans la journée du 29 octobre et qui la plaçaient devant un si cruel dilemme.

On sait, et on le tient du prince Auguste en personne, que

les conseils de Mme de Staël ne témoignèrent pas de la moindre hésitation; l'amour devait triompher et il fallait briser sans attendre l'obstination de M. Récamier.

Benjamin Constant, informé lui aussi, n'a pas craint de dire que Germaine prenait toujours le parti de la passion, que d'après elle, les objections de M. Récamier étaient sans valeur. La conjonction avec le prince Auguste, Germaine l'avait prévue, elle l'avait savamment organisée; maintenant que le résultat était obtenu, il fallait le conserver, car le bonheur de sa chère Juliette en dépendait.

Conscient de posséder en Germaine la plus sûre de ses alliées, le prince ne manqua pas de lui écrire, tandis qu'il avançait en direction de Berlin :

Les preuves touchantes que vous m'avez données de votre amitié me font espérer, Madame, que vous voudrez bien contribuer à l'exécution des projets dont dépend tout mon bonheur.

Cette lettre, qui paraît avoir été écrite dès l'étape de Berne, le 30 octobre 1807, était accompagnée d'une touchante missive pour Juliette :

Vous êtes le seul objet de mes pensées, et mon unique espérance de bonheur. L'amour que vous m'avez inspiré est un sentiment sur lequel le temps ne passe point...

Vous êtes devenue pour moi un objet de culte auquel il se joint des idées religieuses, car la beauté et la bonté n'est-elle pas la plus belle image de Dieu sur la terre ? Ne m'oubliez pas, ma chère amie ; que l'anneau que je vous ai donné vous rappelle mon amour et les serments que nous nous sommes faits.

Une nouvelle lettre, du 4 novembre, datée de l'étape d'Erlangen, laisse percer chez le prince Auguste un peu d'inquiétude et une pointe de jalousie. Il paraît craindre que les trop nombreux hommages qui assaillent son amie ne la détournent de sa pensée, et il l'invite à quitter Coppet, à la date prévue du 15 novembre, pour aller régler son problème matrimonial, « car chaque jour que vous y restez peut retarder mon bonheur ».

Il semblerait donc que Mme Récamier n'avait pas avoué à Auguste de Prusse toute la vérité, mais s'était efforcée d'atermoyer : pour gagner du temps, elle avait dit qu'elle ne pourrait arracher le consentement de son mari au divorce que de vive voix, une fois qu'elle serait de retour à Paris. Puis elle avait retardé de deux semaines la date prévue pour son départ de

Coppet. Le prince Auguste en marqua une grande inquiétude et attribua le comportement de Juliette à la cour que lui faisaient Auguste de Staël, amoureux précoce, et un autre hôte de Coppet, John Middleton, qui avait parfois serré Mme Récamier d'un peu trop près.

En réalité, Juliette était désemparée, à la fois par l'épreuve que serait le retour auprès de son mari dans ces nouvelles conditions, et par la séparation d'avec Mme de Staël, qui allait la priver d'une tendresse qu'elle n'avait encore jamais connue. Aussi peut-on se demander si sa résolution de rester fidèle à son union avec Jacques-Rose était alors fermement prise. Peut-être pour donner le change sur son agitation, elle avait repris des contacts épistolaires avec ses amis de Paris, avec Mathieu de Montmorency et également avec une amie qui lui était très chère, la marquise de Catelan, chez qui elle faisait des séjours au château d'Angervilliers, près de Dourdan.

Coppet voyait, peu à peu, s'éparpiller la brillante société qui l'avait animé au cours de l'été de 1807. Incapable de supporter la solitude hivernale dans son château vaudois, Mme de Staël posait les jalons d'un voyage de six mois en Allemagne, où elle comptait, avec l'aide de Schlegel, prendre des notes en vue d'écrire un livre sur ce pays, ouvrage dont elle caressait le projet depuis son séjour à Weimar en 1803.

Elle avait exposé ses desseins à Juliette et lui avait fait promettre de revenir passer à Coppet l'été de 1808, quelle que fût sa décision matrimoniale, mais elle avait laissé entendre que le prince Auguste compterait de nouveau parmi les invités. Avec angoisse, elle embrassa « sa jeune sœur » quand celle-ci, par un froid matin de novembre, monta dans la voiture destinée à la ramener à Paris.

Puis, accompagnée de Benjamin Constant, Mme de Staël prit la direction de Lausanne; elle y laissa son compagnon, résolu à travailler tout l'hiver à une grande tragédie de Wallenstein, démarquée de Schiller, et qui sera la plus détestable de ses œuvres.

N'oubliant pas Mme Récamier, Germaine lui écrivait un premier billet qui la rejoindra à l'étape de Morez :

Réfléchissez avec bonheur et fierté à cette puissance de plaire que vous possédez si souverainement. C'est un don plus précieux que l'empire du monde. Il faut un jour l'abdiquer, mais c'est un trésor que vous pourrez placer sur la tête de celui que vous en croirez digne.

De son côté, Juliette avait écrit un mot depuis Morez, auquel Germaine répond aussitôt :

Vous êtes une personne charmante et votre manière d'écrire a, comme vous, une grâce irrésistible. Chère Juliette, je vous serre contre mon cœur. J'ai un tel sentiment de tristesse que je ne sais plus ce que j'écris.

Rentrée à Paris dans le courant de décembre 1807, ressaisie par les menues obligations des quotidiennetés, Mme Récamier était en train de s'éveiller douloureusement de son rêve d'amour.

Quelques textes permettent d'imaginer quels furent les entretiens de Juliette et de Jacques-Rose : il répéta généreusement qu'il laissait toute liberté de décision à sa femme, mais n'en donna pas moins des conseils de prudence, plus dignes peut-être d'un père que d'un mari. Il parla de la fragilité de l'amour des princes et plus spécialement de la réputation de coureur d'Auguste de Prusse; il insista sur les préjugés de la cour de Berlin et sur les humiliations découlant des unions morganatiques; il opposa la roideur de la société prussienne à l'air grisant qui se respire seulement dans les salons parisiens. M. Bernard, fort affligé par son veuvage et peu désireux de renoncer à la présence de sa fille, joignit ses objurgations à celles de son gendre.

Juliette était trop foncièrement bonne pour ne pas sentir ce qu'il y aurait d'odieux de sa part dans l'abandon d'un vieux compagnon, qui lui avait valu quinze années d'une vie dorée, et qu'elle ne semblerait quitter que parce qu'il était pauvre et malheureux. D'autre part, renoncer à la vie de Paris était une épreuve si forte que Mme Récamier se prit parfois à frémir de l'expatriation.

A Coppet, dans une atmosphère de rêve, elle avait subi la griserie des idylles; replacée dans ses habitudes et ses souvenirs, elle ne savait plus si elle doutait de l'amour d'Auguste ou de celui qu'elle croyait lui porter; au moment de discuter sa grande résolution, il lui sembla soudain qu'elle était envahie par la crainte de déraciner son âme.

D'autre part, elle avait juré et se sentait prisonnière de son serment, celui qu'elle avait signé librement au prince Auguste, en pleine conscience, au soir du 28 octobre, et qui engageait bien plus la femme de trente ans, consciente des réalités, que le pauvre *oui* murmuré par la petite Juliette de quinze ans, conduite par son vieux soupirant à l'Hôtel de Ville de Paris, tandis qu'une foule hideuse acclamait le citoyen Marat.

Désespérer le prince en trahissant son serment, elle n'en

éprouvait pas le courage. Même de loin, elle continuait à éprouver à son endroit « un faible bien fort ». N'osant reprendre sa parole, elle tenta de se la faire rendre. Conscient de ses réticences depuis qu'elle avait regagné Paris, Auguste de Prusse lui écrivit le 25 décembre 1807 :

Vous dites vous-même, ma chère Juliette, que vous êtes liée par des convenances qui ressemblent à des devoirs et vous ne balancez pas à sacrifier mon bonheur à des considérations pareilles. Si vous persistiez dans votre résolution, quelle opinion devrais-je avoir de votre conduite? Ne semblerait-il point que vous faites un jeu cruel de ce qui est pour moi plus que l'existence? Mais non. Un tel raffinement de cruauté n'est pas dans votre caractère ou il faudrait que vous eussiez perdu cette bonté charmante qui vous faisait compatir aux malheurs des autres et rendait ineffaçable l'impression que faisaient votre beauté, vos grâces et votre esprit. Est-ce qu'enfin le serment que vous m'avez fait, sur le salut de votre âme, ne vous lie pas plus que des convenances que vous pourrez détruire dès que vous le voudrez sérieusement?

Comprenant qu'il se heurtait à une résistance imprévue, le prince de Prusse appela Mme de Staël à la rescousse, se plaignit de la légèreté de Juliette et, dans son angoisse, en vint à demander à Germaine si, après tout, « Mme Récamier n'était pas une femme d'un caractère trop ordinaire ».

Plainte douloureuse d'un homme épris, qui reconnaît dans une autre lettre à Mme de Staël que les correspondances de Juliette le transportent et que, plus que jamais, il reste convaincu d'avoir trouvé en elle la femme de sa vie.

Pourtant, en janvier 1808, Juliette s'explique davantage, puisqu'elle notifie à Auguste qu'entre elle et le bonheur « la barrière est à jamais posée et elle déplorait de ne pouvoir rompre les liens qui faisaient son malheur ».

Avec une colère compréhensible, le prince répond d'abord qu'il n'importunera plus Mme Récamier de ses lettres, puis, peu après plus calmement, il lui écrit :

Les jouissances de l'amour-propre ne dureront pas longtemps. Dans quel triste isolement vous trouverez-vous un jour si vous renoncez aux liens qui font le bonheur de la jeunesse, l'agrément de l'âge mûr, et la consolation de la vieillesse?

Et il demande à celle qu'il aime de lui donner l'espoir d'une entrevue pour le printemps, car il est trop malheureux de cette longue séparation.

Il n'est pas seul à souffrir et cet hiver de 1807-1808 se présente pour Juliette comme un calvaire, au cours duquel son désarroi moral entamant sa résistance nerveuse la jette dans de véritables crises de neurasthénie. Elle ne cacha pas son état au prince Auguste, le tint en haleine, lui laissa espérer qu'elle pourrait venir en Allemagne, escortée, il est vrai, par son mari. Enfin, pour achever de faire patienter l'amoureux, Mme Récamier lui envoya le portrait que Gérard avait peint d'elle, celui que nous admirons encore, et qui ne revint en France qu'en 1845, après la mort d'Auguste de Prusse. Très touché de l'envoi, le prince écrivit à Juliette : « Quand on vous aime, aucune autre femme ne peut plaire. »

De la lenteur relative avec laquelle évolue une situation qui aurait dû logiquement se dénouer au premier chef, on a incriminé la coquetterie de Mme Récamier. Il convient aussi de souligner l'influence de M. Récamier. Celui-ci avait toujours regardé jusque-là avec une paternelle indulgence les hommes faire la cour à sa trop belle épouse. Elle l'avait plusieurs fois mis au courant de ses flirts, lui en avait parlé avec confiance, avait parfois requis son appui pour se garder.

Cette fois-ci, le mari s'était trouvé en face d'une situation nouvelle : l'épouse avait écouté le séducteur et, séduite enfin, elle avait envisagé de le suivre. Une réaction de jalousie avait modifié le comportement de M. Récamier. Parce qu'il était plus âgé que sa femme, on a facilement tendance à le considérer comme un vieillard. En fait, Jacques-Rose avait seulement cinquante-sept ans, âge où l'on n'est pas nécessairement guéri de la jalousie ; il ne paraissait pas cet âge, était encore fort beau, ne dédaignait pas les femmes. N'est-il pas possible de supposer que le désir lui soit soudainement venu de devenir réellement l'époux de celle qu'il avait seulement traitée comme une amie, voire une fille ? Comme il est dit dans les vers de La Fontaine :

> Ménélas découvrit des charmes dans Hélène
> Qu'avant d'être à Pâris, la belle n'avait pas.

Somme toute, ce que Mme Lenormant a laissé transparaître des réponses possibles de M. Recamier à la demande de divorce de sa femme, va singulièrement dans ce sens :

« Je regrette d'avoir respecté des susceptibilités et des répugnances sans lesquelles un lien plus étroit n'eût pas permis cette pensée de séparation. »

L'hypothèse prend plus de force encore quand on lit la lettre d'adieu que dans un moment de désespoir, qui se situe avant le printemps de 1808, Juliette écrivit à son époux :

Résolue à quitter la vie, je veu (sic) vous dire que je conser-verai jusqu'au dernier battement de mon cœur le souvenir de vos bontés, et le regret de n'avoir pas été pour vous tout ce que je devais. Je compte sur cet (sic) amitié dont vous m'avez donné tant de preuves pour accomplir mes derniers vœux. Je désire que ma mort ne rompe pas les liens qui vous atta-chaient à mes parents et que vous leur soyez util (sic) autant que vous le pourrez. Je vous recommande Delphine [1], j'ai promis à sa mère de veiller sur son bonheur, en vous la confiant, elle n'aura rien perdu. Quelques amis ont contribué avec moi à un établissement d'orphelines. Je désire que vous fassiez autant que vous le pouvez pour cet établissement. Je vous recommande les personnes qui m'ont été attachées. Je vous laisse la pensée consolante que je vous ai dû tout le bonheur que j'ai trouvé dans cette vie.

JULIETTE RÉCAMIER.

A monsieur Récamier

L'intention de Mme Récamier était d'avaler jusqu'à une quantité fatale les pilules d'opium dont elle disposait alors pour calmer ses crises nerveuses et ses insomnies.

La situation paraît trop dramatique, la crise trop cruelle, pour se demander si la douloureuse Juliette connaissait alors la « dose de Coppet », celle qui, telle un philtre, avait le pouvoir de régler les problèmes sentimentaux.

On ignore les détails exacts du drame; on ne sait même pas s'il y eut commencement d'exécution. D'après Mme Lenormant, sa mère adoptive, « ayant eu un moment de cruel découragement, surmonta cette faiblesse ». La suite a révélé quelques précisions donnant à penser que la tentative eut lieu, ou du moins qu'au moment où Mme Récamier se préparait à absorber la dose mortelle, quelqu'un se trouva à point auprès d'elle pour la retenir. On pense, en général, que le sauveur fut son cousin Brillat-Savarin, dont les sens exercés ne rangeaient point les poisons parmi les éléments gastronomiques.

Cette crise de désespoir eut un résultat, celui de donner à Juliette le courage d'écrire au prince Auguste de renoncer définitivement aux projets qu'il avait formés. Celui-ci confia à Mme de Staël :

Elle m'écrivit alors, qu'après de profondes réflexions sur notre situation et les dangers auxquels elle pouvait m'exposer, elle me

1. Une de ses cousines.

déliait de mon serment et consentait à me revoir l'été prochain, en
Suisse ou en Italie.

Frappé en plein cœur, Auguste de Prusse répondit :

Vous venez de détruire toutes mes illusions et de me rendre le
plus malheureux des hommes. Vous ne daignez pas même me dire
une raison, pas même un mensonge pour expliquer un changement
si subit. Je ne comprends pas une conduite si étrange, mais j'aime à
croire que vous m'avez écrit dans un de ces moments de décourage-
ment auxquels vous êtes sujette... Je vous conjure, chère Juliette,
par tout ce qu'il y a de plus sacré, ne me réduisez pas au désespoir ;
vous ne savez pas ce que je serais capable de faire. Je remets ma
destinée entre vos mains, car je suis sûr que vous n'en abuserez pas.

Cette lettre n'ayant pas provoqué la réponse espérée, le
prince Auguste traversa une crise de violence et rendant compte
des froideurs de Juliette à Germaine de Staël, il lui écrivit qu' « il
ne conserve que le plus profond mépris pour une femme qui est
capable de rompre ses serments » et conclut : « Elle ajoute ainsi
la lâcheté à la perfidie; je vais rompre pour toujours avec elle. »
Cependant plus tard il enverra encore à Juliette cette plainte
d'un si romantique accent :

Je sens, malheureusement trop tard, que nous n'étions pas faits
pour être heureux l'un par l'autre. Je vous prie de ne plus m'écrire :
vos lettres me font trop de mal. Adieu pour la dernière fois!

Tel est le moment capital de ce drame d'amour que Mme Récamier faillit payer de sa vie; non sans souffrances, elle recouvrait
sa liberté; elle n'épouserait pas le prince de Prusse et resterait
toujours la platonique épouse de M. Récamier.

Retour de Mme Récamier à la vie mondaine à Paris et orages de
Mme de Staël en Europe

La lettre de rupture qui fut définitive — bien que les intéressés aient encore correspondu parfois et se soient même revus —
adressée par le prince de Prusse à Mme Récamier porte la date
du 13 juillet 1809. La correspondance, avec ses alternances de
sentiments, ses espérances, et ses désillusions, avait donc duré
plus de dix-huit mois, dont les quinze derniers, au moins, sont
postérieurs à la tentative de suicide de Mme Récamier.
Cette période de la vie de Juliette, balançant entre le devoir
et la passion, entre le rêve et le désespoir, revêt donc une impor-

tance particulière. Autant que l'on puisse en établir les circonstances avec précision, elle se révèle fort différente de ce que l'on pourrait attendre si l'on en jugeait sur les suites naturelles d'une dépression ayant poussé une jeune femme de trente ans, d'une beauté sans pareille, d'une jeunesse intacte et, somme toute, maîtresse d'assurer son sort comme elle l'entendait, jusqu'au dessein de mettre fin à ses jours.

Lors de son suicide manqué, Mme Récamier est installée dans une maison nouvelle, sise près des Tuileries, 32, rue Basse-du-Rempart (à peu près l'actuelle rue Cambon). Dans ce logis plus modeste que l'hôtel de la rue du Mont-Blanc, elle vit avec son mari et l'associé de celui-ci, le bon M. Simonard, resté le compagnon des jours difficiles. L'horizon financier commence à s'éclaircir : le concordat accordé à M. Récamier lui a permis de remettre de l'ordre dans ses affaires, et sans mener son ancien train de vie, il n'est plus préoccupé quotidiennement par les problèmes matériels.

Désireux de reprendre barre sur cette femme-enfant dont la présence lui est nécessaire, Récamier recommence à la gâter pour lui faire oublier ses déboires sentimentaux, et Juliette se laisse aduler par ce vieil homme qu'elle aime filialement.

Mais aussi, et cela dévoile un aspect de son caractère et aide à la mieux connaître, tandis que le prince Auguste de Prusse se morfond dans l'espoir, qu'il continue à écrire des lettres douloureuses et pressantes, Mme Récamier reprend une vie mondaine brillante et renoue avec le monde parisien, où une cour d'amoureux se constitue autour d'elle. Son salon redevient un centre de rencontres et un foyer d'opposition.

Elle a annexé Benjamin Constant, qui y brille d'un vif éclat et, bien qu'il ne l'avoue pas, ressent du goût pour la « belle des belles ». Enfin, peut-être pour s'étourdir et oublier son idylle, Juliette recommence à fréquenter les bals masqués et à y ébaucher des intrigues. Rien, semble-t-il, ne l'amuse davantage que ces commencements d'aventures sans lendemain, où, à l'abri du masque, elle peut aguicher, séduire un moment, sans souci de se compromettre. On dirait vraiment qu'ayant éprouvé la possibilité de l'amour, elle se défie maintenant de lui, comme si elle avait compris que la passion n'était pas son domaine. Il semble que ses flirts aient été parfois poussés assez loin. Mme Lenormant a raconté avec assez de détails une intrigue de sa mère adoptive avec le duc de Mecklembourg-Strelitz, frère de la reine Louise de Prusse. Cet illustre visiteur avait rencontré pour la première fois Mme Récamier au bal de l'Opéra et lui avait

demandé la permission de venir chez elle. Coquettement, elle se
fit prier, en objectant qu'un salon d'opposition, tel que le sien,
ne convenait guère à un prince étranger. Celui-ci insista de telle
manière qu'il fut invité à une réception intime. De peur d'être
reconnu, il profita d'une ouverture intempestive de la porte pour
entrer clandestinement. Poursuivi par le concierge, qui l'avait
pris pour un malfaiteur, il fut appréhendé au collet par celui-ci
au moment où il franchissait le seuil du salon. Le malentendu
dissipé, Mme Récamier emmena son hôte dans le jardin et l'on
sait qu'ils parlèrent ensemble de la Prusse. Au beau milieu de
l'entretien, Mathieu de Montmorency entra au salon sans se
faire annoncer. Apercevant une silhouette à travers la fenêtre,
Juliette abandonna le prince dans le jardin et vint voir quel était
l'importun.

« Est-ce que vous êtes seule ? demanda gravement Mathieu,
gardant les yeux fixés sur le chapeau du prince oublié sur la
table du salon.

— Mais oui », répondit Juliette avec effronterie. Alors
Montmorency désigna le couvre-chef. Mme Récamier, éclatant
de rire, conta sa frayeur, alla chercher le grand-duc, et fit les
présentations.

Enhardi par cette première visite, le duc de Mecklembourg-
Strelitz se fit pressant et exigea d'autres rendez-vous ; les billets
de cette époque sont trop rares pour nous faire connaître tous
les détails du flirt ; il suscita chez le prince des sentiments si
durables qu'en 1843, devenu grand-duc régnant et beau-père
du duc d'Orléans, il écrivait encore à Mme Récamier pour lui
demander le don du portrait de Gérard, offert jadis à Auguste
de Prusse, et que celui-ci, récemment décédé, avait donné ordre,
par testament, de restituer à son modèle.

De ces anecdotes, qui laissent le sentiment d'une coquetterie sans bornes, on peut encore citer un flirt très poussé avec
l'ambassadeur d'Autriche, Clément de Metternich, lui-même.

Celui-ci, alors âgé de trente-six ans, fort bien de sa personne, ne comptait point ses succès : il était l'amant de la belle
Mlle George, honorée également de la faveur impériale, de
Caroline Murat, volontiers prodigue de ses charmes, et semble-
t-il aussi de Mme Junot, duchesse d'Abrantès.

Cet amateur de femmes avait tout de suite considéré Juliette
comme un morceau de choix. De plus, comme elle animait un
foyer d'opposition, il trouvait intéressant d'être admis dans son
intimité. Il vint si souvent rue Basse-du-Rempart, que Napoléon
en prit ombrage et déclara publiquement qu'il considérerait

comme un ennemi personnel toute personne fréquentant le salon de Mme Récamier. Cette menace, qui ne devait pas rester vaine, frappait également l'amie intime de Juliette puisqu'elle visait directement Mme de Staël.

Pourtant il existait alors un léger froid entre Mme Récamier et la châtelaine de Coppet ; celle-ci, devenue, lors de son voyage à Vienne, la maîtresse passionnée d'un trop bel Irlandais, Maurice O'Donnell, n'en demeurait pas moins férocement jalouse de ses autres amants. Tandis que Benjamin Constant, familier de Juliette, préparait pour de tout autres raisons un orage avec Mme de Staël, Mme Récamier, par l'effet de son inguérissable coquetterie, va se trouver en délicatesse avec Germaine en raison de ses correspondances et de ses rencontres avec Prosper de Barante.

Rentré de sa mission en Allemagne, Prosper avait été nommé sous-préfet de Bressuire ; dans cette morne bourgade, il occupait ses loisirs à polir son premier ouvrage, un *Tableau de la littérature française au XVIII*e *siècle* dont Mme de Staël avait ordonné les grandes lignes.

En vue de faire éditer son manuscrit, Barante était venu à Paris et en avait soumis le texte à Juliette ; celle-ci l'en avait complimenté, sans voir que l'auteur avait complètement oublié d'y parler des écrits de philosophie et d'économie politique de Jacques Necker. Mais Mme de Staël, qui avait parfaitement remarqué que le nom et les œuvres de son père avaient été omis, manifesta son mécontentement d'une manière des plus vives.

L'écho s'en retrouve dans une lettre de Prosper de Barante à Mme Récamier :

Il sera singulier que ce soit un ouvrage imprimé qui ait changé l'affection de Mme de Staël en un ressentiment que je crois assez vif. Je continue à être blessé du motif qu'elle suppose à mon silence sur M. Necker. Il est permis, et surtout à elle, d'être orgueilleuse pour son père. Mais, cependant, on pouvait supposer, à toute force, qu'il est possible d'avoir une opinion différente. Point du tout, elle aime mieux croire que j'ai voulu faire cette omission pour faire ma cour au pouvoir...

Il était de notoriété publique que Prosper, s'ennuyant à Bressuire, aspirait alors à être pourvu d'une préfecture, ce qui l'incitait à une certaine prudence. Mais il semble que Mme de Staël essayait d'imputer à ce prétexte d'ambition administrative un ressentiment qui provenait d'une tout autre cause et l'affectait bien davantage : elle pensait, peut-être avec quelque raison, que

Juliette était en train de trouver dans Prosper un consolateur qui l'aidait à oublier le prince Auguste. Elle finit par le penser avec une si grande intensité qu'elle ne put s'empêcher d'écrire aux deux coupables présumés des lettres amères. Mme Récamier garda le silence. Prosper tenta de se disculper :

Ce que vous me dites sur votre jalousie de Mme Récamier m'a surpris ; il me paraît que vous lui avez écrit aussi ; elle a dû vous mander que jamais un mot plus vif que la confiance et l'amitié n'a été prononcé entre nous... Aussi, chère amie, à supposer que cela vous fasse encore quelque chose, assurez-vous que je n'ai pas prononcé le mot d'amour à d'autres qu'à vous, soit avant, soit après le temps où il en résultait quelque bonheur ! Je ne m'en fais pas un mérite, mais cela est.

Cette protestation n'empêchait d'ailleurs nullement Prosper de supplier Juliette de venir en séjour à la sous-préfecture de Bressuire, espérant d'elle une lettre « pour épier dans vos paroles, ce que vous aura fait mon départ et s'il vous a laissé quelque vide. On ne peut croire que l'on vous soit nécessaire ! »

Comme pour donner raison à ce propos si pertinent, Mme Récamier répondit à Prosper par une lettre glaciale, débutant par un sec « Monsieur » dont il resta durablement chagriné.

C'était toujours chez Juliette la même tactique : enjôleuse de près, distante lors des absences, soufflant tour à tour le chaud et le froid sur des cœurs trop sensibles. Quand on relit ces correspondances avec plus d'un siècle de recul, il semble que Juliette n'était pas indifférente au charme de Barante, mais qu'elle craignait pour son amitié avec Mme de Staël. Or cette amitié était entrée dans le plein de l'éclipse. Germaine avait écrit à Prosper pour lui réclamer la restitution de ses lettres. Barante plaida la cause de Mme Récamier et prit énergiquement sa défense ; pour mieux confondre la fille de Necker, il lui laissa entendre qu'il était au courant de son aventure à Vienne et de sa liaison publique et malheureuse avec Maurice O'Donnell. En même temps, Prosper suppliait Mme Récamier de renouer avec la châtelaine de Coppet :

Elle se plaint de votre silence. Elle dit que vous la boudez. Je crois que vous feriez bien de lui écrire. Vous êtes loin d'avoir des torts envers elle. J'en suis assurément témoin. Vous n'y avez pas songé. Il est vrai que vous y avez eu peu de mérite, mais enfin il en est ainsi.

Surmontant ses susceptibilités, Juliette avait fait les premiers pas ; elle avait écrit à Germaine et lui avait proposé de

lui communiquer les lettres de Prosper. La missive de Mme Récamier provoqua chez Mme de Staël une véritable explosion de
joie; de Genève, le 9 février 1809, elle répond à son amie :

Je voudrais être à vos pieds, pour votre lettre, ma chère Juliette.
J'ai tort et quand j'aurais raison, rien ne vaut parmi les autres
sentiments celui que vous daignez me montrer. Je ne veux point
voir les lettres de Prosper, je ne veux qu'un retour de votre affection...
Si vous me retiriez le sentiment qui a fait toute ma consolation
depuis trois années, je sens que la vie aurait perdu pour moi le
dernier charme que l'exil ne m'avait pas ravi... Pardonnez-moi
aussi de regarder comme impossible qu'on puisse vous voir et ne
pas vous aimer; cette intime conviction vient de mon cœur encore
plus que de l'admiration du monde. Je ne voulais pas une heure
de retard pour vous embrasser à genoux, pour baiser vos jolis pieds
et pour vous demander de pardonner à la susceptibilité du malheur.

Émouvant appel d'une femme à une autre, avec une tendresse presque sensuelle, qui donne à rêver! Mme de Staël,
mûrissante, traverse dans ses amours masculines une passe de
malheur. Le jeune Maurice O'Donnell s'est libéré de liens qu'il
croyait susceptibles de se changer en chaînes. Prosper de Barante,
avide d'une existence normale, cherche à écarter cette vieille
maîtresse qui fut aussi une initiatrice, et songe au mariage.
Quant à Benjamin Constant, cette ancienne habitude dont Germaine ne peut se passer complètement, il vient de s'embarquer
dans une aventure vaudevillesque que Mme de Staël ne lui
pardonnera jamais entièrement.

Décidé à se délivrer de Germaine, fût-ce par de nouvelles
entraves, Constant mit au point ses projets en les décrivant un
peu à l'avance dans la composition d'un roman auquel il attachait peu d'importance, cet *Adolphe* qui lui valut la gloire de son
vivant et qu'a complété, par la suite, le récit révélateur et si
longtemps inédit appelé *Cécile*.

Le 5 juin 1808, Benjamin avait épousé clandestinement,
devant un pasteur, à Brévans, dans le Jura, Charlotte de Hardenberg, séparée de M. du Tertre. Pour le moment, le mariage
devait rester secret. Constant croyait alors Mme de Staël décidée à épouser Maurice O'Donnell. Aussi fut-ce avec une certaine
inquiétude qu'il reçut de Vienne un mot dans lequel Germaine lui
confiait :

Je reviens avec le même attachement pour vous, un attachement
qu'aucun homme n'a effleuré, un attachement qui ne vous compare

à personne sur la terre; mon cœur, ma vie, tout est à vous si vous le voulez; pensez-y.

Si cette lettre avait été écrite un an plus tôt, Benjamin, si enivré qu'il pût être de sa liberté, eût peut-être par le sacrifice de celle-ci accepté une fin de vie confortable. La fausseté de la situation dans laquelle son incurable légèreté venait de le placer était annonciatrice de dangereux orages.

Pour gagner du temps, il garda d'abord le silence; comme si de rien n'était, il vint passer à Coppet l'été de 1808, s'absentant parfois sous d'habiles prétextes pour rendre à son épouse de furtives visites.

Puis, las de ces dissimulations, il s'établit ostensiblement en ménage, au début de mai 1809, dans une auberge de Sécheron, aux portes de Genève, alors déjà un des rendez-vous de l'Europe, et il y manda Mme de Staël pour qu'elle rencontrât sa femme.

Dans un indescriptible état de fureur, Germaine se précipita de Coppet à Sécheron, où elle arriva vers dix heures du soir. Charlotte de Hardenberg prenait un bain de pieds avant de se mettre au lit. Mme de Staël n'en entra pas moins en trombe dans la chambre : « Je suis venue sur-le-champ, dit-elle, parce que vous êtes une Hardenberg », car la fille de Necker avait le respect de la noblesse. Avec une exquise politesse, Charlotte, s'étant séché les pieds, précisa qu'elle était devenue depuis peu l'épouse légitime de « monsieur Constant ». Ce fut le début d'une scène épique qui se prolongea jusqu'à l'aube.

Constant, qui s'était prudemment éclipsé avant la rencontre, eut cependant le front de se rendre à Coppet, l'un des jours suivants, pour y conclure un accord avec Mme de Staël : il s'engageait à tenir son mariage secret, et passerait l'été à Coppet comme à l'ordinaire. En premier accomplissement de ces engagements, dès le mois de juin 1809, Mme de Staël entraîna Constant avec elle à Lyon, pour y applaudir des représentations données par Talma.

C'en était déjà trop pour la malheureuse Charlotte de Hardenberg : à son tour, elle décida de quitter une vie qui lui réservait tant d'avanies, et elle absorba une fiole de laudanum. Mais, heureusement ou malheureusement, elle s'était bornée, elle aussi, à la fameuse « dose de Coppet »; on put donc la sauver à temps. Avant ce qu'elle avait cru l'heure de quitter la vie, elle avait fait porter un billet d'adieu à son mari. Constant accourut, mais comme Charlotte n'était pas morte, Mme de Staël se montra intraitable; Benjamin dut revenir à Coppet.

Pour lui faire sentir sa servitude, Mme de Staël décida de lui parler d'affaires; au cours de leur liaison, elle avait prêté beaucoup d'argent à son amant; celui-ci dut accepter une reconnaissance de dettes de 80 000 francs (au moins 250 000 francs 1970) heureusement payable après son décès; ce traité, dont la mise au point demanda plusieurs mois, ne devait être signé qu'au cours de l'année 1810.

En dépit de ces orages, Mme de Staël maintenait la vie mondaine de Coppet : Mme Récamier, tout à fait réconciliée avec Germaine, promit donc d'y passer l'été de 1809.

Un second été à Coppet en 1809

« Depuis quand le Conseil se tient-il chez Mme Récamier ? » demanda un jour Napoléon avec colère, en constatant que le salon de la rue Basse-du-Rempart était en train d'acquérir l'éclat dont avait brillé naguère celui de la rue du Mont-Blanc.

Aussi aurait-il été fort imprudent que Juliette demandât un passeport pour Coppet; la police se fût certainement refusée à donner sa sanction pour la rencontre de deux femmes qui, à des titres divers, représentaient une résistance ouverte à la tyrannie. Mme Récamier avait envie de revoir son amie, maintenant que les nuages étaient dissipés. Elle la rejoignit à Lyon, étape sur la route d'un voyage conduisant à une saison balnéaire à Aix. La police ne fut pas dupe, et un rapport du 19 juin 1809 signale que Mme Récamier a l'intention d'aller rejoindre Mme de Staël à Coppet.

Germaine avait accompagné son amie jusqu'à Aix-les-Bains, puis regagné son château. A Aix, Mme Récamier retrouva Mathieu de Montmorency, son gendre Sosthène de la Rochefoucauld et également un familier de Coppet, le baron de Voght.

Ce fut au cours de ce séjour à Aix que Mme Récamier reçut la lettre de rupture d'Auguste de Prusse; bien qu'elle ait eu toutes raisons de s'attendre à une réaction qu'elle avait tout fait pour provoquer, elle fut très affectée et confia sa peine à Germaine. Celle-ci répondit en la priant d'arriver à Coppet au plus vite :

Je vous remercie bien, chère Juliette; il n'y a rien de nouveau depuis que je vous ai vue. Mais comme j'avais alors besoin de vous, j'en ai encore besoin à présent. Ainsi quand vous m'accorderez votre présence, je vous serrerai sur mon cœur avec une vive tendresse.

Votre chambre vous attend et le baron de Voght occupera celle du prince Auguste. C'est plus sérieux, mais il faut que vous soyez aimée par tous les âges. Adieu! j'ai bien de la peine à vivre, et, vous aussi, vous souffrez!

Aux derniers jours de juillet, escortée du baron de Voght, Juliette arriva à Coppet; l'assemblée était moins brillante qu'en 1807, et Benjamin, qui eût souhaité soigner sa femme convalescente, y faisait figure de prisonnier.

Cet été de 1809, alors que tonne au centre de l'Europe le canon de Wagram, marque les derniers grands jours de Coppet. Une atmosphère grave pèse sur le château; si Benjamin est captif de Germaine, celle-ci est prisonnière de Napoléon, elle est pratiquement assignée à résidence et ses déplacements sont étroitement contrôlés.

Mais les habitudes restent établies et, dans les moments où Mme de Staël ne travaille pas à la mise au point de son grand livre *De l'Allemagne*, on continue à échanger d'éblouissantes conversations ou à monter des spectacles dramatiques.

Évidemment Benjamin se montre rétif à jouer Oreste et c'est avec mélancolie et sans conviction que Mme Récamier se drape dans les voiles d'Aricie, bien qu'elle y remporte un égal succès.

Un nouvel hôte, le poète germanique Zacharias Werner, fait jouer sa pièce, *Le 24 février*, transposition fort ennuyeuse des Atrides chez des paysans suisses. Le succès de ce noir mélodrame semble avoir été fort mitigé.

On attendit en vain la visite de Mme de Krüdener. Germaine s'était entichée de cette illuminée, qui avait insufflé dans son cœur l'espoir que l'amour de Dieu pourrait remplacer pour elle l'amour humain, ce qui était un peu trop méconnaître les impérieuses exigences sensuelles de Mme de Staël.

Les trois mois passés à Coppet en 1809 resserrèrent fortement l'intimité entre Juliette et Germaine. Leurs correspondances en apportent maints témoignages :

Vous m'avez fait connaître, chère Juliette, un sentiment tout nouveau pour moi; une amitié qui remplissait mon imagination et répandait sur ma vie un intérêt qu'un autre sentiment m'avait seul inspiré. Vous aviez, cette année surtout, quelque chose d'angélique, ce charme qui daignait se concentrer sur moi ébranlait mon âme et je me suis crue séparée d'une influence céleste, quand vous avez disparu...

... Vous êtes dans ma vie au premier rang... Vous qui me

connaissez, vous savez combien il est facile d'obtenir ma bienveil-
lance et difficile d'entrer dans mon cœur. Vous qui y êtes comme
souveraine, dites-moi si vous ne ferez jamais de peine ; vous en
auriez, à présent, terriblement le pouvoir. Adieu, chère et adorable
personne, je vous serre contre mon cœur... Parlerai-je encore du
fond de l'âme ou faudra-t-il que je vive et meure seule ? Adieu, ma
Juliette, que le Ciel vous bénisse. Continuez à ne plus vivre que par
le cœur. Les moissons du succès sont cueillies, mais aimer est divin.

Même à la période romantique, et compte tenu de l'exaltation de Mme de Staël, de tels accents prennent une résonance
assez troublante et plus encore quand on y ajoute ce billet :

Vous m'avez fait connaître ce qu'il y a de vraiment doux dans
la tendresse d'une femme ; c'est l'alliance de deux êtres faibles, qui
regardent ensemble leurs oppresseurs. Mon ange, dites-moi, à la fin
de votre lettre : je t'aime. L'émotion que j'éprouverai me fera croire
que je vous presse sur mon cœur.

Bientôt Mme de Staël traversa une nouvelle crise ; Constant
quitta Coppet : « Il est parti depuis huit jours, écrit Germaine
à Juliette, et je n'ai jamais de ma vie éprouvé une convulsion
de douleur pareille. »

Ce que Germaine ne dit pas à son amie, c'est que, maintenant
que Benjamin est marié, elle songe, pour se venger, à offrir de
nouveau sa main à Prosper de Barante ; elle ne craint pas de lui
faire transmettre cette offre, sans succès, par Mathieu de Montmorency.

Une fois libre, Benjamin menaçait maintenant de divulguer
son mariage et Germaine chargeait Juliette de le contraindre au
silence. L'entrevue souhaitée ne put avoir lieu qu'à la fin de
novembre 1809 ; elle obtint des résultats partiels puisque Constant accepta d'aller à Coppet pour régulariser sa reconnaissance
de dette.

Prosper de Barante avait été appelé à Genève par la mort
de son frère. Ayant revu plusieurs fois Germaine à Coppet, il
constata que son ancien amour était bien mort. Mme de Staël,
qui voyait peu clair en elle-même, demeurait persuadée que
Prosper était toujours amoureux de Juliette, mais, par une
étrange aberration, elle allait demander à Juliette de lui ramener
Prosper ; et c'est à ce dernier qu'elle confiait, pour la porter à
Mme Récamier, cette lettre si inconsciente :

Chère Juliette, faites qu'il m'aime et qu'il ne vous aime pas.
Je sais comme le second est difficile, mais, dans ce monde qui est

à vous, vous respecterez ma vie. J'espère moins souffrir par Benjamin à présent que je pourrais souffrir par Prosper. Mais expliquez-moi, chère amie, cette puissance du cœur pour réunir des peines qui sembleraient devoir s'exclure. Ne trouvez-vous pas que tout ce qu'on a dit et écrit sur le cœur humain n'est vrai qu'à la superficie? Chacun veut y mettre une unité qu'il n'a pas. C'est ce je ne sais quoi de nous que la tempête agite. Ceux qui ne s'abandonnent pas semblent plus conséquents, mais s'ils parlaient franchement, qu'en serait-il? Je vous dis tout cela pour vous seule, chère amie de mon cœur.

Ah! si j'étais plus jeune, je n'hésiterais pas à donner ma vie devant Dieu à cet homme, si au-dessus des autres hommes à mes yeux.

On ne sait comment Juliette plaida cette cause perdue, mais il semble que Prosper de Barante fut peu sensible à ce retour de flamme; il le confia franchement à Mathieu de Montmorency, qui crut de son devoir d'en informer Germaine.

Bien que Mme de Staël continuât de penser que si Prosper la repoussait c'était à cause d'un sentiment pour Juliette, aucun nuage ne vint plus ternir l'amitié des deux femmes; à conserver quelqu'un, Germaine avait choisi Juliette :

Vous serez toujours pour moi la sœur la plus chérie, l'âme qui a eu avec la mienne l'harmonie la plus complète ; je ne crois pas qu'il soit donné de s'entendre dans les nuances le plus fugitives comme nous nous entendons...

En dépit des orages sentimentaux, la mise au net du livre *De l'Allemagne* avançait de manière tellement satisfaisante que Mme de Staël envisageait sa publication pour le printemps de 1810 et formait des projets pour venir alors séjourner en France dans la limite permise des quarante lieues de la capitale.

L'annonce du mariage de Napoléon avec Marie-Louise, le rétablissement d'une paix qui paraissait durable, faisaient toujours espérer à Germaine l'amnistie lui permettant de retrouver Paris. En attendant, elle avait déniché un établissement convenable, puisqu'un de ses amis, résidant en Amérique, M. Le Ray, mettait à sa disposition le magnifique château de Chaumont-sur-Loire. Dans cette royale demeure, elle comptait à la fois s'occuper de la publication de son ouvrage et reconstituer une petite cour.

Le 15 avril 1810, elle faisait étape à Lyon « dans la chambre où logeait Mme Récamier, il y a dix mois » et lui écrivait pour la conjurer « de prendre des arrangements pour un long séjour ».

Le 24 avril de Chaumont, elle écrit alors que Prosper, maintenant préfet de La Roche-sur-Yon, était venu la voir : « Chère Juliette, le cœur me bat de plaisir de vous voir. Arrangez-vous pour me donner le plus de temps que vous pourrez, car je reste ici trois mois et j'ai à vous parler pour trois ans. »

Chaumont, où Juliette va séjourner plusieurs fois au cours de l'année 1810, sera pour elle la préface d'une série d'épreuves où le gouvernement impérial lui fera payer chèrement son intimité avec Mme de Staël.

CHAPITRE VI

LES JOURS D'EXIL

CHAUMONT ET FOSSÉ || LA PROSCRIPTION DE MADAME RÉCAMIER || DÉCOUVERTE DE BALLANCHE || VOYAGE EN ITALIE || MADAME RÉCAMIER ET LE MÉNAGE MURAT.

Chaumont et Fossé

DE MÊME que l'année précédente, Mme Récamier se rendit, au printemps de 1810, à Aix-les-Bains pour y prendre les eaux; elle accomplit le voyage dans une calèche que lui prêtait le comte de Nesselrode, alors conseiller d'ambassade à Paris, où il était le plus important informateur secret du tsar. La saison terminée, Mme Récamier, avant de se diriger vers le Blésois, fit un léger détour pour s'arrêter au village de Cressin, proche de Belley. Dans ce bourg, berceau de la famille de son mari, habitait une nièce de M. Récamier, mariée au docteur Cyvoct, qui exerçait l'art médical dans ce secteur.

Lassés d'un trop long déjeuner campagnard, les trois enfants Cyvoct avaient envahi la riche voiture de leur tante Juliette; entre deux petits garçons de cinq et huit ans, Mme Récamier découvrit avec ravissement une petite fille souriante qui semblait une fée; « elle lui demanda si elle voulait venir avec elle à Paris et l'enfant, éblouie de tant d'élégance, de beauté, et d'un si magnifique équipage, répondit "oui" avec enthousiasme ».

Les parents Cyvoct, assez peu pourvus par la fortune, donnèrent un accord de principe à une proposition aussi intéressante. Que s'était-il passé dans le cœur de Juliette en décidant de s'imposer une charge aussi astreignante? Peut-être un subit éveil de l'instinct maternel ? Cette inclination dut d'ailleurs attendre, car, à l'heure du départ, les Cyvoct ne se sentirent pas le courage de se séparer si vite de leur petite Joséphine, que, plus tard, Juliette rebaptisera du prénom d'Amélie. Cette rencontre marque une date dans l'histoire des lettres : Mlle Cyvoct deviendra, l'année suivante, la fille adoptive de Juliette et sera cette Mme Lenormant, qui mourut presque nonagénaire, ayant consacré sa vie à maintenir et à honorer le souvenir de la tante chérie, qui avait été pour elle une seconde mère.

A Chaumont-sur-Loire, magnifique et glorieuse résidence royale sur laquelle planaient les ombres de Thomas Beckett, de Diane de Poitiers, de Catherine de Médicis et de Ruggieri, Mme Récamier retrouva, en mai 1810, une petite cour comparable à celle qui se réunissait d'ordinaire à Coppet.

Même Benjamin Constant séjournait cinq semaines. Prosper faisait des apparitions, ainsi que son père, toujours préfet de Genève. Schlegel appartenait à la maison, Adrien et Mathieu de Montmorency venaient en voisins. Les deux fils de Mme de Staël, Albert, qui devait mourir prématurément en duel, et Auguste, étaient présents; ce dernier, un beau jeune homme à l'âme droite, était depuis longtemps amoureux de Mme Récamier et le développement de sa juvénile passion va être un des multiples incidents de ces mois au cours desquels Mme de Staël, effaçant les fantômes de Chaumont, a fait de cet illustre asile, un « Coppet-sur-Loire », selon l'heureux mot de Maurice Levaillant.

Le 14 mai 1810, Mme de Boigne, châtelaine de Beauregard, près de Chaumont, écrit à Juliette pour lui demander :

Dites-moi comment vous vous trouvez du séjour de Chaumont, comment vous y vivez... Dites-moi si votre brillante hôtesse entourée de tous ses satellites a réussi à transporter en Touraine l'atmosphère de Coppet, dites-moi surtout si vous vous croyez utile à votre amie, si vous êtes à portée d'exercer cette aimable bienveillance, le plus séduisant de tous vos charmes.

Malheureusement, Mme de Boigne, qui eût été un témoin intéressant, ne fut pas priée à Chaumont; on n'en possède pas moins assez de recoupements pour reconstituer la vie quotidienne du château au cours de l'été 1810.

Il ne fut pas question, dans ce provisoire, de monter des représentations théâtrales, mais on fit de la musique, on échangea de brillantes conversations, on joua beaucoup au jeu de la *petite poste* qui permettait, dans un secret tout relatif, de s'exprimer par écrit des vérités que l'on n'eût pas toujours osé proférer de vive voix.

Bien que protestante, Mme de Staël s'était liée d'amitié avec le curé de Chaumont, à qui elle fit baptiser un domestique nègre que Mathieu de Montmorency et Mme Récamier tinrent sur les fonts baptismaux. Après le baptême, le parrain regagna Paris, et ce fut lui qui annonça, par une lettre à sa commère Juliette, que Fouché venait d'être révoqué, et remplacé par Savary, duc de Rovigo.

Au faîte de son pouvoir, Fouché avait conservé une certaine indépendance et son goût naturel de la trahison avait maintenu en lui de la liberté d'esprit. Savary, qui portait la responsabilité de la mort du duc d'Enghien, n'était qu'un gendarme aux ordres du maître. « Si je lui ordonnais de se défaire de sa femme et de ses enfants, je suis sûr qu'il ne balancerait pas », assurait Napoléon.

C'était une menace pour la liberté de Mme de Staël, à l'heure où était sous presse son ouvrage capital. En attendant les épreuves du volume *De l'Allemagne*, on se distrayait et la petite poste allait bon train.

De nombreux exemples en ont été conservés aux archives de Coppet. On aura une idée de la liberté de ton de cette sorte de bal masqué de l'esprit, par cet échange entre Juliette et Schlegel :

— Croyez-vous que je sois la femme du tourment ou la femme du désir ?

— Vous êtes une femme céleste, un peu déguisée pour en être plus charmante.

— M'aimez-vous ?

— Si j'osais.

— Osez !

— J'ose... ensuite...

— Je vous dirais, monsieur, que je ne veux pas me compromettre par écrit. Mais si vous voulez venir causer avec moi ce soir, je vous dirai ce que j'en pense.

— Je viendrai pour être éconduit; aussi bien j'y suis habitué.

— Cela va sans dire.

— Vous avez raison, madame, mais vous êtes bien habile, si vous parvenez à me désespérer. Je suis blasé sur le désespoir, parce que je n'espère jamais plus.

— Que voulez-vous qu'on fasse d'un homme qui ne sait ni aimer ni désespérer ?

— Hélas! plaignez-moi, mon temps est passé, je ne veux pas me faire d'illusions là-dessus.

— Pour éviter une illusion, vous en adoptez une autre. Votre temps n'est pas fini. Vous avez dans l'âme ce qu'il faut pour aimer et pour vous faire aimer, je ne puis dire que je le sens, mais je le pense complètement.

Et pour achever ce jeu, où la coquetterie de Juliette se montre sans détour, elle glisse sous la table un billet où elle a écrit : *I love you.*

Adalbert de Chamisso, l'auteur de l'*Histoire merveilleuse de Peter Schlemihl*, et qui fut secrétaire général de Prosper de Barante à la préfecture de Vendée, a séjourné alors à Chaumont et noté que « la bonne Staël, qui croit tenir le sceptre, est au fond l'esclave de toutes les fantaisies; elle n'ose ni parler à l'un, ni écrire à l'autre. Elle est pleine d'indulgence pour la gracieuse, foncièrement bonne et coquette Récamier qui semble trop heureuse de tenir en ses petites mains les fils de toutes les galanteries ».

Dans ses *Mémoires*, Sophie de Barante apporte un témoignage analogue :

Le château était plein de petites intrigues, car Mme Récamier y menait à petit bruit plusieurs coquetteries innocentes qui divertissaient et occupaient tout le monde... On savait d'ailleurs que ces petites coquetteries faisaient une part si nécessaire de son existence que tout ce qui se présenta devant elle y participait.

Auguste de Staël va être la victime de ces coquetteries; dès son enfance, Mme Récamier l'avait ébloui par son physique plus que par son esprit ou ses dons artistiques. « On n'a d'autre plaisir chez elle que de la regarder », avait-il écrit à Mme de Staël dès 1805. A Chaumont, Auguste est un homme; il a près de vingt-trois ans et il ne joue pas quand il utilise la petite poste pour écrire : *Chère Juliette, je vous aime.*

Mme Récamier a été consciente des ravages qu'elle a opérés; le billet revient sans réponse, et Auguste de Staël implore :

Je vous en conjure, Juliette, soyez bonne pour votre ami, j'ai peur de votre terrible lettre, et, forcée dans ses retranchements, Juliette feint l'incompréhension :

Qu'avez-vous écrit? Que vous a-t-on écrit? Je veux tout savoir; je suis jalouse, je suis exigeante, je suis despotique et je vous aime assez pour justifier tous ces défauts.

Il semble que Mme de Staël n'ait pas regardé d'un mauvais œil ces troublants badinages. Si Juliette se fixait sur Auguste, Mme de Staël n'aurait plus à être jalouse de Prosper. Et pour son fils, quelle initiation que de découvrir l'amour avec la belle Juliette! On demeure confondu par cette immoralité candide, et l'on s'amuse également de constater que Prosper, mis au courant par Mme de Staël, trop enchantée de la diversion, se rendit compte qu'il était jaloux et fort vexé de se voir délaissé au profit d'Auguste de Staël, que lui, préfet à Napoléon-Vendée, considérait comme un simple collégien. Ces bluettes allaient bientôt passer à l'arrière-plan, car un événement imprévu dispersa subitement la cour de Chaumont.

La guerre avait éclaté entre l'Angleterre et les États-Unis. Profitant d'une « frégate parlementaire », le propriétaire de Chaumont, M. Le Ray, arriva subitement d'Amérique. Mme de Staël se crut obligée de lui rendre son logis, bien qu'il ne l'exigeât point.

Il fallut trouver une autre demeure dans les limites fixées par la police impériale; le préfet de Blois, M. de Corbigny, signala à Mme de Staël la gentilhommière de Fossé, appartenant à M. de Salaberry; un accord fut facilement établi, et Germaine avec une suite très réduite s'installa à Fossé, peu après le 15 août 1810, et y poursuivit avec minutie la correction des épreuves de son livre.

La présence de Mme de Staël aux portes de Blois provoqua dans cette ville une grande curiosité, génératrice d'une certaine agitation; il en résulta des rapports de police qui éveillèrent l'attention soupçonneuse de Savary.

Depuis le 7 mai, l'imprimeur Nicolle avait déposé à la censure le premier tome de l'*Allemagne*, qui devait en compter trois; les censeurs n'avaient demandé que de très faibles corrections; l'auteur les avait acceptées sans discussion. Il en était allé à peu près de même pour le second tome, remis aux censeurs le 8 août et autorisé par Portalis, directeur de la Librairie.

Vers le 8 septembre, Germaine expédiait, depuis Fossé, les premières épreuves corrigées du troisième tome. Les censeurs, tout en donnant leur agrément aux deux premiers, avaient réservé l'autorisation d'ensemble, le visa général ne devant être donné qu'après approbation du volume terminal.

Pour hâter cette autorisation, Mme de Staël trouva judicieux de faire appel aux bons offices de Juliette Récamier, qui était en relations suivies avec un des censeurs les plus importants, l'académicien Esménard. Elle chargea donc son amie d'aller lui porter les « bonnes feuilles » du troisième tome qui venaient de lui parvenir à Fossé.

Cette démarche était fort soutenable et il semble que Mme de Staël aurait dû s'y borner. Malheureusement Germaine, qui avait conservé une étonnante puissance d'illusion, espéra que la parution de son livre étant un événement d'une grande importance, il y avait lieu d'en saisir Napoléon lui-même et d'obtenir à cette occasion la levée des restrictions de résidence dont elle souffrait si cruellement.

Sa lettre à l'Empereur, admirablement tournée, fut donc également confiée à Mme Récamier; celle-ci devait remettre lettre et volume à la reine Hortense pour qu'elle déposât personnellement l'envoi entre les mains de Napoléon.

Peu après le départ de Juliette, Mathieu de Montmorency vint tenir compagnie à Germaine et Fossé retentit des projets qu'ils élaborèrent : persuadée qu'elle allait avoir gain de cause, Mme de Staël envisageait déjà un établissement à Paris.

Le 23 septembre, rapporte-t-elle, je corrigeai la dernière épreuve de l'*Allemagne;* après six ans de travail, ce m'était une vraie joie de mettre le mot fin à mes trois volumes. Je fis une liste de cent personnes à qui je voulais les envoyer dans les différentes parties de la France et de l'Europe; j'attachais un grand prix à ce livre, que je croyais propre à faire connaître des idées nouvelles; il me semblait qu'un sentiment élevé, sans être hostile, l'avait inspiré et qu'on y trouverait un langage qu'on ne parlait plus.

Chargée de la lettre et du précieux paquet, Mme Récamier, « tout enivrée de l'espérance qu'avait conçue Mme de Staël de sa démarche », fit porter le troisième volume à Esménard et rendit visite à la reine Hortense, qui, « pareille à un ange de bonté, ne refusa pas de me prêter l'appui de sa douce voix », auprès de l'Empereur.

Hélas! alors que toutes les difficultés semblaient aplanies et que l'optimisme transportait les deux amies, se préparait une catastrophe qui allait les vouer, l'une et l'autre, à l'exil.

La proscription de Mme Récamier

L'optimisme soulevant Mme de Staël l'incita à commettre une imprudence : elle alla passer quelques jours chez Mathieu de Montmorency, à La Forest, près de Vendôme, un peu trop près de Paris, à l'estimation de la police. Le second soir, leur voiture s'étant égarée dans la nuit, Montmorency et Mme de Staël durent accepter l'hospitalité au château de Conan, appartenant à M. et Mme Chevalier. Dans la nuit, on frappa à la porte de cette demeure; c'était un cavalier hors d'haleine, Auguste de Staël lui-même, galopant depuis Fossé à la recherche de sa mère à qui il venait rendre compte d'un incident désagréable : le 26 septembre, le préfet de Blois, M. de Corbigny, était venu, la mort dans l'âme, apporter à Mme de Staël un ordre de Savary, lui enjoignant de se rendre sous quarante-huit heures dans un port de l'Ouest, où elle attendrait un embarquement pour l'Amérique, ou, si elle le préférait, de regagner Coppet sans délai avec astreinte à résidence.

Mais il y avait pis : Mme de Staël devait remettre sur-le-champ le manuscrit de son livre sur l'Allemagne et les épreuves qu'elle pouvait en posséder. A Paris, le ministre de la Police avait fait saisir les cinq mille exemplaires déjà tirés des deux premiers volumes, les épreuves du troisième et les scellés avaient été apposés sur les planches d'impression.

En apprenant ce désastre, Mathieu de Montmorency ne voulut pas troubler le sommeil de son amie; il renvoya Auguste à Fossé pour ranger sans délai le manuscrit de l'*Allemagne* et les épreuves dans une cachette assez sûre pour échapper à toute perquisition, et ce ne fut qu'au matin du 27 septembre que Mme de Staël fut informée de son malheur.

Mathieu n'avait pas osé dire toute la vérité d'un seul coup : il avait d'abord conseillé à Germaine de regagner Fossé au plus vite, puis au cours du trajet l'avait informée par bribes. On arriva pour déjeuner, et, au début de l'après-midi, M. de Corbigny se fit annoncer.

Déjà ressaisie, Mme de Staël déclara au préfet que son manuscrit était à Paris et qu'elle lui remettrait ses notes dans quelques jours, quand elle aurait eu le loisir de les rassembler. Elle se refusa à tout départ immédiat. M. de Corbigny ne fut pas dupe, mais, résolu à ne pas user de violence, il écrivit à Paris pour en référer au ministre. Ce délai donna le temps de faire filer le manuscrit hors de France et le préfet n'en reçut qu'une mauvaise copie, le 3 octobre.

Savary n'avait pas attendu jusque-là pour faire blâmer le préfet du Loir-et-Cher par Napoléon : le malheureux Corbigny, tancé, et bientôt destitué, mourut de langueur dans les mois suivants, victime imprévue des sirènes de Fossé.

La conduite du duc de Rovigo dans cette affaire reste presque aussi obscure que son comportement lors de l'exécution du duc d'Enghien, mais l'on se charge moins d'opprobre en censurant un livre qu'en fusillant un prince; c'est pour cela que l'affaire est plus oubliée, encore qu'elle ait fait alors grand bruit.

En effet, Savary avait utilisé abusivement les textes puisqu'il était intervenu en interdisant un ouvrage en cours d'examen, si bien que Portalis protesta et saisit son chef direct, M. de Montalivet, ministre de l'Intérieur, pour que celui-ci en appelât à l'Empereur.

Mais, de même que Savary se savait couvert par le Premier Consul quand il avait hâté l'exécution du dernier prince de Condé, de même il n'était, en la conjoncture, que le servile exécutant des volontés d'un tyran, qui n'hésitait nullement à transgresser ses propres décrets selon son bon plaisir. Inquiet de la sortie d'un livre appelé à faire du tapage, Napoléon avait pris connaissance des « bonnes feuilles » des deux premiers tomes et avait arrêté l'impression.

Comme si elle avait pressenti ce déroulement des faits, Mme de Staël espéra les modifier à son profit en soulignant qu'après tout, elle aurait pu faire imprimer son livre en Allemagne, comme on lui avait proposé, et dans une nouvelle lettre à Napoléon, elle disait notamment :

Sire,

On m'apprend que mon livre sur l'Allemagne est saisi. Si V.M. l'a lu, je me soumets; si elle ne l'a pas lu, je la supplie d'être elle-même mon juge. J'ai la conscience qu'il n'y a pas un mot qui puisse lui déplaire et j'oserai dire que, depuis un siècle, on n'a pas publié en France un ouvrage littéraire plus inoffensif et plus moral...

... J'ose demander à V. M., de toute la puissance de mon âme, de m'écouter une demi-heure; je crois pouvoir assurer à V. M. qu'elle apprendra dans cet entretien des choses qu'elle ne saura jamais que par moi.

Sire, saint Louis rendait lui-même la justice au moindre de ses sujets; ne rejetez pas cet antique et noble exemple. Je me résignerai à mon expatriation, quelque cruelle qu'elle soit pour ma famille et pour moi, si V. M. ne la prononce qu'après m'avoir entendue.

Cette lettre, d'une si haute tenue, Albert et Auguste de Staël partirent la porter à Mme Récamier, à qui Germaine adressait ce billet pathétique :

Chère amie, vous aviez raison d'être triste ! Cependant je vous reverrai ; ils feront ce qu'ils voudront : je vous reverrai. Je charge Auguste de tout vous expliquer ; mais une chose impossible, c'est que personne vous exprime ce que je sens pour vous.

Mon amie, ma sœur, à Coppet un jour, n'est-ce pas, vous me l'avez juré ; je mourrai sur votre sein. Adieu ! je n'en puis plus de larmes !

Quand elle eut pris connaissance de ces lignes, qui, un siècle et demi après, restent bouleversantes, Mme Récamier accompagna Auguste chez Esménard. Les nouvelles que celui-ci put donner parurent plus rassurantes : les censeurs n'avaient demandé que la suppression de onze pages dans le troisième volume, et un délai de grâce de huit jours était consenti à Mme de Staël.

Le lendemain, introduit par Mme Récamier, Auguste de Staël alla trouver à Fontainebleau la reine Hortense et Regnault de Saint-Jean-d'Angély ; celui-ci prit connaissance de la lettre à l'Empereur et demanda de sérieuses modifications dans le texte, car Napoléon se montrait fort irrité. Toutefois les premiers résultats obtenus étaient assez satisfaisants pour que la sagesse commandât provisoirement de s'y tenir. Mme de Staël, qu'Auguste était venu informer à Fossé, ne voulut pas s'en contenter : elle retoucha sa lettre à l'Empereur, en tenant compte des réserves formulées par Regnault, et renvoya son fils à Paris.

Au cours de ces journées perdues en va-et-vient, Napoléon avait statué et, probablement sous la dictée du maître, Savary expédia une lettre foudroyante qui sera plus tard insérée dans la préface de l'*Allemagne :*

Il m'a paru que l'air de ce pays ne vous convenait point. Votre dernier ouvrage n'est point français ; c'est moi qui en ai arrêté l'impression. Je regrette la perte qu'il va faire éprouver au libraire, mais il ne m'est pas possible de le laisser paraître.

Auguste de Staël eut avec Savary une entrevue orageuse où il s'entendit déclarer que « l'État avait besoin des talents de sa mère, mais que comme au temps de la Ligue il fallait désormais se prononcer pour ou contre lui » et il ajouta brutalement : « Qu'elle prenne garde ; à trente-huit lieues, elle serait de bonne prise. »

On était fort loin des dispositions relativement conciliantes indiquées à Auguste de Staël deux jours plus tôt. On ne peut trouver d'autre explication de cette volte-face que dans un accès de fureur de Napoléon qui avait invectivé « contre la

misérable femme » et avait crié pour conclure : « Qu'elle s'en aille !
Que je n'entende plus parler d'elle et de son ouvrage ! »

On s'explique mieux aujourd'hui qu'une œuvre telle que le
livre de Mme de Staël ait pu susciter une aussi violente polé-
mique au sommet. Quand Gœthe le lut, au cours de l'année 1814,
il nota :

> La police française, assez intelligente pour comprendre
> qu'une œuvre comme celle-ci devait augmenter la confiance
> des Allemands en eux-mêmes, l'a fait mettre prudemment
> au pilon. Dans le moment actuel, le livre produit un effet
> étonnant. S'il avait existé plus tôt, on lui aurait imputé
> une influence sur les grands événements qui viennent d'avoir
> lieu.

Ce jugement d'ensemble justifie assez bien la colère de
l'Empereur, peu soucieux de voir s'exalter le nationalisme allemand et l'on ne peut donner tort à sa prescience politique. Certains détails ne semblaient avoir été placés dans le texte que
pour l'irriter, tel ce portrait d'Attila :

> Il croit en lui, il se regarde comme l'instrument des décrets
> du Ciel et cette conviction mêle un certain système d'équité
> à ses crimes. Il ne demande à la terre que la jouissance de la
> conquérir. Il semble que cette âme se porte, comme une
> force physique, irrésistiblement et tout entière dans la
> direction qu'elle suit.

Ces piqûres vénéneuses, s'ajoutant à de nombreux motifs
d'hostilité, éclairent les causes de la colère impériale ; mais on
ne peut justifier la brutalité et le manque d'élégance avec lesquels
furent prises des décisions à l'égard d'une femme qui était une
des gloires de l'Europe.

Mais ces deux êtres étaient trop dissemblables : Germaine
était généreuse, Napoléon implacable, elle croyait aux idées,
lui s'en méfiait, il méprisait l'humanité et elle lui faisait par trop
de confiance.

Le successeur des rois absolus se devait d'exiler celle qui
se révélait la continuatrice de Jean-Jacques Rousseau. Puisqu'il était dans la logique de la fatalité politique que Mme de
Staël fût bannie, aucun sursis ne s'imposait plus. Germaine dut
donc partir précipitamment, n'osant même pas, de peur de le
compromettre, dire adieu à Prosper de Barante. En compagnie
de Benjamin Constant, elle prit le chemin de Coppet ; une de ses
étapes fut Vincelles d'où elle écrivit à Juliette le 12 octobre 1810 :

Chère amie, puis-je me retrouver ici sans être remplie de mille souvenirs où vous régnez ? C'est ici que vous m'avez donné ces premières marques d'affection qui m'ont attachée à vous jusqu'à la mort. C'est ici que j'ai bien souffert. Voilà cette église où j'ai failli m'unir avec Prosper. Ah ! si vous étiez ici, comme j'irais causer avec vous sous ces peupliers ! Que de réflexions je fais sur la vie, mon ange ! Dieu vous préserve de tant de peine que moi ; cela désorganise le cœur...

Germaine poursuivit sa route; comme elle approchait de Coppet, « elle vit un arc-en-ciel se lever sur la demeure de son père et elle prit une part à ce signe d'alliance ». Puis, résignée, elle entra dans son château, comme dans une prison.

Le lendemain, elle reçut la visite du préfet de Genève; M. de Barante venait, la mort dans l'âme, lui annoncer que les exemplaires de l'*Allemagne* avaient été mis au pilon, que les formes en avaient été rompues, que l'éditeur Nicolle était à la veille de la faillite. Mme de Staël renvoya aussitôt les 13 000 francs (environ 40 000 francs 1970) de droits qu'elle avait perçus au contrat, ce qui n'épargna pas la ruine au pauvre Nicolle.

Peu de jours après, M. de Barante se voyait obligé de signifier à Mme de Staël qu'elle et son fils étaient assignés à résidence à Coppet, avec interdiction absolue de remettre les pieds sur le sol français.

Chateaubriand, reclus à la Vallée-aux-Loups, lui écrivit avec philosophie :

Si j'avais, comme vous, un bon château au bord du lac de Genève, je n'en sortirais jamais. Jamais le public n'aurait une seule ligne de moi. Je mettrais autant d'ardeur à me faire oublier que j'en ai follement mis à me faire connaître. Et vous, chère Madame, vous êtes peut-être malheureuse de ce qui ferait mon bonheur. Voilà le cœur humain...

Cette hypocrite consolation de confrère en lettres n'apaisa nullement les angoisses de Mme de Staël; sa proscription lui pesait d'autant plus que, par prudence, ses amis se tenaient à l'écart et que sa correspondance était étroitement surveillée.

Ayant pitié de cette solitude, M. de Barante autorisa Germaine à passer l'hiver à Genève, où elle loua un appartement dans la Grand-Rue. La police impériale veillait; Napoléon destitua brutalement M. de Barante, pour « manque de zèle » et, en mars 1811, le remplaça par le baron Capelle, qui devait se montrer un véritable geôlier. Sa seule correspondante fidèle restait Juliette Récamier, mais celle-ci sera bientôt appelée à payer le prix de son courage devant le malheur.

Pour Mme de Staël, ce malheur était discrètement tempéré par une nouvelle découverte de l'amour, car ses quarante-quatre ans ne l'incitaient nullement à la chasteté. Un jeune homme fort beau, et de l'âge de ses fils, John Rocca, s'était entiché d'elle, lui faisait une cour pressante, menaçait Benjamin Constant de le provoquer en duel, et une nouvelle fois Mme de Staël se laissait aimer, jusqu'à contracter un jour un mariage inégal, précédemment honoré d'un fruit à la veille de la ménopause.

Ces amours ne se déroulaient pas dans un climat paisible, car le baron Capelle avait besoin de rentrer dans les bonnes grâces du maître qu'il avait blessé, en devenant, alors qu'il était préfet de Livourne, l'amant d'Élisa Bacciochi, privauté qui frisait la lèse-majesté. Aussi plaça-t-il Mme de Staël sous un régime de haute surveillance policière, après avoir épuisé les moyens de la convaincre d'écrire à Napoléon pour la naissance du roi de Rome. « J'ai toujours répondu, écrit Germaine à Juliette, que ce serait me rendre ridicule aux yeux de l'Empereur. »

« Ne faites-vous donc point de vœux pour le roi de Rome ? insista M. Capelle.

— Dites, si vous voulez, que je lui souhaite une bonne nourrice ! »

Toutefois, si étroite que fût sa surveillance, le baron Capelle ne s'aperçut pas tout de suite que Mme de Staël était allée faire une cure à Aix-les-Bains. Sur les bords de ce lac du Bourget, qui allait devenir un des hauts lieux du romantisme, Mme de Staël évoqua ses promenades anciennes avec Juliette et lui adressa des lettres nostalgiques :

Quel malheur que l'exil ! Tout ce qu'il décolore, tout ce qu'il détruit ! Peut-il rester une illusion à qui l'a souffert ? Ce n'est pas une illusion que votre noble caractère. Si jamais je cesse d'être digne d'être un danger pour ce que j'aime, vous verrez quel besoin j'ai de vous dans mon cœur.

Adieu ! adieu ! ne faites rien pour moi dont vous n'ayez l'impulsion. Mais croyez que vous serrer contre mon cœur serait bien doux !

Au lendemain de cette lettre, Mme de Staël dînait chez Mme de Boigne, au domaine de Buissonrond, près de Chambéry, en compagnie de M. Finot, préfet de la Savoie. Au cours du repas, on apporta au préfet une lettre urgente : c'était l'ordre de faire appréhender Mme de Staël par la police pour la ramener à Coppet. Galant homme, le préfet préféra user de persuasion et Mme de Staël se résigna à regagner son château, avec interdiction de s'en écarter de plus de deux lieues; de surcroît Schlegel fut prié de retourner immédiatement en Allemagne.

Cependant, écrit Germaine à Juliette, *je dois vous dire, la main de Dieu me soutient et je ne suis plus dans ces états de désespoir qui anéantissaient mon être. Je ne sais si cette grâce me sera continuée, car j'ai parfaitement le sentiment que c'est une grâce et que ce n'est point la propre force de mon âme qui me la vaut. Jamais je ne vous ai tant aimée...*

Il convient de dire que la présence de John Rocca au château de Coppet aidait au maintien du moral de la châtelaine. Mais la constance d'un amant ne suffisait pas à combler son besoin d'une cour autour d'elle. Aussi essaya-t-elle de faire venir Mathieu de Montmorency et elle chargea Auguste d'inviter Mme Récamier, commission dont le jeune amoureux s'acquitta avec empressement.

Alors que Mme Récamier se préparait au départ, Mme Cyvoct mourut de la poitrine, et le docteur ne se fit pas prier pour exécuter la promesse de l'année précédente. Avec le plein accord de M. Récamier, la fillette fit, à la fin de juillet 1811, son entrée dans l'hôtel de la rue Basse-du-Rempart.

« Voilà la petite », dit M. Récamier en poussant la porte de la chambre de Juliette.

L'intéressée a raconté la scène d'une manière charmante :

Je venais d'avoir sept ans, j'étais en grand deuil, très petite, affublée d'un chapeau à fleurs noires; je ne pus m'empêcher de penser que je ressemblais pas mal à un chien habillé; quoi qu'il en soit, fort blonde, les cheveux courts, les dents encore mal arrangées, on me trouva gentille.

Mme Récamier était étendue sur un canapé, en conversation avec le général Junot. Quand la petite Amélie reconnut la « jolie dame » qui avait fait sa conquête, lors de sa visite à Cressin, elle vint tendrement l'embrasser. Les jours suivants, Mme Récamier s'occupa de « sa fille »; puis, au moment de prendre la route, elle l'emmena avec elle.

Mathieu de Montmorency avait alors déjà rejoint Mme de Staël à Coppet; mais dès que sa veuve y avait été signalée par les soins du baron Capelle, il avait, à son tour, reçu « une lettre d'exil ». « Je poussai des cris de douleur, a raconté Mme de Staël, en apprenant l'infortune que j'avais attirée sur la tête de mon généreux ami. »

Il était trop tard pour prévenir Mme Récamier, qui, accompagnée de sa femme de chambre et de la petite Amélie, avait quitté Paris le 23 août 1811, munie d'un passeport en règle pour aller prendre les eaux à Aix-les-Bains.

La police ne fut pas dupe du prétexte et Esménard conseilla la plus grande prudence à Juliette. Celle-ci n'en persista pas moins dans son dessein : elle fit porter une lettre où elle annonçait son arrivée à Coppet pour le 30 août, juste au moment où la notification de son exil venait de frapper Mathieu de Montmorency.

« Je frémis que le même sort ne l'atteignît, raconte Mme de Staël, et j'envoyai un courrier au-devant d'elle pour la supplier de ne pas venir à Coppet. »

Porteur du message, Auguste de Staël rejoignit Mme Récamier à Morez; instruite de l'exil de Mathieu, Juliette chancela et s'évanouit après avoir lu ce billet de Germaine :

Vous comprenez mon désespoir, chère amie. Je laisse Auguste vous dire tout ce que j'éprouve, s'il est possible à personne de l'exprimer. Au nom du Ciel, ne vous exposez pas !

Hésitante, Mme Récamier passa toute la journée du 30 août à Morez; puis la crainte de ne pas voir Germaine l'emporta sur la prudence et elle reprit sa route.

Avertie de la décision, Mme de Staël, accompagnée par Mathieu de Montmorency, vint au-devant d'elle jusqu'à la distance permise de deux lieues du château : les deux amies tombèrent dans les bras l'une de l'autre. Mme Récamier décida de passer dix jours à Coppet; de là, elle se rendrait à Schaffouse, car elle devait y revoir le prince Auguste, qui, en dépit de sa lettre de rupture, continuait à brûler pour elle.

Mme Récamier venait tout juste d'arriver à Coppet quand elle y fut rejointe par son neveu, Paul David, alors en stage à Genève : il venait supplier sa tante de fuir au plus vite, car il la croyait en grand danger. De fait le préfet Capelle avait déjà envoyé un rapport à Savary. Mme Récamier vint coucher à Genève, avec l'intention de reprendre la route vers Paris. « Le deuil est à Coppet, mande Capelle au ministre de la Police. Tant mieux! c'est une leçon de plus; je souhaite qu'on en profite. » A l'amie si vite envolée, Germaine écrivait : « Votre départ a replongé ma vie dans la nuit. »

De Genève, Mme Récamier, accompagnée par Auguste de

Staël, se dirigea d'abord vers la Haute-Saône; elle séjourna au château de Richecour, chez sa cousine, Mme de Dalmassy, avec qui elle s'était liée lors de leurs premières années à Villefranche-sur-Saône. De cet asile, elle pensait peut-être aller retrouver le prince Auguste.

Mais, comme mue par une sorte d'instinct du malheur, quatre jours après son arrivée à Richecour, elle décidait soudain de regagner Paris.

Je ne comprenais rien à ce que je voyais, devait écrire plus tard Amélie; ma pauvre imagination se perdait dans ces aventures qui me semblaient si étonnantes; qu'on songe quel chaos pour une misérable enfant que tant de voyages, une si grande quantité de visages nouveaux, des habitudes si différentes, une élégance inconnue, des pleurs, des désespoirs, des évanouissements!

Sur la route du retour, Juliette échafaudait un projet, celui d'aller intercéder elle-même auprès de Napoléon en faveur de Mme de Staël et de Mathieu de Montmorency. Il était même prévu qu'Amélie, pour attendrir le grand homme ou le faire rougir, lui réciterait la fable *Le Loup et l'Agneau* que sa tante lui faisait répéter chaque jour.

Ces illusions devaient être de courte durée. A l'étape de Dijon, Juliette eut la surprise de trouver son mari. Il tenait à la main un ordre de l'Empereur : « Mme Récamier se retirera à quarante lieues de Paris. » Comme ses amis les plus chers, Juliette était proscrite à son tour. Sa demande de passeport ayant alerté la police, Savary avertit l'Empereur, depuis si longtemps mal disposé contre elle. Sur son ordre, « la dangereuse Juliette » avait été, en même temps que Mathieu de Montmorency, inscrite sur la liste des exilés à l'intérieur. La décision datée du 17 août était ainsi motivée : « Mauvais esprit dans les sociétés. » La visite à Coppet avait hâté la mise à exécution d'une mesure qui eût peut-être été suspendue si Mme Récamier n'avait pas quitté Paris.

Peu de jours après le départ de sa femme, M. Récamier avait été prié de passer au bureau de Pasquier, préfet de Police. Cet homme, promis à une si brillante carrière, comptait parmi les admirateurs de Juliette et c'est avec regret qu'il fit la notification d'une décision qui était plus qu'un exil, puisqu'il était précisé dans la « lettre de cachet » que, dans le lieu qu'elle choisirait comme résidence dans les limites fixées, Mme Récamier devrait « s'y tenir en état d'arrestation jusqu'à la révocation de la part de l'Empereur ». C'était la mise en résidence surveillée, presque la prison, mais avec le choix de celle-ci. M. Récamier écouta les directives de Pasquier :

« Il convient, lui dit le préfet de Police, de laisser passer quelque temps sans faire aucune réclamation qui resterait sans effet... Où que soit Mme Récamier, bien observer sa conduite et ses démarches pour ne pas ajouter aux impressions que doit avoir eues le gouvernement en prononçant son ordre d'exil. »

Bien que M. Récamier eût repris avec un certain succès ses opérations bancaires, ses affaires n'étaient pas assez solides pour courir le risque d'un nouveau dépôt de bilan. Il écrivit à Juliette à Genève, puis, craignant que la lettre ne lui parvînt pas, il pris la route pour empêcher sa rentrée dans la capitale.

Outrée par la pusillanimité d'un mari auquel elle avait sacrifié toutes ses aspirations et son droit au bonheur, Mme Récamier passa outre; elle revint à Paris. Deux jours après, la police informa M. Récamier que la présence de sa femme était connue de ses services et qu'elle interviendrait si l'ordre d'exil n'était pas exécuté.

Le 18 septembre 1811, accompagnée d'Amélie et d'une femme de chambre, Mme Récamier se mit en route vers l'Est; son mari l'escorta jusqu'à Château-Thierry, et Juliette continua seule sa route vers la ville qu'elle avait choisie, pour y résider, celle de Châlons-sur-Marne, sise exactement à la distance des quarante lieues, mais également assez voisine du château de Montmirail, où Mathieu de Montmorency avait été autorisé à résider chez son gendre, La Rochefoucauld, bien que la distance de Paris fût inférieure à celle portée sur le décret d'exil.

Dès le 8 septembre, Mme de Staël avait été avertie par Paul David de la proscription de son amie; il semble aussi que par zèle administratif, le baron Capelle avait transmis l'information à Coppet.

Je ne peux pas vous parler, écrit à Juliette Germaine en larmes, je me jette à vos pieds, je vous supplie de ne pas me haïr. Au nom de Dieu, mettez du zèle pour vous afin que je vive. Tirez-vous de là, que je vous sente heureuse, que votre admirable générosité ne vous ait pas perdue. Ah! mon Dieu, je n'ai pas ma tête à moi, mais je vous adore; croyez-le et prouvez-moi que vous le sentez en vous occupant de vous-même, car je n'aurai de repos que si vous êtes hors de cet exil. Adieu! adieu! quand vous reverrai-je? Pas dans le monde! Adieu!

Par crainte du Cabinet noir, Auguste de Staël avait été

chargé de porter cette lettre, qui fut remise à Juliette à l'étape qui précéda son arrivée à Paris. Juliette devait suivre le conseil de son amie en tâchant de s'organiser une existence dans cette petite ville de Châlons, où elle prit d'abord un gîte à l'auberge réputée de la Pomme-d'Or, puis, par la suite, dans un appartement meublé, rue du Cloître, ses repas lui étant apportés de l'auberge.

A Châlons, Mme Récamier avait trouvé tout de suite un appui en la personne d'un ami fidèle du duc de Doudeauville, le préfet Bourgeois de Jessaint. Ancien camarade de Bonaparte à l'école militaire de Brienne, Bourgeois de Jessaint se plut tellement dans le chef-lieu de la Marne qu'il y demeura quarante ans de suite, à travers tous les régimes, établissant une continuité toujours inégalée dans la carrière préfectorale. Ce préfet, diplomate autant qu'homme de bonne compagnie, marié à une femme cultivée, allait être pour Juliette exilée un ami précieux; il lui rendit plus supportable sa résidence dans une cité provinciale assez endormie, mais où elle se créa quelques relations, notamment avec l'organiste de la cathédrale Saint-Étienne, M. Charbonnier, « bon élève » de Gluck et de Rameau, avec lequel elle contenta son penchant pour la musique instrumentale.

Pendant les neuf mois passés à Châlons, la principale occupation de Juliette sera de veiller à l'éducation de la petite Amélie, à laquelle elle s'attachera comme si elle avait été fille de sa propre chair. Cette vocation d'institutrice semble parfaitement en accord avec le goût que Mme Récamier devait de plus en plus éprouver pour les hommes de lettres.

Quelques correspondances, de nombreuses visites, rendirent à peu près supportable la morne quotidienneté châlonnaise, où la seule évasion consistait à emmener Amélie jouer dans le joli jardin du Jard, au bord de la Marne, en plein cœur de la cité.

Peu de jours après l'installation à la Pomme-d'Or, une lettre, datée du 20 septembre 1811, arrivait de Coppet :

Quelque innocent que soit mon cœur, je me crains moi-même comme le fléau de mes amis; enfin, la vie m'est odieuse. L'image de vous à Châlons, dans cette auberge! Souvent je me demande quel être je suis pour porter ainsi le poison dans la destinée de ceux que j'aime... C'est pour un dévouement généreux qu'on vous punit; moi c'est pour n'avoir pas opposé une volonté assez forte à votre amitié!... Je vous en prie, écrivez-moi, ne craignez pas de me dire que vous souffrez; ah! mon Dieu! je le croirai toujours... Je ne sais même pas vous consoler tant je suis malheureuse.

Certes, Mme Récamier ne pouvait connaître la joie dans cet exil. Inquiète du rendez-vous convenu pour le 19 septembre avec le prince Auguste, elle avait dû le contremander. Le peu de courage que M. Récamier venait de montrer prouvait combien sa femme avait été trop généreuse en refusant de l'abandonner. Peut-être qu'en ces jours de septembre 1811, elle passait encore une fois à côté du bonheur; on peut d'autant plus le penser que le prince de Prusse manifesta sans aménité sa déception :

Je suis, au reste, bien reconnaissant, Madame, écrit-il à Juliette, *de l'attention que vous avez eue de me faire voyager trois cents lieues pour rien, parce que cela m'a guéri entièrement d'un fol amour qui m'a rendu malheureux si longtemps.*

Napoléon, informé de cet incident, écrivit de Rotterdam, le 26 octobre, au maréchal Davout :

Il est vrai que le prince Auguste est allé à Bâle et de là à Erfurt. La réalité est que le prince Auguste est amoureux fou de la dame Récamier; il lui a même fait une promesse de l'épouser. L'autre, qui n'est pas si folle, s'en rit et s'en moque; elle a manqué le rendez-vous de Bâle. Ainsi vous voyez qu'il y a bien peu de politique dans tout cela? Ce jeune homme est sans boussole et sans tête, ce qui désole, dit-on, la famille de Prusse.

Cette cynique ironie, que Juliette ignora, eût achevé de la désespérer si la lettre d'Auguste de Prusse n'y avait suffi. Il semble pourtant qu'elle surmonta cette période d'épreuve avec dignité, occupée par ses soins maternels, une participation aux bonnes œuvres locales, et par les séjours que vinrent faire auprès d'elle son mari et plusieurs de ses amis, dont Adrien de Montmorency, Mme de Catelan, Mme de Dalmassy, Mathieu de Montmorency, M. Simonard, et surtout Auguste de Staël. L'amoureux fit à Châlons une visite que Juliette paraît avoir voulu écourter parce que le jeune homme se montrait trop pressant.

Par Amélie, on possède quelques détails sur la vie de chaque jour :

C'est là que j'appris à lire, rapporte-t-elle. Je commençai le piano. Ma tante voulait exercer ma mémoire; elle me fit commencer le latin; je disais des vers assez bien pour mon âge; elle m'en fit apprendre beaucoup. Dès lors, elle m'aima mieux et ne me reprocha plus mon insensibilité. Jusque-là, elle me répétait souvent : « Tu n'es pas la petite fille que j'avais dans la tête; tu n'es pas sensible. » Je l'entendais si souvent parler des talents qu'elle voulait me donner, que je lui demandai de me donner aussi un maître de sensibilité.

Cette affection enfantine ne comblait cependant pas toutes ses aspirations et, dans une de ses lettres, au moment de quitter Châlons, Juliette a laissé échapper ce propos révélateur :

Mon cœur était flétri par l'isolement où j'avais passé ces huit mois. Vous savez combien j'ai toujours été entourée d'affection : aussi cet isolement me faisait-il l'effet d'un climat glacé. Je n'ai besoin ni de ce qu'on appelle amusement, ni de distraction, mais j'ai besoin d'être aimée, c'est une si douce chose...

Être aimée! Juliette le fut pourtant si souvent, mais il semble qu'au temps de Châlons, elle n'ait encore connu le moindre accomplissement, bien qu'elle eût alors près de trente-quatre ans, si l'on en juge par cette lettre de Mme de Staël, qui avait vécu avec Juliette dans une si troublante intimité, et se sentait meurtrie par l'annonce du mariage de Prosper de Barante avec Mlle d'Houdetot :

J'ai reçu une lettre de Prosper, pleine de grâce et presque de sensibilité. Sa sœur m'a décrit ce mariage, où elle a paru en robe traînante avec un voile couronné de fleurs. Il était là, celui qui devait être une fois le compagnon de ma vie! On m'a dit qu'il était sérieux. A-t-il alors pensé à moi? Ah! je n'avais plus droit à la couronne blanche! Mais vous qui pourriez encore la porter, vous qui pourriez être heureuse, *que de choses j'aurais à vous dire, si vous vouliez me croire et quitter tout à fait le pays qui vous retient.*

Quoique blessée du mariage de Prosper, Germaine ne s'en abandonnait pas moins aux bras de John Rocca. Avec surprise, les Genevois constatèrent que la taille de leur femme célèbre s'épaississait. Mme de Staël, ayant dépassé quarante-cinq ans, on parla avec gravité d'une crise d'hydropisie. Cette crise se résolut subitement par la naissance clandestine d'un fils, déposé au village de Longirod, près de Nyon, sous les prénoms de Louis, Alphonse et confié aux soins du pasteur Gleyre. Ce bâtard, légitimé par le mariage subséquent de Germaine et de John Rocca, était assez disgracié pour un enfant de l'amour; il mourut avant la trentaine, après avoir épousé la fille du préfet Rambuteau, dont il ne laissa pas de descendance.

Au moment où Germaine de Staël recueillait le douloureux fruit de sa dernière folie amoureuse, Juliette Récamier songeait à quitter Châlons-sur-Marne, pour aller s'établir dans sa ville natale de Lyon.

Découverte de Ballanche

« Vous avez plus de caractère que moi », écrivait encore Germaine à Juliette en la voyant prendre en patience sa monotone existence de Châlons. C'était également l'opinion d'Adrien de Montmorency qui lui confiait après une courte visite :

Vous avez ce je ne sais quoi d'achevé que le malheur donne à la vertu. Je vous atteste que je suis sorti de votre petite chambre pénétré d'admiration pour votre calme et votre courage. Jamais je n'eusse pu croire que vous ajoutiez tant de force à tant de charme. Adieu ! Éternelle amitié à vous, inviolable attachement à votre personne et inaltérable dévouement à tous vos malheurs qui seront toujours les miens.

En ami dévoué, Adrien avait vainement mis en œuvre toutes ses relations pour améliorer le sort de Juliette. Il multiplia les démarches chez Caroline Murat, auprès de la reine Hortense, au point de se rendre suspect à son tour. Au mois de mars 1812, il fut mandé chez Savary qui lui adressa les reproches les plus menaçants sur ses rapports avec les exilés, et ne lui ménagea pas les avertissements.

Décidée à quitter Châlons au printemps de 1812, Mme Récamier avait une nouvelle fois songé à diriger ses pas vers Coppet. Au contraire de l'accoutumée, Mme de Staël marqua de l'opposition au projet ; alors enceinte de plus de sept mois, elle appréhendait de se montrer à Juliette en un pareil état. Elle adoucit son refus par une lettre fort affectueuse :

Je suis bien sûre qu'il n'y a pas dans ce que j'ai résolu une nuance qui vient de moins vous aimer. Je ne puis vous comparer qu'à mon sentiment pour Benjamin, qui a été le plus vif de ma vie.

Au cours de sa grossesse, Mme de Staël avait rédigé un petit recueil de *Réflexions sur le suicide*. C'était véritablement le sujet favori des méditations de Coppet.

Juliette Récamier comprit bientôt les réticences de son amie, puisque celle-ci accoucha secrètement le 17 avril 1812. Malgré sa délivrance, Mme de Staël, qui méditait une évasion de Suisse, voulait éviter d'attirer l'attention sur Coppet, ce qui n'eût pas manqué si Juliette s'y était rendue.

Celle-ci, de plus en plus lassée de Châlons, où des ennuis d'argent lui avaient fait passer quelques semaines difficiles, accepta de se rendre à l'invitation que réitérait sans cesse une de ses belles-sœurs, Mme Delphin, fixée à Lyon. Elle connaissait fort bien Juliette, qui, lors de ses voyages à Coppet ou à Aix, avait maintes fois fait étape chez elle. Mme Delphin était une femme spirituelle et gaie, passionnée d'œuvres charitables. Mme Récamier se laissa donc persuader et, au mois de juin 1812, elle vint s'établir à Lyon, où elle passera un temps sensiblement égal à celui de son séjour à Châlons.

La vie dans cette ville d'où dataient ses plus anciens souvenirs fut une détente heureuse pour l'exilée; non seulement elle retrouvait des proches et d'anciennes connaissances, mais dans un milieu cultivé, elle fera la rencontre d'un des hommes qui devaient le plus marquer son esprit, le philosophe Pierre-Simon Ballanche.

Le premier contact intéressant de Mme Récamier à Lyon avait été celui de la belle-sœur de Mathieu de Montmorency, la duchesse de Chevreuse, exilée, elle aussi, à cause de son opposition à Napoléon; pour sauver son immense fortune, son beau-père, le duc de Luynes, s'étant laisser nommer sénateur, Mme de Chevreuse avait été contrainte d'accepter une place de dame du palais de l'Impératrice; elle y avait apporté un dédain et une hauteur qui l'avaient fait très mal noter, et avait subi de l'Empereur, tentant de lui faire la cour, des scènes assez vives. Alors Napoléon l'avait attachée à la personne des souverains espagnols, astreints à résidence en France depuis l'entrevue de Bayonne. Mme de Chevreuse, ayant répondu avec insolence qu'elle voulait bien être prisonnière mais qu'elle ne deviendrait jamais geôlière, se vit notifier l'exil. Elle y fut accompagnée par sa belle-mère, qui l'adorait, la duchesse de Luynes, une grosse femme hommasse, et toutes deux commencèrent à périr d'ennui. Minée par la tuberculose, la duchesse de Chevreuse se mourait : la présence de Juliette fut pour elle un ultime réconfort puisqu'elle devait disparaître le 6 juillet 1813.

« Comme saint Augustin au Bon Dieu, confia-t-elle un jour à Juliette, je vous dirais : charmante beauté, je vous ai vue trop tôt sans vous connaître et je vous ai connue trop tard. »

Chez Mme Delphin, Juliette s'était aménagé une grande pièce, divisée par des paravents; elle passait beaucoup de temps à broder, à dessiner, à jouer du *piano-forte*. Elle se produisait peu, car elle avait constaté assez vite qu'à Lyon la société était impérialiste et que le préfet lui était très défavorable.

De plus en plus timoré, M. Récamier écrivait à son épouse :

Observe-toi beaucoup sur les personnes avec lesquelles tu te lieras, parce que, quoiqu'il n'y paraisse pas, tu te trouves toujours en surveillance tacite de la police.

Ces recommandations n'avaient pas empêché Juliette de s'afficher dans le milieu Luynes, et avec Camille Jordan, qui, bien qu'écarté de la politique, était considéré comme un opposant de marque. C'est dans le salon Jordan, fréquenté par les beaux esprits de Lyon, tels Artaud, Revoil, Dubois-Montbel, traducteur d'Homère, que, pour la première fois, Mme Récamier rencontra Ballanche, incarnation même du personnage dont elle avait toujours rêvé, âme pure offrant ses joies sans demander à être payé de retour, admirateur de chaque heure, amoureux de celle qui ne peut être pour lui qu'une immatérielle idole.

Fils d'un imprimeur lyonnais fort aisé, Ballanche avait alors trente-six ans. Sa laideur était frappante, presque grotesque; lors d'une trépanation, à la suite d'une mastoïdite, son visage avait été si maladroitement tailladé qu'il restait couvert de cicatrices et déformé par une loupe énorme et disgracieuse. Il avait la parole difficile, l'allure gauche, une timidité presque maladive, une distraction à peu près aussi célèbre que celle de son meilleur ami, le savant André-Marie Ampère, Lyonnais également. Mais les disgrâces physiques si frappantes de Ballanche étaient compensées par des yeux admirables, un front de penseur et, assure Amélie, « un je ne sais quoi d'inspiré à certains moments ».

Sur le plan intellectuel, Ballanche était avant tout un métaphysicien, aux idées contournées et obscures. Mais le cheminement abscons de sa pensée était d'une originalité profonde et d'une poésie très pénétrante. De ces philosophes lyonnais, Édouard Herriot a pertinemment écrit : « On ne les comprend pas toujours, on est souvent charmé. Il reste en eux du Maurice Scève et ils ont, Ballanche plus que tous les autres, un certain air de parenté avec les poètes-philosophes ou les philosophes-poètes de l'Allemagne. »

Mystique profond, Ballanche avait espéré dans sa jeunesse embrasser l'état ecclésiastique; la tourmente révolutionnaire ne lui ayant pas permis d'accomplir son dessein, il songea au mariage, bien que les obligations de cet état l'effrayassent un peu. Une malheureuse tentative de fiançailles avec une jeune fille de Montpellier ayant tourné court, il se consola par les lettres et la philosophie.

Il travaillait à une *Antigone*, appelée à un grand succès, quand il fut présenté à Juliette Récamier. Ce fut un éblouissement pour cet esseulé, comme l'apparition d'un ange, et, d'une voix bégayante, il sollicita l'honneur de lui rendre visite le lendemain.

M. Ballanche, a rapporté Mme Lenormant, vint seul et se trouva en tête à tête avec elle. Mme Récamier brodait à un métier de tapisserie; la conversation, d'abord languissante, prit bientôt un vif intérêt, car M. Ballanche, qui trouvait à peine ses expressions lorsqu'il s'agissait des lieux communs ou des commérages du monde, parlait extrêmement bien sitôt que la conversation se portait sur l'un des sujets de philosophie, de morale, ou de littérature qui le préoccupait.

Malheureusement les souliers de M. Ballanche avaient été passés à je ne sais quel cirage infect, dont l'odeur, d'abord très désagréable à Mme Récamier, finit par l'incommoder tout à fait. Surmontant, non sans difficulté, l'embarras qu'elle éprouvait à lui parler de ce prosaïque inconvénient, elle lui avoua franchement que l'odeur de ses souliers lui faisait mal. Ballanche s'excusa humblement, en regrettant qu'on ne l'eût pas averti plus tôt et sortit. Au bout de deux minutes, il rentrait sans souliers et reprenait sa place et la conversation où elle avait été interrompue. Quelques personnes qui survinrent le trouvèrent dans cet équipage et lui demandèrent ce qui était arrivé : « L'odeur de mes souliers incommodait Mme Récamier, alors je les ai quittés dans l'antichambre. »

Qui eût pu alors penser que cet incident risible allait être le départ d'une des plus pures amitiés de tous les temps, qui ne se terminera que trente-cinq ans plus tard par la mort de Ballanche, devenu illustre. Du premier coup, Juliette avait jugé la valeur de cet adorateur qu'elle n'aurait plus jamais besoin de reconquérir, parce que, au premier regard, il s'était donné à elle pour toujours. Enfin elle avait trouvé un ami d'une puissante supériorité intellectuelle, d'une grande culture, d'une bonté sans limites, à qui elle pourrait toujours demander un conseil. C'était un frère, d'une pureté absolue, sans désir malsain, un confident d'une probité totale, que le sort venait de placer sur son chemin. Cet homme solitaire avait besoin de donner son dévouement et Juliette l'aura tout entier. Lui aussi l'avait comprise : distingué du commun par cet ange de lumière, il accepta tout de suite qu'elle ne lui offrît que l'ombre de l'amour. Seul peut-être, il pourra dire que Mme Récamier l'a rendu heureux et ne l'a jamais fait souffrir, parce que seul il a su ne lui demander que ce qu'elle était capable de donner. On le devine dans cet aveu émouvant du philosophe confiant à son amie :

Il m'est arrivé bien souvent de me trouver tout étonné

des bontés que vous avez eues pour moi. Je n'avais point lieu de m'y attendre, parce que je sais combien je suis silencieux, maussade et triste. Il faut qu'avec votre tact infini, vous ayez bien vite compris tout le bien que vous deviez me faire. Vous qui êtes l'indulgence et la pitié en personne, vous avez vu en moi une sorte d'exilé et vous avez compati à cet exil du bonheur.

Cette rencontre avait transformé Ballanche; sa vie sans but et sans raison d'être avait trouvé le principe de son accomplissement. Juliette sera son inspiratrice et il lui devra une carrière brillante et une œuvre remarquable, bien que trop oubliée.

Dès ce premier contact à Lyon, il met Juliette au courant de ses travaux, lui lit des passages de cette *Antigone* qu'il lui dédiera et où l'on retrouve des traits de sa première auditrice.

En s'établissant à Lyon, Mme Récamier avait espéré que la relative proximité de Coppet lui permettrait peut-être de voir parfois Mme de Staël. Son espoir allait être très vite déçu :

Je suis fâchée, chère amie, lui écrit Germaine le 23 mai 1812, de partir sans vous dire adieu. Je vous serre contre mon cœur. Courage pour ce que vous croyez le devoir. La conscience seule de chacun en décide et il y a du malheur qui menace ceux qui le bravent. Je vous aime plus que vous ne croyez et je me tais parce que trop de sentiments m'agitent. Vous sentez-vous d'ici embrassée par mon visage baigné de pleurs et daignerez-vous lever vos yeux vers le ciel en priant pour moi quand vous recevrez cette lettre?

Mettant à exécution un dessein des plus hardis, Mme de Staël s'était évadée de Coppet : laissant croire qu'elle partait pour une simple promenade dans les limites assignées, elle avait été jusqu'à Lausanne et, sans désemparer, avait relayé en direction de la Russie; à Berne, elle avait retrouvé Schlegel, et avec lui elle gagnait Vienne, tandis que John Rocca, à cheval, rejoignait sa maîtresse à Salzbourg.

En atteignant la frontière polonaise, Mme de Staël adressa cet ultime message à Juliette :

Je vous dis adieu, mon ange tutélaire, avec toute la tendresse de mon âme. Je vous recommande Auguste; qu'il vous voie, qu'il me revoie! C'est sur vous que je compte pour adoucir sa vie et pour la réunir à moi quand il le faudra. Vous êtes une créature céleste. Si j'avais vécu près de vous, j'aurais été trop heureuse. Le sort m'entraîne. Adieu! Tâchez de m'écrire; je pleure tant quand je revois votre écriture...

Peu de jours après, les armées françaises franchissaient le Niémen et marchaient sur Moscou, tandis que Mme de Staël se dirigeait vers la Suède. Pendant près de deux ans, l'Europe, coupée en deux par un mur de fer et de feu, allait empêcher la réunion des deux amies. Aussi Mme Récamier ne se sentait-elle plus aucune attache puisque ses retrouvailles avec Corinne étaient devenues pour longtemps sans espoir.

Aussi, quand elle fut lasse de séjourner à Lyon, elle songea à découvrir d'autres horizons. Venu quelques jours auprès de Juliette, au mois de janvier 1813, Mathieu de Montmorency lui suggéra de visiter l'Italie. Le bon Ballanche, enthousiasmé par cette idée, insista dans ce sens et promit de rejoindre « sa sœur chérie » dans ces lieux bénis.

Toutefois Juliette ne hâta point son départ en raison des nombreuses visites qui s'annonçaient à Lyon; elle accueillit ainsi le marquis de Catelan, le futur duc d'Harcourt, son ami le duc d'Abrantès, dont la femme, célèbre mémorialiste, a laissé la description de l'intérieur lyonnais de Juliette. De surcroît les œuvres pies auxquelles l'avait initiée Mme Delphin lui avaient créé pas mal d'obligations. Tant de mérites et de vertus avaient eu leur écho à la Société littéraire de Lyon qui mit au concours un éloge en vers de Mme Récamier. Le morceau fut lu en séance publique par M. Monperlier, le 8 juillet 1813.

Mme Récamier ne put assister à la cérémonie, car elle avait fini par se décider au voyage; à la veille du Carême de 1813, escortée par Mathieu de Montmorency jusqu'à Chambéry, elle avait pris la route d'Italie, avec la petite Amélie et une femme de chambre; elle était munie de nombreuses lettres de recommandation et emportait l'assurance que Ballanche ferait son possible pour venir lui tenir quelque temps compagnie.

Voyage en Italie

Après le relais de Chambéry, Mme Récamier se trouva seule avec sa nièce, et elle éprouva parfois de la mélancolie de n'avoir plus d'interlocuteur à son niveau. Elle remplaça la conversation par la lecture, car Ballanche avait prévu une petite bibliothèque dans la voiture, et tandis que les chevaux escaladaient péniblement les pentes enneigées du Mont-Cenis, Juliette se plongeait dans le *Génie du Christianisme* ou dans l'*Histoire des Croisades*, avec des incursions, fort de circonstance, dans la poésie italienne.

La première étape au-delà des Alpes se situa à Turin, ville

où Mme Récamier logea chez Auguste Pasquier, frère du préfet de Police, et administrateur des Droits réunis. Celui-ci, jugeant incertaines les routes d'Italie, supplia sa visiteuse d'emmener avec elle un compagnon de voyage des plus respectables, un Allemand, nommé M. Marrschall, qui devait s'acquitter de sa mission avec beaucoup de tact et rester par la suite en relations amicales avec la belle voyageuse.

C'est de Turin, le 26 mars 1813, qu'est datée la plus longue lettre conservée de Mme Récamier. Adressée à Camille Jordan, elle est pleine de détails piquants sur la société de la capitale du Piémont et sur une mystérieuse inconnue que le prince Borghèse cache au plus secret de ses appartements.

Après un séjour d'une semaine, on quitta Turin. Amélie a raconté que parfois sa tante tombait dans de tristes silences et dans de mélancoliques rêveries. Au moment où l'on arrivait à Alexandrie, dont le pont-levis était baissé, ce qui entraîna une longue attente, Mme Récamier sombra dans une crise de larmes que la tendresse de sa nièce ne put apaiser. On s'arrêta ensuite une semaine à Florence et les voyageurs atteignirent Rome pendant la semaine de la Passion.

Mme Récamier descendit chez Serni, place d'Espagne, en attendant de trouver un meublé et elle alla immédiatement visiter Saint-Pierre et le Colisée. La captivité de Pie VII laissait planer une grande tristesse sur la Ville Éternelle, réduite au simple rang de chef-lieu du département du Tibre. Le préfet, le comte de Tournon, était absent lors de l'arrivée de Mme Réca-mier; celle-ci jugea diplomatique de prendre contact avec les autres officiels, le préfet de police Norvins, mémorialiste distin-gué, et le général Miollis, commandant des troupes françaises.

Pour assurer sa vie courante, Mme Récamier avait emporté des lettres de change sur la banque Torlonia, en rapports d'af-faires avec son mari. Banquier aux heures ouvrables, Torlonia était également duc de Bracciano et occupait une des premières situations mondaines de Rome. Mme Récamier compta aussitôt parmi les habituées de son salon; sa beauté y causa une grande sensation et frappa un des familiers, l'illustre sculpteur Canova, qui exécutait pour le maître de maison son groupe d'Hercule et Lycas. La duchesse de Bracciano avait été une beauté célèbre et il en restait des traces; bien que dévote, elle ne s'était pas montrée farouche, mais avait su garder le secret pour éviter de chagriner son mari, dont elle dit, dans un jour de confidence : « Oh! il sera bien étonné au Jugement dernier. »

Un mois après son arrivée à Rome, Mme Récamier avait pu

louer le premier étage du palais Fiano, dans le Corso; son salon y devint le centre de rencontre de la colonie française dont les principaux représentants se nommaient Norvins, le peintre Granet, le comte d'Ormesson et le comte de Forbin. Ce dernier, homme de lettres et artiste peintre, avait été l'amant de Pauline Borghèse; plein d'esprit et de verve et de surcroît fort bel homme, il ne manqua pas de faire la cour à Juliette:

Celle-ci avait été visiter les *studii* de Canova, où étaient admis tous les étrangers; voulant marquer son admiration personnelle à l'artiste, Mme Récamier lui fit passer sa carte; se précipitant au-devant d'elle en blouse de travail, oubliant le bonnet de papier qui préservait ses cheveux, il introduisit la belle visiteuse dans son atelier, où il bavardait avec son frère l'abbé Canova, et un autre prêtre antiquaire, l'abbé Cacellieri. Ce fut le début d'une grande amitié. Chaque matin, la « bellissima Zulieta » recevait un billet de Canova, et elle venait passer un moment dans son atelier, tandis que l'abbé Canova écrivait quotidiennement un sonnet en son honneur.

Une fois sa vie à Rome organisée, Juliette trouva un peu d'apaisement, vite altéré par une lettre de la duchesse de Luynes, lui annonçant que Mme de Chevreuse venait de succomber, les yeux fixés sur une réduction du petit buste de Mme Récamier par Chinard.

Aux premiers jours de juillet 1813, fidèle à sa promesse, Ballanche débarquait à Rome pour une semaine. Il avait voyagé sans désemparer, de jour et de nuit, et sa distraction était si grande, que ce fut seulement à son arrivée qu'il s'aperçut avoir perdu son chapeau en cours de route. En compagnie de Canova et de Mme Récamier, il découvrit ces beautés de Rome qui devaient tant le frapper et inspirer une partie de son œuvre. Mais bientôt, rappelé par un père exigeant, il dut reprendre la route de Lyon.

En cours de voyage, il exprime ses regrets à Juliette :

Pauvre et triste nature que je suis! Ils sont passés ces jours de Rome, ils ne reviendront plus! Que ne puis-je les recommencer! Au moins, si je vous savais dans un lieu de repos, vous prenant aux choses de la vie, souriant aux distractions! Mais j'ai trop lieu de croire que vous sentez aussi un poids qui vous fatigue. Je vous vois, sur la triste terrasse, du triste palais que vous habitez, véritable lieu d'exil!

Il ne semble pas que la réalité ait été aussi mélancolique que la peignait Ballanche, tout chagriné par son départ. Mme Récamier avait autour d'elle ce qu'elle préférait à tout, une cour d'hommes empressés, et il ne paraît pas que ce séjour à Rome soit à ranger dans ses mauvais souvenirs. Mais le climat estival devenait étouffant et le séjour au Corso des plus pénibles. Canova lui offrit alors de partager avec elle l'appartement qu'il habitait l'été dans les monts Albains, *alla locanda di Emiliana*, près du lac d'Albano. Mme Récamier devait séjourner deux mois dans ce modeste asile; de ses fenêtres du second étage, ouvertes sur un grand balcon, elle voyait, à la lisière de la plaine, scintiller la Méditerranée. Un peintre romain, J.B. Bassi, dans un tableau sincère et naïf, a représenté Mme Récamier à Albano, lisant près de la fenêtre d'où l'on découvrait ce vaste horizon.

Chaque matin, accompagnée d'Amélie, Juliette allait faire de longues promenades dans ces admirables allées d'yeuses que l'on nomme les « galeries », où, à travers les troncs et les feuillages, on voit miroiter la surface du lac d'Albano, enfoui dans le cratère d'un ancien volcan. Un seul incident anima cette villégiature paisible et monotone : un dimanche de septembre 1813, une grande foule assiégeait l'entrée de la prison; on venait d'amener, enchaîné, un pêcheur accusé de correspondance avec les Anglais; il devait être fusillé le lendemain au point du jour. Le confesseur, sortant alors de la geôle, tout bouleversé par l'émotion, vint parler à la « *signora francese* » dont il connaissait la bonté, pour lui demander si elle ne pourrait pas intervenir auprès des autorités impériales pour sauver le malheureux condamné.

Mme Récamier accepta d'entrer dans le cachot; elle y vit un jeune homme assez beau, les fers aux mains et aux pieds, les yeux égarés par la peur, le front ruisselant d'agonie. Saisie d'une inexprimable pitié, Juliette écouta le récit du misérable et lui promit d'aller demander sa grâce. Elle réclama des chevaux de poste, se fit mener à Rome, intercéda auprès des autorités. Le général Miollis se déclara impuissant, tout en manifestant beaucoup de bienveillance, alors qu'au contraire, Norvins fit observer avec dureté qu'une exilée comme Mme Récamier n'avait pas à se mêler d'entraver la justice impériale.

Revenue à Albano le lendemain matin, Mme Récamier eut du moins la consolation d'apprendre que, grâce à elle, l'espoir avait rendu au condamné un peu de son calme, que sa dernière nuit avait été paisible et qu'il était mort courageusement.

Au mois d'octobre 1813, Juliette regagna Rome; elle y reçut quelques visites qui l'intéressèrent, dont celle de M. Lullin de Châteauvieux, un familier de Coppet, du comte de Montlosier, spécialiste auvergnat des volcans, qui allait explorer le Vésuve et l'Etna, puis du prince de Rohan-Chabot, venu à Rome pour un long séjour. Par prudence, Rohan-Chabot s'était rallié à l'Empire et il remplissait à la cour des fonctions de chambellan : c'était un homme élégant, doux et distingué, mais d'intelligence médiocre. Fort artiste par ailleurs, il conseilla vivement à Mme Récamier de compléter son voyage en Italie par un séjour à Naples. Étant donné sa position malaisée, Juliette hésita, car elle craignait que le roi Joachim Murat et la reine Caroline, oublieux de leur ancienne intimité, ne fissent grise mine à une exilée politique.

Rohan-Chabot se fit fort d'aplanir les difficultés et le 22 novembre 1813 il écrivait de Naples que Juliette y recevrait le meilleur accueil, mais qu'il convenait de se hâter, car en raison de la situation militaire de l'Europe, Murat serait probablement contraint de quitter sa capitale dans les premiers jours de décembre.

Il n'y avait donc plus à hésiter.

Autorisée par le général Miollis, et pourvue d'un chevalier servant anglais, le chevalier Coghill, en raison des dangers de la route, Mme Récamier partit.

Deux jours étaient prévus pour le trajet. Au relais de Velletri on trouva prêts d'admirables chevaux, tout harnachés; il en fut de même aux étapes suivantes, où on parla du courrier qui précédait et faisait préparer les attelages. Bénéficiant visiblement d'une erreur favorable, Mme Récamier arriva de bonne heure à Terracine, où le coucher était prévu.

Elle eut tout le temps de refaire sa toilette avant le dîner. Elle vit alors arriver un imposant équipage, d'où descendit un homme qui cria d'une voix courroucée : « Où sont-ils, ces insolents qui ont volé mes chevaux sur toute la route? » Cette voix! il sembla soudain à Mme Récamier qu'elle la reconnaissait. Dans sa robe fraîche, éblouissante comme à l'ordinaire, elle sortit de sa chambre et dit en éclatant de rire : « Les voici, et c'est moi, monsieur le duc. »

L'important voyageur, un peu honteux de son éclat, recula en reconnaissant Mme Récamier. Ce n'était rien moins que Fouché. Sans paraître remarquer l'embarras qu'elle lui causait, Juliette invita le duc d'Otrante à entrer dans sa chambre. Fouché ne put refuser; il connaissait alors de grands soucis, et se rendait à Naples en toute hâte, chargé de maintenir Murat dans la fidélité, alors qu'il se laissait séduire par l'offre anglaise de conserver son trône, s'il entrait dans la coalition.

Le duc d'Otrante consacra cependant une demi-heure à Mme Récamier; il lui demanda, non sans humeur, ce qu'elle allait faire à Naples et ne lui ménagea pas les conseils de prudence.

« Rappelez-vous, madame, qu'il faut être doux, quand on est faible.

— Et qu'il faut être juste quand on est fort », répliqua Juliette par une heureuse réminiscence pascalienne.

Fouché reprit immédiatement la route, tandis que Mme Récamier n'arrivait à Naples que le lendemain. Elle s'y logea dans un appartement que M. de Rohan lui avait réservé, à l'hôtel Magati, dans le quartier de la Chiaja.

Mme Récamier et le ménage Murat

A peine Mme Récamier avait-elle pris possession de sa chambre napolitaine qu'un page de la reine vint lui apporter ses félicitations et l'inviter au palais; cette gracieuse démarche était complétée par l'envoi d'une énorme corbeille, débordante de fruits et de fleurs.

Aussi, dès le lendemain, la belle voyageuse rendit visite à Joachim et à Caroline Murat, qui l'accueillirent avec une affectueuse bienveillance.

Depuis de longues années Caroline Murat éprouvait une vive affection pour Juliette et c'est très sincèrement qu'elle lui exprima sa fidélité; elle traita sa visiteuse avec honneur, exigea qu'elle eût la préséance sur les dames de sa cour, ce qui ne parut pas être de leur goût, tant elles furent aussitôt envieuses de sa beauté. Ces premières difficultés furent vite surmontées, et comme elle avait su le faire partout où elle avait paru, Mme Récamier s'imposa très vite.

N'oubliant point son goût pour les arts, le roi et la reine de Naples lui firent les honneurs des beautés de la Campanie; un déjeuner très élégant fut servi dans les ruines de Pompéi, et il fut suivi d'une séance de fouilles, au cours de laquelle furent mis au jour quelques beaux bronzes antiques. Cette atmosphère de réjouissances et de fêtes masqua pendant les premiers jours le climat dramatique dans lequel vivait alors la cour de Naples.

Pendant de longues années, Murat s'était montré le vassal et l'allié le plus fidèle de son impérial beau-frère. Au cours de la campagne de Russie, il s'était signalé par des prodiges de valeur et avait courageusement partagé tous les dangers de la retraite. Mais il avait également mesuré les risques que le désastre allait faire courir à la fragile construction napoléonienne et n'avait pu s'empêcher de songer à son propre avenir.

Déçu et humilié, il avait alors entamé avec l'Autriche des

négociations secrètes, mais n'avait osé rester neutre au cours de la campagne de 1813; il y avait assisté Napoléon jusqu'à la bataille de Leipzig, après laquelle il revint précipitamment dans son royaume napolitain.

Certes, l'idée d'abandonner la cause française ne l'enthousiasmait pas, mais il ne voyait pas d'autre choix puisque Napoléon refusait de signer une paix encore possible, et somme toute honorable puisque la France y aurait conservé la rive gauche du Rhin, la plus importante des conquêtes révolutionnaires. L'Empereur n'ayant jamais répondu aux lettres par lesquelles Murat conseillait la négociation, le roi de Naples jugea conforme à ses intérêts de prêter l'oreille aux offres de l'Angleterre et de l'Autriche, lui assurant que son entrée dans la coalition demeurait pour lui la seule chance de conserver son trône et de préserver les intérêts de ses sujets.

C'est au plein milieu de cette crise que Mme Récamier entra dans l'intimité du ménage royal. Caroline ouvrit son cœur à Juliette et lui exposa ses incertitudes. Que faire alors que le peuple de Naples, désireux de la paix à tout prix, exigeait que son souverain se déclarât indépendant de la France?

Devant la mise en demeure des Alliés, Murat signa, le 11 janvier 1814, le traité qui l'associait à la coalition contre sa patrie d'origine. Au moment de rendre sa décision publique, le roi, fort ému, vint informer son épouse. Mme Récamier se trouvait alors auprès de Caroline; Murat demanda son avis à la visiteuse, quêtant un peu son approbation.

« Vous êtes Français, sire, répondit Juliette; c'est à la France qu'il faut être fidèle. »

Le roi pâlit; comme s'il étouffait, il ouvrit une fenêtre par laquelle on apercevait tout le golfe de Naples; désignant à Mme Récamier la flotte anglaise en train de faire son entrée dans le port, il dit avec accablement :

« Je suis donc un traître. »

Et, fondant en larmes, il se couvrit le visage de ses mains et se laissa tomber sur un canapé. La reine Caroline, qui avait gardé son sang-froid, lui prêcha le calme en lui servant un verre de fleur d'oranger.

Une fête avait été prévue pour accueillir la flotte britannique. Dissimulant leur trouble, le roi et la reine montèrent en carrosse et parcoururent la ville sous les acclamations; elles reprirent le soir, au théâtre, où l'ambassadeur d'Autriche et l'amiral anglais accompagnaient les souverains.

Les applaudissements ayant toujours été le meilleur baume

des puissants, ce fut d'un cœur presque apaisé que Joachim Murat partit le lendemain, pour prendre la tête de ses troupes, en remettant la régence à Caroline.

En même temps un délégué extraordinaire de l'Autriche arrivait à Naples; il était d'une prestance remarquable, mais un bandeau noir cachait une de ses orbites vide. Cet homme aimable, appelé à un rôle fort connu dans l'histoire, se nommait le comte de Neipperg; il fréquenta beaucoup Mme Récamier auprès de laquelle il était chargé d'une commission personnelle : il avait, en effet, le plaisir de lui apporter des nouvelles de Mme de Staël, dont elle ne savait plus rien depuis de longs mois et qui venait d'arriver heureusement à Vienne, après un long périple par la Suède, l'Angleterre et l'Allemagne.

Dans son salon de Naples, Mme Récamier, mondaine impénitente, reconstituait une atmosphère à la Coppet; elle avait même initié ses familiers au jeu de la « petite poste ». Sa réflexion un peu vive à Murat n'avait pas altéré ses bons rapports avec la régente et elle resta une assidue du palais royal.

Un matin, tandis qu'un aide de camp faisait signer des papiers à Caroline, celle-ci leva sa plume et dit à Juliette;

« Vous seriez bien malheureuse à ma place, chère madame Récamier, car voilà que je vais signer un arrêt de mort.

— Ah! madame, répliqua Juliette en se levant d'un bond, vous ne le signerez pas, puisque la Providence m'a conduite auprès de vous en ce moment. »

La reine sourit et arracha au ministre la grâce du condamné; ce fut pour Mme Récamier un de ses plus doux souvenirs et la revanche de son échec quand elle avait voulu sauver le condamné d'Albano.

Le séjour à Naples touchait maintenant à sa fin. Pour assister aux cérémonies de la Semaine sainte de 1814, Mme Récamier revint à Rome; elle fut heureuse d'y retrouver Canova. Dans l'atelier du sculpteur, une surprise l'attendait : il tira un rideau; celui-ci dissimulait deux bustes de femmes modelés en terre, l'un simplement en cheveux, l'autre avec la tête à demi couverte d'un voile; tous deux avaient les traits de Mme Récamier, les yeux levés vers le ciel. Malgré le visible contentement de Canova, Juliette ne parut pas très sensible à l'attention et le sculpteur resta toujours un peu froissé de son manque d'enthousiasme. Il modifia le buste voilé et y ajouta une couronne d'olivier; il en fit ainsi une *Béatrice* qui connut une grande célébrité. Après la mort de Canova, son frère l'abbé en envoya une réplique en marbre à Mme Récamier avec ces vers de Dante :

Sovra candido, vel, cinta l'oliva
Donna m'apparve...
Ritratto di Giuletta Recamier, modellato di memoria di Canova
nel 1813 e poi consecrato in marmo co nome di Beatrice.

En cette fin du Carême de 1814, la France, envahie par les armées alliées, passait par une terrible crise militaire et politique. Caroline Murat, inquiète des événements, supplia Mme Récamier de venir lui tenir compagnie pendant quelques jours. Juliette revint à Naples, où tout donnait à penser que Murat avait joué la bonne carte. La destinée de Napoléon était accomplie : il avait abdiqué et allait partir pour l'île d'Elbe, tandis que les Bourbons recouvraient le trône de France.

Le jour où Juliette quittait Naples, Caroline décachetait devant elle un paquet; c'était la brochure de Chateaubriand : *De Buonaparte et des Bourbons.*

Rien maintenant ne s'opposait plus au retour de Mme Récamier en France. Caroline Murat la fit accompagner à Rome, en y arrivant, elle eut l'élégance d'aller rendre visite au général Miollis, alors fort délaissé. Puis elle connut le bonheur d'assister à la rentrée du pape Pie VII dans la capitale qu'il avait dû quitter cinq années auparavant.

Ce fut une journée d'enthousiasme délirant; la noblesse romaine s'était portée fort en avant sur la Via Cassia.

On détela sa voiture, raconte Chateaubriand, et la foule le traîna jusqu'aux degrés de l'église des Apôtres. Le Saint-Père ne voyait rien; ravi en esprit, sa pensée était loin de la terre; sa main se levait seulement sur le peuple, par la tendre habitude des bénédictions. Il pénétra dans la basilique au bruit des fanfares, au chant du *Te Deum*, aux acclamations des Suisses, de la religion et de Guillaume Tell. Les encensoirs lui envoyaient des parfums qu'il ne respirait pas; il ne voulut point être porté sur le pavois, à l'ombre du dais et des palmes. Il marcha, comme un naufragé accomplissant un vœu à N.-D. de Bonsecours et chargé par le Christ d'une mission qui devait renouveler la face de la terre. Il était vêtu d'une robe blanche; ses cheveux, restés noirs malgré le malheur et les ans, contrastaient avec la pâleur de l'anachorète. Arrivé au tombeau des Apôtres, il se prosterna; il demeura plongé, immobile et comme mort dans les abîmes des conseils éternels. Il semblait écouter la vie tombant dans l'éternité.

Peu de jours après, rayée de la liste des exilés par les soins de Vitrolles, Mme Récamier reprenait la route de France. A Lyon elle s'arrêta quelques jours pour revoir Ballanche et Camille Jordan, une lettre de Mme de Staël, datée du 20 mai, l'attendait :

Je suis honteuse d'être à Paris sans vous, cher ange de ma vie. Je vous demande vos projets ; voulez-vous que j'aille au-devant de vous à Coppet où je veux passer quatre mois ?

Après tant de souffrances, ma plus douce perspective c'est vous et mon cœur vous est à jamais dévoué.

J'attends un mot de vous pour savoir ce que je ferai ; je vous ai écrit à Rome et à Naples.

Je vous serre contre mon cœur.

La vie reprenait ses droits, la vie à laquelle Juliette aspirait depuis ses jours d'exil. Non seulement elle allait retrouver le cher sillage de Corinne, mais par un phénomène imprévisible, elle allait se substituer à elle dans le cœur de l'homme que Mme de Staël avait le plus constamment et le plus profondément aimé.

CHAPITRE VII

LA FOLIE DE BENJAMIN CONSTANT

RETOUR D'EXIL ET RÉINSTALLATION A PARIS || NAISSANCE ET
CROISSANCE D'UNE PASSION || LES PALINODIES DE BENJAMIN ||
DÉCOMPOSITION D'UN AMOUR || LA MORT DE MADAME DE STAËL.

Retour d'exil et réinstallation à Paris

MADAME Récamier fut de retour à Paris le 1er juin 1814. Sans éprouver peut-être les mêmes étonnements que les émigrés après vingt-cinq ans d'absence, elle put constater un sérieux changement dans l'atmosphère politique.

Cette liberté, que l'on avait espérée de la Révolution et dont on avait escompté la confirmation en acceptant l'Empire, c'était, par un curieux paradoxe, le frère de Louis XVI qui l'apportait aux Français.

En même temps que le droit d'exprimer sa pensée et de fréquenter les amis chers à son cœur, Juliette retrouva d'un seul coup sa situation mondaine, dans des conditions matérielles supérieures à celles qu'elle avait laissées lors de son départ pour Châlons-sur-Marne, en 1811. La succession de Mme Bernard, réglée au cours de son exil, lui assurait en propre un capital de 400 000 francs (1 200 000 francs 1970) dont le revenu facilitait d'autant plus sa vie que les affaires de M. Récamier s'étaient rétablies. Sans retrouver les fastes du temps du Directoire, Mme Récamier allait pouvoir mener, rue Basse-du-Rempart, une vie sans problèmes matériels, avec équipage, domestiques et possibilité de tenir un salon.

Ce salon vit bientôt se presser tout ce qui comptait alors à

Paris et les hommes les plus en vue vinrent admirer l'immarcescible splendeur de Juliette, aussi jeune et aussi éclatante à la veille de la quarantaine, qu'au temps où ses vingt-cinq ans faisaient d'elle la reine universelle de la beauté.

Les fidèles des années d'épreuves, les proscrits de Napoléon étaient, du jour au lendemain, devenus les maîtres de la France. Comment ne se seraient-ils pas groupés autour d'une femme adorable que venait d'auréoler d'un nouveau prestige la persécution impériale ?

Germaine de Staël, Mathieu de Montmorency, devenu chevalier d'honneur de la duchesse d'Angoulême, la reine Hortense créée par Louis XVIII duchesse de Saint-Leu, le duc de Rohan-Chabot, maintenant officier des mousquetaires, Mme Bernadotte, princesse royale de Suède, mais préférant vivre à Paris sous le pseudonyme de comtesse de Gothland, Mme de Boigne et son père, le marquis d'Osmond, les Chauvelin, les Broglie, les Noailles et leurs proches, tout le Faubourg Saint-Germain en un mot, se pressaient dans le salon Récamier ; il fallait y ajouter le public de circonstance amené par la conjoncture politique : Mme Moreau, rentrée d'exil et titrée maréchale de France, ayant refusé d'être duchesse, le prince Auguste venu à Paris avec les Alliés, Metternich, Pozzo di Borgo, Humboldt et le duc de Wellington.

« Vous êtes, comme les premiers chrétiens, livrée aux bêtes », disait, avec un peu de regret, Adrien de Montmorency, contraint de quitter Paris, parce qu'il venait d'être nommé ambassadeur à Madrid.

Mme Récamier se laissait agréablement bercer par le flot : « La joie sans mélange que lui causait son retour, dit Mme Lenormant, la rendait radieuse et l'élite de la société européenne lui décernait l'empire incontesté de la mode et de la beauté. » Ce fut le moment de sa plus grande popularité, lorsque, dans la rue, les petits ramoneurs savoyards se retournaient sur son passage et qu'elle les remerciait d'une inclinaison de tête, avec la dignité d'une souveraine.

Mme de Staël, toutes ombres effacées par la longue séparation, voyait Juliette presque quotidiennement et lui adressait de brefs billets, les jours où la rencontre était différée :

« J'irai chez vous, ce soir à neuf heures, ma belle amie, et nous parlerons de l'empire du monde ! »

Les grands rêves politiques de Germaine refleurissaient, bien qu'elle fût, à moins de cinquante ans, une femme épuisée, lasse, raccrochée à la vie par sa passion physique pour John Rocca, déjà miné par la tuberculose.

Ce fut chez Mme de Staël que Juliette rencontra pour la première fois le duc de Wellington; ses campagnes au Portugal et en Espagne, sa victoire sur Soult à Toulouse, l'avaient, un an avant Waterloo, déjà auréolé d'une gloire universelle; il avait belle prestance et aimait parler aux femmes. Juliette l'éblouit et il entreprit sa conquête.

Ce flirt a fait beaucoup jaser. Mme Récamier a parlé avec ironie de l'insignifiance des billets de Wellington; Mme d'Abrantès a considéré dans ses *Mémoires* qu'il s'agissait d'une aventure sans importance. Ce ne fut pas l'avis de Germaine de Staël, qui tança parfois son amie :

Je vous ai attendue hier soir, belle méchante, et Lord Wellington est venu vous rechercher. Vous le détacherez de moi si vous manquez à ses rendez-vous. Je suis très souffrante. Si je sors, j'irai ce soir chez vous, mais j'ose compter sur vous demain à dîner. Je suis presque aussi séparée de vous qu'à Coppet.

Quelques jours après, Mme de Staël ajoute :

Lord Wellington est venu chez moi me faire de grandes plaintes de vous et me dire qu'il serait chez moi pour vous jeudi. Je vous embrasse comme un amoureux.

La conduite de Mme Récamier ne soulevait pas seulement des louanges. Albertine de Staël, future duchesse de Broglie, écrit alors à sa meilleure amie, Sophie de Barante, sœur de Prosper :

Mme Récamier est jolie et bonne, mais une vie de petites coquetteries n'élève pas l'âme; elle vaudrait beaucoup mieux si elle n'avait pas dépensé tout son temps et son cœur de tous les côtés, mais elle est généreuse et séduisante.

A côté de ses fantaisies, Juliette conservait ses amitiés mystiques. Cette année 1814, est également celle où Ballanche assied définitivement sur elle une bénéfique influence; c'est alors qu'il publie son *Antigone*, cette élégie en prose, ce roman philosophique où l'image de Juliette a si vivement inspiré l'auteur :

Vous rappelez-vous Antigone? écrit-il à Juliette. Vous rappelez-vous en quels termes elle est consacrée par son père sur les rivages de l'Aulide? Son père, qui est l'homme du destin, veut qu'elle vive séparée des autres mortels parce que nul homme n'est digne de devenir son époux. Vous rappelez-vous les sommets du Cithéron et Œdipe, près de mourir, disant à Antigone : « Que t'importe le bonheur ou le malheur ! » Oui, vous êtes bien plus l'Antigone que j'ai faite que l'Aricie de Racine. Oui, cette destinée à part, ce cœur généreux, ce génie du dévouement sont des traits de votre caractère. Vous auriez aussi inspiré l'hymne à la beauté qu'Antigone chantait parmi ses jeunes compagnes. Je commençais seulement de travailler à Antigone quand vous m'êtes apparue à Lyon, et Dieu seul sait pour combien vous êtes dans la peinture de cet admirable personnage. L'Antiquité est bien loin de m'en avoir fourni toutes les données, cet idéal m'a été révélé par vous et tout mon mérite consiste à avoir bien vite su vous connaître et vous apprécier.

En même temps que, le sachant, elle servait de modèle à la plus pure création de Ballanche, Mme Récamier avait, encore à son insu, inspiré un autre écrivain, bien plus célèbre.

C'est à elle, en effet, que Benjamin Constant n'avait cessé de penser, quand il composait son indigeste poème de deux mille vers intitulé *Le Siège de Soissons*. Sous des apparences d'antique, il s'agit d'une satire des dernières années de l'Empire. Dans cette pâteuse épopée en vers libres, le tyran Théodulphe n'est autre que Napoléon, la fée courtisane représente Germaine de Staël, et Anaïs doit la plupart de ses traits à Juliette. Alors qu'il vivait loin des enchanteresses de Coppet, Benjamin restait hanté par leur souvenir.

Après avoir, en 1810, signé des arrangements financiers avec Mme de Staël, il était parti avec sa nouvelle épouse, Charlotte de Hardenberg, qu'il surnommait dans l'intimité « son bon Linon », et avait été s'établir dans le pays de sa femme. Il y avait choisi la ville intellectuelle de Göttingen et y avait vécu près de trois années. C'est là qu'il avait rédigé ses meilleures pages, ces mémoires de sa jeunesse, publiés sous le titre de *Cahier rouge*, qu'il avait achevé la mise au net d'*Adolphe*, tenu un *Journal* qui reste un des plus précieux documents connus sur les orages du cœur humain. Mais ce joueur fiévreux avait découvert aussi un mal qu'il ignorait : l'ennui.

« L'ennui! l'ennui! Mal travaillé. Je fais ce que je peux. Hélas! Est-ce la faute de Charlotte? »

Ce coureur de femmes n'avait rien d'un mari. Les portraits de Charlotte la représentent alors fort empâtée et peu désirable; elle aimait jalousement, avec exclusivité, attentive à d'exaspérants petits soins dont Benjamin se sentit vite excédé. Il n'était pas fait pour être dorloté, mais pour souffrir, car il aimait les tourments que son cœur lui prodiguait, et ils étaient une de ses raisons de vivre. Il attachait autant de prix aux incertitudes de la passion qu'à celles de la table de jeu.

Une occasion s'était offerte enfin d'échapper à la monotonie de la vie à Göttingen : Bernadotte avait traversé la ville et Benjamin lui avait demandé de l'emmener avec lui comme secrétaire. Il avait été ainsi momentanément débarrassé de Charlotte et, en suivant les armées, il retrouvait son inspiration pour écrire le meilleur de ses pamphlets *De l'esprit de conquête et d'usurpation...*, qui surclasse le *De Buonaparte et des Bourbons* dont Chateaubriand était si fier qu'il ne craignait pas d'assurer que sa brochure avait plus fait pour le retour de Louis XVIII qu'une armée de cent mille hommes.

Séparé de Charlotte, Benjamin rendit d'autant plus hommage à ses qualités, que celle-ci, pour le tenir en haleine, se laissa faire la cour par le jeune duc de Cambridge, nommé vice-roi du Hanovre. « Le duc en fait trop avec Charlotte », note le *Journal intime* dans lequel Constant ajoute le 22 février 1814 : « Maudit voyage! Charlotte m'attendrit, je l'aime. »

A la suite de Bernadotte, Benjamin Constant était arrivé à Paris, le 16 avril 1814. Il y accueillit Germaine de Staël, venue depuis Londres au début de mai. Il la trouva vieillie et changée, et nota, le 13 mai : « Elle est maigre et pâle. Je ne me suis laissé aller à aucune émotion. A quoi bon! »

Il ne l'aimait plus guère et ne la désirait plus du tout. Germaine le sentait :

« Je n'ai pas trouvé en lui le plus léger signe d'émotion et je n'ai pas conçu la possibilité d'être aussi insensible, note-t-elle. Enfin, ce n'est plus là que j'ai mis ma vie! »

A Paris, sans amour, Benjamin constata qu'il avait emporté l'ennui avec lui dans ses bagages, ce qui l'alarma un peu. Retenue par son flirt avec le duc de Cambridge, Charlotte ne se montrait guère pressée de prendre la route. Au mois de juin le salon de Juliette Récamier se rouvrit. Il était naturel que Benjamin y fît une visite. Après celle-ci, il fut prié à un gala, la lecture, par Chateaubriand, de sa « nouvelle espagnole », le *Dernier Abencérage*, encore inconnue du public.

Ce fut là une soirée des plus brillantes, où tout ce qui comptait à Paris s'écrasa, « un véritable événement historique, un congrès de toutes les opinions venant s'oublier elles-mêmes pour être tout entières aux enchantements de la poésie », a rapporté lyriquement Ballanche.

Constant ne dut pas être très frappé par la manifestation puisqu'on n'en trouve pas trace dans son *Journal*. Il s'ennuyait toujours et note le 19 août 1814 : « Ce qui m'accable, c'est de n'avoir personne ici que j'aime. Ma femme me manque. Ma vie est trop sèche. »

Charlotte avait eu tort de différer sa venue. Mais doit-on vraiment lui en faire grief, car son arrivée eût probablement empêché une aventure assez étonnante, celle où la folie d'un homme a déteint sur les événements. C'est à la passion qui va soudain s'allumer dans le cœur de Benjamin Constant que Juliette devra de pouvoir dire qu'elle n'a pas eu seulement un rôle de premier plan dans la société et la littérature, mais aussi qu'elle a conquis sa place dans l'histoire.

Car l'objet de cette nouvelle passion, cette flambée qui va ravager, jusqu'à la démence, le cœur d'un homme rompu aux joutes amoureuses va être Juliette Récamier. C'est elle qui va suppléer Corinne, dans un orage dont on ne peut dire qu'il ait été désiré, bien que Benjamin, enclin à mettre les torts au compte des autres, ait écrit sur cette page révélée par Sainte-Beuve :

Mme Récamier se met en tête de me rendre amoureux d'elle. J'avais quarante-sept ans. Rendez-vous qu'elle me donne sous prétexte d'une affaire relative à Murat, 31 août. Sa manière d'être dans la soirée. *Osez*, me dit-elle. Je sors de chez elle amoureux fou. Vie toute bouleversée. Je suis le plus malheureux des hommes. Inouï qu'avec ma souffrance intérieure, j'aie pu écrire un mot qui eût le sens commun.

De fait, à la date du 31 août 1814, on ne trouve dans le *Journal intime* que ces simples mots :

« Mme Récamier! ah! ça, je deviens fou! »

Que s'était-il donc passé?

Naissance et croissance d'une passion

Fidèle comme toujours à ses amitiés, Mme Récamier se préoccupait alors du sort de Murat, qui, pour défendre sa couronne devant le Congrès de Vienne à la veille de remodeler l'Europe, cherchait un apologiste.

Aucun ne lui avait paru plus indiqué que Benjamin Constant dont *L'Esprit de conquête et d'usurpation* avait fait tout de suite autorité en droit constitutionnel international. Aussi Caroline Murat avait-elle écrit à Juliette pour lui demander de pressentir l'auteur.

Ce service lui ayant paru tout naturel, Mme Récamier eut avec Benjamin une conversation qui se prolongea durant quatre heures. Pour persuader, elle s'efforça de plaire et n'y réussit que trop...

Il semble pourtant qu'il n'y eût alors chez Juliette qu'un simple badinage. Ce « si j'osais » appelant la réponse « Osez » que rapporte Benjamin Constant, on les trouve déjà utilisés sans conséquence à Chaumont, dans la « petite poste » échangée avec Schlegel.

Pourquoi Benjamin perdit-il soudain la tête ? On est obligé — et c'est là une servitude riche d'intérêt — de suivre pas à pas son *Journal intime* puisqu'il a noté, jour par jour, parfois heure par heure, les états d'âme de sa fureur amoureuse, fureur qui va couvrir près de dix-huit mois de sa vie et être la cause d'une des plus étonnantes palinodies de l'histoire.

Le lendemain de la visite critique, Constant note : « Mon amour me trotte par la tête. Nous verrons demain ! » Le jour suivant, 2 septembre 1814 : « Mme Récamier ! Ce serait fort bien si cela ne faisait que m'amuser », et le 3 : « Dîné chez Guizot. Mon diable d'amour me tourmente ridiculement. J'ai pourtant le courage de ne pas partir pour Angervilliers. »

Mme Récamier s'était en effet rendue pour quelques jours chez Mme de Catelan. Constant prit sur lui pour ne pas l'y suivre, mais ne retrouva pas son calme :

4 septembre : « Je n'ai été occupé que de Juliette ; quelle folie ! »

5 septembre : « Talleyrand bien pour moi, mais Juliette m'occupe par-dessus tout ; je pars demain. »

Il ne partit pas d'ailleurs, n'en étant pas à une contradiction près. Il esquissait les grandes lignes du mémoire en faveur des Murat ; il ne put toutefois s'empêcher d'écrire à la bien-aimée :

Je ne pense qu'à vous, mais je peux peut-être encore me combattre... Tout le passé, tout votre charme que j'ai toujours craint est entré dans mon cœur... Politique, société, tout a disparu. Je vous parais fou peut-être, mais je vois votre regard, je me répète vos paroles ; je vois cet air de pensionnaire qui unit tant de grâce à tant de finesse. J'ai raison d'être fou : je serais fou de ne pas l'être. Mon Dieu ! si vous n'êtes pas la plus indifférente des femmes, combien vous me ferez souffrir dans ma vie ! Aimer c'est souffrir ! Mais aussi c'est vivre et depuis si longtemps je ne vivais plus. Peut-être n'ai-je jamais vécu d'une telle vie !

Ce démon de midi émeut chez ce psychologue qui, peu de jours auparavant, avait lu devant Mme Récamier son roman encore manuscrit d'*Adolphe*, considéré encore comme la plus lucide et peut-être la plus cruelle analyse, entre toutes les analyses passionnelles. Mais que pouvait-on croire d'un Benjamin depuis si longtemps percé à jour par les familiers de Coppet ? Feignant donc de ne pas prendre la déclaration au sérieux, Mme Récamier fit inviter Constant à Angervilliers.

En arrivant, Benjamin connut la surprise désagréable d'y trouver Auguste de Staël, toujours aussi épris de Juliette. Cette rivalité surexcita sa passion et ses notes donnent le ton de la semaine que dura son séjour :

« Juliette est difficile à prendre. Elle doute et elle oublie. Mais elle me trouvera plus aimable que personne ; elle m'aimera... Je fais quelques progrès dans le cœur de Juliette, elle m'enchante. J'ai annoncé mon départ pour demain. »

Ce lendemain, qui est le 10 septembre 1814, Constant a changé d'avis :

Je suis resté. Grand progrès, je crois ! Je suis, je le pense, aussi aimable que possible. Juliette s'apercevra de mon absence... Il faut qu'elle ait besoin de ma société... Je pars demain...

Et les jours suivants :

Je pars !... Non, je ne suis pas parti. Voilà donc que je m'engage dans de nouvelles amours. Jamais cela ne m'est arrivé de bouleverser ainsi ma vie... Juliette ne m'aime pas encore, mais elle est bien prise... Il y a peu de femmes qui soient insensibles à ma manière d'être, absorbé et dominé par elles... Je la crois une franche coquette, mais il y a peut-être un fonds de sensibilité que je parviendrai à développer.

Certes Benjamin est bien pris, il souffre et aggrave son mal en se regardant souffrir. Mais Juliette, encore que flattée et peut-être pitoyable, songe à sa propre défense contre ce séducteur professionnel qu'elle n'aime pas.

De retour à Paris, où l'attend une lettre de sa femme, Constant se rend compte qu'il n'a rien obtenu : « Je n'avais jamais connu de coquette, quel fléau ! » Il essaie des remèdes et va passer plusieurs soirées « chez des filles ».

Puis, ayant dîné chez Juliette et fait à ses côtés une promenade sentimentale au Luxembourg, il trouve que ses remèdes ont été pires que ses maux. Il ne s'en tourmente que davantage :

Nuit et matinée encore délirantes, note-t-il le 19 septembre. Je pleure sans cesse... Cela ne vaut pas une vie perdue, calmons-nous donc. J'ai vu une fille, j'en verrai encore ce soir, encore demain, jusqu'à ce que la main d'une femme me fasse horreur. Dîné avec elle, elle s'est plus occupée de moi que les autres jours, mais il y avait plus de préméditation, par bonté peut-être, pour calmer ma peine, que d'entraînement ou de sensibilité... Je persiste à tâcher de me détacher d'elle...

Le lendemain, Germaine de Staël arrive de Coppet; au premier coup d'œil, elle comprend et, pris entre les deux femmes, celle qui le dédaigne et celle qui ne s'est jamais résignée à le perdre, Benjamin songe à retrouver son épouse en Allemagne. Puis, au moment de boucler ses bagages, il change encore et note le 23 septembre : « Faisons tout ce qu'il faut pour réussir. »

Pour détacher Benjamin, Mme Récamier avait cru habile d'opposer un engagement antérieur : il s'agissait d'une connaissance faite à Rome, du beau comte de Forbin, ancien amant de Pauline Borghèse, alors en passe d'être nommé directeur des musées nationaux.

Dès qu'il avait vu Juliette en Italie, Forbin en était tombé amoureux; il n'avait rien obtenu, mais il n'en venait pas moins, chaque jour, passer un moment au salon de la rue Basse-du-Rempart. Benjamin s'en aperçut. « Malheur à lui! écrivit-il, ou du moins malheur à l'un de nous deux! » Et, le 26 septembre, il rencontra M. de Forbin et lui parla sur un tel ton qu'un duel fut décidé pour le lendemain.

Constant courut porter la nouvelle à Juliette; celle-ci le calma et lui promit « de lui accorder beaucoup d'heures » si le combat n'avait pas lieu. Quand il eut cédé, elle repartit pour Angervilliers; Benjamin lui fit un bout de conduite et nota au retour : « J'ai été quatre heures avec elle; elle était tout à fait tendre et triste et luttait visiblement contre elle-même. »

Aussi, ayant reconquis des illusions qui n'étaient plus de son âge, Constant, deux jours plus tard, galopa jusqu'à une auberge proche d'Angervilliers d'où il écrivit à Juliette une lettre pathétique pour lui dire qu'il l'attendait dans un délai de six heures :

J'erre, blessé à mort, sans moyen de retrouver de la force... Dites-moi de partir et vous ne serez plus tourmentée par un homme dont un mois a bouleversé l'existence et la raison.

La dure réponse qu'il reçut l'incita à regagner Paris sans avoir entrevu la bien-aimée.

Peu de jours après, il lui demandait humblement la permission de venir à Angervilliers : « Jamais on n'a aimé comme je vous aime; jamais on n'a souffert autant que je souffre! »

On ne connaît pas la réponse de Juliette. Mme de Staël s'occupa de Benjamin, et pour mieux le tourmenter, l'entretint sans bienveillance du flirt de 1809 entre Mme Récamier et Prosper de Barante. « Serait-il vrai, note Constant en rentrant chez lui, que cette femme pour qui je souffre tant ne fût que fausse et perfide? »

Sous couleur d'éclaircir ce problème, Benjamin, déboussolé, s'incrustait à Paris. Une péripétie nouvelle allait s'y dérouler : devenu jaloux à son tour, Forbin fit des remontrances à Juliette. Il en résulta une curieuse scène à trois, au cours de laquelle Forbin et Constant, en décrivant tous deux leur amour, sentirent peut-être le ridicule de leur comportement et éclatèrent d'un rire inextinguible. Les jours suivants, la folie reprit Constant et la « griffe » s'enfonça plus avant encore dans son cœur douloureux.

Juliette paraît s'être jouée à plaisir de ces deux passions rivales. On connaît, par le duc de Broglie, l'amusante anecdote marquant un bal masqué aux premiers jours de mars 1815. Forbin et Constant, ignorant réciproquement leurs déguisements, se trouvèrent présents au bal; Juliette leur avait indiqué sous quel masque elle se dissimulerait. En arrivant, elle prit ostensiblement le bras de Victor de Broglie, bien qu'il ne fût point de ses familiers. Celui-ci avait été informé de la présence des deux rivaux : « Sous le masque, a-t-il rapporté, j'étais Forbin pour Benjamin Constant et Benjamin Constant pour Forbin. » Puis, trouvant le jeu peu charitable, il avait quitté le bal aux environs de minuit.

De surcroît, au cours de cette période d'exaltation, Juliette fut également courtisée par le marquis de Nadaillac, que Benjamin surnomma incontinent « le plus sot des hommes » tandis que Mme Récamier devenait sous sa plume « la plus fausse, la plus égoïste et la plus frivole créature qui se soit jamais vue ».

Comme il en avait essayé avec Forbin, Constant provoqua en duel M. de Nadaillac. Mme Récamier dut calmer les deux adversaires. Après une nuit de fureur, Benjamin se décida à envoyer à Juliette une lettre d'excuses, dans laquelle, une fois de plus, il cria sa passion :

Je sacrifierais toujours ma vie pour une heure avec vous... Tout dépend d'un de vos regards, et j'aimerai la vie jusqu'à être poltron, si je crois à quelque affection de vous.

Au cours de ces mois démentiels, Benjamin a pensé plusieurs fois à se séparer de sa femme, puis a repoussé cette tentation; maintenant, chaque fois qu'il revoit Juliette et se sent repris corps et âme, il se persuade qu'il doit se libérer : « Juliette a le cœur le plus sec que le Ciel ou l'Enfer ait jamais formé. Quant à Mme de Staël, c'est un serpent dont le venin est féroce. Elle me hait au fond et je le lui rends. »

Au début de l'année 1815, Benjamin essaie de faire le point et décide qu'il est temps de revenir à la raison : « Il faudrait bien réfléchir et prendre une vie raisonnable; je suis si lassé, si malheureux de toutes mes folies. Reprenons-nous, il en est bien temps. »

Comme évasion, il reste le travail : Constant attaque la rédaction d'une brochure *De la responsabilité des ministres*. Elle paraît avec succès en février 1815. Mais, une fois délivré de son travail, la passion l'absorbe de nouveau : « Je n'avance point dans son cœur. Absurde acharnement!... Elle est amicale, mais se soucie fort peu de moi et n'a guère de goût pour mon sentiment. »

En février 1815, Germaine de Staël, de plus en plus jalouse de l'inclination de Constant, commence à le quereller aussi véhémentement qu'au temps de Coppet. Benjamin fait un retour sur lui-même :

« Juliette ne peut m'être de rien dans ma vie, et elle m'aimerait comme elle peut aimer qu'elle ne me rendrait pas heureux; sa coquetterie est indestructible. Les anciens, les nouveaux, tout a sa place. De plus, si elle m'aimait, je m'en lasserais. Elle brûle ma vie... »

Tardive sagesse à laquelle Benjamin ne saura malheureusement pas se tenir. Mme Récamier, elle, avait compris depuis longtemps que l'amour de Benjamin aurait les caractères d'un feu de paille. Constant justifiait cette vue en retournant à d'autres errements; c'est au jeu qu'il cherchait la revanche de l'amour déçu :

J'avais gagné trente mille francs; j'en ai reperdu vingt mille; il est clair que le jeu ne m'enrichira jamais; il me nuit, me déconsidère, m'ôte de mon temps et de mon talent. Je puis encore me sauver; j'ai de quoi vivre plusieurs années, renonçons au jeu et à Juliette, et pour cela, partons, voyons Charlotte...

Ce départ, qui eût peut-être été le salut, fut fixé aux premiers jours de février 1815. De nouvelles visites chez Juliette le retardèrent : « Elle a un charme inexprimable pour moi. »

Et quand il ne la voit pas il lui écrit; la plupart de ses lettres demeurent admirables.

Je vous jure que jamais, ni de nuit, ni de jour, dans aucun temps, au milieu d'aucune affaire, votre image ne me quitte... Oh! si vous m'aimiez comme je vous aime, de quelle félicité nous jouirions! Quelle certitude nous aurions l'un et l'autre dans la vie! Si, en vous éveillant, vous pensiez avec plaisir à ce sentiment qui vous entoure... combien votre vie serait plus pleine et plus forte! combien ce vague qui vous tourmente deviendrait du bonheur.

Pour marquer à Juliette combien elle occupait constamment sa pensée, Benjamin Constant, délaissant ses écrits politiques, composait, dans le secret, un panégyrique de celle qu'il aimait et dont quelques fragments intéressants, peut-être les seuls composés, sont aujourd'hui connus sous le titre *Mémoires de Mme Récamier*. Ils donnent à penser, qu'à défaut d'encouragements sensuels, elle lui avait parfois ouvert son âme et lui en avait laissé pénétrer les détours. Il lui en lisait les passages, au fur et à mesure de leur composition :

« Rendez-vous avec Juliette, ce soir; morceau écrit pour l'émouvoir; il l'a émue; elle l'a été plus qu'elle ne l'avait été encore; et je n'en ai pas profité; ai-je eu tort ? »

Cette note est datée du 5 février 1815, le jour prévu comme date de son retour en Allemagne.

L'ouvrage auquel il travailla une partie du mois de février 1815 avança considérablement au cours des premiers jours de mars, sans convaincre Mme Récamier, puisque Benjamin note avec fureur : « Cette femme est *imprenable*. Son cœur n'est pas plus ému qu'une planche; il y a en elle une décision positive de ne pas se laisser aller à l'amour! »

Au début de mars, Benjamin, à bout de patience, revient à un projet digne du temps de Coppet : s'il finissait par un suicide ? N'est-ce pas ainsi qu'il a fait capituler Mme de Staël ? Alors, en appliquant tout son art, il prépare une « lettre désespérée » :

Vous avez brisé mon cœur et ma tête... Je croyais avoir fait quelques progrès dans votre amitié. Vous m'avez dit que j'étais méchant, que mon caractère était des ténèbres... Je suis seul, libre, et je suis repoussé par vous... Cela devait mal finir, mal comme vous me l'avez dit encore hier. Que ne l'avez-vous pensé, il y a six mois! Mais soyez tranquille. Tout finira sans bruit, tout finira vite. Oh! si je pouvais, avant de mourir, vous serrer dans mes bras! Enfin, le sort est tout-puissant, on le prévoit sans lui échapper...

Ces cris étaient probablement sincères, bien qu'avec Benjamin l'habileté l'emporte parfois sur le sentiment. Mais Juliette ne voulut pas comprendre, et la lettre produisit « peu d'effet ».

Aussi, le 5 mars 1815, une fois de plus, Benjamin se décidait à quitter la France pour aller rejoindre son épouse.

Que ne le fit-il !

Les palinodies de Benjamin Constant

Le 5 mars 1815, Benjamin notait sur son carnet :

> Écrit à Juliette. Fait tous les arrangements de départ. Aura-t-il lieu cette fois ? Vu Juliette. Rendez-vous pour ce soir. Dîné chez la duchesse de Courlande. Visite à Mme de Staël. Juliette y était. Querelle avec Mme de Staël. La vilaine femme ! Mon départ annoncé. Soirée avec Juliette. Causerie fort amicale. Je n'ai rien essayé de plus. Cela ne vaut pas la peine. Je pars après-demain.

Puis le 6 mars :

> Arrangements de départ. Nouvelles inattendues. Serait-il vrai que Buonaparte fût en France ? Mon départ retardé pour cela, mais de bien peu... Soirée avec Juliette. Il n'y a rien à faire comme amour et comme amitié. Ce n'est pas la peine avec une âme si sèche.

Enfin le 7 mars :

> La nouvelle s'est confirmée. Visite à Laîné [1]. Le gouvernement se rapprochera-t-il de nous ? Certes, je ne serai plus un volontaire désavoué. Petit mémoire pour Laîné. Vu Juliette. Je suis un peu las de passer ma vie précisément auprès de la femme qui semble mettre le moins de prix à ma société. Aussi n'y suis-je pas retourné, quoiqu'elle m'y eût invité... Il y a, de par le monde, bien plus de joie bonapartiste que je ne le croyais. Invitation de Dandré [2] pour demain. Nous verrons.

On allait voir, en effet, « ce que jamais on ne verra deux fois ».

Le joueur qu'était Benjamin avait flairé tout de suite dans le bouleversement politique qui s'annonçait la possibilité d'avoir

1. Président de la Chambre.
2. Ministre de la Police.

un grand rôle. Mais il ne savait pas encore lequel. Il avait peu à espérer de Napoléon; il n'avait rien reçu de la monarchie restaurée, dont il avait souhaité, à défaut d'une haute fonction, du moins une désignation pour l'Académie française, alors en cours d'épuration. Probablement sous l'influence politique de Juliette, Constant, persuadé que les troupes arrêteraient à Lyon la marche de Napoléon, se décide à jouer la carte royaliste. Il prépare un article dans ce sens pour le *Journal des Débats* et l'envoie le 9 mars à la composition. Le 10, il corrige les épreuves du texte qui doit être inséré le 11. Mais les nouvelles ne sont pas rassurantes et la marche de l'Empereur se poursuit victorieusement. Constant s'alarme : « La débâcle est affreuse; mon article de demain met ma vie en danger. Vogue la galère! S'il faut périr, périssons bien. »

L'article paraît donc le 11 mars. Constant va dîner chez Juliette, tandis que dans l'après-midi du même jour Mme de Staël prend prudemment la route de Coppet; elle a proposé à Benjamin de la suivre; celui-ci a refusé parce qu'à travers Juliette il compte sur la protection de la reine Hortense.

La veille de son départ, Mme de Staël rendit visite à Louis XVIII, puis donna un grand dîner, au cours duquel elle chargea Mme Récamier de défendre ses intérêts auprès de la reine Hortense. Dès la première étape, elle expédia à Juliette ce billet :

Ma chère amie, combien j'ai été émue en retrouvant dans le même malheur la même protection, le même intérêt de mon bon ange. Rendez-moi encore un service, faites partir Benjamin. J'ai la plus grande anxiété sur lui après ce qu'il a écrit. La route que je suis est d'une sécurité parfaite. Ah! si nous nous retrouvions sur les bords du lac! Vous êtes une divinité dans les grandes circonstances. Je mets toutes mes affections sous votre protection. Ah! quelle douleur!

Le 13 mars, Benjamin voit un moment Juliette, mais elle refuse de le recevoir au cours de la journée, car elle a donné rendez-vous à M. de Forbin. « L'infâme créature, note Benjamin; j'ai été triste, mais j'ai bien autre chose à faire. » Il n'en dînait pas moins chez Juliette le lendemain 14, résolu à frapper un grand coup pour s'assurer le cœur de la belle.

Le 18 mars, Napoléon était à Auxerre. L'exaltation amoureuse de Benjamin Constant atteignait ce jour-là un paroxysme : « Ce fut le grand sabre de M. de Forbin qui me perdit, devait-il plus tard confesser à Prosper de Barante. Je voulus faire montre de dévouement. Je rentrai chez moi, j'écrivis l'article du *Journal des Débats.* »

En écrivant ce nouveau texte, il ne se dissimulait pas le risque qu'il assumait. Mais il s'était soudain persuadé que la victoire sur Juliette était à ce prix et il croyait sincèrement qu'elle allait accepter de partir avec lui pour l'Allemagne.

L'article parut le 19 mars; il est encore digne de survivre, car on compte peu d'aussi admirables philippiques dans les annales du journalisme. Pour une fois, l'éternel indécis prenait parti. Le revenant de l'île d'Elbe était fustigé :

« C'est Attila, c'est Gengis-Khan, plus terrible et plus odieux, parce que les ressources de la civilisation sont à son usage. »

Et vingt-quatre heures avant l'une des plus étonnantes subversions gouvernementales de notre histoire, le trop amoureux Benjamin laissait imprimer ce serment solennel :

> Je le dis aujourd'hui sans crainte d'être méconnu : j'ai voulu la liberté sous toutes ses formes; j'ai vu qu'elle était possible sous la monarchie; je vois le roi se rallier à la nation. Je n'irai pas, misérable transfuge, me traîner d'un pouvoir à l'autre, couvrir l'infamie par le sophisme, et balbutier des mots profanés pour racheter une vie honteuse...

Croyant avoir fait un coup d'éclat, il envoyait son article à Juliette, accompagné de ce commentaire :

> *Quant à vos autres amis, j'ai presque plus de droits qu'eux à votre bonté dans ce moment, parce qu'il y a plus de danger pour moi. M. de Nadaillac et M. de Forbin, si Bonaparte est vainqueur, feront leur paix et reprendront du service sous le nouveau gouvernement. Moi seul je périrai si je tombe entre ses mains; soyez donc bonne !*

Cette prose intéressée ne paraissant pas avoir attendri la lectrice, Constant lui envoya une seconde lettre :

> *Je suis bien aise que mon article ait paru, on ne peut au moins en soupçonner aujourd'hui la sincérité. Voilà un billet que l'on m'écrit après l'avoir lu... Si j'en recevais un pareil d'une autre, je serais gai jusque sur l'échafaud. Il serait bizarre que, parce que je vous aime, vous me refusassiez même votre estime. Je n'ai que cette pensée au milieu des circonstances qui grossissent incroyablement....*

Le lendemain l'irrémédiable politique s'accomplissait; dans la nuit du 19 au 20 mars, Louis XVIII avait pris secrètement la route de Belgique; vingt heures plus tard, Napoléon rentrait en maître dans les Tuileries désertées.

Alors Benjamin prit peur : il se vit voué à la prison, peut-être au poteau d'exécution. Il fallait fuir, projet malaisé, car le premier acte de l'Empereur avait été une interdiction aux maîtres de poste de fournir des chevaux. Dans l'hôtel du ministre d'Amérique, Constant trouva une cachette; il s'y terra pendant quarante-huit heures et parvint à quitter Paris dans la voiture d'un consul américain. Son dessein était de gagner Nantes, dont Prosper de Barante était alors préfet, de lui demander un asile et une aide pour s'embarquer. Avant de partir, Benjamin fit remettre à Mme Récamier une caisse dans laquelle il avait rangé ses propres lettres, des papiers intimes et aussi le manuscrit dont il avait rédigé quelques fragments sous le titre de *Mémoires de Juliette.*

Après quarante-huit heures de route, Benjamin, relayant à Ancenis, apprit que Prosper de Barante avait donné sa démission. La suite du voyage devenait sans objet. Avec la même versatilité qui avait commandé son départ, il décida de son retour; le 27 mars, il rentrait à Paris, s'étant persuadé que la restauration impériale pourrait se passer « en douceur ». Le 28 mars, il dînait chez Juliette et notait en rentrant chez lui : « Tâchons de ne pas recommencer l'amour. » Il espéra d'abord que sa folie était finie, mais il n'était toujours pas le maître de son cœur, et, le 6 avril, il note : « Il y a des restes d'amour qui me tourmentent. »

A la vérité, en ces jours difficiles, l'amour et l'ambition se disputaient ses pensées. Puisque Napoléon avait décrété une amnistie générale, dont treize personnes seulement étaient exceptées, qu'une constitution libérale était envisagée, que tous les talents allaient être utilisés, pourquoi ne pas se rallier et entreprendre une carrière politique depuis si longtemps souhaitée? Le 7 avril, il note : « Il faut que la chose se décide demain, ou je pars », le 8 : « Ils ne le veulent pas et je ne le veux pas. » Pendant une semaine l'amour le ressaisit; il prend à peu près chaque jour un repas chez Juliette, tout en travaillant à un mémoire : *Du pouvoir royal.* Il le termine le 13, dîner chez Juliette et note : « Brouillerie définitive. » Vraisemblablement, il avait annoncé son intention de se rallier.

Le 14 avril, il était reçu par l'Empereur, considérant que celui-ci représentait désormais une garantie pour la liberté.

Les jugements inspirés par le revirement de Constant ont été fort divers et dans l'ensemble très défavorables pour son honneur. Équitablement on peut dire que son amour pour Mme Récamier l'avait entraîné trop loin dans ses protestations de fidélité aux Bourbons. Constant n'aimait aucun régime en particulier, mais seulement la liberté dont il mésusait si volontiers. Mme Récamier a reconnu que si elle fut l'inspiratrice de l'article des *Débats*, paru le 19 mars 1815, elle lui déconseilla vivement ensuite de s'engager avec Napoléon :

« Ne faites pas cela, Benjamin, vous risquez de vous perdre », mais elle a dû reconnaître aussi qu' « elle ne le retenait pas ».

Après avoir conversé avec l'Empereur, Constant, l'ayant jugé un homme étonnant, accepta de le servir : il fut chargé de rédiger un projet de constitution sur les bases de la Charte de 1814, mais pourvu des amendements consécutifs à la mutation de régime. Ce premier projet, examiné par Napoléon le 16 avril, ne reçut pas son approbation.

Le Journal de Benjamin laisse alors paraître une réserve : « Ce n'est pas précisément de la liberté qu'on veut. Je crois qu'il faut faire demain une démarche définitive. Travail autre qu'il me demande et qui me déplaît. » Le 18, au cours d'une troisième audience, Napoléon approuvait le projet amendé par Benjamin, et le 19, il nommait l'écrivain conseiller d'État. « Il était, a expliqué Barante, sans conviction aucune, sans foi au succès, sans confiance dans les dispositions prétendues libérales de l'Empereur. Il jouait avec insouciance et souvent avec gaieté un jeu de hasard. »

Malgré les mépris de ses amis, lors de ses palinodies, il ne rompit pas complètement avec eux. Mme Récamier ne le désavoua pas officiellement; elle continua à le recevoir et il persista à lui écrire des lettres enflammées, en notant pourtant dans son Journal : « J'ai vu Juliette, mais un conseiller d'État doit renoncer au jeu et à l'amour. »

Constant connaissait parfois des moments de lucidité; dès la fin de mai, il avait compris que l'Europe n'admettrait pas le retour de Napoléon, même s'il accordait à la France les institutions libérales qui découlaient de l'*Acte additionnel* rédigé par ses soins. Ce mois de mai avait été traversé pour lui d'orages divers dont les soucis s'ajoutaient aux tourments issus de son revirement.

La première, Mme de Staël avait accablé Benjamin pour des raisons assez sordides. Quand Napoléon avait débarqué, Germaine venait d'obtenir la promesse de Louis XVIII que lui seraient remboursés les deux millions prêtés par Necker au Trésor au début de la Révolution. Elle comptait imputer sur cette rentrée considérable la dot de sa fille Albertine, fiancée au duc de Broglie. Le rétablissement subit de l'Empire ayant suspendu le règlement, elle fit, avec âpreté, réclamer à Benjamin les 80 000 francs qu'il lui devait, comme si cette modeste somme avait représenté une compensation. Tandis que les deux anciens amants échangeaient sur le ton le plus acerbe des lettres qui ne les honorent ni l'un ni l'autre, Constant se mettait une autre affaire sur les bras.

Il se prit, en effet, de querelle avec Montlosier et attaqua au cours d'un dîner les thèses de son ouvrage *La Monarchie française et ses Origines*. Le ton monta ; aux arguments de Constant Montlosier opposa un cinglant démenti. « Je ne saurais qu'y faire, note Benjamin, mais il faut que l'un de nous deux tue l'autre. » Malgré les efforts de Mme Récamier pour calmer chacune des parties, le duel ne put être évité : il eut lieu dans la matinée du 28 mai 1815. Montlosier, légèrement blessé à la main, déclara ne plus pouvoir tenir son épée. « Dîné chez Juliette, écrit Constant ; elle a été fort émue. Je n'en ai pas profité. Ce duel fait assez bon effet, mais j'aurais voulu que Montlosier fût blessé plus grièvement. »

En fait, les adversaires s'étaient réconciliés, avaient déjeuné avec leurs témoins et, au cours d'une discussion de quatre heures, étaient arrivés à concilier pertinemment leurs théories politiques respectives. Mais, avant d'affronter son adversaire, Constant avait pris son rôle très au sérieux : il avait préparé pour Juliette une ultime lettre :

Adieu ! Je vous ai bien tendrement, quoique bien inutilement, aimée et si je meurs, ce sera en vous aimant et en faisant des vœux pour vous. Vous avez été souvent dure et j'ai peine à concevoir que, m'étant réduit à une simple amitié, mon affection n'ait eu pour vous que si peu de valeur. Mais je vous dois de voir avec indifférence toutes les chances. Rien ne peut me faire souffrir comme j'ai souffert pour vous. Adieu ! je vous aime autant que jamais. Soyez heureuse.

La tempête qui secouait le cœur du malheureux rédacteur de l'*Acte additionnel* semblait souffler sur toute l'Europe politique. Elle avait débuté dans le royaume de Naples.

Vaincu le 2 mai 1815 à Tolentino, Murat perdit son sceptre et fut remplacé par Ferdinand IV de Bourbon-Sicile, dont il avait usurpé le trône. Son aventure se terminera plus tragiquement encore : tentant de reconquérir son royaume, le beau-frère de Napoléon finira sous les balles de ses anciens sujets, le 13 octobre de la même année, dans la citadelle de Pizzo, en Calabre, tandis que Napoléon vogue alors vers Sainte-Hélène.

En ce mois de juin 1815, l'Empereur aura tenté, une dernière fois, de tenir tête à l'Europe coalisée et son rêve s'est effondré dans la plaine de Waterloo. Espérant encore défendre le sol français avec les armées qui lui demeurent, il revient précipitamment à Paris. Benjamin Constant est aussitôt appelé à l'Élysée, car ses conseils paraissent pertinents. « L'Empereur m'a fait demander; il est toujours calme et spirituel; il abdiquera demain, je pense. Les misérables! ils l'ont servi quand il écrasait la liberté; ils l'abandonnent quand il l'établit. »

Constant essaie donc de justifier sa conduite. Le même soir du 21 juin, il dîne chez Juliette. « Elle a été bien tendre, parce qu'elle prévoit que je vais être malheureux. A demain et que la volonté de Dieu soit faite! »

Le 23 juin, il dit adieu à Mme Récamier, rend une dernière visite à l'Empereur, dont il admire le calme étonnant, puis il quitte Paris avec le projet de joindre les Alliés et de jouer auprès d'eux un rôle d'intermédiaire.

En dépit de tant de secousses et d'orages, Juliette emplissait encore son cœur, et il va falloir plusieurs mois pour que cet amour se détruise en une pénible agonie.

Décomposition d'un amour

Le voyage de Benjamin Constant fut de brève durée; dès le 5 juillet 1815, il était de retour à Paris. Occupé pendant quelques jours par les difficultés de sa situation, il n'en éprouva pas moins douloureusement la séparation d'avec Juliette. Aussi vint-il dîner chez elle dès le 6 et recommença à la voir tous les jours, d'autant plus volontiers qu'elle se disait prête à user de son influence pour le faire rentrer en grâce, car si elle faisait volontiers souffrir ceux qui l'aimaient, elle ne détestait pas non plus les obliger : c'était sa façon de se donner!

Parce qu'elle s'ingéniait à l'aider, Constant se berçait de nouveau de l'illusion qu'elle pourrait l'aimer : « Tête-à-tête avec Juliette, note-t-il le 10 juillet. Elle a de l'affection pour moi. Elle est parfaitement aimable. Ne m'y reprenons pas trop pourtant. » Puis il tentait de se persuader qu'il était guéri : « Quand je ne la verrai plus je n'y penserai guère », écrit-il le 15 juillet, puis il se reprend trois jours après : « Qui croirait que ce maudit amour me tourmente encore? »

Convaincu qu'il allait être banni (et la vue était juste, puisque le 19 juillet Louis XVIII signa son ordre d'exil), Benjamin travaillait à un mémoire apologétique destiné à excuser ses revirements. Ce mémoire « que je crois admirable de modération et de noblesse », note-t-il, devait être bien persuasif puisque le 24 juillet, par un message direct adressé à l'auteur, Louis XVIII annula son ordre d'exil.

L'influence de Juliette ne fut probablement pas étrangère à la royale mansuétude. Reconnaissance ou folie, Benjamin, délivré des soucis politiques, revint à sa passion en dépit de sa volonté d'en guérir. Tout en luttant avec son cœur, il montra quelque courage civique, en allant voir La Bédoyère dans sa prison, une semaine avant que ce malheureux officier fût passé par les armes. Il ne s'en querella pas moins une nouvelle fois avec M. de Nadaillac ; Juliette dut arranger l'affaire. Bien que Benjamin se persuadât maintenant qu'elle ne se souciait plus guère de lui, il tenta une épreuve et lui demanda le privilège de passer toute une soirée en tête à tête avec elle : « Sinon, je préfère renoncer à une visite qui, au milieu de vos interruptions, ne serait pour moi qu'une douleur. »

Il songe alors à partir définitivement pour l'Allemagne et, dans la seconde quinzaine d'août, envoie une lettre d'adieu :

Séparé de vous pour jamais, car on ne brave pas deux fois des peines aussi affreuses, je demande au Ciel que vous soyez le quart aussi heureuse que vous m'avez rendu malheureux.

Juliette est alors en séjour à Saint-Germain ; au retour d'un dîner chez elle, le 27 août, Benjamin note :

« J'ai presque repris ma douleur et mon amour, en voyant combien peu elle se soucie de moi, mais je n'étais pas parti que c'était passé. »

Est-il vraiment guéri comme il l'espère un peu ? Assurément non, puisque Juliette, n'ayant pas répondu à l'un de ses billets, on peut lire dans son *Journal*, le 2 septembre : « Je suis retombé dans tous mes anciens désespoirs les plus frénétiques », et, après une « nuit épouvantable », il écrit à Juliette « une lettre déchirante » :

Ce n'est pas de ma faute si je vous aime tant... Rendez-moi ces moments où je pouvais causer avec vous ; ils suffisent à m'aider à vivre, mais vous vous êtes emparée de moi et quand ce lien qui m'unit à vous paraît se rompre, je ne puis que tomber dans un délire qui est plus fort que moi, et je détruis le peu de moyens qui me restent de me relever de ma triste et douloureuse position.

Je me trouve maudit de Dieu quand vous m'abandonnez. Toute la nature semble m'abandonner. L'abandon, l'opprobre, la malédiction semblent m'entourer. Il s'en est fallu de peu que je me tuasse cette nuit. *J'ai voulu prier. J'ai frappé la terre de mon front. J'ai invoqué la pitié céleste. Point de pitié! Il se peut que je commence à devenir fou. Une idée fixe, depuis un an, peut me rendre tel. Quelle année, Grand Dieu! Mais vous pouvez tout. N'est-ce rien de sauver un être qui vous aime, de sauver sa vie et peut-être son âme? Car, s'il y a un Dieu, c'est mal de se révolter comme je le fais, de chercher du secours contre le sort par tous les moyens, de maudire sa destinée, d'offrir sans cesse, en échange d'une heure passée avec vous, tout ce qu'on peut espérer sur la terre et après la terre...*

Benjamin, qui s'était persuadé de sa guérison, rechuta cependant et le laissa voir, puisque, après avoir dîné chez Juliette le 3 septembre, il pouvait noter :

« Elle a été fort émue de ma douleur qu'elle ne pouvait méconnaître; je fondais en larmes en lui parlant... Elle est convaincue de ma douleur; il faut l'en entourer; cette émotion suppléera à celle qui lui manque. »

En dépit du trouble qu'il croit avoir jeté dans l'esprit de Juliette, Benjamin se heurte, le lendemain, dans le salon de la rue Basse-du-Rempart, à Auguste de Forbin, qui lui paraît le favori. « Au désespoir », il rentre chez lui, passe la nuit « à délibérer » et, comme si l'amour l'avait rajeuni de vingt années, il en revient à cette manœuvre tragique, qui avait jadis fait tomber Germaine de Staël dans son lit.

5 septembre 1815 : *Pris la résolution de mourir.* Écrit à Mme de Krüdener un tableau de mon affreux malheur. Passé toute la journée sans manger. Écrit à Juliette. Elle m'a écrit de son côté. Je la verrai, dit-elle, à deux heures. Je serai tellement abattu, que, cette fois, elle le verra. Je ne renonce pas à ma résolution de mourir. Je me suis senti si libre et qu'ai-je à attendre de la vie? Il faut que Juliette m'aime ou me tue. Fait vœu de donner 12 000 francs aux pauvres si elle m'aime. La mort que j'ai choisie n'est pas douloureuse. L'abattement amortit la douleur physique et morale. Ne reculons pas! »

Voulait-il se laisser mourir de faim? Résolution qui ne se traduisit que par une diète de vingt-quatre heures, probablement fort bénéfique après tant de dîners en ville. Songeait-il à l'opium, en forçant à dessein la « dose de Coppet » ? Au fond on ne sait pas exactement ; on connaît du moins, découverte par Jean Mistler, une partie de la lettre adressée à Juliette, au moment de la résolution suprême :

J'ai bien souffert. Pourquoi veniez-vous me chercher quand je ne songeais pas à vous ? J'arrangeais ma vie ; elle aurait peut-être été tolérable. Ma réputation grandissait. Enfin, c'est détruit, qu'importe !

Que vous êtes charmante ! Quelle magie dans tous vos mouvements ! Quelle trompeuse sensibilité dans votre regard ! Quelle puissance de bonheur vous auriez pu avoir, sans rien faire de ce que vous ne vouliez pas...

Le jour baisse. Plusieurs heures se sont écoulées depuis que cette lettre est commencée. C'est autant de gagné. Mon entreprise est difficile. Je ne voudrais pas être méprisé comme un insensé. Je ne voudrais pas affliger un être innocent qui arrivera bientôt, mais trop tard...

La nuit est venue. Je n'enverrai cette lettre que demain, je vous en épargne autant que je peux. J'aurais voulu vous revoir, mais vous n'auriez pas voulu me comprendre...

Cette lettre fut-elle envoyée ? Probablement, puisque Juliette se rendit précipitamment chez Constant ; il était si bien enfermé que la porte ne s'ouvrit pas. Juliette lui laissa un billet, lui fixant un rendez-vous, au cours duquel il se persuada qu'elle éprouvait tout de même pour lui une certaine affection.

Un pareil état d'exaltation appelait une prompte solution ; si le suicide était écarté, il fallait découvrir un principe de guérison. Benjamin pensa l'avoir trouvé en allant raconter ses tourments à Mme de Krüdener, cette illuminée mystique, qui, lors d'une jeunesse orageuse, avait inventé cette « danse du schall » qui avait tant fait connaître la précoce beauté de Juliette Récamier. Avec l'âge et sans perdre entièrement ses attraits, l'ancienne pécheresse s'était transmuée en prophétesse et était devenue l'Égérie du tsar Alexandre Ier. Dans son salon du Faubourg Saint-Honoré, elle tenait, chaque soir, des séances de régénération religieuse, prêtresse d'un culte assez proche de l'ésotérisme de Swedenborg. Chateaubriand, qui avait tâté de ces séances, s'y était fortement ennuyé et avait avoué : « Plus je voulais prier, plus je sentais la sécheresse de mon âme. Je ne trouvais rien à dire à Dieu et le diable me poussait à rire. »

Il paraît difficile de ne pas se rallier un peu à cette opinion quand on étudie les dernières flambées de Benjamin pour

Juliette. Il ne parut pas très convaincu des annonces de miracle prévues par Mme de Krüdener. Il semble qu'elle usa avec lui d'une méthode préfigurant celles de nos modernes psychanalystes : Benjamin dut lui adresser des confessions manuscrites, où il avouait humblement ses désordres. Éclairée, Mme de Krüdener lui parla avec bonté, imaginant de réduire sa passion pour Mme Récamier à un « simple lien d'âmes », ce qui était une grande sagesse. Toutefois Constant se faisait peu d'illusions sur les aptitudes de Juliette au mysticisme :

> Je la crois peu propre aux idées religieuses, note-t-il assez cruellement, le 11 septembre. Elle se perd dans la petite coquetterie, dont elle fait métier, et se plaît et se désole tour à tour de la peine qu'elle cause aux trois ou quatre soupirants dont je fais partie; ensuite, elle fait un peu de bien quand cela ne la dérange pas, et met par-dessus le tout la messe et les soupirs qu'elle croit venir de son âme et qui ne lui viennent que de son ennui.

Cette lucidité, n'était-ce pas un premier pas vers la guérison ? Pour Mme Récamier, Mme de Krüdener avait prévu la lecture d'un ouvrage manuscrit qu'elle confia à Benjamin.

Il est possible que Juliette y ait donné un coup d'œil, mais il ne semble pas qu'elle ait été touchée par la grâce :

> Elle m'avait promis de lire avec moi le manuscrit, elle a prolongé une conversation frivole avec d'autres et nous a tous renvoyés. Je n'ai point murmuré, je me suis soumis, j'ai prié, et j'ai éprouvé une douleur douce. Dieu puissant et bon, achève de guérir ta misérable créature, conserve-moi la faculté de me résigner, de pleurer et de prier!

Le jour suivant, il note : « Écrit une prière qui m'a fait fondre en larmes. Dieu! que Mme de Krüdener m'a fait du bien. Vu Juliette avec douceur. Dieu de bonté, continue! Que ta volonté soit faite et ton nom sanctifié! »

Les vanités littéraires commençaient à prendre le pas sur les déceptions amoureuses. Décidément, Mme de Krüdener, toute folle qu'elle était, avait engagé Benjamin sur la voie de la raison. Peut-être même cet amour contrarié le ramenait-il vers une foi dont il avait été si longtemps éloigné. On trouvait déjà un tourment analogue dans la dernière scène d'*Adolphe* : « Ma surprise n'est pas que l'homme ait besoin d'une religion; ce qui m'étonne c'est qu'il ne se croie jamais assez fort, assez à l'abri du malheur pour en rejeter une. »

Cette vue antérieure explique probablement la longue prière qu'il écrivit alors et dont Mme Récamier transcrivit une partie, à vrai dire très flatteuse pour elle!

Tes croix ont été merveilleuses, ô Père des hommes... Tu n'as pas choisi pour instrument de ma punition tous ceux qui avaient souffert du crime, tu as pris un être céleste qui ne voulait de mal à personne, tu as dirigé sur moi l'un de ses regards, tu lui as dicté quelques mots d'une douce rêverie, le poison a pénétré dans mes veines et soudain le cœur de cet être s'est fermé. Je lui portais le mien, plein d'amour, sans lui demander autre chose qu'un peu d'amitié. Je prodiguais auprès d'elle ces dons de l'esprit que l'on m'attribue et qu'elle-même avait autrefois admirés; elle détournait de mes paroles une oreille inattentive et quand je voyais les autres m'écouter et m'applaudir, je ne trouvais en elle que distraction et dédain. Ce que tout le monde m'accordait, m'était refusé par elle. Et il fallait, Grand Dieu! il fallait me convaincre que les facultés de l'intelligence ne sont rien auprès d'un mouvement d'affection; il fallait me dégoûter des louanges en me les faisant passer par d'autres bouches, en ne les plaçant jamais dans la sienne. Pardonne, bonté puissante, indulgence éternelle, si je mêle dans ma prière le souvenir de la passion qui m'a dévoré, mais cette passion me venait de Toi et tu me l'envoyais pour me prouver que l'affection, que, si longtemps, j'avais dédaignée, était le premier besoin de tes misérables créatures...

Tel est le ton de cette prière, qui est également une confession et un examen de conscience, où Benjamin, éperdu de lyrisme, accommode le *On vous interrogera sur l'amour* de saint Jean de la Croix, à la manière de Mme de Krüdener.

Ladite prière fut explicitée de surcroît par des lettres à Juliette :

Le Ciel vous avait choisie pour me faire traverser cette terrible épreuve. Vous avez bien rempli votre mission, j'espère qu'elle est finie. Je ne cesserai jamais de vous aimer, je vous suis attaché comme un frère... Vous n'avez été qu'un instrument, j'ai souffert parce que j'avais fait souffrir et précisément comme j'avais fait souffrir; ne souffrez jamais, à votre tour, ce que j'ai souffert.

Parvenu par la méditation mystique au principe de la réversion des mérites, Benjamin trouvait la guérison, à la fois dans la philosophie et dans la crainte d'une arrivée possible de son épouse. Mais ces bonnes dispositions se troublaient à chaque rencontre nouvelle : à la fin de septembre, alors qu'il se croyait à peu près guéri, Benjamin rechute une dernière fois en apprenant qu'Auguste de Staël a repris ses assiduités auprès de Juliette; sa jalousie, un moment apaisée, reflambe :

« 8 octobre 1815 : Rendez-vous manqué; le paroxysme revenu plus fort que jamais... Rentré chez moi au désespoir. Quel affreux joug!... Et je ne puis le rompre! »

Il fallait donc continuer à se convaincre que ce fatal amour était une punition céleste. Pour mieux s'en persuader, un soir d'octobre, en revenant en voiture d'un dîner à Angervilliers avec Victor de Broglie et Auguste de Staël, Benjamin mit à nu son cœur déchiré, et, devant ses jeunes amis, il maudit la femme qui s'obstinait à le désespérer.

Son front était pâle, a rapporté Victor de Broglie, dans ses *Mémoires,* un sourire sardonique errait sur son visage; il commença sur ce ton de raillerie amère qui lui était familier; peu à peu le sérieux prit le dessus et, à mesure qu'il nous expliquait les simagrées auxquelles il s'était soumis, ses expériences conçues et déçues, son récit devenait si expressif et si poignant qu'à l'instant où il le termina, ni lui, ni aucun de nous n'était tenté de rire.

Le 20 octobre 1815, Benjamin note :

« Écrit à Mme de Krüdener une lettre d'action de grâces et envoyé de l'argent pour les pauvres. Dieu veuille que je ne l'aie pas remercié trop tôt. » Et pour ne pas regretter sa générosité, il inscrit enfin dans son *Journal :* « C'est donc fini. » Il convient d'ajouter que Mme Récamier venait de le renvoyer pour recevoir le prince Auguste de Prusse et lui avait intimé l'ordre de cesser des visites qui la compromettaient. Aussi, le 31 octobre, ayant obtenu ses passeports de Decazes, Benjamin Constant, pour consolider sa guérison, partit pour Bruxelles, où il comptait retrouver sa femme.

Avant son départ, il avait écrit à Juliette une très longue lettre, où, résumant leur aventure, il en avait tiré de lucides conclusions :

Toutes les jouissances de l'amour-propre, l'empressement des hommages, le plaisir d'être entourée, l'amusement de la société, le sentiment d'être une personne à part, l'égale de tous les rangs, la première de tous les cercles où votre présence est une faveur, tout ce que cela peut donner, et plus encore le langage de l'amour qu'on

vous prodigue, le charme des émotions passagères que ce langage
vous cause, cette espèce de sensation agréable par le mélange même
de la crainte que vous éprouvez en vous approchant sans vouloir y
céder, ce qui constitue l'irrésistible séduction de ce que l'on appelle
votre coquetterie, toutes ces choses vous sont connues, elles sont
épuisées pour vous ; elles ne remplissent ni votre cœur, ni votre vie.
Vous êtes fatiguée et quand vous voulez vous y borner, vous êtes
fatiguée de vous-même... Je suis destiné à vous éclairer en me
consumant.

Cette analyse cruelle est aussi prophétique, car elle trace
d'avance les années qui restent à vivre pour Juliette ; cette
femme qui s'est jusqu'ici si aisément jouée du cœur des autres
est destinée à trouver bientôt un maître qui la fera souffrir à
son tour : Chateaubriand vengera bientôt Benjamin Constant.

Celui-ci poursuivait sa convalescence en compagnie de sa
femme dont il reconnaissait les mérites et subissait l'ennui,
évoquant en esprit, pour y échapper, les heures passées auprès
de Juliette et les souffrances qu'il avait endurées. En dépit de
cette crise cruelle, terme de ses aventures sentimentales, Benjamin restera pour Juliette un ami discret, et celle-ci pourra
s'enorgueillir d'avoir réduit à un doux servage la fureur d'un
amour trop exigeant.

La mort de Mme de Staël

Constant avait maintenant disparu de la vie de Mme Récamier. Il y avait été remplacé, non par un des multiples soupirants
qui s'agitaient autour d'elle mais par le calme et doux Ballanche.

Cette place dans le cœur de Juliette, Ballanche l'avait
obtenue par la qualité des correspondances qu'il lui adressait
régulièrement depuis Lyon, où le retenait la mauvaise santé de
son père. Ballanche, corps chaste et âme pure, représentait
exactement le genre d'amour que Mme Récamier paraissait alors
souhaiter, celui du culte respectueux que l'on rend à une madone.

A Juliette, Benjamin Constant n'avait offert, comme l'a dit
Chateaubriand, « que le reste d'une vie attristée et défleurie », les
dernières ardeurs d'une âme lassée par des agitations sans
nombre, une affection instable et sans garantie.

Ballanche, au contraire, lui apportait avec les prémices de
son talent, une tendresse pleine d'innocence et d'ingénuité. Précieux témoin, Sainte-Beuve a noté avec raison que les événements

de 1814 et 1815 avaient marqué profondément l'esprit de
Ballanche et l'avaient révélé à lui-même : « Ce fut l'heure où
sortant de la limite des sentiments individuels et de la divagation
aimable des rêveries, il embrassa la sphère du développement
humain, et tout un ordre de pensées sociales dont il devint
l'hiérophante harmonieux et doux. »

Les lettres de Ballanche à Mme Récamier révèlent l'évolution de son esprit et donnent de précieuses indications sur la
création de son œuvre. C'est fort injustement que le peintre
Delécluze a écrit de Ballanche, dont il était un peu jaloux, que
Mme Récamier avait été vraiment ridicule en accordant à ce
philosophe « une espèce de complaisance respectueuse, alors
qu'il était laid, sale, ridicule de tournure et devenu presque
imbécile des suites de son amour platonique subtilisé ».

Le recul a montré l'inexactitude d'une telle appréciation.
Tout donne, au contraire, à penser que l'âme de Ballanche était
d'une qualité exceptionnelle, que le culte qu'il rendait à Juliette
eût suffi probablement à combler les années futures, si l'apparition de Chateaubriand n'était subitement venue tout remettre
en question. D'ailleurs, cette situation nouvelle n'enleva point à
Ballanche sa place constante dans le salon de Juliette, mais elle
lui retira seulement l'exclusivité que lui eût peut-être accordée
l'angélique coquette approchant de son déclin.

En 1815, Ballanche, en séjour à Paris, avait souffert silen-
cieusement en étant le spectateur des assiduités de Constant.
Rappelé à Lyon, à contrecœur, il s'appliqua à y vivre « en ermite
et en sauvage », à travers de grandes difficultés familiales, tout
en publiant enfin cette *Antigone* qui, très favorablement accueillie,
le fit connaître au public cultivé, et, à défaut d'assurance amoureuse, l'emplit d'une solide vanité d'auteur et d'une grande
conscience de sa valeur :

A présent, écrit-il à Juliette, *je ne doute point qu'*Antigone,
*dans l'état où elle est, ne soit intimement unie à la langue française
et ne dure point autant qu'elle. Tout tend à me le prouver.*

Et, oubliant son habituelle modestie, Ballanche ne craint
pas d'écrire : « Sophocle et moi »! Mais la délicatesse générale de
la correspondance, la finesse et la subtilité des analyses font
pardonner aisément ces petits excès de satisfaction.

Au cours de l'été 1816, Mme Récamier alla faire un assez
long séjour chez sa cousine, Mme de Dalmassy. Réhabituée à la
vie parisienne, elle éprouva d'une manière pesante l'ennui et
la sclérose de la vie provinciale. Elle l'exprima avec vigueur dans

les lettres assez nombreuses qui subsistent de ce séjour, dont elle dit à son neveu Paul David :

La vie de Châlons était dissipée en comparaison de celle-ci. Sa parfaite monotonie n'est troublée que par les tracasseries de la belle-mère. Je crois avoir fait une bonne action en venant. Quand on voit combien l'argent est nécessaire à la bonté, on regrette de n'en avoir pas beaucoup. Dites-moi si les affaires vont bien (4 juin 1816).

La dernière question s'explique : en 1815, Juliette avait connu de nouveau des inquiétudes sur les affaires de son mari; en 1816 ces craintes s'aggravèrent de jour en jour; les neveux de son époux pensaient à reprendre en main les destinées de la banque Récamier. On eût assuré à M. Récamier un fixe annuel de six mille francs, plus un tiers sur les bénéfices. Mais il n'avait pas accepté cette position subalterne, et son obstination finira par le conduire à une ruine sans espoir.

Si les affaires financières de Juliette se présentaient donc assez mal, tandis qu'en quittant Mme de Dalmassy, elle allait, sur les conseils du docteur Récamier, faire une cure à Plombières, les gestions de Mme de Staël avaient, en revanche, retrouvé une grande euphorie, puisque Louis XVIII, au retour de son second exil, avait admis le remboursement des deux millions prêtés par Necker au Trésor : la rente de cent mille francs qui allait en découler facilita le mariage du duc de Broglie avec la charmante Albertine de Staël.

Délivrée de ses tout relatifs soucis matériels, Germaine n'en passait pas moins par de cruelles épreuves. Non seulement sa santé se ressentait des années d'exil, mais son jeune amant, John Rocca, se mourait de la poitrine. Pour le soigner dans un climat favorable, Mme de Staël avait loué un bel hôtel à Pise, la Casa Roncionni. Ce fut là qu'eut lieu le mariage d'Albertine, le 20 février 1816, au cours d'une double cérémonie chez un prêtre, puis chez un pasteur. Le contrat avait été signé, cinq jours plus tôt, chez un notaire de Livourne.

Albertine est heureuse, écrit Germaine à Juliette; *lui s'y attache tous les jours plus vivement et moi j'ai pris une estime toujours croissante pour son caractère. Ainsi tout est bien humainement parlant; car qui ne rêve pas plus qu'on n'obtient pour sa fille et pour soi?*

Ce mariage, brisé par la mort prématurée d'Albertine en 1837, devait être heureux et donner le jour à une postérité brillante, qui fera honneur à l'intelligence et aux mérites de ses auteurs. Mais Mme de Staël n'en connaîtra pas les échos. Ses jours sont désormais sévèrement comptés, et, comme si elle sentait approcher le départ, elle travaille sans arrêt à ses *Considérations sur la Révolution française*, son meilleur essai, commencé en Suède en 1813, poursuivi en Angleterre et enfin sous le ciel clément de la Toscane. Bientôt elle va, pour un dernier séjour, regagner ce Paris, qui est le seul endroit où elle aime à vivre. Elle voudrait auparavant faire un séjour à Coppet; elle invite Mme Récamier à y venir après sa saison à Plombières, en vue d'y rencontrer Lord Byron, alors en séjour à la villa Diodati à Genève.

« A quoi bon Coppet, puisque nous allons nous revoir à Paris », avait objecté Juliette, comme si elle craignait de revoir la maison où elle avait été agitée par de grands mouvements de son cœur. Mme de Staël comprit sans doute cette réserve et elle écrivit à son amie :

Nous aurons beaucoup à parler... Il nous restera toujours quelque chose au fond du cœur que nous ne pourrons, je l'espère, dire que l'une à l'autre... En vérité, croyez que vous êtes pour beaucoup plus beaucoup dans la France que je vais chercher.

Avant de quitter Coppet, comme si elle pressentait le malheur, elle épousa John Rocca, par les soins du pasteur Guillaume Gerlach; daté du 10 octobre 1816, l'acte portait reconnaissance de l'enfant né en avril 1812, mais le mariage n'en devait pas moins demeurer secret encore quelque temps.

Après cette mise en ordre, Germaine annonce à Juliette sa prochaine arrivée à Paris, mais ne manque pas de la mettre en garde contre une nouvelle offensive possible de Constant, qui doit revenir de Londres :

Je voudrais bien que vous ne le laissassiez pas se mettre avec vous dans ces rapports qui vous ont valu déjà tant de tracasseries. Vous êtes une personne généreuse, fière, élevée; vous seriez trop parfaite, si vous aviez une certaine religion d'amitié que votre charme incomparable rend peut-être trop difficile. Si je plaisais autant que vous, aussi vite que vous, saurais-je m'en défendre? Et quel est le souverain qui n'abuse pas! Mais que tirerez-vous de Benjamin, d'un homme qui n'aime que l'impossible?

Il reste des traces de jalousie dans ces conseils qui se veulent bienveillants. Du moins, cette dernière grande lettre à Juliette se clôt sur un élan de joie :

Je me réjouis, si je puis me réjouir, de revoir vous, Mathieu,
quand même Prosper, puis les rues. Écrivez-moi. Je vous serre
contre mon cœur.

Aux derniers jours d'octobre 1816, Germaine de Staël faisait
sa rentrée à Paris; elle était si amaigrie, vieillie et fatiguée que
ses amis eurent peine à la reconnaître. Douloureuse et insom-
niaque, elle tombait dans une atonie, conséquence de doses
excessives d' « opium », seul remède alors en vogue pour atténuer
les souffrances nerveuses et restituer le sommeil.

Au début de 1817, au cours d'une saison parisienne redeve-
nue très brillante, Mme de Staël sembla vouloir s'étourdir de
mondanités, luttant contre son mal et restant éblouissante dans
ses conversations.

Sa résistance était factice. Lors d'un bal chez Decazes, en
qui elle voyait l'homme de l'avenir et qu'elle cultivait avec soin,
elle fut frappée de congestion. Ramenée chez elle, dans son logis
provisoire de la rue Royale, on put la réanimer, mais on constata
qu'elle restait hémiplégique.

Pendant cinq mois, de février à juillet 1817, elle allait
courageusement essayer de survivre, recevant, à demi assise
dans son lit. Auprès d'elle, M. de Rocca, le visage défait, les
joues creuses, les yeux brouillés, le teint indéfinissable, semblait,
lui aussi, un spectre.

Pourtant, au mois d'avril, le mal connut une rémission;
on transporta alors Mme de Staël dans un hôtel de la rue des
Mathurins, mais l'accalmie ne dura guère.

Chateaubriand allait la voir souvent :

« Une fièvre ardente animait ses joues, écrit-il; son beau
regard me rencontra dans les ténèbres, et elle me dit : "Bonjour,
my dear Francis"; je souffre, mais cela ne m'empêche pas de
vous aimer. »

En dépit de son état critique, Mme de Staël invitait parfois
ses amis à dîner, rue des Mathurins. Au cours de l'un de ces repas,
Chateaubriand se trouva placé à côté de Juliette Récamier.
De cette rencontre, il a dit : « Il y avait douze ans que je ne
l'avais rencontrée », précision fort inexacte, puisque si leur premier contact remontait à 1801, il y en avait eu, semble-t-il,
un autre en 1814, lors de la lecture du *Dernier Abencérage*.
Y a-t-il lieu de voir dans cette hésitation un trouble prémoni-
toire? En ce soir du 28 mai 1817, Juliette et René, réunis par
Germaine moribonde, se trouvaient donc assis côte à côte :

« Je ne la regardais point, conte Chateaubriand, elle ne me

regardait pas; nous n'échangions pas une parole. » Vers la fin du dîner seulement « elle lui adressa timidement quelques mots sur le malaise de leur amie commune ». Alors un courant passa : « Je tournai la tête et je vis mon ange gardien à ma droite. »

La suite de leur conversation, nous ne la saurons jamais. Leurs cœurs s'étaient soudain reconnus. Ils avaient compris que Mme de Staël « leur laissait, à un repas funèbre, son souvenir et l'exemple d'un attachement immortel ».

Au mois de juin, Germaine recevait encore. C'est à Chateaubriand qu'elle dit le mot fameux qui résume sa vie : « J'ai toujours été la même, vive et triste; j'ai aimé Dieu, mon père et la liberté! »

A Mme Récamier, elle envoya un ultime billet :

Je vous embrasse de tout ce qui me reste.

Elle déclinait de plus en plus vite et les abus d'opium accéléraient la descente.

Benjamin Constant voulut revoir une fois encore, cette femme qui avait tant bouleversé sa vie :

Croyez-moi, écrit-il à Schlegel par qui il a fait passer sa demande de rendez-vous, *le passé est un spectre terrible, quand on craint pour ceux qu'on a fait souffrir. Enfin, dites-moi ce qui en est, je vous en conjure, et faites, si cela ne lui fait pas trop de mal, que je la voie.*

La demande fut repoussée, sans peut-être que Germaine eût été mise au courant. Elle n'était plus en état de supporter une pareille secousse. Pourtant, conte Sainte-Beuve, dans l'après-midi du 12 juillet 1817, « elle se faisait encore traîner en fauteuil au jardin, distribuant en souvenir aux nobles êtres qu'elle allait quitter des fleurs de rose et de saintes paroles ».

Le lendemain soir, 13 juillet, elle parvint à s'endormir sans calmant. Vers minuit, pour l'anniversaire de ce 14 juillet, qui avait marqué le tournant capital de la carrière de son père, elle eut une insomnie et réclama son flacon d'opium. Sans doute, la « dose de Coppet » fut-elle dépassée puisqu'elle ne se réveilla plus.

Sa garde, Miss Randall, une familière de Coppet, a dit que vers cinq heures du matin, elle avait constaté que la main de Mme de Staël était glacée. A midi, la toilette funèbre était achevée.

Mme Récamier, en séjour à Montrouge, où elle soignait sa cousine, Mme de Dalmassy, avait été prévenue la première. A la vue des messagers, elle tomba en pleurs et se fit aussitôt mener auprès de la couche de son amie, au chevet de laquelle veillait Benjamin Constant, qui devait passer près de la dépouille

toute la nuit suivante, méditant peut-être son immortelle plainte :
« Elle est morte! C'en est fait pour jamais! »

Victor de Broglie, qui tint compagnie à Benjamin au cours
de la veillée nocturne, rapporte « qu'après avoir épuisé les souvenirs personnels et les regrets du passé, nous consacrâmes
de longues heures aux réflexions sérieuses, c'est-à-dire aux problèmes qui s'élèvent naturellement dans l'âme en présence de la
mort ».

La dépouille de Mme de Staël fut transportée à Coppet et
inhumée dans le mausolée du parc, simple « maisonnette »
où M. et Mme Necker reposaient déjà, dans une cuve en marbre
noir, emplie d'alcool et recouverte d'une draperie rouge. John
Rocca n'avait pu rendre les derniers devoirs à son épouse; il
ne lui survécut que six mois, et mourut à Hyères, le 30 janvier 1818, âgé d'à peine trente ans.

La disparition de Germaine laissait à Juliette un vide
immense. Pendant près de quinze ans, elle avait vécu dans le
sillage de Corinne, au point de s'identifier à elle dans le cœur de
Benjamin. Une amitié passionnée, « avec un charme qui tient
presque de l'amour », selon le mot de Chateaubriand, avait tendrement uni ces deux femmes célèbres. Cette fidélité fut marquée
pas un geste touchant : l'année qui suivit la mort de Mme de Staël,
Mme Récamier servit d'intermédiaire entre le peintre Gérard
et le prince Auguste de Prusse.

Celui-ci, en souvenir des enivrantes journées qu'il avait
vécues à Coppet, désirait commander un tableau dont le sujet
serait tiré de *Corinne*. David lui avait proposé un « couronnement de Corinne au Capitole »; le tableau, pour lequel il exigeait
des honoraires de 40 000 francs et prévoyait dix-huit mois de
travail, aurait eu quinze pieds de long, sur douze de haut.

Comme cela s'était passé, vingt années plus tôt, pour le
portrait de Juliette, Gérard emporta la commande : en quinze
mois, pour la somme de 18 000 francs, il peignit la célèbre
Corinne au cap Misène, représentant l'héroïne sous les traits de
Mme de Staël, au cours d'un épisode marquant du roman.

Exposé avec succès au salon de 1819, le tableau, que le
prince Auguste n'avait pas même vu, fut offert par lui à
Mme Récamier, dont il orna le salon jusqu'à sa mort, où elle le
légua au musée de Lyon.

Mais le vrai et le plus grand souvenir que Germaine laissait
à son amie, c'était, à la veille de sa mort, cette rencontre avec
Chateaubriand, qui allait désormais dominer la vie de Juliette,
jusqu'à la mort de René en 1848.

TROISIÈME PARTIE

LE RÈGNE DE L'ENCHANTEUR
(1817-1849)

> Il me semble que tout ce que j'ai aimé, je l'ai aimé dans Juliette, qu'elle était la source cachée de toutes mes tendresses, qu'amours véritables ou folies, ce n'était qu'elle que j'aimais.
>
> CHATEAUBRIAND
> *Mémoires d'outre-tombe.*

CHAPITRE VIII

LA LIAISON AVEC CHATEAUBRIAND

RENÉ AVANT JULIETTE ‖ LE SECRET DE CHANTILLY ‖ L'ABBAYE-AUX-BOIS ‖ LA PASSION DE JEAN-JACQUES AMPÈRE ‖ LA TENTATIVE DE RUPTURE AVEC CHATEAUBRIAND.

René avant Juliette

« JULIETTE et René » : le XIXe siècle a accolé pendant trente ans ces deux prénoms, aussi artificiels l'un que l'autre, et ils ont symbolisé une liaison toujours célèbre.

Il ne s'agissait point de deux adolescents, tels les amants de Vérone; ceux auxquels s'attache le souvenir de l'Abbaye-aux-Bois, sont des êtres mûris par des existences orageuses.

Lorsque Juliette, au cours du dîner chez Mme de Staël, voit soudain René avec les yeux de l'amour, elle frise la quarantaine; quant à l'Enchanteur, il est à la veille de devenir quinquagénaire et son existence a déjà été, dans tous les domaines, parmi les plus agitées.

François-René de Chateaubriand, le plus illustre écrivain de son temps, était né en 1768, à Saint-Malo. Sa jeunesse rêveuse et mélancolique s'était, en partie, déroulée dans ce château de Combourg, qui est devenu l'un de nos plus émouvants pèlerinages littéraires.

C'est dans les landes bretonnes, aux bords de cet étang qui reflète les tours farouches de la forteresse familiale, que, sous le règne de Louis XVI, le futur René rêve à la découverte de l'amour, en compagnie d'une de ses sœurs fort exaltée et prénommée Lucile.

Il ne pouvait voir une femme sans être troublé, mais une grande timidité l'avait longtemps retenu. Un voisin de Combourg vint faire un séjour en compagnie de sa jeune épouse, fort jolie, et un hasard voulut qu'en regardant par une fenêtre, François-René se trouvât pressé contre ce beau corps et découvrît le désir.

Dès ce moment, j'entrevis que d'aimer et d'être aimé d'une manière qui m'était inconnue devait être la félicité suprême.
... Faute d'objet réel, j'évoquai par la puissance de mes vagues désirs, un fantôme qui ne me quitta plus...
... Un secret instinct m'avertissait qu'en avançant dans le monde, je ne trouverais rien de ce que je cherchais.

Cette femme idéale, qu'il avait appelée « sa sylphide », il devait la trouver pourtant en Juliette Récamier, dont il dira dans sa vieillesse « qu'elle était la source cachée de toutes ses tendresses ».

Que de folies avant la suprême constatation de cette rencontre avec l'idéal ! Par crainte de ne jamais découvrir la femme de ses rêves, il avait voulu mourir encore adolescent ; mais le vieux fusil de Combourg s'était montré aussi peu efficace que la dose d'opium de Coppet.

Ensuite, une grave maladie, trop bien soignée, ne l'avait pas non plus retranché du monde des vivants. Il était en âge de choisir un état : le militaire convenait à ses parents. Les rêveries de sa jeunesse trouvaient soudain un terme ; il entra dans une nouvelle existence : « L'homme n'a pas une seule et même vie ; il en a plusieurs mises bout à bout et c'est sa misère. »

Un temps de garnison, un voyage en Amérique, lui donnèrent des occasions de découvrir les réalités de la chair, sans connaître peut-être celles de l'amour.

De retour en France, en pleine crise révolutionnaire, il voulut émigrer afin de combattre dans l'armée des Princes. Pour mener à bien ce projet, il fallait de l'argent : en vue de le trouver, on le maria avec une amie de Lucile, Céleste Buisson de la Vigne, orpheline, en possession d'une certaine fortune que les événements allaient bientôt dissiper en fumée. La jeune fille était jolie et devait montrer de sérieuses qualités au cours d'une union qui dura plus de cinquante-cinq ans. A celle qui fut la femme la plus trompée de son temps, et qu'il avait épousée fort à la légère, car il se croyait promis à une mort prochaine sur les champs de bataille, Chateaubriand a concédé cet hommage : « Elle a rendu ma vie plus grave, plus noble, plus honorable, en m'inspirant toujours le respect sinon toujours la force des devoirs. »

A peine le mariage célébré, François-René rejoignit l'armée de Condé. Son absence devait se prolonger dix ans. A son retour, le gentillâtre breton inconnu commençait à faire place à un écrivain qui incarna vite les espoirs littéraires de son époque.

Au cours de ses années d'exil, passées presque toutes en Angleterre, François-René avait traversé bien des orages ; ses malheurs lui avaient fait perdre une foi qu'il avait retrouvée en pleurant lorsqu'il avait appris la mort de sa mère.

Son premier grand ouvrage publié, l'*Essai sur les Révolutions*, parlait le langage des philosophes athées du xviiie siècle, alors que l'un des suivants, le *Génie du Christianisme*, se présentait comme une apologie de la religion, qui venait politiquement à son heure.

Tandis qu'il rédigeait le premier, le malheureux émigré, mourant de misère, avait rencontré l'amour : la fille du pasteur de Bungay, chez lequel il avait trouvé un asile comme répétiteur, s'éprit de lui. Elle avait quinze ans. Charmé, Chateaubriand se laissa aimer, sans réfléchir au danger de son jeu ; la jeune Charlotte Ives s'était éprise pour le bon motif ; quand elle offrit le mariage, l'émigré se souvint qu'il avait déjà contracté une union avant de quitter la France et mesura sa folie. La leçon ne devait guère lui profiter, bien qu'il eût alors compris la fatalité qui guiderait désormais des passions dans lesquelles il se laisserait emporter par nostalgie des orages.

Cette angoisse, il allait la transposer dans ce court roman, au piment incestueux, qu'il appela *René*, créant ainsi un prototype dont il devait conserver le nom. En écrivant, il s'éclairait un peu sur lui-même et découvrait son impossibilité d'aimer en même temps que son goût d'être adulé.

Bien que ses portraits, en dépit du romantisme des peintres, ne révèlent pas un visage d'une grande beauté, malgré ses courtes jambes et son buste un peu tordu, encore qu'il ne fût pas éloquent ni spirituel dans la conversation, Chateaubriand possédait, avant même sa gloire naissante, un charme mystérieux qui attirait involontairement les femmes.

La première de ses grandes maîtresses fut la fille du ministre des Affaires étrangères de Louis XVI, le comte de Montmorin Saint-Hérem, une des plus illustres victimes des massacres de Septembre. Pauline de Montmorin avait été mariée sans amour à un jeune comte de Beaumont, dont elle s'était assez vite séparée. Prise en amitié par le philosophe Joubert, dont elle était voisine de campagne, près de Villeneuve-sur-Yonne, elle connut, par lui, René à son retour d'émigration. Elle l'admirait sans l'avoir vu, car Fontanes lui en avait fait un éloge enthousiaste et prédit sa carrière.

Quand Pauline se trouva en présence du jeune génie, elle se sentit totalement séduite. René en fut conscient et profita de l'occasion, car il n'eût probablement osé faire le premier pas. En même temps que la gloire, il découvrait l'amour, ou, du moins, il jouissait du bonheur d'être aimé, car il était tout de même trop lucide pour n'avoir pas tout de suite compris qu'il n'éprouvait pas pour Pauline une passion égale à celle dont elle brûlait pour lui. Il avait beaucoup moins le souci d'aimer que celui d'accomplir une carrière littéraire.

Tout en couchant avec Pauline — car, à défaut de l'aimer, il la désirait —, il polissait le *Génie du Christianisme* et la volupté du péché semblait aiguiser la ferveur qu'il éprouvait à exalter la vertu.

Le travail exigeant la retraite, René s'était laissé chambrer par son amie à Savigny-sur-Orge, et l'amante se contenta de ce bonheur qu'elle trouvait dans son rôle d'inspiratrice, se résignant à n'être que celle qui donne alors qu'elle eût probablement désiré recevoir.

Comblé de gloire et d'honneurs, parce que le *Génie du Christianisme* et le Concordat s'étaient mutuellement épaulés, Chateaubriand éprouva le besoin d'aimer à son tour, ayant compris de plus en plus cruellement que seules l'affection et l'amitié le liaient encore à Pauline de Beaumont.

Il crut alors trouver la femme de ses rêves en Delphine de Sabran, épouse du marquis de Custine. Belle et blonde, celle que l'on surnommait « la reine des roses » ne savait pas se refuser. Dans son château de Fervacques, elle accueillit René, et tous deux se retrouvèrent dans le lit d'Henri IV. Mais, bien vite, il dut se convaincre que, s'il s'était laissé aimer une nouvelle fois, il n'éprouvait, le désir assouvi, que le vide immense de son cœur.

Jugeant insuffisante sa renommée littéraire, il voulut y ajouter une carrière politique. Il obtint sans peine du Premier Consul d'être nommé secrétaire d'ambassade à Rome, auprès du cardinal Fesch. Il fallait quitter Mme de Custine, retenue en France par d'autres attaches, et, au moment de se séparer d'elle, il retrouva quelque prix à sa liaison.

Mettant à profit cette séparation, Pauline de Beaumont voulut reprendre ce cœur qu'elle considérait comme sa propriété. Son isolement, sa jalousie envers Delphine, l'avaient déchirée jusqu'à compromettre sa vie. Elle crut le sauver en allant rejoindre son infidèle amant. Quand elle le retrouva, elle n'était plus qu'une ombre, et c'est à sa mémoire que René rendit hommage en la faisant ensevelir à Rome dans l'église Saint-Louis-des-Français.

Avant de disparaître, Pauline ne lui avait pas caché qu'elle mourait de son abandon.

Pour faire élever son monument, auquel il donnait une valeur expiatoire, Chateaubriand, désargenté, se trouva réduit à emprunter la somme nécessaire à Delphine de Custine; celle-ci refusa avec fureur, ce qui fut l'origine d'une brouille.

Sans être vraiment pour lui un remords, la mort de Mme de Beaumont avait du moins suspendu momentanément sa recherche de la sylphide. Meurtri par son impossibilité d'aimer, il se consolait en s'attendrissant sur lui-même, et notait déjà les souvenirs de sa jeunesse, préparant sans encore le savoir les matériaux des futurs *Mémoires d'outre-tombe.*

Ayant donné sa démission de ministre de France dans le Valais lors de l'exécution du duc d'Enghien, Chateaubriand, tout en devenant suspect à l'Empereur, avait accru son prestige auprès des femmes; elles se disputèrent le royaliste à la mode et l'une d'elles se jeta à sa tête, la fille du banquier Laborde, le fameux constructeur du château de Méréville.

Nathalie de Laborde, comtesse de Noailles, puis duchesse de Mouchy, représenta pour René une part de rêve, plus qu'une réalité. Cette artiste un peu folle, qu'il avait surnommée « la pauvre Mouche », il s'aperçut, comme les autres fois, qu'il la désirait, mais que c'était elle qui aimait. D'ailleurs Mme de Chateaubriand était maintenant venue occuper sa place au foyer, et sans espérer vaincre, elle luttait parfois.

Opposant, mal vu du gouvernement, Chateaubriand publiait *Les Martyrs*, critique assez sévère de l'Empire, et partait pour la Terre sainte. Sur la route du retour, il rencontrait romantiquement Nathalie à Grenade, dans les jardins de l'Alhambra mais c'était de la littérature bien plus que de l'amour et René continuait à souffrir de son impossibilité de s'attacher et de se donner.

Une autre précieuse amie était entrée dans sa vie en la personne de la fille du conventionnel Kersaint, Claire, devenue duchesse de Duras. Peut-être fut-elle un moment une maîtresse mais elle fut avant tout une amie, qui, bravant les orages, venait visiter Chateaubriand dans sa solitude de la Vallée-aux-Loups, où il travaillait au monument qu'il dressait à sa gloire, en rédigeant de nouveaux chapitres des *Mémoires* de sa vie.

Après avoir frappé l'écrivain opposant, Napoléon, considérant qu'il était une des illustrations de l'Empire, entreprit de se le rallier en le désignant comme titulaire d'un des prix décennaux dont il venait de doter la caisse de l'Institut.

Refondue en 1803, l'Académie française ne traversait pas une passe brillante; la Révolution avait décapité plus de talents qu'elle n'en avait suscité et les nominations gouvernementales ne s'étaient pas montrées supérieures aux incertitudes de la cooptation. Le couronnement imposé d'un grand écrivain n'enthousiasmait nullement un collège médiocre et, en dépit des volontés impériales, les Immortels, voulant ignorer Chateaubriand, retardèrent leur rapport d'une manière tellement systématique que les prix ne furent pas décernés.

Marie-Joseph Chénier venant de disparaître, Napoléon désigna Chateaubriand comme candidat officiel; il l'emporta de justesse avec 13 voix sur Lacretelle jeune. Cette élection serrée ne le rallia nullement au régime et il ne fut pas autorisé à prononcer un discours de réception jugé insultant pour le pouvoir. Cette attitude hautaine valut à l'écrivain des jours difficiles, qui ne se termineront qu'à la Restauration.

Les vertus domestiques de Mme de Chateaubriand, l'amitié de Claire de Duras, soutinrent dans ses épreuves ce cœur blessé, qui, désabusé de ses rêves d'amour, revenait à des ambitions politiques qui semblèrent d'abord obtenir satisfaction.

Ministre plénipotentiaire, pair de France, ministre d'État, Chateaubriand vit pendant quelque temps l'aisance financière et la notoriété politique joindre leurs satisfactions à celles qu'il devait à ses séductions et à ses talents.

Mais lui qui voulait être aimé des femmes sans les payer de retour, montra bien vite aussi que s'il entendait obtenir les places et leurs avantages, il ne se considérerait pas pour autant comme l'esclave de ceux qui les accordaient.

Ayant fortement contrarié Louis XVIII en publiant contre l'avis royal sa brochure *La Monarchie selon la Charte*, il fut privé de son poste de ministre d'État et faillit même perdre son traitement de pair de France, ce qui l'eût réduit à une véritable détresse financière.

La suppression des 24 000 francs annuels dévolus au ministère d'État le plaça déjà dans une situation si difficile qu'il dut se résoudre à mettre en loterie son domaine de la Vallée-aux-Loups auquel il était si profondément attaché.

C'est au cours de cette période de détresse, où l'amour et

Juliette Récamier.
Miniature d'Eulalie Morin (début du XIXe siècle).
Musée de Versailles. Photo © Tallandier

Le plus célèbre des tableaux représentant Mme Récamier, par J.-L. David (1801). C'est à la demande de J. Récamier que David, alors le plus célèbre peintre de son époque, exécuta cette peinture ; mais, insatisfait de son travail, il l'abandonna et Mme Récamier fit alors appel à Gérard. *Musée du Louvre. Photo © Tallandier.*

Jacques-Rose Récamier, né à Lyon en 1751 et mort à Paris en 1830 (c'est en 1793 que l'homme d'affaires épousa Juliette). L'attitude « paternelle » de ce mari a donné prise à de nombreuses rumeurs sur une possible « filiation » entre les époux et expliquerait, selon certains, le caractère platonique de leur union. *Lithographie d'A. Farcy. Paris, Bibliothèque nationale. Photo Dubout © Tallandier.*

Jean, Félicité, Mathieu, duc de Mont-morency (1760-1826). Descendant de l'une des plus vieilles familles de la noblesse française, il s'était montré au début de la Révolution parmi les plus progressistes des députés de son Ordre. Amoureux platonique de Mme Récamier, le futur chef de la Congré-gation sous la Restauration fit partie de ses intimes pendant plus de trente ans et fut pour elle une sorte de conseiller éclairé. *Lithographie de Vil-lain. Paris, Bibliothèque nationale. Photo Dubout © Tallandier.*

En haut, à gauche, Lucien Bonaparte (1775-1840). C'est quelques mois avant le 18-Brumaire que le frère de Napoléon tomba sous le charme de Juliette. *Peinture de Fabre. Rome, Museo napoleonico. Photo © Savio.*

Ci-contre, Germaine de Staël (1766-1817), D'une rare intelligence, la fille de Necker s'intéressa très jeune à la politique et donna une œuvre littéraire tributaire du classicisme mais déjà fortement empreinte de romantisme. *Peinture de Gérard. Château de Cop-pet. Photo X. - Droits réservés.*

Le prince Auguste de Prusse.
Ce Don Juan s'était violemment épris de Juliette Récamier qui, de son côté, éprouva au moins un attachement temporaire pour lui. Il y eut même engagement mutuel et promesse de mariage. Le refus de Mme Récamier de divorcer puis un rapide affadissement des sentiments de Juliette dès son retour à Paris réduisirent ces projets à néant. *Gravure de Vendramini d'après Strechling. Paris, Bibliothèque nationale. Photo Josse © Tallandier.*

Benjamin Constant de Rebecque (1767-1830).
C'est surtout pour ses écrits politiques qu'il fut célébré de ses contemporains alors que la postérité a plutôt retenu ses écrits autobiographiques (ainsi *Adolphe).* Il fut l'un des plus assidus de l'entourage de Mme de Staël et de Mme Récamier. *Lithographie d'Esbroard. Paris, Bibliothèque nationale. Photo © Giraudon.*

Le château de Coppet : Juliette, hôte de Mme de Staël, y fit plusieurs séjours, en particulier au cours de l'été 1807, où elle rencontra le prince Auguste de Prusse. *Photo X. - Droits réservés.*

Buste de Mme Récamier par Chinard.
Lyon, Musée Saint-Pierre.
Photo © Giraudon.

Ballanche (1776-1847), l'un des écrivains habitués du cercle de Mme Récamier, ami de Chateaubriand, Lamartine et Lamenais. *Gravure d'après Bocourt. Paris, Bibliothèque nationale. Photo Josse © Tallandier.*

La célèbre lithographie de Dejuinne représentant Mme Récamier à l'Abbaye-aux-Bois ; par la fenêtre ouverte, on aperçoit la chapelle de l'abbaye et, derrière la harpe, se trouve le fameux tableau *Corine au cap Misène* commandé à Gérard par Auguste de Prusse. *Paris, Bibliothèque nationale, Cabinet des Estampes.*

Chateaubriand vers la cinquantaine, bientôt ministre des Affaires étrangères. C'est en 1817 qu'il s'éprit de Juliette Récamier et, malgré brouilles et séparations, il lui resta très attaché jusqu'à sa mort. On suppose qu'il fut le seul de ses admirateurs à avoir obtenu ses faveurs. *Peinture d'Hilaire Ledru. Collection particulière. Photo Dubout © Tallandier.*

La Vallée-aux-Loups. Cette maison de campagne et le parc planté par Chateaubriand furent vendus par l'écrivain à Mathieu de Montmorency en 1818 et Mme Récamier en fut alors la locataire pendant plusieurs années. *Aquarelle de Constant Bourgeois. Paris, Bibliothèque nationale. Photo © Giraudon.*

Médaillon de terre cuite de J. Pradier représentant Mme Récamier (1846).
L'œuvre montre à quel point, trois ans avant sa mort,
Juliette avait conservé toute sa beauté
à une époque pourtant où la vieillesse commençait souvent vers la trentaine.
Collection particulière. Photo © Hachette

les honneurs semblaient l'abandonner, que Mme de Staël, fidèle à ses amis dans le malheur, l'invita aux côtés de Juliette Récamier, sans se douter peut-être qu'elle allumerait l'étincelle appelée à faire briller jusqu'à leurs termes, les vies des deux intéressés.

Le secret de Chantilly

« Le souvenir des quinze jours d'amour à Coppet et celui des deux premières années de l'Abbaye-aux-Bois avec M. de Chateaubriand sont les plus beaux, les seuls beaux de ma vie. » Telle est la confidence que laissa échapper Juliette, quand, aveugle et solitaire, la mort seule pouvait la délivrer de ses maux.

Mais si l'on sait beaucoup sur la passion du prince de Prusse au temps de Coppet, plus encore sur les trente années d'intimité avec Chateaubriand, une zone d'ombre s'étend toutefois sur les débuts de la liaison, comme si Juliette, qui s'affichait si volontiers en pleine lumière, avait voulu réserver pour elle un domaine mystérieux.

Pour la postérité et pour l'histoire littéraire, la liaison commence au coup de foudre du dîner chez Mme de Staël, le 28 mai 1817. Chateaubriand et Juliette ont, l'un et l'autre, accrédité cette version et elle a paru aussi indiscutable que le bal où l'autre Juliette rencontrant Roméo pense que, si son cœur est déjà pris, son tombeau sera son lit de noces.

Cependant entre la lecture du *Dernier Abencérage* en 1814 et le fameux dîner au chevet de Germaine moribonde, il a pu exister d'autres contacts entre Juliette et René, ce qui ne serait pas très étonnant si l'on songe au cercle restreint dans lequel ils étaient tous deux des personnalités en vue.

La sœur du duc de Richelieu, alors Premier ministre, la marquise de Montcalm, dont le salon jouait alors un grand rôle politique et mondain, a noté dans son *Journal*, à la date du 15 mai 1817 :

Le dévouement de Mme Récamier pour M. de Chateaubriand est sans bornes et l'a déterminée à se lier intimément avec Mme de Chateaubriand (dont le caractère est aigre et difficile) pour voir son mari à toute heure : ses écrits, ses actions, les qualités qu'il a, celles qu'on lui prête, exaltent son enthousiasme, et, jalouse de sa gloire, plus encore que de son affection, elle s'opposerait (j'en suis certaine) à ces concessions, si elle en avait le pouvoir.

Il y eut vraisemblablement de la part de Juliette quelque

préméditation : engouée de Chateaubriand, sa coquetterie rêva de l'asservir et de l'attacher à son salon.

La disgrâce dont souffrait l'écrivain fut probablement l'occasion à ne pas laisser passer. Mme de Montcalm laisse entendre que Mme Récamier fit une démarche auprès d'elle pour qu'elle intervînt auprès de son frère en faveur de Chateaubriand, que son intransigeance venait de mettre dans une position difficile.

De son côté, Mme de Duras avait tenté une démarche analogue et Mme de Montcalm se persuade que « Mme Récamier est la rivale de Mme de Duras ».

Il paraît donc bien que, depuis un certain temps, Juliette aime René en secret, ce qui est évidemment le meilleur moyen de le décider. Mais il est également de notoriété publique que si le cœur de Juliette est innombrable, elle n'a jamais permis aux orages du désir de le troubler complètement.

Chateaubriand, qui, en dépit de ses poétiques propensions aux rêveries éthérées, est un sensuel exigeant, n'a donc pu, au départ, regarder Mme Récamier comme une maîtresse possible : elle est une femme à la mode, peut-être encore, malgré la quarantaine, la plus séduisante de son temps, mais elle ne peut être qu'une amie. Donc si Juliette aimait déjà, René était tout au plus intéressé.

Après la rencontre chez Mme de Staël, Chateaubriand, considérant que la Vallée-aux-Loups allait lui échapper, passa plusieurs mois en villégiature dans des maisons amies; en juillet 1817, il séjourna au château de Montboissier, en août à celui de Mongraham, occupant ses journées à la rédaction de ses *Mémoires*. Pressé par ses créanciers, il dut venir à Paris pour une semaine, à la fin d'août, et donna les pages qu'il venait de composer à Claire de Duras. « C'est charmant à lire, confia-t-elle à une intime, mais j'espère qu'il ne se laissera aller à les lire à personne d'autre qu'à moi; j'en serais fâchée pour bien des raisons. »

Cette « autre », que la lucide duchesse de Duras redoutait, c'était Juliette, à qui René vint plusieurs fois rendre visite pour gémir avec elle sur la mort de Mme de Staël.

La semaine passée par René à Paris avait été consacrée à des règlements financiers. Par besoin immédiat d'argent frais, l'écrivain faisait un premier sacrifice en vendant sa bibliothèque. Ensuite le vague projet de mise en loterie de la Vallée-aux-Loups, devenait une pénible réalité : 90 billets, au prix de 1 000 francs (3 000 francs 1970) l'un, étaient prévus. La somme obtenue devait apurer d'abord une hypothèque de 50 000 francs, le solde, soit 40 000 francs, assurait deux années de sécurité.

Ce projet devait complètement échouer : quatre billets seulement furent souscrits, ce qui, au cours des mois suivants, contraignit à préparer une vente en adjudication.

Au cours de l'hiver 1817-1818, on vit souvent Chateaubriand parmi les familiers du salon Récamier. Au plaisir de désirer, Juliette ajoutait maintenant celui de résister, mais il paraît probable qu'elle ne s'était jamais trouvée aussi près de succomber.

Ses amis, Adrien et Mathieu de Montmorency, et plus encore Ballanche, furent conscients d'une situation qui ne leur était pas agréable. Trente ans plus tard, juste après la mort de René, Juliette laissa échapper cet aveu : « Il est impossible à une tête d'être plus complètement tournée que l'était la mienne du fait de M. de Chateaubriand; je pleurais tout le jour. »

Elle résista pourtant pendant une année. Au printemps de 1818, le sort de la Vallée-aux-Loups se régla enfin. Manquant de disponibilités, Mme Récamier renonça au projet qu'elle avait fait d'un achat par moitié avec Mathieu de Montmorency; celui-ci devint seul propriétaire grâce à une enchère de 100 francs sur la mise à prix de 50 000 francs. Juliette lui loua aussitôt la maison pour trois ans, ce qui allait lui permettre de recevoir parfois Chateaubriand dans ce lieu qui lui était si cher et de se promener à son bras à l'ombre des cyprès chauves et des magnolias qu'il y avait plantés avec beaucoup de soin.

Agitée vivement par le sentiment qui l'envahissait tout entière, Mme Récamier, par souci de santé de corps autant que d'âme, se rendit alors à Aix-la-Chapelle pour y prendre les eaux. Cette ville se préparait à accueillir un congrès qui égala presque en magnificence celui de Vienne : une partie de l'Europe s'y donnait déjà rendez-vous. Parmi les illustres qui se pressaient à l'ombre du tombeau de Charlemagne, on comptait le prince Auguste de Prusse, qui reprit une cour assidue. Juliette put alors confronter l'ancien amour et le nouveau et peut-être enfin lire dans le labyrinthe de son cœur. La crise dut être pénible, puisqu'elle a osé avouer : « Je vous assure que si cette disposition devait continuer, j'aimerais mille fois mieux mourir, car la vie n'est plus qu'un supplice pour moi. »

Au début d'octobre 1818, Mme Récamier était de retour à Paris. Elle avait dû vendre l'hôtel de la rue Basse-du-Rempart pour en acquérir un plus simple, rue d'Anjou-Saint-Honoré. « Cette maison de la rue Saint-Honoré, a écrit Chateaubriand, avait un jardin, dans ce jardin un berceau de tilleuls entre les feuilles duquel j'apercevais un rayon de lune quand j'attendais Mme Récamier. »

A cette demi-confidence, il faut en ajouter une autre, à peine plus explicite, que l'on connaît seulement par un passage retranché des *Mémoires d'outre-tombe* et dont le texte paraît altéré ou perdu ; par un témoignage, on sait « qu'il était question de soirées passées à la campagne, sur la terrasse d'un château dont les escaliers conduisaient à un bois plein d'ombre et de mystère, où, loin de tous les regards, on s'était promené bien avant dans la nuit, avec la divine enchanteresse ».

Que faut-il penser de cette précision ? L'architecte Berthaut, celui qui avait naguère décoré l'hôtel de la rue du Mont-Blanc acheté par les Récamier à Necker, possédait, à côté du château de Chantilly, une propriété agréable, où Juliette fit plusieurs séjours, et où elle se plut tellement qu'elle rêva un moment d'acheter une maison proche de celle-là.

Il ne reste plus rien de ces lieux chargés de secrets. Une étude (due au marquis de Luppé) a montré que la construction d'une voie ferrée avait éventré le jardin de la maison Berthaut et que les magnifiques escaliers dont les deux amoureux descendaient les degrés s'étaient bornés à un simple perron de trois marches.

« Aux yeux du souvenir, que le monde est petit ! » devait écrire bientôt Baudelaire. Pour Chateaubriand ce fut toujours le contraire et les lieux devenaient immenses quand il les honorait de sa présence. Aussi dans sa mémoire, Chantilly occupe une place de choix ; il y reviendra en séjour pendant l'année 1837 et y travaillera longuement.

« N'oubliez pas la forêt de Chantilly », recommande-t-il à Juliette dans une lettre. Et celle-là, lors d'une crise de jalousie provoquée par une fantaisie sensuelle de Chateaubriand, alors ambassadeur à Londres, osera lui reprocher par écrit « d'oublier Chantilly ».

On est donc en droit de supposer, sinon d'affirmer, qu'à Chantilly il se passa dans la vie sexuelle de Juliette un événement qui ne s'était encore jamais produit, et l'on peut penser ou qu'elle fut alors la maîtresse de Chateaubriand, ou du moins qu'elle accepta de l'être. On ignore, et l'on ignorera probablement toujours jusqu'à quel point fut mené l'accomplissement.

> Juliette et René s'aimaient d'amour si tendre
> Que Dieu, sans les punir, a pu leur pardonner :
> Il n'avait pas voulu que l'une pût donner
> Ce que l'autre ne pouvait prendre,

a assuré la moins obscène des épigrammes inspirées par la liaison de ces deux êtres.

A la vérité, il n'existe aucune preuve, aucune correspondance, hors une lettre saisie par la police, qui surveillait de près Chateaubriand disgracié et opposant.

Par une aventure avec une femme aussi en vue, il était peut-être possible de tenir le vicomte. Celui-ci a toujours considéré Decazes comme un adversaire plus redoutable que le duc d'Otrante. Le ministre de la police de Louis XVIII avait alors attaché un « observateur » à la personne de l'écrivain. Au mois de janvier 1819, cet argent avait corrompu le valet de chambre du grand homme, ce qui permettait la rédaction de rapports soumis à Louis XVIII, friand de petites histoires.

« Depuis trois semaines, Mme Récamier envoie presque tous les jours un billet soigneusement cacheté à M. de Chateaubriand. Le vicomte cache ensuite si bien ces billets que l'observateur n'a pu en voir un seul. »

On avait cru d'abord à une liaison politique. Un nouveau rapport policier rassure bientôt le monarque et son ministre :

« La correspondance va toujours bon train, mais ce n'est vraisemblablement que de la galanterie. »

Dans la seule lettre saisie, Juliette y dit à René :

Vous aimer moins! vous ne le croyez pas, cher ami. A huit heures! Ne croyez pas ce que vous appelez des projets contre vous. Il ne dépend plus de moi, ni de vous, ni de personne, de m'empêcher de vous aimer; mon amour, ma vie, mon cœur, tout est à vous! (22 mars 1819, à trois heures de l'après-midi).

C'est peu, mais le texte est révélateur; c'est bien le langage de l'amour. Ce sont des mots qui disent tout.

A l'automne de 1819, à l'insu de Mme Récamier, Chateaubriand alla passer deux jours à Fervacques, chez son ancienne maîtresse, Delphine de Custine. Au retour, il s'arrêta à Versailles, renvoya son domestique à Paris, et passa toute la journée du lendemain, un lundi, dans la cité royale. Le rapport de police indique : « Tout annonce qu'il a passé cette journée en tête à tête avec Mme Récamier. »

C'était le 25 octobre 1819, peut-être l'anniversaire de la journée décisive de Chantilly. Mme Récamier avait alors grand besoin de bonheur, car elle passait de nouveau par de cruelles épreuves sur le plan matériel.

L'Abbaye-aux-Bois

Les craintes qu'inspiraient depuis 1815 les méthodes de gestion de M. Récamier se trouvèrent cruellement vérifiées au cours de l'année 1819. A la suite de ses maladresses et de ses imprudences, non seulement le banquier acheva de se ruiner complètement, mais il compromit la fortune propre de son épouse : dans la liquidation Juliette perdit une centaine de mille francs et ne put même plus garder le modeste hôtel acquis récemment rue d'Anjou ; il lui fallait d'autant plus se restreindre que son vieil époux restait entièrement à sa charge.

Mme Récamier décida donc de vendre sa maison et de se retirer comme pensionnaire dans un couvent.

Notre oncle et cousin Jacques, écrit à son cousin Delphin, le 8 octobre 1819, Brillat-Savarin en train d'achever sa « Physiologie du Goût », *vient d'effectuer son déménagement, non sans peine, sans ennui et sans embarras. Ce ménage se trouve dans une position tout à fait singulière, le mari et les pères nobles (M. Bernard et M. Simonard) demeurent dans la rue du Vieux-Colombier, Paul (David) dans un petit appartement séparé, et Mme Récamier à l'Abbaye-aux-Bois. Elle n'est pas très bien logée, mais elle s'en contente ; c'est là où on mangera quand la cuisine sera organisée, car, quant à présent, la crémaillère n'est pas pendue et la cuisinière n'a pas reçu ses lettres de service...*

En s'installant à l'Abbaye-aux-Bois, Mme Récamier, si elle renonçait définitivement à habiter avec son mari, gardait auprès d'elle sa nièce Amélie Cyvoct et continuait à veiller sur son éducation.

Ce n'était pas la première fois dans l'histoire littéraire qu'une femme illustre allait demander abri à un monastère. On avait déjà vu Mme de Longueville, au Grand Siècle, se réfugier à Port-Royal des Champs et chez les carmélites du faubourg Saint-Jacques, et aussi, cas plus semblable à celui de Juliette, puisqu'il ne s'agissait pas d'un subit appel de la grâce divine, Mme du Deffand se retirer dans un appartement du couvent de Saint-Joseph, rue Saint-Dominique, dans l'ancien logis de Mme de Montespan ; elle y recevait Horace Walpole de même que Chateaubriand va devenir le familier de l'Abbaye-aux-Bois.

Il existait alors peu de locaux disponibles dans ce couvent récemment disparu, qui se trouvait entre la rue de la Chaise et la rue de Sèvres, à peu près au fond de l'actuelle impasse Récamier. Les sept premières années, Juliette dut se contenter d'un modeste appartement au troisième étage, carrelé, d'une disposition incommode et dont l'escalier d'accès était fort rude.

Le couvent avait été fondé en 1640, par les annonciades de Bourges, puis acquis en 1654 par les cisterciennes de Noyon.

Supprimé en 1790, il avait servi de prison pendant la Révolution. Cependant l'église était restée intacte, et à partir de 1817 une maison d'éducation s'y établit de nouveau. Dans une page des *Mémoires*, Chateaubriand a donné une fidèle description du nouveau domaine de Juliette :

> Un corridor noir séparait deux petites pièces. Je prétendais que ce vestibule était éclairé d'un jour doux. La chambre à coucher était ornée d'une bibliothèque, d'une harpe, d'un piano, du portrait de Mme de Staël, et d'une vue de Coppet au clair de lune; sur les fenêtres étaient des pots de fleurs. Quand, tout essoufflé après avoir grimpé trois étages, j'entrais dans la cellule aux approches du soir, j'étais ravi : la plongée des fenêtres était sur le jardin de l'Abbaye, dans la cellule verdoyante duquel tournoyaient des religieuses et couraient les pensionnaires. La cime d'un acacia arrivait à la hauteur de l'œil. Des clochers pointus coupaient le ciel et l'on apercevait, à l'horizon, les collines de Sèvres. Le soleil mourant dorait le tableau et entrait par les fénêtres entrouvertes. Mme Récamier était à son piano; l'Angelus tintait; les sons de la cloche qui « semblaient pleurer le jour qui se mourait », *il giorno pianger che si muore*, se mêlaient aux derniers accents de l'invocation à la nuit, de *Roméo et Juliette* de Steibelt. Quelques oiseaux se venaient coucher dans les jalousies de la fenêtre. Je rejoignais au loin le silence et la solitude par-dessus le tumulte et le bruit d'une grande cité.

Sainte-Beuve complète ce tableau par un aperçu social :

> Mme Récamier ne tint jamais plus de place dans le monde que quand elle fut dans cet humble asile à une extrémité de Paris. C'est de là que son plus doux génie, dégagé des complications trop vives, se fit de plus en plus sentir avec bienfaisance. On peut dire qu'elle perfectionna l'art de l'amitié et lui fit faire un progrès nouveau; ce fut comme un bel art de plus qu'elle avait introduit dans la vie, et qui décorait, ennoblissait et distribuait tout autour d'elle. L'esprit de parti était alors dans sa violence. Elle désarmait les colères, elle adoucissait les aspérités; elle vous ôtait la rudesse et vous inoculait l'indulgence. Elle n'avait point de repos qu'elle n'eût fait se rencontrer chez elle des amis de bord opposé, qu'elle ne les eût conciliés sous une médiation clémente. C'est par de telles influences que la société devient société autant que possible et qu'elle acquiert tout son liant

et toute sa grâce. C'est ainsi qu'une femme, sans sortir de sa sphère, fait œuvre de civilisation au plus haut degré et qu'Eurydice remplit à sa manière le rôle d'Orphée. Celui-ci apprivoisait la vie sauvage, l'autre termine et couronne la vie civilisée.

Tout le monde ne jugea pas avec une égale bienveillance le salon de l'Abbaye-aux-Bois et beaucoup s'irritaient de l'influence grandissante qu'elle acquerra en politique et en littérature. Le *Dictionnaire de la conversation et de la lecture* insinue fort méchamment :

On retrouve la preuve de l'influence toute-puissante de cet aréopage politico-littéraire dans les élections et les concours académiques, comme dans la distribution des portefeuilles ministériels ou des chaires de faculté, voire des emplois administratifs à tous les degrés de la hiérarchie. Être protégé par Mme Récamier fut, en effet, pendant plus de trente ans, la plus infaillible des recommandations et il n'y avait pas jusqu'aux bâtards de son apothicaire et de son portier que cette femme essentiellement bonne et obligeante ne trouvât moyen de convenablement caser dans les bureaux des ministres.

L'installation de Juliette à l'Abbaye-aux-Bois, si elle modifiait singulièrement son luxe et son confort, ne devait pas changer ses habitudes mondaines et les petites chambres qu'elle occupait maintenant connurent la même assistance de choix qui s'était pressée naguère dans ses palais dorés.

Hors ses périodes d'ambassades ou de ministère, Chateaubriand venait très régulièrement. Pendant assez longtemps il fut très proche voisin de Juliette puisqu'il habitait alors au n° 42 de cette rue du Bac, où il devait mourir en 1848, au n° 120 (actuel 112). Mais entre-temps, il occupa plusieurs autres domiciles, notamment rue Saint-Dominique, rue du Regard et par la suite, longuement, le n° 84, rue d'Enfer, où son épouse avait fondé l'infirmerie de Marie-Thérèse, maison d'asile pour les dames émigrées dans le besoin.

De cet établissement où il écrira les principales parties des *Mémoires d'outre-tombe*, il allait chaque jour à pied, malgré la distance, voir sa chère Juliette. Il se levait à l'Angélus, ayant pris l'habitude de se coucher à neuf heures du soir, et se mettait à sa table de travail dès six heures du matin, avec un madras sur la tête, de vieilles pantoufles et une redingote râpée. A l'aurore arrivait son secrétaire, le fidèle Hyacinthe Pilorge, un petit homme rubicond, qui prenait place dans une pièce voisine et, se dérangeant à chaque appel du maître qui dictait en gesticulant, faisait relire d'illisibles brouillons, qu'il calligraphiait ensuite de son mieux, tandis que René marchait à grands pas, des fenêtres aux murs, ressuscitant inconsciemment les randonnées que son père accomplissait dans les pénombres de la grande salle de Combourg.

La matinée, ainsi consacrée à la création d'œuvres immortelles, se terminait entre dix heures et midi selon l'humeur et l'inspiration.

Pour déjeuner, Chateaubriand procédait à une toilette minutieuse; sanglé dans une redingote alternativement bleue ou marron, une fleur à la boutonnière, une badine d'ébène à la main, il sortait ensuite, remontait l'avenue de l'Observatoire, puis celle de la Pépinière. Traversant près de l'enclos des Chartreux l'extrémité du jardin du Luxembourg et coupant ensuite par la rue Cassette, il débouchait par la Croix-Rouge en face de l'Abbaye-aux-Bois.

Sa marche était si régulière que les habitants du quartier pouvaient régler leurs montres en le voyant passer. Il était ordinairement deux heures et demie quand il atteignait la porte de l'Abbaye-aux-Bois. La sœur tourière lui adressait un sourire. Il grimpait alors les trois étages, puis quand Mme Récamier eut changé d'appartement, il n'eut plus qu'à monter seulement au premier pour arriver au salon de Juliette.

C'était le moment qui lui était exclusivement réservé. Dans un coin, sans que personne eût le droit d'entrer, ils conversaient, en tête à tête. A quatre heures on apportait le thé à l'anglaise.

Ensuite les fidèles étaient autorisés à paraître : on voyait alors Ballanche, Jean-Jacques Ampère, Charles Lenormant et bien d'autres amis. Ils trouvaient Juliette et René, aux deux angles de la cheminée, lui à gauche, ayant toujours l'air grave des hommes arrivés, elle éternellement souriante comme une femme confiante encore dans ce qui lui reste de beauté.

Vers cinq heures, Chateaubriand se levait; par le même itinéraire, il regagnait la servitude conjugale de la rue d'Enfer, où le dîner était prévu pour six heures. Parfois quelques amis venaient le voir après le repas, mais le plus souvent, il travaillait encore avant de gagner son lit.

A cette vie, réglée comme par une mécanique, ils n'étaient point tous deux parvenus du premier coup; quelques orages vont troubler leur liaison entre 1819 et 1826, année où l'on peut approximativement fixer le début de ce programme régulier, qui par sa monotonie même marque la sécurité qu'ils éprouvent, l'un et l'autre, de la solidité définitive du lien qui les attache devant le monde et la postérité.

En 1819, quand Juliette s'établit à l'Abbaye-aux-Bois, René vient tout juste de franchir la cinquantaine; c'est encore un mâle fringant, très faible devant le désir. Même s'il a mené à bien avec Juliette ce que personne ne pouvait se vanter d'avoir obtenu, même si son cœur volage connaissait le poids des chaînes, il ne semble pas que le jouisseur se fût senti comblé; possédant la sylphide et la fée, il rêvait aussi à la science des courtisanes et aux ardeurs des filles de feu.

Alors que Juliette, comblée par un amour qu'elle n'avait osé espérer, se laissait aller aux rêveries et aux abandons, elle était trompée déjà. Dès le mois de janvier 1820, la police du roi savait que l'Enchanteur écrivait tous les jours à la femme du musicien Lafont, « laquelle lui renvoyait de tendres billets ».

Mais si le corps était infidèle, l'ange conservait son pouvoir sur l'âme. Claire de Duras, maintenant fort négligée, se plaignait véhémentement : « Que devenez-vous ? Vous êtes déshabitué de venir ici et cela vous paraît tout simple d'être trois jours sans me voir. » Quelque temps plus tard, la même fera remarquer avec douleur qu'il ne s'agit plus maintenant de trois jours mais bien de trois mois. De son côté, Mme Récamier subit les plaintes de ses amis, notamment de Mathieu de Montmorency, qu'elle a refusé plusieurs fois de recevoir alors qu'il a la certitude, non seulement qu'elle était chez elle, mais, de surcroît, en compagnie de Chateaubriand.

Ce bonheur qu'elle a cru découvrir enfin, voici qu'il paraît glisser entre les doigts de Juliette; découvre-t-elle qu'il ne suffit point de gémir d'amour pour un homme pour s'en assurer l'exclusivité ? A-t-elle conscience de ses inaptitudes amoureuses ? Autant de problèmes difficiles à éclaircir.

Ballanche, qui flaire l'aventure et voudrait consoler l'amie, lui conseille de se réfugier dans la création littéraire; à son avis, Juliette pourrait traduire Pétrarque, faire plus de musique, rédiger ses Mémoires. Piètres remèdes, sans résultats!

Seul compte Chateaubriand et il n'est pas facile à manœuvrer. L'assassinat du duc de Berry et la chute de Decazes vont lui fournir l'occasion de rentrer dans la vie politique et Juliette lui apportera tout son appui. Quand René joue un rôle, il cesse d'être malheureux, mais, comme l'a finement noté Édouard Herriot, « dès qu'il cessait d'être malheureux, il devenait insupportable ».

La passion de Jean-Jacques Ampère

« C'est peut-être le piquant de la nouveauté, laissa un jour échapper Mme Récamier à Mme de Boigne, les autres se sont occupés de moi et lui exige que je ne m'occupe que de lui. »

Cette exclusivité, à laquelle Juliette se plia avec tant de bonheur, allait le séparer d'elle, puisque, lors de la constitution du second ministère Richelieu, le vicomte, à défaut du portefeuille ministériel qu'il ambitionnait, fut du moins nommé ministre plénipotentiaire à Berlin. Il avait fallu six mois d'intrigues et de négociations pour décrocher ce poste, alors considéré comme secondaire ; le gouvernement se débarrassait aux moindres frais d'un opposant mal rallié, à qui on fit miroiter un prochain avancement. Laissant son épouse à Paris, dans le petit appartement de la rue Saint-Dominique, Chateaubriand prit la route de Berlin le 1er janvier 1821.

Grâce à cette nomination va commencer la précieuse correspondance entre René et Juliette, correspondance dont 370 lettres sont conservées ; les 26 premières ont trait à la mission à Berlin, qui fut de courte durée, puisque le nouveau plénipotentiaire était de retour à Paris, dès le 26 avril, parce qu'il tenait à être présent au baptême du duc de Bordeaux.

En récompense de la bouteille d'eau du Jourdain qu'il offrit pour verser sur le front de l'héritier des Bourbons, le vicomte fut nommé chevalier de la Légion d'honneur et réintégré dans ses droits au titre et à la pension de ministre d'État, ce qui constituait un appréciable surcroît de revenus, atteignant 24 000 francs par an.

Après son retour, il ne se pressa pas de repartir ; il intrigua dans l'espoir d'accéder au ministère, et trouva judicieux quand Villèle et Corbière se retirèrent, le 30 juillet, de se solidariser avec eux en donnant sa démission de ministre à Berlin. C'était assez bien joué puisque le 14 décembre 1821, Villèle fut chargé de constituer le nouveau cabinet : Mathieu de Montmorency y entrait comme ministre des Affaires étrangères. Au vicomte, on proposa seulement la présidence de l'Instruction publique, rattachée au ministère de l'Intérieur, dévolu au comte de Corbière. Chateaubriand entra dans une colère sans bornes :

« Moi ! chef de division sous Corbière, écrit-il à Claire de Duras. J'en tremble encore d'indignation en vous écrivant. »

Mais ses « Madames » veillaient sur sa carrière. Claire et Juliette joignirent leurs efforts, et vraisemblablement grâce à

Mathieu de Montmorency, le 9 janvier 1822, Chateaubriand était nommé ambassadeur à Londres, où il allait succéder au duc Decazes. Il ne pouvait se plaindre, car c'était le plus beau poste de la diplomatie, pourvu de 300 000 francs de traitement. Hélas! c'était également la séparation d'avec Mme Récamier, ce qui fut l'occasion d'une nouvelle série de lettres (nᵒ 27 à nᵒ 65) souvent fort tendres, quoiqu'il s'y gardât bien de parler de nombreuses aventures avec de grandes dames anglaises, telles Lady Fitzroy, « jolie comme les amours », et Mistress Arbuthnot, sans parler de la poursuite de la liaison avec la jolie pianiste Mme Lafont et d'une passade avec une actrice du Théâtre-Français, Mlle Leverd.

Ce fut au cours de ce glorieux séjour à Londres, qui dura près de huit mois, que Chateaubriand, en la personne de Lady Sutton, retrouva la charmante Charlotte Ives, qui s'était engouée de lui au temps où, pauvre émigré, il donnait des leçons à Bungay pour ne pas mourir de faim.

Il est probable que Juliette eut vent de ses aventures; le ton de la correspondance de l'ambassadeur s'en ressent parfois :

Vous ne m'écrivez que de petits mots froids, dit sa lettre à Juliette du 30 avril 1822. *Cela me désole. Ne pouvez-vous au moins me parler de ce que vous faites, de ce que vous dites?*

Et le 11 juin :

Oublier Chantilly? Ne vous en ai-je pas plusieurs fois parlé? Mais vous étiez dans vos grandes injustices. Oui, j'irai, mais tiendrez-vous vos promesses? Si vous me trompiez alors, ce serait la dernière fois de votre vie. Ainsi, si c'est à vous à prononcer? Fixez-moi le jour, l'heure, je serai au rendez-vous.

Le 12 juillet 1822 :

Allons, j'aime mieux savoir votre folie que de lire des billets mystérieux et fâchés. Je devine ou je crois deviner maintenant; c'est apparemment cette femme dont l'amie de la reine de Suède vous avait parlé. Mais dites-moi, ai-je un moyen d'empêcher Mlle Leverd qui m'écrit des déclarations? ... Si j'avais été coupable, croyez-vous que de telles fantaisies vous fissent la moindre injure et vous ôtassent rien de ce que je vous ai à jamais donné... Récompensez-moi donc par de douces paroles et un aveu de vos injustices, des maux que vous me faites souffrir. Tant que je vivrai, je vivrai pour vous.

Chateaubriand plaidait coupable! Il avait de grands torts et continuera à les accumuler jusqu'à provoquer une rupture. Car Juliette, insensible jusqu'à la rencontre de l'Enchanteur, souffre de jalousie et son amour devient exclusif. Mais elle n'a pas pour autant renoncé entièrement à cette coquetterie qui est le fond de sa nature, et tandis qu'elle échange des pointes avec Chateaubriand, elle se laisse engager, de son côté, dans une intrigue sentimentale qui fait songer un peu à celle de la comtesse Almaviva avec le page Chérubin.

L'aventure avait commencé à l'automne de 1820. Le héros était le fils d'un savant chaque jour plus illustre, le grand André-Marie Ampère, qui, découvrant en quelques semaines les lois fondamentales de l'électro-dynamique, peut être considéré comme le père de notre civilisation électro-mécanique. Le fils du physicien se nommait Jean-Jacques; il était né à Lyon, le 12 août 1800 et avait perdu sa mère à l'âge de quatre ans. Il fut alors mené à Paris. « Son père, rapporte Sainte-Beuve, homme de génie, homme de bien, mais sans règle et sans suite dans les habitudes journalières de la vie, ne put guère qu'exciter et secouer la jeune intelligence de son fils, sans la diriger. »

L'enfant montra à la fois de grandes dispositions pour l'étude et un caractère difficile à gouverner. Après de bonnes études classiques, il fut orienté par son père vers les sciences chimiques, auxquelles il mordit peu, ne pouvant se résoudre à abandonner Racine et Virgile.

Encouragé par un succès au Concours général, il parvint à convaincre son père qu'il était doué pour les lettres. A dix-huit ans, il avait composé quelques poèmes passables, et, à l'imitation de Manzoni, s'était attelé à une vaste tragédie de *Rosemonde*, qui lui fera perdre plusieurs années sans résultat. Romantique avant la lettre, fortement influencé par la lecture d'Obermann, et comme ce héros, « jeune homme qui ne sait ce qu'il est, ce qu'il aime, ce qu'il veut, qui gémit sans cesse, qui désire sans objet, et qui ne voit rien sinon qu'il n'est pas à sa place, enfin qu'il traîne dans le vide et dans un désordre infini d'ennuis », Jean-Jacques Ampère est mûr pour les folles aventures.

Tel est le jeune exalté, le rêveur insatisfait, que Ballanche, grand ami de son père, amène à l'Abbaye-aux-Bois et qui, apercevant la belle hôtesse en robe blanche, tombe subitement amoureux d'elle à en mourir, encore qu'elle soit largement en âge d'être sa mère.

Osa-t-il avouer tout de suite sa flamme? Il semble que d'abord une certaine timidité l'ait retenu. L'absence de Chateaubriand lui conféra quelque audace; la gloire subite de son père attira un peu l'attention sur lui; dans le salon de l'Abbaye-aux-Bois, il fut désormais un peu plus qu'un figurant.

Juliette l'appelait tantôt son frère, tantôt son fils, le sur-nommant Édouard, car elle craignait peut-être que le prénom de Jean-Jacques la plaçât trop dans le rôle de Mme de Warens. Il semble aussi que Mme Récamier, sans prendre au sérieux les œillades et les soupirs du nouveau Chérubin, ait considéré celui-ci comme un parti sortable pour Amélie Cyvoct, si bien que cette aventure, vue avec le recul, fait un peu penser à la situation évoquée par Musset dans *Le Chandelier*, le dénouement excepté.

On s'explique du moins pourquoi Juliette ne découragea pas complètement le jeune homme, qui vint même faire des séjours chez elle à Saint-Germain. Ballanche, établi à Paris depuis la mort de son père et hôte quotidien de Juliette, la poussa beaucoup à recevoir fréquemment le jeune Jean-Jacques, dans lequel il espérait naïvement trouver une contrepartie à Chateau-briand.

On possède une partie des lettres de Jean-Jacques Ampère à Mme Récamier; elles sont des cris passionnés en même temps que de pompeux devoirs de style :

Oh! où êtes-vous, où sont ces paroles si pénétrantes et si sincères, si amies, qui me faisaient espérer et presque croire? Priez pour moi, madame, vous me l'avez promis. Dieu entendra vos prières et me bénira à cause de vous... Oh! qu'il y ait un ciel où tout soit réparé!

Un quart de siècle plus tard, Jean-Jacques Ampère entrera à l'Académie, grâce à la voix de Chateaubriand moribond, mais l'élève restera toujours fort loin du maître. Du moins aima-t-il Juliette aussi ardemment que lui.

Au printemps de 1822, Jean-Jacques alla passer quelques jours à la campagne auprès de Mme Récamier. Sa passion s'exalta de cette présence quotidienne. Après leur retour à Paris, il vint la voir et la trouva seule; leur conversation prit un tour senti-mental.

Elle lui parla, conte Sainte-Beuve, avec sa grâce ordinaire, des charmantes journées, des courses et promenades à tra-vers le vallon... Puis, touchant avec son art délié la fibre du cœur, elle indiqua légèrement qu'il y avait lieu peut-être à des sentiments émus que du moins elle aurait pu craindre, si cela s'était prolongé, un commencement de roman pour un cœur poétique; car sa nièce, encore toute jeune, était auprès d'elle. Ampère, à ce mot, n'y tint plus et, tout d'un coup, éclatant avec trouble et sanglot : « Ah! ce n'est pas pour elle », s'écria-t-il et il tomba à genoux.

Dans son précieux *Journal*, Ampère a seulement noté :
« 1822 : Aveu! Premier ravissement! » Ce ravissement se traduit
par une lettre encore conservée :

> *Cette soirée me fait l'effet d'un songe heureux. J'en suis encore*
> *out enivré. Je cherche à rassembler mes idées, je ne le puis. Le*
> *bonheur qui remplit mon âme étourdit ma pensée... Vous que*
> *j'aime si vivement, si purement, si tendrement! Pourquoi y a-t-il*
> *tant de choses entre nous? Du moins, si au milieu de tant d'obstacles,*
> *il m'est donné quelques moments, quelques heures de trouble et de*
> *ravissement, de pure ivresse et de tristesse délicieuse!...*

Il promet d'écrire à Juliette, dont il voudrait mettre le nom
dans ses vers. Flattée, mais fort gênée aussi, Mme Récamier
pensa pouvoir écarter Ampère en lui faisant donner un poste
diplomatique. Elle pria le duc de Laval, nommé ambassadeur à
Rome, de l'emmener comme attaché. Avide de connaître l'Italie
et fort honoré de sa promotion, Jean-Jacques accepta, puis, au
moment du départ, il se dédit, retenu par le charme de la déesse.

La fausseté de sa position n'avait pas nui à ses bonnes relations avec Juliette. Il semble même que celle-ci, souffrant des
passades de Chateaubriand, ait commencé à s'attendrir sur son
jeune soupirant. Il avait pris l'habitude d'arriver chaque jour à
quatre heures et ne savait plus s'en aller; quand la nuit était
tombée, il s'attardait et rêvait avec elle, en regardant le clair
de lune. Il lui prenait les mains et elle ne les retirait pas, ou,
quand elle était assise, il se pelotonnait à ses pieds et posait sa
tête sur les genoux de la belle. Quand il se décidait à partir,
elle lui disait d'affectueuses paroles, mais la pensée de l'absent
ne quittait pas son cœur.

L'amoureux de vingt ans n'était pas dupe, et, après le
retour de Chateaubriand à Paris, il osa écrire à Juliette :

> *Il est une personne qui a la puissance de vous troubler, de vous*
> *affliger; à cette heure, elle est sans doute auprès de vous; si elle ne*
> *vous séduit pas, elle vous charme; si elle n'est pas aimée, elle est*
> *regrettée; elle a une destinée brillante, une gloire, une imagination*
> *poétique, vous laisse-t-elle vous souvenir de celui qui est sans rang*
> *et sans nom?*

Pauvre Jean-Jacques! Il avait achevé sa tragédie de *Rose-*
monde et l'avait fait lire à un ami de Ballanche, nommé Bredin,
petit employé à Lyon. Celui-ci s'était montré fort admiratif.
Mais on était loin du public enthousiaste du *Génie* ou d'*Atala* !

Mme Récamier ne pouvait donner tout son temps à ces badinages. C'est l'époque où son salon, jusqu'ici très littéraire, prend également un aspect politique, assez logique puisque ses amis sont au pouvoir. On la voit intervenir, avec sa bonté ordinaire, en faveur de condamnés, notamment dans les complots militaires qui avaient pour dessein de renverser le régime; elle obtint la commutation de peine du condamné à mort Roger, compromis dans l'affaire du colonel Caron à Colmar; elle fit amnistier Benjamin Constant, astreint à l'amende et à la prison pour délit de presse. Elle intervint également pour le général Lamarque, impliqué dans une conspiration, et elle aida Joseph Bonaparte, réfugié aux État-Unis, à obtenir un permis de séjour temporaire à Paris.

L'orientation politique n'enlevait à l'Abbaye-aux-Bois ni sa primauté littéraire, ni son côté mondain. Les jeunes écrivains y sont admis dès que leur nom émerge; entre 1820 et 1823, Lamartine, Sainte-Beuve, Mérimée sont déjà introduits. Ils y retrouvent une société brillante, car les familiers sont le peintre Eugène Delacroix, David d'Angers, Augustin Thierry, Bertin l'aîné, Alexis de Tocqueville, Salvandy, Auguste de Forbin, le marquis de Vérac, la duchesse de Devonshire, le duc d'Hamilton, Alexandre de Humboldt et l'on se réjouit d'une amusante anecdote :

Un jour, une spirituelle Anglaise, Miss Berry, familière de l'Abbaye-aux-Bois, arrive et trouvant Mme Récamier seule avec sa nièce lui conte une histoire arrivée le jour même et dont elle riait encore. A la chute du jour, elle faisait une visite à l'ambassadrice d'Angleterre, et les lumières n'étaient pas encore allumées. L'ambassadrice attendait une gouvernante dont elle avait besoin; le valet de pied introduit une dame de taille moyenne, très simplement vêtue, dont on ne comprend pas le nom. Persuadée qu'il s'agit de la gouvernante attendue, l'ambassadrice lui pose quelques questions sur ses capacités. Or la dame n'était autre que Désirée Clary, reine de Suède, qui, pour mettre un terme à la confusion, dit très haut :

« Il fait un froid rigoureux et le roi, mon mari, me mande. »
L'ambassadrice se confond alors en excuses.

Miss Berry ne pouvait se tenir de rire en narrant l'incident. A ce moment, la porte du salon de Mme Récamier s'ouvre et une dame sans apparence fait son entrée. Tout à son sujet, Miss Berry lui raconte l'histoire et répète : « C'était la reine de Suède, comprenez-vous! » tandis que Mme Récamier, qui avait reconnu sa visiteuse, criait : « De grâce, taisez-vous, c'est encore elle! »

Miss Berry riait de plus en plus fort :

« Charmant ! charmant ! vous voulez compléter l'aventure en me faisant croire que c'est la reine ! »

Heureusement, Désirée Clary avait bon caractère et elle fut la première à s'amuser d'un incident qui fit rire tout Paris pendant plusieurs jours.

Pourtant tout ne devait être alors que sourires à l'Abbaye-aux-Bois où les éléments d'un orage s'amoncelaient entre Juliette et René.

Tentative de rupture avec Chateaubriand

Véritable ange tutélaire, Mme Récamier portait bonheur à Chateaubriand, et il se voyait maintenant en passe de faire une carrière politique conforme à ses espérances. Intimement persuadé que par la puissance de sa plume il était devenu le maître politique de la France, il se considérait comme l'auteur de la chute de Decazes, et, sans doute, comme le successeur éventuel de Villèle. Le vicomte n'avait jamais douté qu'il était promis, non seulement à être le plus grand écrivain de son siècle, mais aussi à devenir un Premier ministre qui assurerait pour longtemps la grandeur de sa patrie.

Si brillante que lui eût paru, dans ses débuts, l'ambassade de France, à Londres, il la considéra vite comme une position de second ordre, où il courait le risque de s'endormir dans les facilités.

Un congrès européen devait se réunir à Vérone en septembre 1822 et décider d'une intervention européenne dans les affaires espagnoles où le roi Ferdinand VII, véritable prisonnier de ses assemblées, passait par des traverses rappelant celles de Louis XVI pendant les débuts de la Révolution. Pour se faire envoyer à Vérone, comme délégué de la France, le vicomte faisait agir ses amies auprès des ministres ; il ménageait Mme de Duras, bien qu'il ne l'aimât plus, et pouvait se délecter des lettres qu'elle lui adressait encore et où elle ne craignait pas de lui dire :

Hier, je suis restée à pleurer comme une enfant. J'ai fait arrêter toutes mes pendules pour ne plus entendre sonner les heures où vous ne viendriez plus.

Jalouse à mort de Mme Récamier, la duchesse de Duras aurait tenté n'importe quoi pour ramener Chateaubriand dans son orbite et elle ne lui ménageait pas ses conseils : « Il me semble que toutes vos folies ne sont guère de saison et que vous êtes assez vieux pour être sage. »

Les lettres de l'ambassadeur ne répondant toujours pas à son attente, elle lui écrivit :

Une amitié comme la mienne n'admet pas de partage. Elle a les inconvénients de l'amour... Savoir que vous dites à d'autres ce que vous me dites, que vous les associez à vos affaires, à vos sentiments, m'est insupportable et ce sera éternellement ainsi.

Ces propos visaient Juliette et non sans motif. Pris par le démon de la politique, René avait mis ses amours au second rang et ne les considérait plus que comme des soutiens de son ascension. Si l'on étudie à fond ses diverses correspondances de Londres, un double jeu se dessine manifestement : en suscitant la jalousie de Mme de Duras, il se servait de son amie pour user de son influence sur Villèle; en tracassant Mme Récamier, il l'incitait à peser sur les décisions de Mathieu de Montmorency. Comme le président du Conseil et son ministre des Affaires étrangères étaient en délicatesse, pour des questions de préséances, le descendant du premier baron chrétien se sentant fort au-dessus d'un hobereau toulousain, même créé comte par Louis XVIII, il y avait une chance d'obtenir des résultats. Mais les deux femmes, amoureuses du même homme, ne pouvaient s'empêcher de le servir.

Comme Villèle était persuadé de la nullité de Montmorency, les chances de Chateaubriand grandirent. Mais parce que le vicomte dépendait hiérarchiquement du ministère des Affaires étrangères, ce fut, au grand mécontentement de Claire de Duras, Juliette qui eut la joie d'annoncer à l'Enchanteur qu'il serait chargé de mission au congrès de Vérone. Toutefois, parce que plusieurs souverains devaient assister au congrès, un simple ambassadeur ne faisait pas le poids et, en sa qualité de ministre, Mathieu de Montmorency fut chef de la délégation française. Il engagea la France dans le principe de l'intervention en Espagne beaucoup plus loin que Louis XVIII ne le souhaitait. Rappelé en France, il y reçut cependant un titre ducal.

Resté chef de la délégation à Vérone, dans une fierté sans bornes, Chateaubriand tentait de concilier les points de vue. Il rentra à Paris au mois de décembre 1822, pour être témoin d'une crise ministérielle. Montmorency, ne voulant pas renier les promesses qu'il avait faites à Vérone, trouva conforme à sa dignité de donner sa démission. Pour résoudre la crise, Villèle fut autorisé par le roi à offrir le portefeuille des Affaires étrangères à Chateaubriand. Feignant la délicatesse à l'égard de Montmorency, le vicomte fit d'abord mine de refuser :

Villèle m'a proposé le portefeuille par ordre du roi, écrit-il aussitôt à Juliette. *Je l'ai refusé. Mathieu ne valait pas ce sacrifice par la manière dont il a été avec moi, mais je* devais cela à vous *et à ma loyauté.*

En réalité, Chateaubriand mourait d'envie d'accepter; mais, en politique, de même qu'en amour, il souhaitait se faire prier. Sur l'insistance de Villèle, il donna son accord, et expliqua à Mme Récamier :

J'ai refusé Villèle à midi. Le roi m'a envoyé chercher à quatre et m'a tenu une heure et demie à me prêcher et moi résistant. Il m'a donné enfin l'ordre d'obéir. J'ai obéi. Me voilà resté auprès de vous. Mais je périrai dans le ministère. A vous!

La situation de Juliette, prise entre deux amis intimes, semblait fort délicate. Mathieu de Montmorency la rassura fort simplement; à défaut d'un grand esprit il possédait une belle âme. Chateaubriand, fort bouffi, ne pouvait cacher le plaisir qu'il éprouvait « à coucher dans ce lit de ministre ». En dépit de ses nouvelles obligations, il prenait l'engagement de venir voir Juliette tous les jours et aussi de lui écrire chaque matin. Ballanche jugea la situation avec bon sens en écrivant à Mme Récamier :

Je sais que l'abdication *pour laquelle vous avez un intérêt si vrai, si naïf et si touchant, vous la supporteriez mieux, s'il n'y avait eu en même temps une* élévation *qui trouble vos sympathies généreuses. Au sein d'une telle perplexité et parmi de si vives émotions, savez-vous ce qu'il faut faire? Il faut tourner quelques-unes de vos pensées vers cette pauvre France, qui mérite aussi bien d'avoir un autel pieux dans votre noble cœur.*

Sacrifier aux intérêts nationaux l'intimité avec René était un sacrifice digne de Juliette, maîtresse du cœur d'un des hommes politiques les plus en vue du moment. Sitôt ministre, Chateaubriand lança la France dans l'aventure de la guerre d'Espagne. La campagne fut une promenade militaire, le roi Ferdinand VII fut rétabli sur son trône et l'on peut dire sans exagération que la politique du vicomte fut le premier baume versé sur les blessures et les amertumes des traités de 1815.

Hélas! rapporte Mme Lenormant, « l'humeur de l'éminent écrivain n'avait pas résisté à la sorte d'enivrement que le succès, le bruit, le monde, amènent facilement pour des imaginations ardentes et mobiles. Son empressement n'était pas moindre, son amitié n'était point attiédie, mais Mme Récamier n'y sentait plus cette nuance de respectueuse réserve qui appartient aux durables sentiments qu'elle voulait inspirer ».

Que cache ce texte volontairement sibyllin ? Que Juliette n'avait plus d'illusions : le grand vertige des deux premières années était passé; elle aimait encore, mais elle jugeait, ce qui est déjà aimer moins. Le ministre des Affaires étrangères donnait trop publiquement la preuve de son manque de sensibilité à l'égard de Mme Récamier. Alors que toute la France avait les yeux fixés sur lui, que tous ses gestes étaient épiés, le moindre de ses actes commenté, Chateaubriand s'était compromis d'abord avec Fortunée Hamelin, une ancienne merveilleuse, puis il avait laissé paraître au grand jour son inclination sensuelle pour la belle comtesse de Castellane, qui avait tout juste vingt-sept ans.

Née Cordelia Greffulhe, Mme de Castellane avait d'abord été la maîtresse du comte Molé. Puis Chateaubriand s'était subitement intéressé à cette femme assez facile, quand il triomphait de l'Espagne révoltée, en faisant mettre le siège devant Cadix : les deux places avaient succombé simultanément. Le 12 septembre 1823, le vicomte écrivait à Cordelia :

Mon ange, ma vie, je ne sais quoi de plus encore, je t'aime avec toute la folie de mes premières années. Je redeviens pour toi le frère d'Amélie, j'oublie tout depuis que tu m'as permis de tomber à tes pieds.

Au début d'octobre, le ministre des Affaires étrangères montait en voiture pour aller retrouver la comtesse de Castellane à Fontainebleau. Au moment où il prenait la route, on lui remit une dépêche, annonçant que Cadix venait d'ouvrir ses portes. Dans l'impossibilité de quitter le ministère en une pareille conjoncture, il fit porter à Cordelia une lettre dithyrambique :

Tu vois mon malheur ! Je suis forcé de rester ici pour cet immense événement. Ainsi, je perds cette nuit que j'aurais passée dans tes bras. Ah ! je puis t'écrire sans contrainte, te dire que je donnerais tout le monde pour une de tes caresses. Je suis à attendre un événement qui ne m'apportera aucun bonheur. Que m'importe le monde sans toi ? Tu es venue me ravir jusqu'au plaisir du succès de cette guerre que j'avais seul déterminé et dont la gloire me trouvait sensible. Reviens vite, oh ! oui, dédommage-moi ; viens ; pardonne-moi cette délivrance de ce malheureux roi d'Espagne. Je ne sais si tu pourras me lire ; je t'écris après avoir écrit à tous les ministres de l'Europe. Ma main est fatiguée, mais mon cœur ne l'est pas. Il t'aime avec toute l'ardeur, toute la passion de la jeunesse.

Cette lettre, probablement écrite en fin de journée, fut complétée par le post-scriptum suivant :

Minuit ! La peur de gâter une vie qui est à toi, à toi à qui je dois de la gloire pour me faire aimer, peut seule m'empêcher de jeter tout là et de t'emmener au bout de la terre.

Mme Récamier connut-elle ce texte échevelé qui rejetait dans l'ombre le souvenir de Chantilly ? Sans avoir complètement mesuré l'intensité du délire et de la folie qui agitaient René, alors âgé de cinquante-cinq ans, elle savait qu'elle était trahie et bafouée. Peut-être songea-t-elle au mot de Napoléon assurant que la seule victoire en amour, c'est la fuite. Certainement, elle voulut à tout prix sauvegarder sa dignité et dissimuler son amertume. Sous prétexte qu'une grave maladie de poitrine de sa nièce requérait un séjour dans un climat chaud, elle décida de gagner l'Italie pour une très longue période ; afin de mieux affirmer son indépendance, elle emmenait avec elle Ballanche et Jean-Jacques Ampère, qui ne se firent pas prier.

C'était une rude et publique leçon pour Chateaubriand, à qui son manque de mesure et de dignité allait valoir bientôt de nouvelles disgrâces.

CHAPITRE IX

ITALIAM, ITALIAM

L'ABBAYE-AUX-BOIS SE TRANSPORTE A ROME ‖ TRAVAUX ET
JOURS ROMAINS ‖ LA FUITE DE JEAN-JACQUES AMPÈRE ‖ AMÉLIE
RENCONTRE L'AMOUR ‖ LE DERNIER PASSAGE DE JULIETTE
A ROME.

L'Abbaye-aux-Bois se transporte à Rome

L E VOYAGE de Juliette Récamier en Italie dura dix-huit mois, au cours desquels, comme s'il n'avait plus été protégé par son ange tutélaire, Chateaubriand allait connaître des heures pénibles. Mais on ne possède que très peu d'échos sur cette période au cours de laquelle Mme Récamier, par son absence voulue, infligeait une cruelle pénitence à celui qu'elle avait distingué entre tous. Le châtiment portera d'ailleurs ses fruits, puisque c'est seulement après l'avoir subi, que l'Enchanteur, bien qu'encore enclin aux passades, s'habituera peu à peu à cette régularité qui lui fera consacrer chacun de ses après-midi à la dame de l'Abbaye-aux-Bois.

Pendant l'absence de Juliette, on ne connaît que dix lettres de Chateaubriand; même en tenant compte de la destruction probable de certaines correspondances, on peut mesurer par cette rareté succédant à une période de lettres quotidiennes, quelle fut l'intensité d'une crise qui faillit séparer les deux amants.

Juliette avait pris la route le 2 novembre 1823. Le même jour, Chateaubriand lui adressait un billet, qui était une fourberie : l'écrivain se dirigeait alors vers la Normandie pour y retrouver Cordelia de Castellane, ce qui ne l'empêchait nullement d'écrire à Juliette en ces termes :

Craignant toujours de vous faire quelque peine, lorsque vous comptez pour rien les miennes, je vous écris ce mot, sur les chemins, de peur de manquer votre passage à Lyon. Je serai jeudi à Paris, vous n'y serez plus ; vous l'avez voulu. Me retrouverez-vous à votre retour ? Apparemment peu vous importe. Quand on a le courage, comme vous, de tout briser, qu'importe, en effet, l'avenir ? Pourtant, je vous attendrai ; si j'y suis, vous me retrouverez tel que vous m'avez laissé, plein de vous, et n'ayant pas cessé de vous aimer...

En rentrant de son séjour auprès de Cordelia, René envoya un petit mot pour que Juliette le reçût à son passage à Lyon, et il lui assura, avec la même hypocrisie : « Croyez-moi, rien n'est changé, et vous en conviendrez un jour. »

Ce n'était l'avis ni de l'intéressée, ni de ses familiers. « La vérité, a écrit Schérer en se fondant sur les lettres de Mme de Gérando, est que Chateaubriand, très volage toute sa vie, n'était point resté fidèle à celle qui avait dû se flatter d'être sa dernière inspiration. » Sainte-Beuve, témoin des faits, écrit clairement qu'il y eut chez Mme Récamier « une pointe de jalousie, au sujet d'une fort jolie et très spirituelle Mme de C..., qui était alors très fêtée au ministère des Affaires étrangères ». Nullement dupe des premières lettres reçues en route, Juliette envoya, depuis Chambéry, un billet fort sec, où elle appelait le vicomte « Monsieur ». De ce billet, René dit dans sa réponse « qu'il lui a fait une cruelle peine et que ce *Monsieur* l'a glacé ».

Aussi les correspondances allaient-elles s'espacer aussitôt que Mme Récamier aurait franchi les Alpes. Une lettre qui l'attendait à Turin ne fut pas honorée d'une réponse et Chateaubriand s'en plaignit avec mélancolie :

J'ai été réduit à apprendre de vos nouvelles par les autres. Vous avez pris parti si vite, que vous avez sans doute été persuadée que vous seriez heureuse... Ma vie maintenant se déroule vite. Je ne descends plus, je tombe, et je ne puis, dans la rapidité de ma chute, que faire des vœux pour vous que je laisse après moi sur la pente (15 novembre 1823).

Dans cette même lettre, où il s'attriste de la froideur du billet de Chambéry, on trouve encore ces accents émouvants :

Je suis devenu poltron contre la peine : je suis vieux et j'ai trop souffert. Je dispute misérablement au chagrin quelques années

qui me restent ; ce vieux lambeau de ma vie ne vaut guère le soin
que je prends de lui...

Plus épris qu'il ne l'avait cru, Chateaubriand souffrait de
l'absence de Juliette ; il n'est pas interdit de supposer que,
même malheureuse, celle-ci éprouvait une satisfaction en lisant
les plaintes de René, et que cette joie morale ajoutait aux
plaisirs qu'elle tirait réellement d'un voyage qui fut vraiment
du tourisme intelligemment commenté par Ballanche et par
Jean-Jacques Ampère.

Un arrêt de quinze jours avait été prévu à Florence.

Florence, note Jean-Jacques Ampère, est la cité sans
rivale pour la perfection et le goût. Heureusement pour elle,
Florence a cessé de produire à l'époque où le goût s'est
altéré en Italie ; elle s'est arrêtée à l'heure du beau exquis...
Mme Récamier sentait vivement, dans les arts et les lettres,
le très beau ; le mérite secondaire ne la touchait pas beaucoup. Elle n'appréciait bien que les chefs-d'œuvre... Devant
la Vierge du Corrège au Duomo de Parme, elle avait eu
ce mot heureux : « C'est la coquetterie de la pudeur. »

Il semble que cette appréciation valait aussi pour sa vie
sentimentale, mais, en ce moment, Chateaubriand, pourtant
chef-d'œuvre, était volontairement tenu à l'écart.

Mettant à profit cette grande absence, Jean-Jacques Ampère
faisait sa cour à Juliette et composait un poème sur ses promenades avec elle dans la cité des bords de l'Arno :

> Ah ! venez et souffrez que mon bras vous soutienne,
> Que parfois sur mon cœur, je presse votre bras ;
> Laissez, laissez tomber votre main dans la mienne,
> Venez sur ces hauteurs, je veux guider vos pas.

Hélas ! les vers d'Ampère n'étaient pas meilleurs que ceux
de Chateaubriand, lui aussi peu expert en prosodie.

En sus des jouissances artistiques, Florence apporta aux
voyageurs quelques plaisirs de société. Le ministre de France,
le marquis de la Maisonfort, ami de Mathieu de Montmorency,
avait joué un rôle important en émigration et avait eu l'honneur
d'annoncer le premier à Louis XVIII, au château d'Hartwell,
que la monarchie était rétablie. Il réserva un accueil des plus
courtois à Mme Récamier et lui fit rencontrer les notabilités de
la cité des Médicis.

Le salon le plus curieux était celui de la comtesse d'Albany,
veuve du dernier prétendant Stuart ; au milieu de belles collec-

tions réunies naguère par Alfieri, elle achevait sa vie, encensée par son amant, le peintre François-Xavier Fabre, qui fut son héritier et légua ses œuvres d'art à sa ville natale de Montpellier pour en faire un musée. Mme Récamier jugea sans indulgence cette illustre exilée, alors aux portes de la mort. Elle répéta imprudemment cette opinion devant une personne à laquelle Mme d'Albany l'avait recommandée, une certaine Mme d'Esmangard, qui porta sur Juliette des jugements plutôt dénués de bienveillance :

A cinquante ans, on ne peut être plus belle, quoi qu'en disent les femmes de cet âge qui sont assez malheureuses pour n'avoir d'autre destinée que d'avoir été belles et de ne pas savoir autre chose.

Ce préambule introduisait à la liste supposée des amants de Mme Récamier, et la dame malveillante continuait sur ce ton :

Elle parle peu au milieu de tous ces messieurs; elle est même souvent dans son lit, tandis que l'on cause, ou dans sa chambre à coucher, ou dans la pièce à côté. L'existence de Mme Récamier est une des singularités de ce temps-ci; elle est bonne femme, à ce que disent ceux qui la connaissent; et avait même cette réputation lorsque la fortune de son mari et sa figure lui faisaient faire quelques-unes de ces choses ridicules que les parvenus de la Révolution n'ont pu éviter de commettre. Si elle est bonne femme, comme je le crois, d'après la voix générale, c'est ce qu'il y a de meilleur en définitive, et il faut lui en tenir compte pour ce qui peut lui manquer d'ailleurs.

Les femmes sont rarement indulgentes pour leurs congénères, surtout quand elles ont conservé leur beauté intacte à la cinquantaine, ce qui était alors un phénomène tout à fait exceptionnel.

Le 15 décembre 1823, par un ciel gris et un temps froid, Mme Récamier et sa petite cour faisaient leur entrée à Rome.

Travaux et jours romains

A Rome, dont elle avait conservé un merveilleux souvenir, Mme Récamier se sentait d'autant plus chez elle qu'Adrien de Montmorency y représentait la France. L'ambassadeur avait pris soin du logement de ses amis : Mme Récamier était établie avec sa nièce et Ballanche dans un appartement au n° 65 de la

Via del Babuino, en face de l'église grecque, tandis que Jean-Jacques Ampère prenait gîte au vicolo dei Greci, qui débouchait dans la rue où Juliette résidait. En quelques heures, Mme Récamier avait transformé son meublé selon son goût : un nouvel arrangement, quelques draperies et bibelots apportés dans ses bagages avaient recréé, à l'ombre de la Trinité des-Monts, l'atmosphère de l'Abbaye-aux-Bois.

En peu de jours, grâce à Adrien de Montmorency, une société choisie prenait ses habitudes dans le salon de la belle voyageuse. Des familiers de 1812, il ne restait guère que l'abbé Canova, frère du sculpteur mort l'année précédente. Il s'y ajouta vite le peintre Delécluze, dont les charmants souvenirs ont évoqué cette période avec d'autant plus de précision que l'artiste était tombé amoureux d'Amélie Cyvoct, auprès de laquelle il ne remporta aucun succès. Les artistes de la villa Médicis, alors dirigée par Guérin, se nommaient Ingres, Léopold Robert et Granet. Les autres habitués étaient représentés par des Romains notables, tel le duc de Bracciano et par des membres du corps diplomatique.

Le pape Pie VII, mort récemment, avait été remplacé par le cardinal della Genga, qui avait pris le nom de Léon XII et l'une des premières sorties de Mme Récamier fut d'assister à la prise de possession de Saint-Jean-de-Latran par le nouveau pontife.

Au mois de janvier 1824 parvinrent deux lettres de Chateaubriand; se disant accablé par ses soucis ministériels, il en prenait excuse pour n'écrire que rarement. Mme Récamier paraît avoir répondu aimablement à la première de ces lettres en lui reprochant de se montrer si oublieux. Il protesta le 28 janvier :

Que vous êtes heureuse d'être au milieu des ruines de Rome! Que je voudrais y être avec vous! Quand retrouverai-je mon indépendance et quand reviendrez-vous habiter la cellule? Dites-moi cela, écrivez-moi. Ne m'écrivez pas des billets secs et courts et pensez que vous me faites du mal sans justice. C'est une double peine que de souffrir sans avoir mérité le mal qu'on vous fait. A vous, à vous pour la vie!

Alors que Chateaubriand rêvait du Capitole, il s'avançait à son insu vers la roche Tarpéienne. Cependant l'hiver fut pour lui assez calme alors que pour Mme Récamier et pour Amélie, il fut contrarié par des ennuis de santé qui les empêchèrent de flâner à travers Rome autant qu'elles l'eussent souhaité.

Ballanche esquissait le plan de sa *Palingénésie*, immense

poème philosophique, dont il dissertait chaque après-midi, dans le salon de la Via del Babuino, tandis que Jean-Jacques Ampère, de plus en plus amoureux, commençait à tenir le journal des mouvements de son cœur.

En février, la santé de Mme Récamier s'améliora. Elle eut alors la joie de voir arriver la reine Hortense, accompagnée de ses deux fils, Napoléon, qui devait mourir prématurément en 1831, et Louis-Napoléon, le futur empereur Napoléon III, alors âgé de seize ans. Juliette n'avait pas revu Hortense depuis les Cent-Jours. De nombreux entretiens réunirent les deux femmes, et l'ex-reine de Hollande expliqua à son amie, qu'au contraire de ce qu'elle supposait, elle avait désapprouvé le retour de l'île d'Elbe. Elle raconta la scène qu'elle avait dû subir de l'Empereur, quand elle lui avait reproché de s'être lancé dans l'aventure. A partir de ce moment l'intimité se renoua complètement et les deux amies sortirent fréquemment ensemble.

Pour faire plaisir à Hortense, Juliette se prêta même à une petite farce lors du carnaval de 1824. Elle accepta de se rendre au bal masqué du prince Torlonia exactement sous le même domino de satin blanc que la reine; puis, ayant coqueté avec Adrien de Montmorency, elle s'éclipsa un instant et la reine Hortense prit sa place; tout Rome put ainsi voir la belle-fille de Napoléon parader au bras de l'ambassadeur de Louis XVIII, qui ne se doutait pas de la comédie qu'on lui faisait jouer.

Quand le printemps s'annonça, Jean-Jacques Ampère, désireux de connaître Naples, projeta d'y partir avec Delécluze pour y rejoindre Ballanche; celui-ci avait été y rejoindre son ami lyonnais, le philologue Dubois-Montbel, qui s'intéressait aux fouilles de Pompéi. Mme Récamier intervint et pria Ampère de rester à Rome, comme si elle voulait garder à portée son jeune adorateur. Comme prétexte, elle dit qu'en raison de sa mauvaise santé de l'hiver elle n'avait pu faire les promenades projetées aux environs où Ampère devait remplir l'office de guide et d'accompagnateur. Croyant avoir accompli des progrès dans le cœur de la belle, Jean-Jacques renonça à son projet de voyage; se faisant d'avance un paradis de sa mission, il en nota consciencieusement les péripéties.

Le 24 avril, il conduisait Juliette à Saint-Paul-hors-les-Murs « dans une vive et sage disposition de bonheur ». Le même jour, le duc de Laval s'étant endormi après le dîner chez Mme Récamier, Ampère osa dire à Juliette « quelques mots de son sentiment ». Le lendemain, dimanche de Quasimodo, il allait retrouver Juliette à la messe, puis elle visitait à son bras le Forum et le

Colisée. En voiture, il avait osé garder sa main dans la sienne, pendant le long trajet qui les mena ensuite à la villa Doria-Pamphili. Le 26 avril, ce fut une visite à Tivoli, au cours de laquelle Ampère ne put s'exprimer, car la reine Hortense et ses fils, ayant rencontré Mme Récamier à Saint-Pierre, voulurent être de la promenade. Le prince Eugène de Beauharnais était mort le 6 avril, et, la nouvelle venant d'arriver, il était impossible de contrecarrer les désirs de la pauvre reine Hortense, toute chagrinée.

Dans le sentier rocailleux des cascatelles, Ampère offrit son bras à Juliette avec tant de précipitation qu'il fit une chute. Quand il se fut relevé, Mme Récamier, à sa grande déception, lui intima l'ordre de donner son appui à la reine Hortense. On coucha à l'auberge de Tivoli; le lendemain, on visita la villa Adriana, puis Frascati et Tusculum. N'ayant pu avoir d'aparté avec Juliette, Ampère fait état de la tristesse qui l'accable.

En arrivant à Rome, Mme Récamier trouve une lettre de Chateaubriand : il ne cache point que sa position ministérielle connaît des difficultés. Cette information ébranle les nerfs de Mme Récamier; Ampère en éprouve le contrecoup et note le 29 avril : « Je la trouvais ce soir charmante; je lui suis très attaché, mais j'aurais besoin d'être aimé un peu. » Il se plaint, probablement un peu trop, et note le 1er mai : « Elle m'a grondé. J'ai été triste. Je l'aime réellement plus qu'on ne croit et ce sentiment porte sur une base trop fausse pour ne pas me rendre malheureux. N'importe, il m'a donné des instants bien doux et m'en donne encore... C'est une chose à part, une femme à part, un amour à part. » Sait-il qu'au même moment Juliette écrit à son neveu Paul David :

Si M. de Chateaubriand était mal pour moi, j'en aurais un vif chagrin; s'il était bien, un trouble que je suis résolue à éviter désormais.

Mais Juliette sait bien qu'elle se ment à elle-même et qu'elle a besoin de son mal. Le lendemain (2 mai), après avoir rêvé longuement, assis sur la margelle de la fontaine de Trevi, Jean-Jacques emmène Mme Récamier faire une promenade en voiture :

Je lui ai dit : Je suis triste parce qu'il y a un certain progrès que je ne puis faire dans votre cœur. Je le vois bien. Si cela changeait, je m'en apercevrais bien vite. Avec cela, le sentiment que j'ai pour vous entre plus avant dans mon âme et m'attache plus que jamais. Tout cela étant, ce n'en est pas moins là tout le bonheur de ma vie. Elle n'a rien dit à cela ; mais elle m'a parlé avec tendresse et m'a fait du bien. J'étais mieux. Dans ce moment-ci, je ne suis plus triste... Cependant j'ai perdu ma vie...

Le 4 mai, l'amoureux reprend espoir : « Ce soir, j'ai eu un moment d'émotion. Seul avec Mme Récamier, en lui serrant les mains, il m'a semblé voir quelque chose dans ses yeux. Je me suis troublé... Elle m'aime un peu plus. Tout faire pour m'en faire aimer. » Les jours suivants, Jean-Jacques entre en lutte contre lui-même pour se dégager de ce lien platonique qui le rend prisonnier autant qu'un attachement charnel. Il a vingt-trois ans et est tourmenté par la tentation de cette belle femme qu'il, désire sans espoir. Alors, pour sauver la pureté de son sentiment, il envisage des remèdes physiologiques ; il indique la marche, la fatigue, le régime, mais probablement adopte un moyen plus efficace, puisqu'il inscrit dans son *Journal* une prière : « Mon Dieu! si c'est par ma faute que j'ai perdu la lumière, pardonnez-moi. C'est ma misère de ne pouvoir m'apercevoir que c'est ma faute. J'aurai d'autant plus besoin de votre secours. »

Au lendemain de cette crise, le 10 mai 1824, Ampère ouvre son âme à l'un de ses amis, Fulgence Fresnel, frère du fameux physicien et lui dit : « La corruption des mœurs se lie d'ordinaire à la dépravation de l'esprit. » Le confident est bien mal choisi : Fulgence Fresnel est un exalté qui songe alors au suicide et finira par embrasser l'islamisme. Du moins, les remèdes choisis par Ampère ont donné de l'assurance à celui-ci, puisqu'il note, ce soir-là, avec enthousiasme : « J'ai tenu la main humide de Mme Récamier. Enfin, dans la nuit, je l'ai tenue embrassée. J'ai dévoré ses mains de baisers. J'ai compris la différence qu'il y aurait entre la jouissance de l'âme et celle des sens. »

Même en tenant compte de l'exaltation du jeune homme, de tels propos donnent à rêver sur certains aspects de la personnalité de Mme Récamier. Ampère, qui s'était cru prêt à rompre ses chaînes, note le 11 mai : « D'ici un an, je ne veux vivre que pour elle, lui sacrifier tous les plaisirs... » Le 12 mai, Ampère, manquant de contrôle, répond trop vivement à Juliette. Quand il se retrouve seul, il sombre dans un accès de désespoir. Mais deux jours plus tard, il écrit : « Les filles dégradent... Une amourette souillerait la beauté d'aimer Mme Récamier... Mais contre un amour, il n'y a rien à dire. »

Ces crises répétées vont aboutir à une conséquence singulière. Alors que Jean-Jacques Ampère se considère comme indifférent à la religion, il va essayer de retrouver la foi à travers son amour pour Juliette. Pendant deux jours, il va visiter des églises avec elle, sans grand succès d'ailleurs. Le 31 mai, il note qu'à la suite d'une scène violente avec Juliette, il lui a dit : « Je vous donne toute ma jeunesse et je ne suis rien dans votre cœur. » Elle lui répond : « Ces agitations sont mon passé, je cherche ailleurs un avenir. Vous ne pouvez être pour moi qu'un passager. »

Au milieu de ces complications sentimentales, au cours desquelles Jean-Jacques s'exaspère jusqu'à devenir parfois insupportable, une grande nouvelle arrive à Rome : Chateaubriand a été subitement disgracié; il n'est plus ministre des Affaires étrangères et, sans le moindre ménagement, l'intérim a été donné à Villèle. Louis XVIII a chassé le grand écrivain comme un voleur parce qu'il n'avait pas soutenu un projet de conversion des rentes qu'il désapprouvait.

Trop occupé de lui-même, Ampère n'a malheureusement pas noté les réactions de Juliette lors de la disgrâce de René. Tout donne à penser qu'elle en souffrit vivement, sans pour autant se décider à reprendre ses chaînes.

> Lorsque Chateaubriand est renvoyé du ministère, écrit Sainte-Beuve, en cette crise violente et décisive qui déchira en deux sa vie de royaliste, ses lettres à Mme Récamier manquent et font défaut; elles n'ont pas été retrouvées, nous dit-on, avec les autres papiers; elles devaient renfermer trop d'éclats de colère et de haine vengeresse, ce qui, sans doute, les aura fait depuis longtemps supprimer.

Si bien qu'on discute si Mme Récamier apprit la nouvelle de la disgrâce à Rome, quoique cela semble probable, puisqu'elle ne quitta la Ville éternelle qu'au mois de juillet. M. Herriot fixe l'arrivée à Naples le 1er juillet. Le *Journal* d'Ampère donne des dates un peu différentes : le 25 juin, il y est fait mention de la prise de position du vicomte contre la conversion des rentes, et c'est le 2 juillet qu'il note : « Mme Récamier, en apprenant ce qu'on dit, a été très agitée et très triste. Ce soir, elle a dit de M. de Chateaubriand : « Il n'est pas susceptible d'affection mais d'habitude. » Et tout à fait pour lui seul, Ampère laisse échapper cette note : « M. de Chateaubriand, kouik! Toute l'ambassade rangée autour de lui! »

D'après le même journal, le départ pour Naples eut lieu seulement le 6 juillet, au petit matin, et après de longues hésitations.

La fuite de Jean-Jacques Ampère

La disgrâce de Chateaubriand n'avait été pour rien dans les hésitations de Mme Récamier sur la date de son départ pour Naples. Mais on était au temps de Fra Diavolo et les routes étaient peu sûres; la crainte des brigands, tant au cours du voyage, que pendant le séjour dans la capitale de la Campanie, ne relevait pas totalement de la rêverie. On avait donc dû obtenir une escorte, et c'est en convoi de sept voitures, sous la protection d'un détachement de quatre-vingts soldats autrichiens, que Mme Récamier refit cette route, sur laquelle, douze années plus tôt, elle avait utilisé les chevaux préparés pour le duc d'Otrante.

C'est par le *Journal* d'Ampère que l'on possède le plus de détails sur le séjour napolitain que Mme Récamier allait faire durer jusqu'à la fin de l'année 1824.

Le 6 juillet, on couche à Velletri, dont on repart le 7 à quatre heures et demie du matin. Il fait une chaleur torride et les cigales mènent un concert assourdissant.

Lors d'une halte à Cisterna, pendant les heures chaudes, Ampère, assez mal inspiré, avait lu à Mme Récamier des passages du *Génie du Christianisme*, tout en déclarant que cette manière de parler de la religion relevait du plus parfait charlatanisme. Devant les protestations véhémentes de Juliette, Jean-Jacques s'était gardé d'insister. Dans les Marais Pontins, on voyagea seulement de nuit. Ampère obtint de monter dans la voiture de Juliette :

« J'avais de la peine à me livrer à son charme, mais elle a été si tendre, si douce! Je suis descendu la dernière fois enchanté et je marchais avec transport, au clair de lune, derrière la voiture. »

A Terracine, après une promenade en mer, Jean-Jacques monte dans la chambre de Juliette; il baise son pied et lui dit : « Vous avez aujourd'hui votre robe de sœur grise » et elle répond : « C'est mon jour de pitié. » Le 9 juillet, le convoi atteint Gaëte, et le 10, Ampère découvre avec enthousiasme la baie de Naples, l'île de Capri, le Vésuve du haut du Pausilippe.

Mme Récamier avait pris gîte dans une riche famille française, établie à Naples à la suite des Bonaparte, les Lefebvre, qui habitaient à la Chiaja, dans une maison agréable, où l'on jouissait d'une vue magnifique, et d'où Juliette croyait apercevoir ce cap Misène si cher à son cœur.

Ampère passait le plus clair de son temps à traduire en vers ses promenades avec Juliette :

Mon cœur, fort peu touché de la lune et du ciel,
Se débat, obsédé par un tourment réel,
Car celle qui pour moi prête sa grâce aux choses,
Donne aux cieux leurs rayons et leur parfum aux roses,
Avec qui je voudrais, sur les flots emporté,
Me perdre dans la nuit et dans l'immensité,
     D'un cercle brillant entourée
Et sans songer à moi, dont l'âme est torturée,
Écoute indolemment les compliments sans fin
Et les fades propos et les récits vulgaires
        Et les interminables guerres
        D'un général napolitain.

Juliette recevait, en effet, des visites répétées du général Filangieri, un patriote libéral disgracié, et appréciait vivement sa conversation; aussi Ampère joignait-il la jalousie à ses tourments amoureux et aux inquiétudes qu'il devait à son père, victime de sa gloire scientifique. Nommé professeur au Collège de France, André-Marie Ampère ne trouvait plus le temps nécessaire à ses recherches sur l'électricité dynamique; de surcroît, il s'était endetté de 4 000 francs et suppliait son fils de venir l'aider à régler ses affaires. Jean-Jacques n'en avait guère envie; sa passion insatisfaite l'attachait au sillage de Juliette :

« Je suis, comme Lord Byron, usé et je n'ai pas usé, note-t-il le 17 juillet. Je ne suis plus qu'une tête. Au fait, je suis dans le plus beau pays du monde; j'ai des amis, des livres, la mer. Certes, on ne peut pas jeter plus de fleurs sur un cadavre! Si j'allais avoir une maladie incurable, je me tuerais... »

Le 22 juillet : « On ne m'a fait aucun bien et un mal irréparable. Je n'ai aucun espoir. » De fait, Jean-Jacques Ampère tombe malade. Juliette vient lui rendre visite et lui dit : « Dans cinq ans, vous vous marierez. »

La maladie le replace quelques jours dans le réel; son exaltation tombe légèrement, mais ce calme ne dure guère. Le 6 août éclate une scène entre Jean-Jacques et Juliette. Le 16, arrive à Naples le premier article de Chateaubriand, devenu opposant. Jean-Jacques critique violemment l'article et la réaction de Mme Récamier l'éclaire. Il essaie alors de se persuader qu'il est sur le chemin de la guérison :

Mme Récamier, note-t-il le 18 août, n'est plus qu'une habitude et un attrait. Mon cœur est froid. J'étais destiné à être grand. C'est une fatalité. Voilà six ans de perdus. Je n'aurais qu'un moyen : ce serait, pour me relever, m'attacher au seul sentiment qui puisse avoir une grande prise sur moi : la composition littéraire.

Aussi, le 21 août, il lit à Juliette un acte de la tragédie *Rachel*, qu'il est en train de composer. L'éloge lui paraît insuffisant et il accepte mal les réserves; une scène éclate.

Ampère boudera pendant trois jours et quand il reviendra, ce sera pour constater qu'il n'est nullement guéri. Pourtant il se raisonne, en écrivant : « J'ai, dans l'amitié d'une femme adorée, un puissant secours et une grande consolation. »

Ainsi, selon les jours, alternent les disputes et les raccommodements, les désespoirs et les espérances. Le 16 septembre, Jean-Jacques se dit que, pour lui, la suprême sagesse serait peut-être de retourner à Paris sans s'être brouillé avec Mme Récamier. Malgré tous ces orages, il travaillait : du *Roland furieux*, il a tiré un poème décasyllabe *Angélique et Roland*, qui n'est pas sans valeur, et également composé un autre poème, *Childe-Harold à Inez*, dans lequel il décrit la crise qu'il traverse, où il pleure d'un mal impossible à guérir qui n'est ni la haine, ni l'amour, ni l'ambition, mais l'ennui, la tristesse, l'angoisse de ne pouvoir échapper à sa propre pensée. De Mme Récamier il a appris le mal du siècle, mais il voudrait le soigner :

> Ce doit être ma pensée unique. Dans cette affaire-ci, penser à mon père et à Mme Récamier ensuite... Je dois être résolu à tout, à supporter l'absence de Mme Récamier et à m'abstenir de tout plaisir pour passer six mois d'austérité et de solitude. Et puis, je renais... je pourrai commencer à vivre.

Il semble que Jean-Jacques ait enfin arrêté sa décision pendant une nuit romantique, au cours de laquelle il avait passé de longues heures à lire une partie du début manuscrit des *Mémoires d'outre-tombe*, que Juliette lui avait prêté.

> Nuit du 17 au 18 septembre 1824 : A la villa Reale, au bruit des flots, en présence du ciel étoilé, je me suis promis de subordonner ma vie actuelle à l'œuvre de ma régénération... Car je ne puis mener ma vie avant d'avoir retrouvé mon être. C'est la vie ou la mort. Ma devise sera alors : *Quid vitae sectabor iter* (devise de Descartes). Maintenant, elle ne peut être que *To be or not to be*... Pour donner, il faut être. Je veux être... Déjà, plusieurs fois, j'ai cru, comme cette fois, en être à recouvrer ma vie. Cette fois, il le faut... ou

mourir. Ce soir, Mme Récamier m'a appelé son frère et m'a presque baisé le front. Je veux l'être toujours.

Une fois la décision prise — et elle sera tenue —, Jean-Jacques Ampère connaît encore des incertitudes :

18 septembre : Mon départ me déchirera certainement... La séparation est incertaine. Mais quand on en sera là, quand il faudra, un soir, partir pour aller à six cents lieues... Travailler, dominé par l'idée supérieure d'une régénération morale. L'expiation religieuse, c'est ma vie actuelle...

Jean-Jacques se donne cependant un délai, puisqu'il retient sa place sur un bateau qui ne met à la voile que le 7 octobre. Puis, au moment d'embarquer, il laisse partir le vaisseau sans lui. Pourtant, son père, qui vient de se faire expulser de l'Université, souhaite ardemment son retour. Le 29 octobre, le jeune Ampère est encore à Naples, donnant comme prétexte que l'automne y connaît trop de splendeur pour aller retrouver les brumes parisiennes.

Persuadée maintenant que Jean-Jacques voulait à tout prix se libérer, Juliette, fidèle à sa coquetterie, mettait ses charmes en œuvre pour le retenir. Ce ne fut que le 6 novembre, après avoir joué avec elle la scène de Titus et de Bérénice, que Jean-Jacques Ampère put mener à bien un départ qui prit le caractère d'une fuite. Il souffrait. Le dernier matin, il écrit à Juliette :

J'ai passé une horrible nuit. Eh! bon Dieu! que voulez-vous que je devienne, si nous ne nous quittons pas bien? Croyez-vous que j'aurai la force d'aller jusqu'à mon père? Écoutez, madame, nous nous aimons tous deux d'une amitié vraie; ne nous faisons pas un mal irréparable! Voulez-vous me réduire au désespoir? Que vous ai-je fait? Ah! par pitié, que je vous voie ce matin.

Juliette ne resta pas indifférente à cette plainte; à la dernière minute, elle revit son soupirant malheureux et lui passa au doigt une bague, en souvenir de leurs entretiens. Cet anneau, Jean-Jacques Ampère devait maintes fois le porter à ses lèvres, en fondant en larmes.

Son voyage de retour est jalonné de lettres mélancoliques et attendries.

Je me suis assis, écrit-il lors de son étape à Terracine, *au pied d'une chapelle abandonnée, j'ai songé à vous dans ce lieu sauvage, qui ressemble au lac d'Agnano, où nous étions, il y a deux jours, où je pourrais être en deux heures, et dont je serai bientôt à quatre cents lieues.*

Maintenant qu'elle était libérée des assiduités de Jean-Jacques, Juliette avait l'inconséquence de les regretter et, lors de son arrêt à Rome, le fugitif reçut de Mme Récamier une missive, où elle lui disait :

Je vous écris pendant que vous êtes encore là, mais je veux que vous trouviez ce petit billet en arrivant à Rome ; demain, vous serez parti, et je vais me trouver encore plus triste et plus isolée que jamais. Adieu, adieu ; vous écrirez tous les jours et je vous promets un petit mot, tous les courriers, jusqu'à mon retour.

C'était promettre plus qu'elle ne pouvait tenir, mais l'amitié devait demeurer jusqu'à la mort de Mme Récamier, dont ce sera l'une des dernières joies que d'avoir aidé à l'élection d'Ampère à l'Académie française, en 1847.

Sur le chemin du retour, pour tromper son chagrin, Jean-Jacques avait fait un séjour à Venise. En voguant en gondole à travers la cité des eaux, il composa son élégie, *Venise*, où lui échappe le vers révélant qu'il n'a jamais pensé vaincre complètement Juliette :

Si vous l'aviez voulu, si vous m'aviez aimé...

Car si elle tint partiellement sa promesse de lui écrire, ses lettres, souvent banales, ne dépassent jamais le ton d'une tendresse maternelle.

Les complications sentimentales entre Mme Récamier et Jean-Jacques Ampère ne suffisent cependant pas à évoquer un séjour de six mois à Naples, qui restera parmi les heureux souvenirs de Juliette, puisque c'est alors que sa nièce et fille adoptive va rencontrer l'homme qu'elle épousera.

Amélie rencontre l'amour

Les roucoulements d'Ampère n'avaient nullement fait oublier Chateaubriand à Mme Récamier et elle se tenait au courant des activités de celui qu'elle aimait. La nouvelle de la disgrâce ministérielle l'avait profondément affectée ; elle en avait perdu le sommeil, d'autant plus qu'elle était fortement éprouvée par la grande chaleur qui accablait la Campanie, en ce mois de juillet 1824. Pendant plusieurs semaines, ne pouvant dormir dans la villa des Lefebvre, elle alla coucher sur les hauteurs de Capo di Monte, où l'air était moins étouffant.

Sa principale distraction, au long des jours, était de visiter les environs de Naples « en prenant pour guide les pages immortelles que ces lieux avaient inspirées à M. de Chateaubriand ou à Mme de Staël. On résolut de faire le tour du golfe, de visiter les Écoles de Virgile, Pouzzoles, Baïes et le cap Misène par mer. »

Ce jour-là, on partit au petit matin, dans une grande barque à voiles, pourvue également de bons rameurs et garnie d'abondantes provisions. Allongée sur des coussins et drapée dans un châle, Mme Récamier se faisait lire des pages des *Martyrs*, tandis que l'on voguait sur une mer outrageusement bleue, sous un ciel sans nuages. Ballanche avait apporté un Strabon et en extrayait des renseignements pour ses auditeurs. Tandis qu'il les charmait par son érudition, le bateau parvint en vue du cap Misène. Ce cap n'est qu'une langue de terre, plate et sans caractère, où quelques tristes peupliers élèvent leurs cimes. « Si on dépouillait ce coin du rivage de Naples de la lumière qui prête à tout de la beauté, il n'en resterait rien », a fort honnêtement rapporté Amélie Cyvoct.

Mais Juliette tenait à son pèlerinage ; on débarqua, et, assise au pied d'un arbre, Mme Récamier se fit relire l'improvisation au cap Misène. On dut convenir que Mme de Staël n'avait sans doute jamais visité les lieux avant d'y placer la scène capitale de Corinne. Du cap Misène, on n'apercevait que dans un lointain fort effacé la cime du Vésuve, et on loua fort le peintre Gérard de ne pas s'être cru obligé à l'exactitude ; son paysage imaginaire surpassait de fort loin la réalité.

En retrouvant Naples, Mme Récamier s'était fréquemment remémoré le temps où elle y était reçue par le roi Murat, devenu ombre à son tour. Aussi écrivit-elle tendrement à l'ex-reine Caroline Murat, établie à Trieste sous le nom de comtesse de Lipona (anagramme de Napoli), et tout en lui exprimant sa fidélité, elle lui proposa de l'aller voir sur la route du retour en France.

Les jours qui suivirent la confrontation avec le cap Misène, on continua les excursions, cherchant, sans le trouver, le tombeau supposé de Scipion l'Africain à Linterne, puis en assistant au pèlerinage de la Madonna di Pie di Grotta.

Sur ces entrefaites, on apprit la nouvelle de la mort de Louis XVIII. A cette occasion, Chateaubriand consentit momentanément à désarmer, et il célébra la mémoire du souverain qui l'avait si cruellement frappé dans une brochure de circonstance : *Le roi est mort, vive le roi.*

Un soir de septembre 1824, un ami de Mme Lefebvre, le marquis della Greca, amena pour dîner un jeune archéologue qui, après un voyage en Sicile, venait participer aux fouilles de la région de Naples. Ce savant chercheur se nommait Charles Lenormant; il connaissait un peu Ballanche et Jean-Jacques Ampère qu'il retrouva avec satisfaction. On le présenta à Mme Récamier, qui lui adressa quelques questions bienveillantes sur ses projets et ses goûts d'études; apprenant qu'il devait passer l'hiver à Rome, elle l'engagea à fréquenter son salon, où il était assuré de trouver une société française des plus choisies.

Fils d'un important notaire parisien, Charles Lenormant, alors âgé de vingt-quatre ans, avait fait de très bonnes études auxquelles il devait son goût très vif pour l'histoire de l'Antiquité. « C'est par amour de l'art qu'il entra dans l'archéologie, et cet amour n'a pas cessé de l'inspirer dans ses recherches et de le diriger dans le choix de ses plus importants travaux. » Telle est la simple phrase par laquelle Amélie Cyvoct introduit Charles Lenormant, dans les *Souvenirs et correspondances de Mme Récamier*. La pudeur de la fille adoptive de Juliette n'a pas voulu en dire davantage. Mais, du premier coup, elle avait compris que le jeune archéologue serait l'homme de sa vie, et cet amour, né au soleil de Naples, ne devait jamais se démentir; après de nouvelles rencontres à Rome, Amélie rentrera en France fiancée à Charles Lenormant.

L'ambassadeur de France à Naples, l'ancien président de la Chambre et garde des sceaux, le très éloquent M. de Serre, venait de mourir, encore jeune, à son poste. Mathieu de Montmorency, très désireux de connaître l'Italie, envisagea un moment de le remplacer. Il ne songeait plus à demander un ministère, car ses intérêts gouvernementaux étaient maintenant suffisamment représentés par son gendre, Sosthène de la Rochefoucauld, et par le duc de Doudeauville, père de ce dernier. Finalement le projet fut abandonné. Mathieu ne vint même pas faire le voyage projeté au cours duquel il espérait passer de longs moments auprès de Juliette.

Rien ne retenait plus celle-ci à Naples. Elle recevait de bonnes nouvelles de son mari et de son père dont la santé ne donnait pas d'inquiétudes, mais elle était probablement inquiète de sa reprise de contact avec Chateaubriand. On trouve donc un sérieux faisceau de raisons pour qu'elle ne se hâtât point de regagner la France, surtout si l'on y ajoute le rendez-vous donné à Rome à Charles Lenormant. Aussi reprit-elle au mois de novembre le chemin de la cité papale, où elle avait trouvé une nouvelle résidence, dans le palais Sciarra, sur le Corso. Elle y avait loué un appartement meublé à un Anglais, Lord Kinnaird,

« homme d'esprit et de bonne compagnie », elle allait regrouper autour d'elle la société qui l'avait entourée l'année précédente, diminuée de la compagnie de Jean-Jacques Ampère, mais enrichie de quelques éléments nouveaux.

Le dernier passage de Juliette à Rome

Ce nouvel hiver à Rome différa du précédent, où Juliette avait été mal portante et la capitale pontificale assombrie par des deuils. Disgracié par le pape Léon XII, le cardinal Consalvi, homme lige de Pie VII et négociateur du Concordat, avait succombé seulement sept mois après le pontife qu'il avait si fidèlement servi. Puis la ville avait été secouée d'émotion par un tragique fait divers : une jeune Anglaise d'une grande beauté, Miss Bathurst, entraînée par son cheval dans les flots du Tibre, y avait péri noyée; cette mort avait alimenté longuement les conversations. Enfin, une grande dame, tenant le premier salon de Rome, la duchesse de Devonshire, grande amie de Mme Récamier, était morte presque subitement à la fin du Carême, et toute la société prit alors le deuil. Cette mort avait soulevé un problème assez étonnant : on assurait que le beau-fils de la duchesse, qui allait hériter d'une des plus grosses fortunes d'Angleterre, n'était pas le fils de cette première duchesse de Devonshire, que Juliette avait si bien connue à Londres, lors de son séjour en 1803; le duc l'aurait eu d'une maîtresse, Lady Elisabeth Harvey, mariée à M. Foster, l'enfant de ces amours doublement adultérines serait né à peu près au moment où la première duchesse de Devonshire donnait le jour à une fille; par un accord entre les époux et la maîtresse, on aurait échangé les deux nouveau-nés. Pour justifier ce singulier fait divers, on faisait valoir que le présent duc de Devonshire ne s'était pas marié, comme s'il avait voulu se réserver la possibilité de léguer sa fortune à celle dont il avait pris la place aux yeux de la loi.

L'hiver romain de 1824-1825 ne devait pas être marqué par des événements aussi tragiques et aussi sombrement romanesques. En retournant à Rome, Mme Récamier eut d'abord l'occasion d'y retrouver le roi Louis Ier de Bavière, qu'elle avait connu lorsque, simple prince royal, il était venu la voir à Paris, à l'époque où Gérard peignait son portrait. Ce futur amant de Lola Montès, cet amateur de beautés, qui constitua à Nymphenbourg une des plus belles galeries de portraits féminins existant au monde, fut une nouvelle fois sous le charme de Juliette, toujours aussi séduisante à la veille de la cinquantaine, bien que quelques fils d'argent commençassent à strier sa chevelure.

Ce fut alors que Mme Récamier se lia avec la fameuse Mme Swetchine, qui devait, elle aussi, s'établir à l'Abbaye-aux-Bois. Adrien de Montmorency avait été l'artisan de la rencontre d'où sortit une durable et précieuse amitié. Mme Swetchine avait adopté une jeune fille, Nadine Staeline, qui était vraisemblablement une bâtarde de son époux, le général Swetchine. Le plus jeune fils de la comtesse de Ségur, née d'Aguesseau, s'était engoué de la jeune fille. Jugeant que le mariage n'était pas possible, Mme Swetchine vint s'établir à Rome avec sa fille adoptive, au cours de l'année 1823; c'est par ses correspondances que l'on connaît le mieux les détails du dernier séjour romain de Juliette.

Elle continua à y fréquenter des artistes; le Danois Thorwaldsen avait hérité de la primauté de Canova; dans son atelier, Mme Récamier connut son élève préféré, Tenerani, à qui elle commanda un bas-relief représentant un sujet emprunté aux *Martyrs*, choix qui en dit long sur les mouvements de son âme. Finalement Tenerani choisit le supplice d'Eudore et de Cymodocée; quand Chateaubriand eut arrêté le choix de son tombeau, Mme Récamier promit de léguer le bas-relief au musée de Saint-Malo.

L'abbé Canova, qu'elle allait visiter fréquemment, lui remit le buste en Béatrice, que son frère avait sculpté en 1812. Ballanche, amoureux discret moins fatigant que l'impétueux Ampère, « jouissait de la vie avec délices, de celle du cœur sans trop de souffrance ». Il travaillait à une *Histoire romaine* et, après l'hiver à Rome, il partit en Toscane, pour un complément de recherches. A Pise, il reçut, le 4 mars 1825, une lettre d'Amélie Cyvoct, lui apprenant que Chateaubriand avait repris sa correspondance avec Juliette :

« Voilà qui arrange un peu le retour, écrit-il à la jeune fille; il ne sera pas si heurté que je le craignais. »

Éternel second dans le cœur de Juliette, Ballanche lui écrit le 5 mars 1825, avec son indulgence et sa bonté habituelles :

Les nouvelles que m'a données Mlle Amélie m'ont fait un vrai plaisir. Le chemin du retour est débarrassé de quelques épines. Il faut espérer que d'autres encore seront successivement ôtées... Je suis dans une préoccupation continuelle de votre situation et je ne puis en causer avec personne... Prenez courage. Le moment du repos finit toujours par arriver. Si le repos ne veut pas nous accueillir à Paris, nous le trouverons un jour à Rome...

Et, deux jours plus tard, il s'immole au bonheur retrouvé par celle qu'il aime chastement :

Je me doutais bien que vos ressentiments ne tiendraient pas; il y a des choses trop antipathiques à nos natures et la vôtre est certainement la mansuétude. La tristesse dont il est absorbé ne m'étonne point. La chose à laquelle il avait consacré sa vie publique est accomplie ; il se survit et rien n'est plus triste que de survivre. Pour ne pas se survivre, il faut s'appuyer sur le sentiment moral. Ainsi donc votre douce compassion sera encore son meilleur asile. J'espère que vous le convertirez au sentiment moral. Vous lui ferez comprendre que les plus belles facultés, la plus éclatante renommée ne sont que de la poussière si elles ne reçoivent la vie et la fécondité du sentiment moral.

René, l'ombrageux et douloureux René, avait-il fait les premiers pas ? On ne peut pas le dire avec certitude. Il semble bien que Juliette l'avait invité, ou fait inviter par Mathieu de Montmorency, à venir la rejoindre en Italie. Et, le 9 février 1825, Chateaubriand répondit une lettre, qui, malgré ses réticences, était bien un gage de réconciliation :

Paris, le 9 février 1825.

Votre proposition, Madame, a réveillé en moi de pénibles souvenirs : je ne puis l'accepter. Je ne sais ce que je deviendrai, et il est possible que ma vie ne s'achève pas en France. Cette vie a été trop agitée et ce qui m'en reste est trop court pour faire des projets. C'est à vous, Madame, qui avez tant et de si fidèles amis, de venir vous placer au milieu d'eux pour ne plus les quitter. Moi, qui ne méritais pas de rencontrer des ingrats, puisque j'ai fait si peu de bien, je subirai mon sort jusqu'au bout. Que le vôtre soit heureux! Madame, et que la justice soit faite à votre bonté, à votre générosité, à la douceur et à l'élévation de votre âme, comme elle a été faite à votre beauté.

Après cette lettre, qui, malgré sa raideur, laissait place à l'espérance, les correspondances que Jean-Jacques Ampère continuait à adresser fréquemment à Juliette, passèrent au second plan. Elle lui répondait pourtant, un peu irritée peut-être de sentir qu'il essayait de se distraire pour guérir son mal d'amour.

Savez-vous que je ne suis pas trop contente de votre dernière lettre, que tous ces plans de distraction ne me plaisent pas du tout ; vous êtes heureux que je sois si pressée aujourd'hui, cela vous épargnera un sermon. Je mets tant de prix à profiter des derniers jours que je passe à Rome, que je ne me laisse pas le temps de respirer. Je passe ma vie à courir avec des antiquaires et des artistes ; voilà des distractions sans danger ; cela vaut mieux que d'aller chez Mme Pasta ; dites-vous tout ce que je pourrais vous dire sur toutes ces distractions frivoles, peu dignes de vous ; vous direz bien mieux que je ne pourrais dire, et je vous saurai gré de tout ce que vous ferez de raisonnable. Adieu. On m'attend...

Alors Jean-Jacques changeait de registre : au lieu de feindre d'avoir retrouvé l'indépendance du cœur, il se laissait aller à parler de « son âme misérable », de sa « vie perdue », de son « malaise habituel et incurable » qui le cantonnait dans « la poésie désespérée » et il se faisait répondre :

Combien je me reproche de ne pas vous écrire plus souvent et que vous êtes aimable de ne pas vous décourager et de m'écrire avec tant d'exactitude ! J'ai relu le premier acte de la pièce et je l'ai lu avec une nouvelle admiration ; je suis impatiente d'entendre ce que vous avez fait depuis votre retour. Je vous écris peu, mais je pense beaucoup à vous, et, si vous avez à vous plaindre de mon silence, vous n'avez pas à vous plaindre de mes pensées. Nous nous préparons au départ ; il ne faut plus adresser vos lettres à Rome ; écrivez à Florence, à Venise et Milan ; je relirai l'Élégie à Venise pour y être avec vous. Je quitte à regret cette belle Italie, mais je pense à mon retour avec moins d'effroi. Adieu, adieu... J'ai reçu de M. de Chateaubriand une lettre bien triste et bien découragée. On vous a donc parlé de ma nouvelle passion pour Mme Swetchine ? Elle prend l'appartement dont je dispose à l'Abbaye-aux-Bois.

Le départ de Rome était fixé au 20 avril 1825 ; peu de jours auparavant, le mariage d'Amélie avec Charles Lenormant avait été décidé.

Le 23 avril, Mme Récamier et ses compagnons avaient atteint Foligno. Le 28, elle écrivait à Ampère qu'elle ne manquerait pas de chercher le souvenir du Tasse, en passant à Ferrare et qu'elle comptait arriver à Venise dans trois jours.

A Venise, où l'on séjourna une semaine, on retrouva Charles Lenormant et l'abbé Canova ; celui-ci voulait conduire Mme Récamier au tombeau de son frère le sculpteur, dans son bourg natal de Possagno, près de Bassano. On s'y rendit, depuis Padoue, par des routes défoncées, sous une pluie diluvienne. Canova avait laissé à son village une somme considérable pour élever une église neuve dont les voyageurs purent admirer les travaux.

Puis ils gagnèrent Trieste, par la route d'Udine, et arri-

vèrent, le 8 mai, dans la capitale de l'Istrie. Bien que l'heure fût
avancée, Mme Récamier se fit conduire chez Caroline Murat,
escortée par Ballanche. Il était onze heures du soir; l'ex-reine
de Naples était déjà au lit; elle fit introduire Juliette, la pressa
sur son cœur et les deux amies bavardèrent fort avant dans la
nuit. Elles avaient complètement oublié la présence de Ballanche :
le malheureux philosophe promena pendant de longues heures
ses méditations au long d'un couloir, sur les banquettes duquel
ronflaient les valets de pied.

La journée suivante ne fut qu'une suite d'amicales rencontres.
Caroline Murat était encore fort jolie de visage, mais sa taille
s'étant épaissie, elle avait pris une silhouette courtaude. La
vivacité de ses manières et le charme de sa conversation n'en
séduisirent pas moins tous les présents.

Après un déjeuner à l'auberge, Caroline conduisit ses hôtes
dans le *casin* perché sur les monts qui dominent Trieste, appartenant à sa nièce, la comtesse Camerata. La beauté et la grandeur
du panorama restèrent pour les voyageurs un souvenir d'enchantement.

Le 10 mai, Mme Récamier et ses compagnons reprirent la
route de Paris où l'arrivée eut lieu aux derniers jours du mois.
Profondément troublée à l'idée de revoir Chateaubriand, Juliette
eut tout le loisir de savourer son émotion; en ses qualités de pair
de France et de chevalier du Saint-Esprit, le vicomte était alors
à Reims, où il assistait au sacre de Charles X.

CHAPITRE X

L'ABBAYE-AUX-BOIS
AU TEMPS DE CHARLES X

MADAME RÉCAMIER RENOUE AVEC CHATEAUBRIAND || UN ACADÉ-
MICIEN MODÈLE || L'AMBASSADE DE CHATEAUBRIAND A ROME ||
LE VEUVAGE DE MADAME RÉCAMIER || FACE A LA RÉVOLUTION
DE 1830

Mme Récamier renoue avec Chateaubriand

CE N'ÉTAIT pas de gaieté de cœur que Chateaubriand s'était rendu à la pompeuse cérémonie de Reims ; il avait qualifié le sacre de « parade » et n'avait pu cacher sa déception de n'avoir obtenu aucun portefeuille au début du nouveau règne. Charles X avait gardé l'équipe de Louis XVIII, celle que Sémonville avait baptisée dès 1822 « le premier cabinet de Monsieur ». Le roi ayant conservé Villèle comme régisseur patenté du domaine France dont il venait d'hériter, il était assez logique que le président du Conseil maintenu en fonctions qui avait réclamé trois mois plus tôt à Louis XVIII de le débarrasser de Chateaubriand, ne demandât point au nouveau souverain de faire aussitôt appel à ses services. L'éloge posthume que le vicomte venait de publier sur Louis XVIII lui valut seulement des droits d'auteur, alors qu'il espérait des dignités ; aussi son cœur continuait à déborder d'amertume et sa plume était prête à servir toutes ses rancunes.

Au cours de la cérémonie de Reims, le roi Charles X avait essayé de dérider ce front sombre par un bon mot. Quand le vicomte était venu s'agenouiller devant le monarque pour lui jurer fidélité, Charles X avait ostensiblement ôté les gants imposés par les rites, et prenant dans ses mains nues celles de l'écrivain, il lui avait dit avec gentillesse : « Chat ganté ne prend point de souris. » Le mot avait été fort remarqué, mais Chateaubriand n'entendait pas être seulement payé de mots ; il avait soif d'honneurs et de puissance et — détail plus sordide — il était perdu de dettes, l'argent frais lui faisant complètement défaut.

Il se refusait à reconnaître les raisons de son échec dans sa carrière politique. Il voulait seulement savoir que ses vues étaient justes et que le début de leur réalisation, représenté par la guerre d'Espagne, s'était traduit par un succès. Mais son succès lui avait été contesté par le roi défunt, car il couronnait la gloire du règne et entrait ainsi dans le domaine propre du monarque, et plus encore par Villèle, qui avait été l'adversaire de sa politique.

Le principal défaut du vicomte résidait dans sa supériorité sur ses collègues ; il les dépassait en intelligence et le laissait un peu trop voir ; il connaissait mieux l'Europe que des provinciaux comme Villèle ou Corbière. Il était d'assez loin le meilleur orateur de la Chambre des pairs ; ses dons politiques ajoutaient à sa gloire de premier écrivain du temps.

Pourquoi continuait-on de le tenir à l'écart ? Probablement parce qu'aux erreurs psychologiques s'étaient ajoutées les violences : en gardant le silence après sa chute, en disparaissant pour un temps de la scène, Chateaubriand aurait conservé ses chances de revenir. Mais ses offensives virulentes contre une formation que continuaient ses amis, indisposèrent fortement ceux-ci et à l'inimitié de Villèle s'ajoutèrent bientôt celles de Sosthène de la Rochefoucauld, de Corbière, de Mathieu de Montmorency. On eut le sentiment que ses attaques étaient la conséquence d'une querelle de personnes, bien plus que d'un conflit de doctrines, et on lui donna tort d'autant plus volontiers qu'il avait raison.

Son attitude était pourtant dans la logique de son tempérament et il n'en avait guère agi différemment dans sa vie amoureuse, sacrifiant trop aisément les sentiments profonds que son génie inspirait, à l'attrait d'un instant de volupté, offert à cet homme mûr par quelque jeune beauté, facile, flattée, curieuse, intéressée, parfois simplement vicieuse.

C'est de ce jeu qu'était morte Pauline de Beaumont et que maintenant dépérissaient Delphine de Custine et Claire de Duras. Pour une fantaisie de quelques jours avec Cordelia de Castellane, qui courait maintenant l'Italie aux côtés d'Horace Vernet, il avait blessé Mme Récamier jusqu'à l'écarter, alors qu'elle était non seulement la femme qui l'aimait le plus, mais aussi — et il le comprenait tardivement — la seule qu'il eût vraiment aimée, car il avait enfin trouvé en elle l'incarnation de ses rêves de jeunesse.

Après les épreuves, les séparations, les malentendus, les amertumes, ils allaient se revoir enfin! Pour la première fois, Juliette blanchissante constata, en regagnant Paris, que les petits ramoneurs ne se retournaient plus si vite sur son passage; pour la première fois peut-être, René, dont tant d'orages avaient agité les mèches devenues grises, comprenait qu'il était temps d'entrer au port. Au déclin de leur vie, ces deux êtres d'élite allaient sentir qu'il était l'heure d'oublier leurs griefs et de se donner, l'un par l'autre, ce repos que peut seule dispenser une sereine tendresse. Ces quelques années, qu'ils se donnaient encore à vivre, il fallait qu'elles fussent heureuses.

On aimerait connaître les détails de la première rencontre au lendemain de l'orage achevé. Même l'impudique René a gardé le silence. Il n'existe sur ces retrouvailles que le texte discret de Mme Lenormant :

> Un mot de Mme Récamier apprit à M. de Chateaubriand qu'elle était rentrée dans la cellule de l'Abbaye-aux-Bois. Il y accourut le jour même, à son heure accoutumée, comme s'il y fût venu la veille. Pas un mot d'explication ou de reproches ne fut échangé; mais en voyant avec quelle joie profonde, il reprenait ses habitudes interrompues, quelle respectueuse tendresse, quelle parfaite confiance il lui témoignait, Mme Récamier comprit que le Ciel avait béni le sacrifice qu'elle s'était imposé et elle eut la douce certitude que, désormais, l'amitié de M. de Chateaubriand, exempte d'orages, serait ce qu'elle aurait voulu qu'elle fût, inalté- rable, parce qu'elle était calme comme la bonne conscience et pure comme la vertu.

Pour toujours, Chateaubriand allait régner sans partage; Ampère s'était assagi. Désormais « l'amant passionné n'est plus pour Mme Récamier qu'un ami, presque un fils. Il ne la suit plus partout, il ne lui écrit plus tous les jours, il poursuit sa vie d'étude, ses travaux de professeur, sa vocation de voyageur; il forme de nouveaux et même de profonds attachements », et il exprime ce retour au calme en une pièce de vers dont Juliette fut probablement la première lectrice :

> Ne pleure plus sur ta jeunesse
> Et sur le coup qui t'a frappé,
> Laisse là du bonheur l'inutile promesse,

> Mensonge vain qui t'a trompé;
> Laisse là le passé — le néant le dévore —
> Et tourne-toi vers l'avenir,
> Vers le temps qui n'est pas encore,
> Le temps qui doit t'appartenir.

Mme Récamier passa l'automne qui suivit son retour de Rome à la Vallée-aux-Loups; elle y voisina avec Jean-Jacques Ampère, établi chez son ami, le poète Latouche; ce fut alors qu'eut lieu la dernière conversation entre eux, où il fut parlé d'amour, le jeune exalté ayant envisagé d'épouser Juliette, au cas où M. Récamier, alors âgé de soixante-quinze ans, disparaîtrait. Elle acheva de le dissuader et lui conseilla un prompt mariage; avant de prendre une décision, car la fille de Cuvier avait jeté les yeux sur lui, il partit pour un long voyage en Allemagne.

Dès le mois d'octobre 1825, l'Abbaye-aux-Bois s'était rouverte et Mme Récamier y reprenait ses réceptions. Delécluze, sans amertume visible d'avoir été évincé dans le cœur d'Amélie par Charles Lenormant, devint un assidu, et, par son *Journal*, on connaît de nombreux détails sur les habitués : M. de Castellane, Mme de Catelan, Kératry, Latouche, Lamartine, Mlle Mante, célèbre actrice des Français... Même Benjamin Constant se montrait souvent. Juliette n'invitait pas : son salon était ouvert.

Mme de Montmirail, belle-mère de Sosthène de la Rochefoucauld, qui occupait le premier étage de l'Abbaye-aux-Bois, vint alors à mourir; ce décès permit à Mme Récamier d'envisager une installation dans le local devenu vacant, projet qui ne fut réalisé qu'en 1829. Le nouvel appartement devait être de plus grandes dimensions; il permettrait plus aisément de recevoir.

On devait y admirer dans le grand salon, en sus de la *Corinne au cap Misène*, le portrait de Mme de Staël en turban par Gérard et, à côté de la cheminée, là où chaque jour venait s'asseoir Chateaubriand, le portrait de l'écrivain par Girodet-Trioson. C'est le décor reproduit dans le tableau si connu et maintes fois gravé qui représente Mme Récamier en robe blanche, allongée sur l'un de ces canapés-lits qui ont conservé son nom, près d'une fenêtre ouverte, par laquelle on aperçoit le clocher de la chapelle de l'Abbaye-aux-Bois.

Dans cette chapelle, fut célébré, le 1er février 1826, le mariage de Charles Lenormant avec Amélie Cyvoct. Quelques mois auparavant, Lenormant avait été nommé sous-inspecteur des Beaux-Arts dans la Maison du roi. Ce poste l'avait placé sous les ordres de Sosthène de la Rochefoucauld, devenu maintenant un habitué. La nomination n'avait cependant pas été obtenue sans peine, mais Mme Récamier se révélait de plus en plus une merveilleuse conciliatrice et elle faisait de son mieux pour raccommoder Chateaubriand avec ses anciens amis, que ses articles dans les *Débats* avaient si profondément blessés.

Peu de jours après le mariage d'Amélie, Chateaubriand avait lu devant quelques intimes le passage des *Mémoires d'outre-tombe* où, dans une version modifiée par la suite, il a dépeint la vie qu'il menait au château de Combourg : « Tout l'auditoire fut réellement ému; il faut croire que l'auteur le fut aussi, puisqu'il essuya quelques larmes. » Le passage était écrit depuis près de dix ans, puisqu'il l'avait rédigé en 1817, partie au château de Montboissier, partie à la Vallée-aux-Loups. C'est à Montboissier notamment qu'avait été composé ce fameux morceau du chant de la grive, ressuscitant les souvenirs anciens, procédé littéraire utilisé par la suite par Marcel Proust, dans le passage, non moins fameux, de la madeleine trempée dans la tasse de thé.

Tandis que Mme Récamier recopiait, de sa propre main, ce qui était écrit des *Mémoires de ma vie*, elle s'ingéniait également, pour marquer que son salon était devenu un terrain d'entente, à faire donner un gage de réconciliation par Chateaubriand à Mathieu de Montmorency, qu'il avait évincé du ministère des Affaires étrangères, en obtenant que René prêtât son appui à Mathieu pour forcer les portes de l'Académie française.

Un académicien modèle

Il était d'autant plus remarquable d'être parvenu à faire du salon de l'Abbaye-aux-Bois un terrain neutre que toutes les tendances politiques y étaient représentées. Juliette ne voulut établir aucune discrimination; dans ses hôtes, elle ne désirait voir que des amis, et elle jouait, avec un art suprême, le rôle de catalyseur. Le seul point sur lequel elle se montrait intransigeante, c'était d'exiger de chacun de pratiquer une déférence, au moins apparente, à l'égard de Chateaubriand.

En dépit de leur simplicité, les réceptions étaient réglées par un véritable protocole que Mérimée a fortement raillé et dont on connaît par Delécluze les modalités exactes :

Dans le grand salon où elle trônait désormais, Mme Récamier faisait former avec des sièges des cercles de cinq ou six personnes, suffisamment éloignés les uns des autres, pour qu'il fût aisé de circuler entre eux. Seules les femmes étaient assises et les hommes évoluaient d'un cercle à l'autre. Juliette conduisait elle-même les arrivants, essayant de former des groupes rassemblant des personnes liées par des goûts communs. Lamartine, devenu un des habitués, trouvait le salon « compassé » et le comparait « à une académie qui tiendrait séance dans un monastère ». « L'arrangement et l'étiquette, a-t-il même ajouté, y classifiaient trop les rangs; si celui de Mme de Broglie était une chambre des pairs, si celui de Mme de Sainte-Aulaire était une chambre des députés, si celui de Mme de Girardin était une république, celui de Mme Récamier était une monarchie. »

Évidemment, quand on compare ces assemblées un peu guindées au salon trop riche et virevoltant de Mme Récamier, au temps du Directoire, on éprouve un peu un sentiment de décrépitude. Les ressources de Juliette étaient maintenant fort limitées, ses meubles ne passaient plus guère chez le tapissier, elle n'avait pas la prétention de donner des fêtes, son art était de placer en lumière l'homme en l'honneur duquel elle recevait, celui qui emplissait pour jamais son cœur et son âme, Chateaubriand.

Il était à la fois un pôle d'attraction et un sujet de contestation. La conciliation de ces tendances opposées fut le chef-d'œuvre diplomatique de Juliette qui parvint à créer ce salon qui pendant près d'un quart de siècle allait être l'arbitre du goût littéraire et une véritable antichambre pour l'Académie. La campagne en faveur de Mathieu de Montmorency en donne une preuve d'autant plus éblouissante que cet homme médiocre et n'ayant jamais rien écrit d'autre que des lettres à ses amis, demeure le prototype de l'académicien idéal, celui qui n'a gêné personne, devant son seul mérite aux suffrages de confrères qu'il sut remercier de la manière la plus délicate en s'effaçant de leurs rangs aussitôt qu'il y eut pris place.

Après le sacre de Charles X, Mme Récamier avait relancé son salon par une soirée sur invitations, en l'honneur d'une jeune femme prodige, Delphine Gay, épouse d'Émile de Girardin. La jeune poétesse avait célébré le sacre par une composition assez étrange, où apparaissait Jeanne d'Arc férue d'idées politiques; la jeune Muse faisait inviter le Roi, par la bouche de la Pucelle, à maintenir la Charte, à conserver la liberté de la presse, et à ne pas repousser les avances du parti libéral. Bien que fort en faveur à la cour, Mathieu de Montmorency écouta cette démonstration sans protester. Juliette souligna cette mansuétude à Chateaubriand et lui fit convenir que l'Académie s'honorerait en accueillant un homme faisant montre, en pareil moment, d'une aussi grande ouverture d'esprit.

A vrai dire, Mathieu ne manquait nullement d'ouvertures d'esprit, mais ses ouvertures furent successives et ordinairement contradictoires. Quand il acquit l'amitié de Juliette sous le Directoire, il avait déjà été, tour à tour, combattant de la liberté, adversaire de l'absolutisme, pourfendeur des privilèges, abolitionnaire des livrées et des armoiries ; avec la même inconscience, ce soutien des idées nouvelles émigra et cet adversaire du capitalisme s'estima fort heureux de trouver une confortable hospitalité chez Necker et sa fille.

La perte de ses biens matériels l'ayant fait virer à la spiritualité, il conserva celle-ci en récupérant une partie de sa fortune sous l'Empire, qu'il ne servit point, puis en obtenant les honneurs et les prébendes sous la Restauration, qu'il servit visiblement et aussi invisiblement, avec plus de constance que d'habileté.

Ses activités visibles le placèrent devant le bureau de Vergennes, d'où de téméraires engagements le chassèrent au profit de Chateaubriand, au lendemain du Congrès de Vérone, ce qui détermina en lui un refroidissement total envers un ancien ami qu'il avait obligé, en lui rachetant, d'ailleurs au meilleur compte, le domaine de la Vallée-aux-Loups.

Ses activités occultes semblent avoir été plus importantes mais elles sont incomplètement connues. On sait qu'il fut, sous l'Empire, un des fondateurs des Chevaliers de la Foi, association clandestine antinapoléonienne, dont la première activité fut de distribuer sous le manteau la bulle d'excommunication fulminée par Pie VII contre l'*Aquila rapax*, bulle dont l'Empereur, geôlier du pape, avait interdit la révélation. Mathieu avait payé son activité par une assignation à résidence au château de Montmirail.

Après la chute de l'Empire, ses menées occultes se poursuivirent : il devint le chef d'une société secrète, plus ou moins issue des Chevaliers de la Foi, la *Congrégation*, qui a joué un rôle important, mais mal déterminé dans la politique cléricale de Charles X. Il semble bien aussi que Mathieu de Montmorency ait été l'un des promoteurs de l'étrange affaire Martin de Gallardon, destinée à troubler la conscience de Louis XVIII, pourtant fort accommodante quand il s'agissait de ses intérêts, et qu'il fut l'introducteur auprès du roi de la favorite Zoé du Cayla, experte à exercer des pressions politiques favorables aux ultras. C'est par elle, en grande partie, que Villèle accéda à la présidence du Conseil, ce qui valut du même coup à Montmorency le portefeuille des Affaires étrangères.

Aussi singulière que cette carrière politique, en partie

cachée, fut la vie sentimentale du duc Mathieu de Montmorency.
Il avait été marié à la fille du duc de Luynes, dont il avait
seulement eu une fille, mariée à Sosthène de la Rochefoucauld.
Comme il arrivait souvent sous l'Ancien Régime, Mathieu s'était
montré un mari peu attentionné. Aussi, séparée de lui par la
Révolution, sa femme avait pris sa revanche en faisant vœu de
chasteté. Comme la conversion de Mathieu l'avait incliné à
pratiquer toutes les vertus, il se montrait réservé sur le chapitre
des femmes; bien qu'éperdument épris de Mme Récamier, il se
contenta d'un amour de tête, attitude si généralement connue,
qu'après l'acquisition de la Vallée-aux-Loups, il put y séjourner
pendant trois mois avec Juliette, sans que cette cohabitation
choquât. Puis se produisit une aventure étrange : Mme de Montmorency estima soudain n'avoir pas accompli suffisamment ses
devoirs d'épouse en ne donnant qu'une fille à son mari, dont le
grand nom risquait de s'éteindre, par défaut de mâles. Elle
imagina alors de se faire relever par l'Église de son vœu de
chasteté, afin de pouvoir procréer un héritier, espoir un peu
incertain, car elle avait alors quarante-cinq ans.

Le chaste Mathieu dut se plier à une fantaisie dynastique
qui éveilla chez son épouse des ardeurs insoupçonnées jusqu'alors.
Montmorency, vieillissant, à demi chauve, habitué au repos, se
trouva livré aux exigences d'une conjointe, qui affichait si visiblement le goût qu'elle avait soudain éprouvé pour lui, qu'il se
montrait le moins possible en sa compagnie et que, par crainte
du ridicule, il évita soigneusement de l'emmener au Congrès de
Vérone, où sa présence eût peut-être changé le cours des événements.

Au retour de Vérone, Mathieu de Montmorency fut créé duc,
ce qui augmenta encore les velléités dynastiques de la nouvelle
duchesse, incapable de cacher sa fierté.

Cette promotion semble avoir été décisive dans la candida-
ture de Mathieu à l'Académie française.

D'après Mme d'Abrantès, l'électeur influent était alors un
auteur dramatique, depuis parfaitement oublié, nommé Roger.
Chateaubriand avait apporté son appui, qui valait bien l'autre,
et Mathieu de Montmorency fut, du premier coup, élu le
3 novembre 1825, au fauteuil de Bigot de Préameneu. Pour
fermer la bouche aux critiques que suscita un honneur aussi
imprévu, Mathieu de Montmorency, financièrement assez à
l'aise, déclara qu'il abandonnerait la pension de neuf cents francs,
attachée à sa nouvelle dignité, en faveur d'un écrivain méritant.
Mme Récamier lui désigna Marceline Desbordes-Valmore, qui

refusa, bien que Latouche, chargé de la négociation, eût épuisé tous les arguments pour vaincre ses scrupules.

De cette élection, l'opinion publique tira la preuve de l'influence de Mme Récamier, ce qui lui valut des critiques et fut l'origine d'une campagne assez rude contre l'Académie, sous la forme d'un petit volume intitulé : *Biographie des Quarante de l'Académie française.*

Parlant de l'illustre compagnie, l'auteur anonyme allait jusqu'à écrire « qu'elle s'était placée elle-même, par l'organe de ses muets, hors de la littérature et des besoins du moment ».

Dans ce pamphlet, où Chateaubriand était ménagé, Mathieu servait de bouc émissaire :

> Il ne manquait plus à M. de Montmorency que le titre d'académicien; son histoire est maintenant complète : semi-républicain en 1789, marguillier de paroisse sous le gouvernement impérial, jésuite en 1821, restaurateur de l'Espagne en 1822, ministre disgracié, puis académicien; *abyssus abyssum avocat.*

Mme Récamier n'était pas oubliée dans ce portrait qui se terminait par ce petit couplet :

> Cette Circé de l'Abbaye-aux-Bois,
> Beauté fantasque et fière châtelaine,
> Qui réduisit tant d'amants aux abois
> Et qui depuis, amante de la croix,
> Pour sa patronne a choisi Madeleine,
> La R... r, puisqu'il faut par son nom
> Vous désigner la moderne Ninon,
> Disait ce soir : Tout ce que chante Homère
> Des compagnons d'Ulysse et de Circé
> Paraît fort simple et ne m'étonne guère,
> Prodige égal de nos jours s'est passé :
> Vous n'allez pas me traiter de Lamie;
> Par mon pouvoir, sans bouger de mon val,
> Hier, j'ai fait de messire Laval
>   Un membre de l'Académie.

A ces méchancetés, le roi Charles X allait répondre, en nommant, le 11 janvier 1826, le duc de Montmorency gouverneur du duc de Bordeaux, mais la vertueuse modestie de cet honnête homme ne lui permit point de profiter de tous ces nouveaux avantages. Par égard pour l'Académie, il se hâta de prononcer, dès le 9 février 1826, l'éloge de son prédécesseur.

La séance de l'Académie où fut reçu le duc de Montmorency, a raconté Alfred de Vigny, dans le *Journal d'un poète*, fut très remarquable. Devant une foule de femmes où paraissaient à peine quelques académiciens clairsemés, parlèrent trois hommes, tour à tour : M. de Montmorency, M. Daru et M. de Chateaubriand. J'étais en face de leur tribune dans la loge du nord et je les écoutai, sans quitter des yeux leurs visages, avec une attention profonde. J'ai vu en eux trois hommes qui avaient traversé sur des flots bien différents les tempêtes révolutionnaires et qui m'ont semblé porter parfaitement dans leur extérieur et tout leur être l'empreinte de leur vie. M. de Montmorency semblait pâle de jeûnes et d'austérités; sa figure fort noble, sa grande taille, maigre et inclinée, sa voix faible et douce, lui donnaient l'air intéressant d'un martyr. Son discours a été modeste; mais trop de détails d'hôpitaux et de charités ont montré un homme qui prend de bonne foi les pauvres pour le peuple, l'aumône pour la bienfaisance et la politesse pour un bienfait; il montra, dans toute sa contenance, un peu de cet embarras d'un grand seigneur qui se trouve comme mis à nu et dépouillé de ses dignités, comparaissant devant des hommes d'esprit. Ce fut au point que, pendant la réponse de M. Daru, il ne cessait de rouler dans ses doigts le cahier de son discours, à la manière d'un bon écolier qui écoute attentivement la réprimande qu'on lui fait, n'osant détourner ses yeux de ceux du Directeur, qui le traitait assez mal et saluant, de temps en temps, d'un air d'intelligence docile.

Pour Daru, immobile dans sa tribune, étalant son cordon rouge, parlant assis, avec une voix grave et forte, un accent impitoyable et un regard sévère, il avait cet air militaire et sérieux des hommes de Bonaparte et je vis beaucoup de choses dans son discours froidement poli...

Six semaines plus tard, le nouvel immortel restituait à ses confrères le fauteuil qu'ils lui avaient si aisément accordé, en mourant subitement à l'église Saint-Thomas-d'Aquin, pendant les offices du Vendredi saint, 24 mars 1826. Mme Récamier pleura sincèrement ce vieil ami qu'elle appelait parfois son « Mentor grognon »; il représentait pour elle le plus vivant souvenir de Mme de Staël et c'était une chère partie du passé qui glissait dans la tombe avec lui. Les jugements sur le défunt furent élogieux, et Sainte-Beuve a été jusqu'à dire :

« Sa belle et bénigne figure ressort à nos yeux par le contraste ; et dans les générations modernes, ceux qui auront quelque souci encore de ces choses, pourront dorénavant se faire une idée de ce dernier homme de bien des grandes races, de ce dernier des *prudhommes* (comme on disait au temps de saint Louis). »

A l'occasion de la mort de Mathieu de Montmorency, Mme Récamier reçut une lettre de condoléances du prince Auguste de Prusse. De son côté, Adrien de Montmorency, toujours ambassadeur à Rome, écrivit à Juliette :

Mon cœur ne s'est point endurci, mais frappé si souvent, si cruellement dans mes premières affections de famille, je ressemble à ces vieux soldats, accoutumés à se voir environnés de morts sur le champ de bataille. On ne se console pas ; mais on a appris à souffrir, à porter sans se plaindre le poids insupportable de tant de maux.

Chateaubriand prit part à la douleur de Mme Récamier et il promit d'écrire une biographie de Mathieu. Il s'est contenté de noter, dans ses *Mémoires*, la cérémonie de l'inhumation au cimetière de Picpus :

« Au fond de la fosse, la corde tourna la bière de ce chrétien sur le côté, comme s'il se fût soulevé sur le flanc pour prier encore. »

1826 était pour Mme Récamier une année de deuils : son cousin Brillat-Savarin était mort le 2 février ; Talma allait mourir le 19 octobre. Entre ces deux dates était survenu le décès de Delphine de Custine, disparue en Suisse, à Bex, le 13 juillet.

L'ambassade de Chateaubriand à Rome

René désirait les orages jusqu'à les provoquer lui-même, parfois par inconscience. Mais de ses déboires répétés, il savait également ne pas négliger les profits, tant matériels que moraux. Si son opposition à l'Empereur lui valut une vie difficile, elle servit grandement sa renommée, et lui assura, au retour de la monarchie, une situation politique dont, avec un peu d'habileté et de courtisanerie, il aurait pu tirer un meilleur parti. Mais il est des séducteurs qui cultivent aussi l'art de déplaire.

Le vicomte l'avait fortement montré en publiant contre vents et marées sa brochure *La Monarchie selon la Charte* qui provoqua une ordonnance spéciale de Louis XVIII, où le roi déclarait publiquement que Chateaubriand était frappé pour avoir osé élever des doutes sur la volonté royale.

Ce n'était pas la première fois que le théoricien royaliste était ainsi combattu. Dès 1814, probablement sur une injonction de l'entourage royal, un petit fonctionnaire, M. Bail, publia *Des rêveries de M. de Chateaubriand*, où il avait rappelé la dédicace à Bonaparte de la seconde édition du *Génie du Christianisme*. Mme Bail crut devoir excuser son mari ; elle était jolie et peu farouche ; le vicomte se consola aisément des médisances en cocufiant leur auteur.

Révoqué de ses fonctions de ministre d'État, après *La Monarchie selon la Charte*, le vicomte excita la pitié en étalant sa misère matérielle ; cette ostentation avait joué un rôle non négligeable dans la passion que lui avait alors vouée Juliette. Un tel amour, marqué du sceau de l'immortalité, valait plus qu'un éphémère portefeuille. Lors de la disgrâce du 6 juin 1824, où le pompeux ministre fut renvoyé « comme s'il avait volé la montre du roi sur la cheminée », l' « ange tutélaire », blessé dans son cœur et dans sa fierté, était allé, dans une distante Italie, panser des blessures qu'il ne voulait avouer. Privé de sa conseillère fidèle, Chateaubriand avait attendu deux semaines une compensation de son renvoi, sous la forme d'une grande ambassade, puis s'était jeté dans l'opposition en vendant sa plume aux *Débats*, qui l'achetèrent bien moins cher qu'il ne l'estimait. Les difficultés matérielles portaient à l'aigreur ; chassé de l'hôtel du ministère, le vicomte souhaitait un établissement digne de sa grandeur, sinon de sa fortune. Il avait alors cédé aux instances de Mme Chateaubriand, en achetant, pour qu'elle pût s'installer commodément près de l'infirmerie de Marie-Thérèse, objet de tous ses soins, le petit pavillon y attenant. Avec une superbe inconscience, il avait réglé cette dépense de 180 000 francs, dont il ne possédait pas le premier liard, en souscrivant des billets à ordre, dont les règlements obéraient les années à venir. Ce n'était pas avec les 12 000 francs d'un traitement de pair, permettant tout juste de vivre, qu'il serait possible d'honorer les échéances.

La situation matérielle de René était donc des plus critiques, au moment de la réconciliation avec Juliette revenant d'Italie. A force de voir son mari faire de mauvaises affaires, Mme Récamier avait acquis certains principes d'économie domestique. Elle conseilla donc à Chateaubriand un arrangement financier pour rétablir sa trésorerie, et il semble probable qu'elle aida à une négociation qui semblait susceptible de faire retrouver au vicomte une certaine stabilité financière.

A la suite de discussions serrées avec le libraire Ladvocat,

Chateaubriand conclut avec lui un contrat très avantageux : il devait recevoir, pour l'édition complète de ses œuvres, la somme de 550 000 francs, ce qui permettait non seulement d'apurer tout le passif, mais encore de se constituer une rente confortable.

Les *Œuvres complètes* devaient alors comprendre trente-deux volumes, dont treize inédits. Pour y travailler commodément, il alla s'isoler à Lausanne, au printemps de 1826, tandis que les divers corps de métier s'affairaient rue d'Enfer. Il vint s'y installer à l'automne, et c'est en revisant le manuscrit des *Natchez* qu'il prit l'habitude de cet horaire immuable, qui le conduisait chaque après-midi de l'infirmerie de Marie-Thérèse à l'Abbaye-aux-Bois.

Cette tranquillité financière, qui devait bientôt se révéler incertaine, ayant obligé le vicomte à donner beaucoup de temps à la composition littéraire, il s'était un peu détourné de l'action politique, sans pour autant cesser de suivre les activités de Villèle. Celui-ci, probablement parce qu'il désirait plaire à Charles X, avait été obligé de présenter un certain nombre de lois impopulaires. Chateaubriand ne pouvait guère critiquer l'indemnisation des émigrés au moment où elle trouvait une solution équitable, car c'eût été ramener l'attention sur une des causes de sa chute. Il se rattrapa lors des discussions sur le rétablissement du droit d'aînesse, qui ne fut pas voté, et des sanctions contre le sacrilège, qui ne purent être appliquées, en dépit d'un vote favorable. Pour combattre ces mesures, le vicomte avait aiguisé sa plume ; il allait la tremper dans le vitriol quand il fut question de restreindre la liberté de la presse. Il obtint de l'Académie une protestation, qui, jointe à sa propre action à la Chambre des pairs, où il fut soutenu par le duc de Broglie, Molé et Pasquier, obligea Villèle à retirer sa loi.

A la même époque, Charles X ayant été applaudi par la garde nationale en passant une revue, alors que ses ministres étaient hués, Chateaubriand adressa une lettre au monarque pour le supplier de renvoyer son ministère. Au lieu de suivre cet avis, dicté à la fois par la rancune et par la clairvoyance politique, Charles X laissa Villèle dissoudre la garde nationale, puis la Chambre.

Les élections de 1827 conduisirent momentanément à une union entre les amis de Chateaubriand et les libéraux. De ce fait, la nouvelle majorité ne permettait plus à Villèle de constituer un ministère. La logique eût probablement voulu que l'on fît appel à Chateaubriand. Mais sa victoire morale ne se doublait pas d'un véritable succès politique : parce qu'il restait fidèle à l'absolutisme de Charles X, la gauche libérale le considérait comme un traître, tandis que la droite le jugeait un méchant homme parce qu'il n'avait cessé de l'attaquer.

Aussi non seulement le roi ne lui offrit-il pas la présidence du Conseil, suprême ambition de sa vie, mais Martignac, premier ministre désigné, ne lui proposa pas de portefeuille tant il fut conscient que la présence de Chateaubriand dans sa formation excluait tout espoir de majorité. « Il fut si furieux, rapporte Mme de Boigne, qu'il pensa étouffer; il fallut lui mettre un collier de sangsues. Le lendemain la bile était dans le sang et il était vert comme un lézard. »

Comme à l'ordinaire, la douce Juliette vint panser les plaies de celui qu'elle aimait; après plusieurs mois de patientes intrigues, elle obtint de La Ferronays, ministre des Affaires étrangères, l'ambassade de Rome pour Chateaubriand. Pour cela, il fallut décider Adrien de Montmorency, qui en était le titulaire, à abandonner ce poste auquel il tenait, pour accepter de représenter la France à Vienne. Toute la diplomatie de Mme Récamier fut mise en œuvre pour obtenir ce sacrifice, grâce auquel le vicomte put prendre le chemin de Rome, le 14 septembre 1828.

Quelque temps avant ce départ, Juliette eut la douleur d'enterrer son père, ou du moins celui que la loi désignait comme tel. Depuis neuf ans, M. Bernard vivait avec M. Récamier et M. Simonard dans le petit appartement de la rue du Vieux-Colombier que l'on appelait « le royaume des pères nobles », mais il venait chaque jour, avec ses deux compagnons, prendre ses repas à l'Abbaye-aux-Bois. Un vide se creusait à la table familiale et Mme Récamier, fort chagrinée, parut assez désireuse de changer d'air.

Elle se montra donc toute prête à répondre à l'offre de Chateaubriand de l'accompagner à Rome, où elle eût tenu sa maison. Informée de ce projet, Mme de Chateaubriand se sentit subitement moins indispensable à la bonne marche de l'infirmerie de Marie-Thérèse : elle fit connaître qu'elle accompagnerait son époux dans la Ville éternelle.

Il était impossible de ne pas s'incliner devant une décision aussi légitime. Mais les correspondances des deux amants séparés vont être empreintes de mélancolie. On doit du moins à la décision de Mme de Chateaubriand, cent cinq lettres conservées de René à Juliette, parmi les plus admirables. Dans cette vaste gerbe, on peut, tout au plus, glaner quelques fleurs qui donneront l'idée que put se faire Mme Récamier des neuf mois que René allait passer à Rome, idée, semble-t-il, assez différente de la réalité.

A chaque étape du voyage, une lettre partait vers l'Abbaye-aux-Bois :

Je vous aimerai tant, mes lettres vous le diront tant, je vous appellerai à moi avec tant de constance, que vous n'aurez aucun prétexte à m'abandonner. Songez qu'il faut que nous achevions nos jours ensemble. Je vous fais un triste présent que de vous donner le reste de ma vie ; mais prenez-le donc, écrit-il tout en bouclant ses malles, rue d'Enfer.

Je vous écris d'une petite chambre d'hôtel, seul et occupé de vous. Vous voilà bien vengée si vous aviez besoin de l'être. Je vais à cette Italie le cœur aussi plein et aussi malade que vous l'aviez quelques années plus tôt. (Fontainebleau, 14 septembre 1828.)

J'ai vu, en arrivant (à Villeneuve-sur-Yonne) *le château qu'avait habité Pauline de Beaumont... Si vous ne me restiez, que deviendrais-je ?* (15 septembre.)

Depuis Lausanne jusqu'ici (Brigg, au pied du Simplon), *j'ai continuellement marché sur les traces de deux pauvres femmes, l'une, Mme de Custine, qui vient d'expirer à Bex, l'autre, Mme de Duras, est allée mourir à Nice. Comme tout fuit !* (25 septembre.)

De nombreuses lettres d'Italie jalonnent la suite du trajet. Le 11 octobre, arrivé à Rome, René s'extasie sur le contraste entre sa situation grandiose d'ambassadeur et les humiliations que lui infligeait le cardinal Fesch, quand, modeste secrétaire, il était relégué par l'oncle de Napoléon dans les greniers du palais Simonetti, en train de rédiger des passeports.

Maintenant le vicomte de Chateaubriand, ambassadeur et pair de France, la poitrine barrée de tous les grands ordres européens, allait pouvoir éblouir la société romaine par le faste de ses *ricevimenti.* « J'avais donné des bals et des soirées à Londres et à Paris, mais je ne m'étais point douté de ce que pouvaient être des fêtes à Rome. Elles ont quelque chose de la poésie antique qui place la mort à côté des plaisirs. »

Au milieu de ces splendeurs fort enjolivées, il apprenait que le libraire Ladvocat, en grandes difficultés financières, demandait de réduire de 550 000 francs à 350 000, la somme promise pour les *Œuvres complètes,* et il fallait bien accepter cette énorme perte d'argent, en attendant la faillite complète de l'entreprise. Mais, grisé par la vie romaine, par les facilités financières de l'ambassade, Chateaubriand paraît avoir accepté avec une certaine sérénité des mécomptes qui se déroulaient si loin de sa vie présente.

En dehors des descriptions étudiées de sa vie quotidienne, le vicomte entretenait son amie de deux projets : l'un de faire élever par Vaudoyer un monument à Poussin dans les jardins de la Villa Médicis avec une inscription pour la postérité :

F.-R. DE CHATEAUBRIAND A NICOLAS POUSSIN
POUR LA GLOIRE DES ARTS
ET L'HONNEUR DE LA FRANCE,

l'autre de faire jouer, à Paris, la tragédie de *Moïse* qu'il avait composée pendant son séjour à la Vallée-aux-Loups.

Tous les auteurs, même les plus grands, possèdent dans leurs cartons un chef-d'œuvre qui n'a pu voir le jour parce qu'il a rebuté les éditeurs ou les metteurs en scène; ils le tiennent d'ordinaire pour la suprême expression de leur pensée et gardent la blessure secrète de n'avoir point été entièrement compris tant qu'ils ne l'ont point livré au public.

Cette tragédie biblique, grâce à laquelle il comptait passer à la postérité « avec la couronne de Sophocle sur mes cheveux blancs », il en avait fait une première lecture en 1815, au duc de Richelieu, chez Mme de Boigne, avec l'espoir qu'elle lui vaudrait un portefeuille. Richelieu s'était endormi au cours de la lecture et le vicomte en avait conclu, non que sa tragédie était ennuyeuse, mais que Richelieu était une tête politique des plus médiocres.

Aussi continuait-il à fonder des espoirs insensés sur la représentation de ce texte resté confidentiel. Certains jours, il a écrit jusqu'à deux fois à son « bel ange pour que celui-ci fît recevoir la pièce à la Comédie-Française » par son administrateur, le baron Taylor. Il alla jusqu'à lui faire remettre quinze mille francs par Mme Récamier pour participer aux frais de la mise en scène. Fort sagement, Taylor opposa des réponses dilatoires et la suite, hélas! donna raison à sa perspicacité.

Du moins l'insistance du vicomte auprès de Juliette pour faire jouer sa pièce, les nouvelles qu'il donnait de la mauvaise santé de Mme de Chateaubriand, les descriptions machiavéliques d'une activité diplomatique voisine du néant, permettaient de donner le change à la reine de l'Abbaye-aux-Bois, sur des activités qui l'eussent moins charmée.

Un des secrétaires de l'ambassade à Rome, le comte d'Haussonville, qui fit une brillante carrière dans les lettres, tenait alors son *Journal,* et sa lecture donne un envers assez imprévu des magnifiques lettres à Mme Récamier.

La vie quotidienne à l'ambassade était assez modeste,

c'était celle d'un « petit ménage breton » habitué à compter. L'ambassadeur se levait chaque jour à cinq heures; sa vie mondaine ne commençant qu'à cinq heures du soir, il restait douze heures à remplir, dont l'expédition des affaires ne représentait qu'une faible partie. Les correspondances privées tenaient beaucoup de place, puis les promenades à travers les antiques, et enfin la chasse, au gibier d'abord - et cela pouvait se raconter — et aussi — et cela devait se taire - aux jupons, chasse peu pardonnable chez un sexagénaire, objet d'une des plus belles passions de tous les temps.

Souvent, dans le grand salon du palais Simonetti, l'ambassadeur se posait, tout droit, devant la glace et se regardait pendant de longs moments, comme s'il se demandait si son visage, déjà marqué par la flétrissure des ans, pouvait séduire encore : « Tout est-il fini? Ou puis-je encore, gloire et fortune aidant, me faire aimer de quelque sylphide? »

Cette question, il se la posait à lui-même, et non à la soupçonneuse Mme de Chateaubriand, soulagée de se sentir, tant par la mort que par l'absence, délivrée des « Madames » qui l'avaient tant fait souffrir. Certes, elle savait bien que presque chaque jour une lettre partait vers Mme Récamier; mais celle-ci était, comme l'ambassadrice elle-même, une quinquagénaire qui représentait pour l'épouse bafouée une sorte d'abcès de fixation, si tendres que pussent être des missives telles que celle-ci :

Cette nuit, nous avons eu du vent et de la pluie, comme en France; je me figurais qu'ils battaient votre petite fenêtre; je me trouvais transporté dans votre petite chambre; je voyais votre harpe, votre piano, vos oiseaux; vous me jouiez mon air favori ou celui de Shakespeare; et j'étais à Rome, loin de vous. Quatre cents lieues et les Alpes nous séparaient!

Pourtant Juliette n'était pas la seule correspondante : une marquise de Vichet, châtelaine vivaroise, s'était mise à lui écrire des lettres admiratives et poétiques, qui l'avaient charmé à tel point qu'il avait fini par lui écrire : « Venez à moi », sans se douter qu'il s'agissait d'une dame fort mûre et déjà grand-mère, ce qui ne l'empêchait pas d'écrire romantiquement : « Si j'étais oiseau, je m'envolerais près de vous; si j'étais jeune garçon, je deviendrais votre secrétaire ou votre page. » Cette aventure, qui frise le ridicule, est doublée d'une autre qui trouvera un début d'accomplissement. Comme Gœthe eut sa Bettina, Chateaubriand sexagénaire posséda une jeune admiratrice, Léontine de Villeneuve, celle qui signa d'abord du pseudonyme de l'*Occitanienne*, et dont il ira vérifier les charmes, dès son retour en France.

Il ne s'agit jusqu'à maintenant que d'amours de tête et de rêveries sensuelles mais pardonnables ; ces égarements de l'esprit, Juliette les eût peut-être excusés, bien que certaines lettres, expédiées en même temps que celles qui lui étaient adressées, en fussent parfois un trop fidèle reflet. Mais le sensuel vicomte ne pouvait seulement se contenter de rêveries alors que Rome lui offrait de pulpeuses réalités.

M. d'Haussonville a dénombré les multiples bouquets qu'il fut, jeune attaché, chargé de porter chez la comtesse del Drago, qui ne passait pas pour une vertu farouche et, sous le pseudonyme de Florence, il a raconté l'aventure avec Hortense Allart, en laissant discrètement entendre qu'il n'a pas dévoilé tout ce qu'il savait des autres fantaisies de son illustre patron.

Hortense Allart était une jeune femme de lettres de vingt-sept printemps, fort jolie et intelligente, pourvue de plus de sensualité que de morale. Elle professait le principe qu' « une femme ne connaît bien les grands hommes que s'ils ont été ses amants ».

C'était une occasion de le vérifier avec le plus célèbre écrivain français du temps. Se recommandant de Fortunée Hamelin, dont Chateaubriand avait éprouvé les charmes faciles, elle fut admise à l'ambassade, où elle exprima son admiration pour *Atala* avec une assurance qui charma l'auteur.

Le lendemain, jour de Pâques 1829, il alla lui rendre visite Via delle Quattro Fontane. Sur la porte de la donzelle était tracée une inscription : *Pensa all'eternità*. Il semble que René se préoccupa davantage du présent, et cela pendant pas mal de temps, puisque l'aventure commencée à Rome devait se poursuivre en France. Chateaubriand, qui ne se fixait guère, avait épuisé les joies de sa vie romaine, d'autant plus qu'Hortense était obligée de rentrer à Paris.

Alors qu'il projetait de la suivre, un événement le retint plus longuement qu'il ne le pensait : le 10 février 1829, le pape Léon XII mourait subitement. Un conclave est le sommet d'une carrière pour un ambassadeur auprès du Saint-Siège. Ne voulant pas manquer pareille occasion, le vicomte décida de rester à Rome et demanda des instructions au ministère.

La Ferronays venait de donner sa démission pour raisons de santé ; Chateaubriand, qui avait espéré lui succéder, se résigna à recevoir les directives de son remplaçant, Portalis, bien qu'il ne l'aimât point. Ensuite il n'en fit qu'à sa tête. Il multiplia ses efforts, croyant sincèrement que l'élection à la tiare du cardinal Castiglioni, qui prit le nom de Pie VIII et ne régna que dix-huit mois, était pour lui un titre de gloire. Le nouveau pontife ayant pris comme secrétaire d'État le cardinal Albani, contre lequel le vicomte avait fait campagne alors qu'il était considéré comme *papabile*, les commentaires de Portalis sur l'élection furent peu obligeants pour l'ambassadeur.

Comme celui-ci avait envie de retrouver Paris où il reverrait Juliette, sans négliger l'intérêt supplémentaire constitué par la présence d'Hortense Allart, il demanda un congé et écrivit à Mme Récamier :

Chère amie, je vais vous chercher. Je vais vous ramener avec moi à Rome. Ambassadeur ou non, c'est là que je veux mourir auprès de vous.

Et, dupe une fois de plus, Juliette confiait à Amélie Lenormant : « L'arrivée de M. de Chateaubriand ranime ma vie qui semblait prête à s'éteindre. »

Le veuvage de Mme Récamier

En mai 1829, Chateaubriand reprit donc ses habitudes parisiennes et vint chaque jour voir Juliette, d'autant plus facilement que celle-ci s'étant établie au premier étage de l'Abbaye-aux-Bois le vieux cœur du vicomte, fort occupé par ailleurs, avait moins à s'essouffler dans la grimpée de l'escalier.

La situation politique retenait vivement l'attention de Mme Récamier. Alors que Martignac, homme habile et souple, représentait probablement la dernière chance de Charles X, le monarque faisait combattre par la presse d'extrême droite le ministre qui assurait le maintien de la couronne.

Martignac ayant organisé un voyage royal dans l'Est, Charles X prit pour une approbation de son intransigeance les vivats qui s'adressaient au libéralisme de son président du Conseil. Au lieu d'avoir conscience de la réalité, le roi dit fort sottement : « Si j'avais su que je fusse tant aimé, j'aurais gardé Villèle. »

Une crise ministérielle était donc prévisible à brève échéance, ce dont Juliette s'alarmait. Car Chateaubriand, fort endetté par sa vie dispendieuse de Rome, et en regain de fidélité parce que le roi lui avait rendu sa pension de ministre d'État, paraissait susceptible d'accepter le ministère des Affaires étrangères dans une formation ultra si on le lui offrait, ou de revenir dans une opposition fracassante si on ne le pressentait pas.

« Je suis plus troublée de la situation dans laquelle il va se trouver que je ne suis contente de le revoir », confia-t-elle lucidement à une amie. Et, persuadée que le moindre mal était encore de conserver l'ambassade de Rome, elle promit à René de l'y suivre quand il y retournerait.

En attendant, pour fixer ses activités pendant son séjour à Paris, elle eut la généreuse idée d'organiser une lecture de *Moïse*. Elle convia le tout-Paris à l'Abbaye-aux-Bois et prépara ainsi « cette conspiration de la flatterie qui devait plus tard rendre le nom et l'œuvre de Chateaubriand odieux à ceux qui, comme Sainte-Beuve, avaient été parmi les conjurés ».

Ce soir-là, Chateaubriand, assis sous le tableau de *Corinne au cap Misène*, reçut en maître de maison. Quand l'assistance fut au complet, l'acteur Lafond commença la lecture, et comme elle éveilla peu d'échos, le vicomte, exaspéré, lui arracha le manuscrit des mains et acheva de le lire à sa place.

Lamartine, un des présents, a laissé un récit de la scène dans son *Cours familier de littérature* :

> Au-dessous du tableau de Corinne, figurait, comme un Oswald vieilli, M. de Chateaubriand. Il dissimulait, derrière les paravents et les fauteuils des femmes, la disgrâce de ses épaules inégales, de sa taille courte, de ses jambes grêles; on ne voyait que le buste viril et la tête olympienne où pétillaient les yeux. Une bouche tantôt pincée par une contraction solennelle, tantôt déridée par un sourire de cour, plutôt que de cœur; des joues ridées comme les joues du Dante, par les années qui avaient roulé dans ses ornières autant de passions ambitieuses que de jours; un faux air de modestie qui ressemblait à de la pudeur, ou plutôt au fard de la gloire; tel était l'homme principal au fond du salon entre la cheminée et le tableau. Il recevait et il rendait les saluts de tous les arrivants avec une politesse embarrassée, qui sollicitait visiblement l'indulgence.

Cette indulgence fut fort nécessaire, et le duc de Richelieu ne s'était pas montré mauvais juge en 1815, le sommeil étant une opinion critique décisive. « C'était, a dit de *Moïse* un des assistants, un écho de Racine et de David, ce n'était ni David, ni Racine; c'étaient leurs ombres, un pastiche d'homme de génie, mais pastiche. »

Mme Récamier, trop fine pour n'avoir pas senti l'échec,

s'en attrista. Chateaubriand fut dupe des compliments factices qui lui furent prodigués, comme s'il savait que ses meilleurs ouvrages n'étaient pas encore achevés. Se croyant admiré parce qu'il venait de se révéler le grand poète tragique qu'il était certain d'être, n'espérant plus de portefeuille ministériel, il se résignait à retourner à Rome et à y finir ses jours, programme qui ne lui déplaisait plus maintenant que Juliette lui avait promis sa présence.

J'attendrai à Rome la mort du roi, qui, Dieu merci! se porte bien. Je ferai là mon grand ouvrage : une *Histoire de France*... Je ne dis pas que je ne redevienne encore ministre dans ma vieillesse, peut-être à l'avènement ou durant la minorité de Henri V, car le dauphin n'a pas plus de goût pour moi que Charles X. Je fais peur à leur médiocrité.

Les illusions ont toujours aidé les hommes à vivre, même à l'âge où ils devraient les avoir perdues. Chateaubriand en possédait encore : il voulut connaître ses correspondantes ignorées.

Il rencontra d'abord Mme de Vichet; il la trouva vieille et ennuyeuse; elle qui croyait avoir affaire à un demi-dieu, se crut menacée par un faune. Il n'avait pas besoin d'elle puisque Hortense Allart était à Paris et que, tout en allant voir Juliette quotidiennement, il s'adonnait avec la jeune femme de lettres à des jeux moins innocents. Puis, insatiable quand il poursuivait le fantôme de la sylphide, il voulut aussi connaître l'Occitanienne, et prétexta d'une saison aux eaux de Cauterets, avant de regagner Rome, où Mme de Chateaubriand exigeait de revenir.

Le 15 juillet 1829, après d'hypocrites adieux à Juliette, Chateaubriand prenait le chemin des Pyrénées. A sa première étape, celle d'Étampes, il avait donné rendez-vous à Hortense Allart. Ils dînèrent dans leur chambre, comme deux amants, et il semble que René se montra encore fort brillant en des jeux où il était expert. Puis il gagna Cauterets, où il alla rendre visite à Léontine de Villeneuve : il trouva une provinciale de vingt-cinq ans, dont les formes étaient rondouillardes et les vers rocailleux. Il corrigea ceux-ci à défaut de celles-là. Puis les aristocratiques baigneurs de Cauterets purent contempler avec surprise les promenades du génie et de la jeune fille, sous les sapins, au bord des gaves. Le vicomte décrivit les splendeurs de son palais romain et, comme il l'avait aussi demandé à Juliette, il pria Léontine d'en devenir la fée.

De cette expérience, l'homme de lettres tirait l'esquisse d'un roman *Amour et vieillesse*, sorte de *René* sur le retour, dont les pages ne sont pas sans beauté, ni sans émotion. Que faut-il penser de ces rêveries ? Léontine offrit-elle à son vieil admirateur le don de sa virginité mûrissante ? Il finit par le croire, puisqu'il l'insinua dans ses *Mémoires,* ce qui provoqua l'indignation de l'ex-mademoiselle de Villeneuve, devenue comtesse de Castelbajac, quelque peu douairière, et ayant découvert tardivement combien il est dangereux pour les vierges provinciales de correspondre avec les écrivains célèbres, eussent-ils deux fois l'âge d'être leur père.

Pendant ce romanesque séjour à Cauterets, le vicomte apprit que Charles X avait remplacé le conciliant opportuniste Martignac par le plus fidèle des ultras, le prince Jules de Polignac. La démission de Chateaubriand paraissait dès lors inévitable et la poste lui apporta de nombreux messages lui conseillant de se retirer. Seule Léontine de Villeneuve, désireuse peut-être de connaître Rome, l'encouragea à conserver son ambassade, ce qui était probablement le seul propos raisonnable qu'elle lui eût tenu.

A la vérité, maintenant que l'opinion publique lui conseillait de quitter l'ambassade de Rome, Chateaubriand se découvrait de sérieuses raisons de la conserver. Toutefois, alors que ses projets primitifs prévoyaient d'aller directement de Cauterets en Italie, il trouva raisonnable de revenir à Paris, où il demanda audience à Charles X. Le roi refusa de le recevoir et l'adressa à Jules de Polignac. Celui-ci ne put convaincre le vicomte, qui écrivit sa lettre de démission. Ce geste lui valut l'estime des libéraux mais le laissa devant une montagne de dettes exigibles. Il ne lui restait qu'à se remettre au travail et à demander à sa plume ce qu'il ne toucherait plus du ministère des Affaires étrangères.

Pendant qu'il était à Cauterets, Juliette avait été aux bains de mer à Dieppe, où le fidèle Ballanche, dont la renommée grandissait, s'était montré le plus fidèle des chevaliers servants.

Quand Chateaubriand se fut réinstallé rue d'Enfer, Juliette lui apporta sa collaboration pour ses travaux historiques, devenus une nécessité vitale. Cette aide désintéressée et amicale, secondée par les amis de l'Abbaye-aux-Bois, dont le cercle s'agrandissait puisque l'on y voyait maintenant des libéraux comme Thiers, Edgar Quinet ou Carrel, n'empêchait nullement Chateaubriand de fréquenter assidûment Hortense Allart, de la mener dîner dans de petits cabarets, voire de lui dicter parfois des passages de ses travaux. On assure même qu'un jour, où il venait de lui dicter cette phrase : « La croix sépare deux mondes », il s'arrêta et dit avec fougue :

« Je mourrai sur ton sein; tu me trahiras et je te pardon-
nerai. » Faut-il trouver des excuses à ces derniers sursauts de
sensualité? Hortense Allart a écrit de lui, à cette époque :

> Son ennui, son indifférence ont de la grandeur. Son génie
> se montre encore tout entier dans cet ennui. Il m'a fait
> l'effet des aigles que je voyais le matin, au Jardin des plantes,
> les yeux fixés sur le soleil et battant de grandes ailes que
> leur cage ne peut contenir.

Mme de Chateaubriand avait été habituée à ces battements
d'ailes qui, si souvent, avaient brisé les barreaux de la cage.
Mais Juliette, comment supportait-elle ces écarts que la malignité
publique ne pouvait entièrement lui laisser ignorer, alors qu'elle
avait ouvertement pris fait et cause lors de la liaison avec Cordelia
de Castellane? Il semble d'abord qu'elle était sûre de sa victoire
et que Chateaubriand, malgré ses faiblesses, l'avait vraiment
choisie pour toujours. Et puis, d'autres inquiétudes avaient
momentanément pris le premier plan dans sa vie quotidienne.

Après la mort de M. Bernard, en 1828, M. Récamier, qui
commençait à éprouver l'atteinte des années, était venu demeurer
chez Mme Lenormant, et, avec elle et Ballanche, il continuait
à venir déjeuner à l'Abbaye-aux-Bois. Puis, en dépit de ses
quatre-vingts ans, il sortait tout le reste du jour, car il conservait
une sorte de cabinet d'affaires à la Chaussée-d'Antin et il y recevait d'anciens clients qui lui avaient gardé confiance, en dépit
de ses revers financiers. Au mois d'avril 1830, il fut atteint d'une
fluxion de poitrine et exprima le désir d'être transporté à l'Abbaye-aux-Bois. Mme Récamier ne pouvait refuser de déférer à
ce vœu; elle fit dresser, dans son salon, un lit pour le moribond
et le soigna avec dévouement. En dépit des soins de son cousin,
le docteur Récamier, il succomba le 19 avril.

> Il est difficile, a écrit Mme Lenormant, de rencontrer
> moins de goût, d'humeur, d'esprit et de caractère que n'en
> avaient entre eux M. et Mme Récamier; une seule qualité
> leur était commune, c'était la bonté; et néanmoins, dans le
> lien singulier qui les unit trente-sept ans, la bonne harmonie
> ne cessa jamais de régner. *En le perdant, Mme Récamier
> crut perdre une seconde fois son père.*

Mme de Chateaubriand, prévenue, fit porter à Juliette ce
billet :

22 avril 1830

*Que je suis triste de vous savoir malheureuse! Dites, je vous
en supplie, à M. de Chateaubriand quand vous voudrez me recevoir;*

je serai toute à vous. C'est au moment de la peine que je ne voudrais pas quitter mes amis, et j'espère que vous ne doutez pas de mes tendres sentiments ; c'est bien aujourd'hui que j'en éprouve la sincérité.

Céleste de Chateaubriand, qui, en dépit de l'aigreur de son caractère, était une femme intelligente et fine, avait fort bien senti que seule Mme Récamier pourrait la délivrer d'Hortense Allart, et c'était une habileté que de s'assurer un concours qui allait se montrer des plus efficaces.

Si peu que M. Récamier eût compté dans la vie de sa femme, il l'avait profondément modifiée en lui refusant la liberté qu'elle lui avait réclamée en 1807, quand elle paraissait décidée à épouser le prince Auguste de Prusse.

Mais c'est à son obstination maritale que René devait l'amour de Juliette ; ce point de vue méritait considération et quand Mme Récamier vient d'éprouver le chagrin d'une nouvelle solitude, son veuvage va aussi lui rendre, jusqu'au terme, la présence de Chateaubriand.

Face à la révolution de 1830

Cette année 1830, qui sonna la fin du droit divin, fut marquée pour Mme Récamier par trois révolutions.

La première fut littéraire : le 25 février, Juliette assistait à la fameuse création d'*Hernani*. Ce triomphe de l'école romantique sur la classique, elle pouvait se vanter de l'avoir pressenti en étant la meilleure amie des deux écrivains qui se trouvaient aux origines de la mutation, Mme de Staël et Chateaubriand, et elle avait, avec sûreté, ouvert les portes de son salon aux étoiles de la nouvelle littérature.

La deuxième changeait totalement sa vie privée puisqu'elle était devenue veuve et libre ; désormais personne n'avait plus le droit de critiquer ses attitudes, hors peut-être Mme de Chateaubriand.

Autant que Juliette, l'épouse de René se trouvait victime de la troisième révolution, celle de juillet, où le vicomte, avec autant de noblesse que de calcul, avait pris position pour la postérité.

Mme Récamier touchait de trop près au monde politique pour n'avoir pas mesuré les risques que le prince de Polignac faisait courir à Charles X ; dès la formation du ministère, elle

avait dit à Mme Lenormant qu'elle voyait dans cette solution
« des dangers pour la France, ou du moins une direction inquié-
tante ». Charles Lenormant, revenu à Paris pour solliciter une
prolongation de sa mission archéologique en Grèce, avait renoncé
à demander cette faveur; il accepta le titre peu compromettant
de conservateur des monuments d'art des palais royaux.

En abandonnant Rome, Chateaubriand avait suggéré que
l'ambassade fût restituée à Adrien de Montmorency; la recommandation ne porta point d'effet; de Vienne, Montmorency fut
envoyé comme ambassadeur à Londres, ce qui était alors le plus
délicat des postes, en raison de la politique en Grèce et des vues
gouvernementales sur une expédition en Algérie.

Cette tentative, bien que couronnée d'un franc succès, ne
devait pas arranger les affaires de la monarchie. Quand la
Chambre s'était réunie, le 2 mars 1830, pour le vote de l'Adresse,
elle y avait inséré ce propos qui aurait dû donner à réfléchir :

> La Charte consacre comme un droit l'intervention du
> pays dans la délibération des intérêts publics. Cette inter-
> vention fait du concours permanent des vœux politiques du
> gouvernement avec les vœux de votre peuple la condition
> indispensable de la marche régulière des affaires publiques.
> Sire, notre loyauté, notre dévouement, nous condamnent à
> vous dire que ce concours n'existe pas.

Ce texte, approuvé par 221 députés, signifiait la nécessité
d'un changement de ministère. Charles X répondit sèchement au
président de la Chambre, Royer-Collard, porteur de l'Adresse :
« J'ai annoncé mes décisions. Elles sont immuables, mes
ministres vous feront connaître mes résolutions. »

Et le souverain prononça la dissolution, ce qui n'était pas
un procédé irrégulier, puisqu'il laissait aux électeurs le choix de
la décision. Comme on pouvait le prévoir, les élections, échelon-
nées de la fin juin à la mi-juillet, donnèrent raison à la Chambre
contre le roi et son ministre. La stricte application de la Charte
impliquait donc la désignation d'un nouveau président du Conseil
susceptible de réunir une majorité parlementaire.

Même Chateaubriand trouvait cela si évident que le 26 juillet 1830, à quatre heures du matin, il montait en voiture pour
rejoindre Mme Récamier, en villégiature à Dieppe. Le vicomte
ne se doutait nullement qu'au même moment sortaient les
premiers numéros du *Moniteur* reproduisant les fatales ordonnances par lesquelles, en s'appuyant sur l'article 14 de la Charte,
abusivement interprété, Charles X prononçait la dissolution

d'une Chambre qui ne s'était pas encore réunie, supprimait la liberté de la presse, épurait le Conseil d'État et fixait à l'automne la date de nouvelles élections. La moindre de ces ordonnances portait en soi le risque d'une révolte contre laquelle aucune des précautions militaires les plus élémentaires n'avait été prise.

J'étais assez gai, raconte Chateaubriand, tout charmé d'aller revoir la mer, et j'étais suivi, à quelques heures de distance, par un effroyable orage. J'arrivai le lendemain 27 à Dieppe, vers midi... Je m'habillai, et j'allai chercher Mme Récamier. Elle occupait un appartement dont les fenêtres s'ouvraient sur la grève. J'y passai quelques heures à causer et à regarder les flots. Voici tout à coup venir Hyacinthe ; il m'apporte une lettre que M. de Boissy avait reçue et qui annonçait les Ordonnances avec de grands éloges. Un moment après, entre mon ancien ami Ballanche ; il descendait de la diligence et tenait les journaux.

Le vicomte reprit aussitôt la route vers Paris, ce qui fait honneur à son courage.

Je suis entré dans Paris au milieu de la canonnade, de la fusillade et du tocsin, écrit-il à Juliette le 29 juillet. Ce matin, le tocsin sonne encore, mais je n'entends plus les coups de fusil ; il paraît qu'on s'organise et que la résistance continuera tant que les Ordonnances ne seront pas rappelées. Voilà le résultat immédiat, sans parler du résultat définitif, du parjure dont d'affreux ministres ont donné le tort, du moins apparent, à la Couronne... Je n'ai encore vu personne. Vous jugez dans quel état j'ai trouvé Mme de Chateaubriand. Les personnes qui, comme elles, ont déjà vu le 10 août et le 2 septembre (sic) sont restées sous l'impression de la terreur. Régiment le 5ᵉ (sic) de ligne a déjà passé du côté de la Charte. Certainement, M. de Polignac — et son ministère — est le plus grand coupable qui ait existé. Son incapacité est une mauvaise excuse. L'ambition dont on n'a pas les talents est un crime. On dit la cour à Saint-Cloud prête à partir.

Je ne vous parle pas de moi. Ma position est pénible mais claire. Le drapeau tricolore est arboré. Je ne puis reconnaître que le drapeau blanc. Je ne trahirai pas plus le roi que la Charte, pas plus le pouvoir légitime que la liberté. Je n'ai donc rien à dire et à faire, attendré (sic) et à pleurer sur mon pays.

Malgré le désir extrême que j'ai de vous voir, malgré que je manque de tout dans votre absence, de bonheur pour vivre et d'air pour respirer, restez où vous êtes, attendez quelques jours ; je vous écrirai tous les jours...

Cette lettre, enrichie de deux post-scriptums, ne parvint pas à Mme Récamier à Dieppe; Juliette avait, en effet, repris la route de Paris, où elle arriva le 30, convoyée par Jean-Jacques Ampère, tandis que Ballanche était rentré par une autre diligence, en compagnie de Sainte-Beuve, qui a laissé un ironique récit de ce trajet semé d'incidents.

Averti de la rentrée de son ami à l'Abbaye-aux-Bois, René lui adressa, le 31 juillet, un court billet pour lui annoncer qu'il avait été porté en triomphe dans les rues et qu'il allait jouer un grand rôle. Tout donnait alors à le penser; par ses attaques clairvoyantes, il avait dénoncé d'avance toutes les erreurs; l'heure n'était-elle pas venue où le plus intelligent des hommes politiques révélés depuis 1814 se vît confier les destinées du gouvernement?

Pourtant jamais la roche Tarpéienne d'où Chateaubriand allait volontairement se précipiter ne fut plus voisine pour lui du Capitole dont il semblait gravir les degrés.

La position à laquelle le vicomte s'était arrêté en arrivant à Paris : « être fidèle à la fois au roi et à la Charte, au pouvoir légitime et à la liberté » était défendable au moment où il la prit : les insurgés étaient alors divisés; le peuple voulait une république, la bourgeoisie le duc d'Orléans. Il était encore possible d'obtenir, après abdication de Charles X et du dauphin, la proclamation du duc de Bordeaux et de confier la lieutenance générale au duc d'Orléans, qui fût devenu régent de droit. Ce programme, fort raisonnable, Chateaubriand voulait l'exposer au roi pendant qu'il était encore temps de l'appliquer : il fit donc porter une lettre à Saint-Cloud, pour demander à Charles X ses instructions. Le roi répondit aussitôt qu'il avait nommé le duc de Mortemart Premier ministre et qu'il priait Chateaubriand de s'entendre avec lui.

Les Ordonnances ayant été abrogées, le duc de Mortemart tenait vraiment le sort de la France entre ses mains, mais la monarchie légitime allait périr faute d'un cheval, car tout est shakespearien dans ces journées folles. Les écuries royales s'étant montrées incapables de doter d'une monture le nouveau président du Conseil, celui-ci entreprit de gagner Paris à pied. D'abord repoussé par des troupes non informées de sa nomination, il obliqua par le bois de Boulogne. Sa marche provoqua une ampoule au talon qui l'obligea, avant de se rendre à l'Hôtel de Ville, à prendre à son domicile un bain de pieds : « Ce talon de M. de Mortemart, écrit Chateaubriand, fut le point vulnérable, où le dernier trait du Destin atteignit la monarchie légitime. »

En effet, quand le nouveau Premier ministre parvint enfin à

l'Hôtel de Ville, il s'entendit seulement répondre qu'il était trop tard : le destin avait jeté les dés et le baiser républicain de La Fayette sur le balcon avait fait du duc d'Orléans le roi des Français.

N'ayant pu joindre le duc de Mortemart, Chateaubriand s'était résolu à se rendre à une convocation de la Chambre des pairs. Sans hâte, il fit d'abord une promenade à travers Paris pour recueillir des impressions. En cette matinée du 30 juillet, il trouva la ville en ordre; seule la présence d'un drapeau tricolore dans la main de la statue d'Henri IV sur le Pont-Neuf pouvait donner à réfléchir.

Derrière la colonnade du Louvre, le vicomte fut reconnu par un groupe d'étudiants; ils crièrent en le voyant : « Vive le défenseur de la liberté de la presse » et ils lui demandèrent où il allait. Il leur confia qu'il se rendait à la Chambre des pairs. Alors il fut hissé sur les épaules de ces jeunes enthousiastes qui le portèrent triomphalement jusqu'au palais du Luxembourg.

Trop encouragé par ce succès personnel, Chateaubriand, plein d'optimisme, s'étonna de ne rencontrer chez ses collègues que « des mines consternées, des esprits indécis, des cœurs tremblants ».

Le récit de son triomphe dans la rue éveilla seulement quelques sourires sceptiques :

> Il était, rapporte le chancelier Pasquier, dans l'enivrement d'une espèce d'ovation dont venaient de l'honorer une quinzaine de jeunes gens qui l'avaient aidé à passer une barricade au bas de la rue de Tournon. Dans son enthousiasme, il lui échappa de répondre à quelques personnes inquiètes du sort de la légitimité : « Soyez tranquilles! qu'on conserve la liberté de la presse, qu'on me laisse ma plume, de l'encre et du papier, si la légitimité est abattue, je l'aurai relevée au bout de trois mois. »

Un émissaire vint alors l'avertir qu'il était attendu au Palais-Royal. Il s'y rendit; la duchesse d'Orléans le reçut aussitôt et le fit asseoir près d'elle : « Ah! Monsieur de Chateaubriand, dit-elle, nous sommes bien malheureux! Si tous les partis voulaient se réunir, peut-être pourrait-on encore se sauver. Que pensez-vous de tout cela? » Il indiqua sa solution qui était, en effet, la meilleure : Henri V roi, le duc d'Orléans régent.

Ce n'était pas l'avis que l'on désirait. La duchesse fit chercher son mari. Le duc d'Orléans, vêtu à la diable et l'air épuisé, parla aussi de son malheur et ajouta :

« Je pense, tout comme vous, monsieur de Chateaubriand. Prendre le duc de Bordeaux serait certainement ce qu'il y aurait de mieux à faire. Je crains seulement que les événements ne soient plus forts que nous.

— Plus forts que nous, Monseigneur? N'êtes-vous pas investi de tous les pouvoirs? »

« Je lus sur son front le désir d'être roi », telle est la formule lapidaire dans laquelle le vicomte a fixé son sentiment pour la postérité. Est-il possible de s'y tenir entièrement?

Probablement pas : le duc et la duchesse d'Orléans lui avaient fait des avances et des offres précises; on lui rendrait son ambassade à Rome et peut-être lui accorderait-on le portefeuille des Affaires étrangères. Avec un peu de souplesse et de courtisanerie, il pourrait, au mieux, redevenir ce qu'il avait été sous la Restauration, un ambassadeur ou un ministre, mais à une place de second ordre, alors qu'il s'estimait digne de la première. Ah! si Louis-Philippe avait dit : « Monsieur de Chateaubriand, je ne puis avoir d'autre président du Conseil que vous », il n'est pas interdit de supposer que le vicomte n'eût pas jugé indigne de lui de satisfaire son ambition suprême; il eût trouvé de bonnes raisons pour se justifier; il y aurait vu les intérêts de la France, ce qui lui eût permis de ne pas parler des siens. Mais, demeurer toujours un sous-ordre, il ne le voulait plus; s'il restait subalterne, il ne pourrait s'empêcher de devenir opposant. L'opposition c'était sa vocation; autant y revenir sans attendre, en conservant sa dignité, en justifiant son attitude par un discours impérissable, qui fixerait dans l'airain son personnage politique.

Ce discours, son chef-d'œuvre oratoire, et l'un des sommets de l'éloquence parlementaire, il le fignola rapidement et le prononça le 7 août, devant une Chambre des pairs terrorisée autant qu'admirative :

> Je propose le duc de Bordeaux, tout simplement comme une nécessité de meilleur aloi que celle dont on argumente. Ce n'est pas par dévouement sentimental que je plaide une cause où tout se tournerait de nouveau contre moi si elle triomphait. Je ne vise ni au roman, ni à la chevalerie, ni au martyre, je ne crois pas au droit divin de la royauté et je crois à la puissance des révolutions et des faits... Inutile Cassandre, j'ai assez fatigué le trône et la pairie de mes avertissements dédaignés. Il ne me reste qu'à m'asseoir sur les débris d'un naufrage que j'ai tant de fois prédit. Je reconnais au malheur toutes les sortes de puissance, excepté

celle de me délier de tous mes serments de fidélité. Je dois aussi rendre ma vie uniforme. Après tout ce que j'ai fait et dit pour les Bourbons, je serais le dernier des misérables si je les reniais, au moment où, pour la troisième et dernière fois, ils s'acheminent vers l'exil.

Pris à son propre jeu, le vicomte sentait les mots s'étrangler dans sa gorge et ses yeux s'embuer de larmes. A travers ce brouillard, il gardait assez de conscience pour mesurer l'effet de son éloquence :

Plusieurs pairs semblaient anéantis. Ils s'enfonçaient dans leur fauteuil au point que je ne les voyais plus derrière leurs collègues assis immobiles devant eux. Ce discours eut quelque retentissement. Tous les partis y étaient blessés, mais tous se taisaient parce que j'avais placé, après de grandes vérités, un grand sacrifice. Je descendis de la tribune, je sortis de la salle; je me rendis au vestiaire; je mis bas mon habit de pair, mon épée, mon chapeau à plumes; j'en détachai la cocarde blanche; je la mis dans la petite poche du côté gauche de la redingote noire que je revêtis et que je croisai sur mon cœur.

Certes, les Pairs avaient applaudi le discours et en avaient voté l'impression, mais sept seulement contre cent seize suivirent les vues de l'orateur. La Chambre des pairs se rallia à la monarchie de Juillet, parce qu'elle vit dans cette attitude la seule méthode possible pour maintenir un gouvernement monarchique.

La logique obligeait Chateaubriand à donner sa démission de pair et de ministre d'État, ce qui lui enlevait les 36 000 francs annuels lui permettant de vivre. Il poussa l'attitude jusqu'à vouloir renoncer aussi à ses 900 francs de jetons à l'Académie française, ce que le règlement ne lui permettait pas et qui n'aurait pas ajouté à sa dignité puisque les membres de l'Institut ne furent pas tenus de prêter serment au nouveau régime.

Le gouvernement de Louis-Philippe avait offert à Chateaubriand les honneurs et l'argent; il préféra l'honneur et la misère.

Mais il avait haussé le piédestal de sa statue. N'ayant pu faire de sa vie le chef-d'œuvre qu'il avait rêvé, il allait pouvoir faire sur elle une œuvre d'art qui le rendrait immortel, ces *Mémoires d'outre-tombe* qui n'eussent jamais été menés à bien sans sa retraite et sans l'amour de Juliette.

CHAPITRE XI

LES MÉMOIRES D'OUTRE-TOMBE

LES DÉBOIRES DE CHATEAUBRIAND ‖ VOYAGES ET PÈLERINAGES ‖ LES LECTURES DES « MÉMOIRES D'OUTRE-TOMBE » ‖ L'ABBAYE-AUX-BOIS AU TEMPS DE LOUIS-PHILIPPE ‖ DERNIÈRES PÉRÉGRINATIONS DE CHATEAUBRIAND.

Les déboires de Chateaubriand

CHATEAUBRIAND a raconté avec beaucoup de méthode, en des termes qu'il souhaitait irrévocables, les jours de sa vie où il brisa sa carrière politique.

Il semble bien pourtant que des tractations plus sérieuses que celles qu'il a tout juste laissé entrevoir, avaient eu lieu entre le Palais-Royal et l'écrivain pour discuter du prix de son ralliement. Cela ressort, à mots couverts, des dires de quelques contemporains sérieux tel Villemain. Comme il était malaisé de raconter ces marchandages du vivant du vicomte, que les *Mémoires d'outre-tombe* parurent dès sa mort et firent immédiatement autorité, le problème demeure d'autant plus malaisé à éclaircir que le discours du 7 août vient à l'appui de tout ce que Chateaubriand a voulu faire croire et que les démissions données le jour suivant et le reste de son existence ont été fidèles à la même ligne.

Pendant qu'il polissait son discours vengeur, Mme de Boigne était venue le voir rue d'Enfer, accompagnée de Mme Récamier; toutes deux avaient fait valoir l'intérêt qu'il y aurait pour lui à accepter de reprendre l'ambassade de Rome. Alors il avait levé les yeux des feuillets qu'il était en train de noircir, et, d'un geste

large, avait désigné une planche sur laquelle étaient rangées ses
œuvres complètes, en disant superbement :

« Et ces trente volumes qui me regardent en face, que leur
répondrais-je ? »

Le prix de ses grandeurs défuntes, il l'a évalué lui-même avec
ironie aux sept cents francs qui lui furent versés par un juif pour
produit net « de ses broderies, de ses dragonnes, franges, torsades
et épaulettes ».

Cette dynastie bourbonienne qu'il avait tant combattue,
il se jetait maintenant à son secours, alors qu'elle se dirigeait
vers les chemins de l'exil. Ce dévouement se teintait cependant
d'une certaine indifférence :

« Après tout, écrit-il, c'est une monarchie tombée et il en
tombera bien d'autres. Elle n'a droit qu'à notre fidélité et elle
l'a. »

Et il mettait « au concert de ses flûtes funèbres une condition
secrète mais invariable; il exigeait que sa plainte fût soutenue,
sa tristesse nourrie de solides calamités, de malheurs consommés
et définitifs et de chutes sans espoir de relèvement ».

Il n'en ignorait pas moins que la révolution de Juillet lui
avait rendu service, car elle avait rétabli l'unité de son esprit
plein de contradictions, à la fois monarchiste et rebelle, ultra et
libéral, raisonnable et vaticinateur. Il lui était possible désormais
de faire la synthèse de ses antinomies dans la haine d'un régime
usurpateur et bourgeois, dont il s'était refusé à être le profiteur
et dont il était prêt à devenir le martyr et la victime.

« Républicain par nature, monarchiste par raison, et bour-
bonien par honneur, je me serais beaucoup mieux arrangé d'une
démocratie que de la monarchie bâtarde octroyée par je ne sais
qui. »

Hélas! avant de lancer d'éloquentes protestations, il fallait
manger, et ce n'est pas à la légère que Chateaubriand a parlé
« de la triste nécessité qui me tient le pied sur la gorge ».

Il avait connu certes d'autres disgrâces, mais elles ne présentaient pas ce caractère définitif que prend une retraite volontaire
à soixante-deux ans, en tournant le dos à un régime qui débute
et dont on n'est pas assuré de connaître le terme.

En 1830, Chateaubriand était, une fois de plus, perdu de
dettes : en dehors de son œuvre littéraire il ne possédait guère
comme actif que le pavillon où il habitait près de l'infirmerie de
Marie-Thérèse; comme il n'avait jamais pu en acquitter complètement le prix, il restait des hypothèques à purger. Le vicomte
était donc résolu à vendre son logis, à apurer son passif et,

ayant rétabli son crédit, à emprunter de nouveau. Ladvocat lui devait encore une somme assez importante qui allait lui permettre de passer les premiers mois. Mais sa position politique, l'abandon probable de son logis parisien ne lui laissaient d'autre solution qu'un exil qui, outre la vente de son mobilier, allait lui imposer le plus pénible des sacrifices, celui d'être éloigné de Mme Récamier.

En attendant, il travaillait à son *Histoire de France*, ou, du moins, il terminait les six *Études historiques* qui en formaient l'assise; il les remettait à Ladvocat, qui se déclara incapable de régler la somme promise à l'auteur.

Il restait la solution de s'adresser aux Bourbons, mais d'avance le vicomte avait repoussé cette possibilité :

« Plutôt que de m'asseoir au banquet des rois, j'aimerais mieux recommencer la diète que je fis autrefois à Londres. »

La vente de la rue d'Enfer étant restée en plan, il fallait vraiment un miracle pour l'immédiat : il se produisit sous la forme d'une brochure, dont il n'attendait rien, et qui parut un mois avant les *Études historiques* sur lesquelles il avait fondé de vains espoirs. Cette brochure intitulée *La Restauration et la Monarchie élective* était un plaidoyer pour l'ancienne dynastie, qui prenait toutes les apparences d'un pamphlet contre la nouvelle. Le succès de vente fut considérable, et Chateaubriand, pourvu d'une somme rondelette, put, au mois de mai 1831, passer à la réalisation de son projet d'installation à l'étranger.

Pendant près d'un an, du moins, il avait connu la consolation d'aller chaque jour à l'Abbaye-aux-Bois. Les familiers assuraient, avec une tendre ironie, que dans cette heure mystérieuse que Juliette consacrait chaque jour au seul René, la conversation se bornait à cet immuable échange de propos :

« Voulez-vous du thé, monsieur de Chateaubriand ? »

Il répondait « Oui » et, après une pause :

« Après vous, madame.

— Ajouterai-je un peu de lait ?

— Quelques gouttes seulement.

— Vous en offrirai-je une seconde tasse ?

— Je ne permettrai pas que vous preniez cette peine. »

Il est probable que cette routine qui dura une vingtaine d'années, leurs dernières années à l'un et à l'autre, renferme une part de vérité. Ce que l'on ne saura jamais, c'est ce qu'ils se disaient le reste du temps. Tout au plus pourra-t-on en soupçonner quelques bribes à travers leurs rares confidences, qui prouvent qu'après tant d'orages, ils vont, dans les dernières tempêtes marquant pour eux les premières années de la monar-

chie de Juillet, trouver enfin ce qui leur était essentiel, le bonheur
tranquille qui naît de l'union de cœurs apaisés.

De la révolution de 1830 au départ en exil de Chateaubriand
en mai 1831, l'Abbaye-aux-Bois connut une vie de société active
et elle s'intéressa de très près aux événements politiques tels que
le procès des ministres de Charles X, en décembre 1830, et les
émeutes qui désolèrent Paris dans les premiers mois de 1831.

Un des plus anciens amis du groupe, Benjamin Constant,
mourut le 8 décembre 1830. Il s'était rallié au nouveau régime et
Louis-Philippe avait payé les dettes fort lourdes que l'auteur
d'*Adolphe* traînait après lui comme un boulet. Il crut alors
pouvoir se représenter à l'Académie; sa vie se termina sur un
ultime échec : en dépit des promesses, il n'obtint que cinq voix,
et le fauteuil échut à Viennet, candidat pour la dixième fois.
Ce fut Ballanche qui annonça le décès à Mme Récamier :

« Un des esprits les plus distingués de notre temps est entré
dans une nouvelle série d'épreuves; il est allé se compléter...
Ce pauvre Benjamin Constant a vécu quelques mois de trop.
Mais je crois qu'à présent, on sera plus disposé à lui rendre
justice. J'espère que l'Académie se repentira de son ignoble
sévérité. Ainsi voilà encore un représentant de notre passé qui
s'enfuit dans un passé définitif. »

Chateaubriand, qui avait été si dur de son vivant pour le
défunt, respecta sa tombe.

Deux autres événements littéraires marquent encore cette
période de l'existence de Juliette : elle vit son ami Ballanche
accéder à la célébrité quand il publia son essai intitulé *Vision
d'Hébal*. D'autre part, un jeune écrivain, conduit par la duchesse
d'Abrantès, et dont on avait remarqué le visage commun,
l'aspect trapu, mais aussi le regard vif et l'air si réjoui qu'il faisait
penser à Rabelais, avait montré « une joie naïve » quand il fut
présenté à l'Abbaye-aux-Bois. Ce fut peu de temps après cette
visite que ce jeune homme accéda brusquement à la célébrité,
en publiant un roman intitulé *La Peau de Chagrin*.

On a prétendu, sans preuves, que le personnage de Fœdora,
la femme fatale et sans cœur, avait été inspiré à Honoré de Balzac
par sa visite chez Juliette Récamier, trônant au milieu de sa cour
d'adorateurs. Il n'est pas contestable que Fœdora pose, elle aussi,
une énigme, celle d'une femme qui ne s'est donnée à aucun de
ses amis, pour les garder tous. Mais Fœdora se montre insensible
à tout sentiment de tendresse et, sur ce point, elle diffère fort
de Juliette, désespérée, en ce printemps de 1831, de voir s'éloigner
Chateaubriand et se demandant si elle ne devrait pas abandonner

Paris, pour aller vivre à ses côtés quand il aurait choisi définitivement le lieu de sa retraite au-delà des frontières.

Son chagrin se fût tempéré peut-être, ou eût changé de nature, si elle s'était doutée que, en s'éloignant, Chateaubriand espérait pouvoir retrouver quelquefois Hortense Allart, pour laquelle il avait conservé des appétits. Malheureusement pour lui, le vieux séducteur commit une imprudence : il conseilla à Hortense un voyage en Angleterre. La jeune excitée s'y était passionnément éprise d'un autre amateur de ruines, le futur romancier des *Derniers Jours de Pompéi*, Sir Henry Bulwer Lytton; il était beau et n'avait pas trente ans, ce qui rendait la lutte malaisée.

Chateaubriand n'en était pas moins jaloux au point que, pour faire revenir son amie, il alla jusqu'à lui parler de suicide. Ses arguments ne portèrent pas et Hortense resta en Angleterre.

Comme Mme de Chateaubriand était enchantée d'isoler son mari, elle pressa le départ. René la laissa faire :

« Je ne puis, écrit-il à Juliette, me résigner au joug d'une monarchie poltronne qui laisse humilier la France et ira chanter un *Te Deum* quand elle aura mis sur le trône de Belgique un prince anglais. »

Parti le 15 mai 1831, le ménage Chateaubriand, après des étapes à Dijon et à Lyon, arriva le 23 à Genève, où Rosalie de Constant les accueillit. Dès le lendemain, elle leur fit visiter des appartements, et, le 27 mai, pour un loyer annuel de quinze cents francs suisses, Chateaubriand établissait ses pénates dans un meublé aux Pâquis.

La municipalité et la société genevoises lui firent grand accueil et l'invitèrent à leurs fêtes. Il n'en fut pas moins saisi très vite par un prodigieux ennui :

« Oh! argent que j'ai tant méprisé et que je ne puis aimer quoi que je fasse, je suis forcé pourtant d'avouer ton mérite : source de liberté, tu arranges mille choses dans notre existence où tout est difficile sans toi. Deux créatures qui ne se conviennent pas pourraient aller chacune de leur côté : eh bien! faute de quelques pistoles, il faut qu'elles restent en face l'une de l'autre, à se bouder, à se maugréer, à s'aigrir l'humeur, à s'avaler la langue d'ennui, à se manger l'âme dans le blanc des yeux. »

Combien les visites à l'Abbaye-aux-Bois lui manquaient et les tendres apaisements que lui prodiguait Juliette! Il lui écrivait, probablement fort souvent; on ne possède plus, hélas! qu'une dizaine de lettres et une pièce de vers fort médiocres de ses échanges avec Juliette pendant ce triste séjour à Genève.

Au bout de trois mois, sous couleur de voir son éditeur, il s'échappa pour quelques jours à Paris et imagina un prétexte pour revenir tout à fait. Pour cela, il avait envoyé ses *Études historiques* à Béranger avec une dédicace de huit vers se terminant sur cet impératif :

> Faites revivre au coin d'un feu paisible
> Mon souvenir en vos nobles chansons.

Figurer dans une chanson de Béranger, c'était alors entrer dans l'actualité. Lors du voyage de septembre 1831, au cours d'un dîner au Café de Paris, avec Arago et Carrel, Béranger lut au vicomte les premiers vers de la chanson qu'il était en train de composer à son intention :

> Chateaubriand, pourquoi fuir ta patrie,
> Fuir son amour, notre encens et nos soins?

C'était exactement le ton souhaité et il ne serait plus possible, une fois les strophes sur toutes les lèvres, de repousser cet éloquent appel. Pour être assuré que la chanson se répandrait, Chateaubriand la fit insérer à ses frais dans douze journaux; ensuite, il exploita fort habilement le thème : puisque Béranger lui reprochait de fuir sa patrie et que celle-ci en paraissait malheureuse, il pouvait affirmer dans la presse :

« Ému et tenté de ses misères, j'ai pensé qu'il me serait toujours loisible de la quitter quand elle serait heureuse. »

A Mme Récamier, il écrivit que « pour l'amour d'elle, il était capable d'aller présenter à ce gouvernement qu'il n'estimait pas, les mains qu'elle aurait enchaînées ».

Le vicomte avait aussi ses coquetteries, mais elles étaient au goût de Juliette, et leur intimité reprit, en dépit du travail écrasant auquel l'auteur s'adonnait pour construire un plan général de ses *Mémoires*, dans lequel il pourrait insérer, avec les modifications nécessaires, les parties déjà écrites entre 1811 et 1826.

L'année 1832 le trouva à pied d'œuvre à Paris pour rentrer dans l'arène politique, par un pamphlet courageux contre la proposition de bannissement de la famille royale. La brochure obtint un vif succès et améliora un peu une trésorerie toujours précaire.

Il semble bien que ce libelle fut écrit par ordre des Bourbons en exil. La duchesse de Berry préparait sa romanesque tentative, et elle avait nommé le vicomte membre de son gouvernement secret, dangereux honneur qu'il déclina sagement.

En cette année 1832, le choléra dépeuplait Paris. La duchesse de Berry envoya douze mille francs à Chateaubriand pour les faire passer en son nom aux familles des victimes; il ne pouvait refuser de s'associer à un geste généreux, qui allait dans le sens de ses convictions, et Mme Récamier n'avait pas la moindre raison de l'en dissuader, car, en dépit de ses fréquentations libérales, elle était restée légitimiste au fond de son cœur.

Le don de la duchesse de Berry fut ostensiblement refusé par le préfet de la Seine et les maires des douze arrondissements. Le vicomte riposta par une lettre ouverte.

A peu près au même moment, la duchesse de Berry débarquait en Provence. Le drapeau blanc ne possédait point les qualités volantes de l'Aigle napoléonien : les clochers en restèrent dépourvus, et, après une vaine lutte, la duchesse de Berry allait en être réduite à se terrer.

Chateaubriand n'en était pas moins tellement compromis que, le 16 juin 1832, il fut appréhendé dans son lit « par trois messieurs » dont un commissaire, conduit en fiacre sous escorte à la préfecture de Police, où il s'entendit notifier l'inculpation de complot contre la sûreté de l'État.

Le préfet de Police, M. Gisquet, homme d'esprit, logea le vicomte dans son propre appartement. Chateaubriand se consola en se comparant au Tasse dans son cachot.

A la vérité, il fut traité avec beaucoup d'égards : il reçut la visite de Mme Récamier, de Ballanche, de Béranger, qui, habitué à la prison pour ses insolences, trouva l'installation de son confrère des plus supportables.

Tout en restant outré que la police eût osé porter la main sur son auguste personne, Chateaubriand était secrètement humilié d'être si bien traité :

« La peine applicable à mon crime n'était rien de moins que la peine de mort. »

Fort inquiète pourtant des suites judiciaires possibles, Mme Récamier alla trouver Pasquier, président de la Chambre des pairs. C'était le plus précieux des amis : il prêtait serment à tous les régimes et conservait toujours les meilleures places. Il put intervenir sans trop se compromettre et, après un séjour de quinze jours chez le préfet de Police, Chateaubriand fut autorisé à regagner la rue d'Enfer.

Mais, désormais, il avait un prétexte pour fuir l'ingrate patrie où il était rentré et il déclara bien haut qu'il retournerait vivre en Suisse.

Ses affaires financières étant de nouveau difficiles, il obtint divers prêts, émanant de Charles X, de Laffitte, de son neveu Louis de Chateaubriand. Muni d'une quarantaine de milliers de francs liquides, il put envisager un nouvel exil.

Tout en faisant promettre à Juliette de venir le rejoindre bientôt, Chateaubriand, avant son départ, revit Hortense Allart, de passage à Paris. Il fit une promenade avec elle au Jardin des plantes et l'emmena dîner en cabinet particulier au restaurant de l'Arc-en-Ciel. Ce soir-là, elle lui permit de faire « ce qu'il voulait ». Le lendemain, il lui écrivit :

« Vous avez vu votre puissance ; vous avez rendu leur charme à tous ces lieux où je ne passais plus. Que je suis bête et insensé ! J'ai honte de ma faiblesse, mais j'y succombe de trop bonne grâce... »

Mme de Chateaubriand ne devant partir que quelques jours plus tard, le vicomte supplia Hortense de le rejoindre en Suisse :

« Vous m'annoncerez votre visite comme une fée. Les tempêtes, les neiges, la solitude et l'inconnu des Alpes iront bien à votre mystère et à votre magie. Je vous donnerai plus dans un jour qu'un autre dans de longues années. »

Cette manière d'agir qui paraît assez odieuse allait pourtant porter les fruits les plus heureux. Éprise de Bulwer Lytton, Hortense, malgré sa faiblesse ultime qui n'est peut-être qu'une vantardise de Chateaubriand, retournerait à ses amours, et le vieil homme délaissé retrouverait la fidèle Juliette et verrait enfin clair dans son propre cœur.

De surcroît, la période de voyages et d'agitations qui allait s'ouvrir était appelée à jouer un rôle capital dans la composition de ses *Mémoires*, dont quelques-unes des plus belles pages vont lui être fournies par des mois agités, alors qu'il croyait seulement partir pour un suprême établissement, envisagé pour le moment dans la ville de Lucerne.

Voyages et pèlerinages

Voyageur épris des orages, René était-il aussi désolé de quitter Paris qu'il voulait le faire croire ? On ne peut totalement se prononcer car il traversait une crise douloureuse, celle de l'homme forcé de prendre conscience de son vieillissement : il vivait ces heures où la chair attristée commence d'avouer son retard sur les désirs qui continuent à troubler les esprits. « C'est le châtiment de ceux qui ont trop aimé les femmes que de les aimer toujours. »

Dans cette fuite, la réalité était de reprendre auprès de Mme de Chateaubriand une vie étriquée, aigre et morose, l'espérance était la présence possible de Juliette, le rêve insensé, une dernière flambée charnelle avec Hortense Allart.

La folie des humains ayant toujours été de faire passer leurs passions avant leurs devoirs, c'est à la rencontre d'Hortense que le voyageur croyait se diriger, tandis que ses chevaux l'emportaient vers Bâle et qu'il se répétait :

« J'ai encore assez de sève pour reproduire la primeur de mes songes, assez de flamme pour renouer mes liaisons avec la créature imaginaire de mes désirs. »

A Bâle, il passa de longues heures à contempler la danse macabre d'Holbein, comme un avertissement du destin. Il restait fasciné par le ricanement « de la mort que j'ai toujours singulièrement aimée ».

Le 16 août 1832, il arrivait à Lucerne où personne n'était là pour l'accueillir. Il se reposa deux jours, espérant une lettre d'Hortense, en réponse aux billets qu'il lui avait adressés tout au long de la route.

Hélas ! Bulwer Lytton venait d'arriver à Paris et, dans ses bras, elle avait oublié « le vieux voyageur ».

Après avoir flâné sur les quais de la Reuss et les rives du lac des Quatre-Cantons, en jetant du pain « aux poules d'eau privées du lac » qui lui rappelaient invinciblement les « poules d'eau sauvages de l'étang de Combourg », le voyageur s'embarqua en direction de l'Italie.

Après une navigation dont il s'exagéra volontiers les risques, il débarqua près de la chapelle de Guillaume Tell et prit la route dont les rudes lacets menaient au Saint-Gothard.

Au pied du col, dans l'auberge d'Andermatt où il passa la nuit, attristé encore par la présence d'un second lit qui resterait vide, le vieux Don Juan écrivit la méditation par laquelle il tenta de dire adieu aux joies charnelles.

Sa plainte, peut-être destinée à Hortense, ce fut Juliette qui l'entendit, comme portée par de mystérieuses ondes.

Tandis que l'Enchanteur errait à la poursuite d'une sylphide fantôme, l'« ange » se préparait à retrouver celui qu'elle aimait et plaçait au-dessus de tous les autres hommes.

Poursuivant sa course folle, le vicomte avait franchi le Gothard et poussé jusqu'à Lugano, où il respira un air d'Italie, puis, versatilement, il était revenu sur ses pas et avait regagné Lucerne, où il espérait peut-être retrouver Hortense, à laquelle il adressa une lettre de reproches amers.

Mme Récamier, fort attristée de voir Chateaubriand s'éloigner de Paris, s'était vite décidée à le rejoindre. Elle avait coloré son départ d'un autre prétexte, celui d'aller revoir son amie la reine Hortense, qui l'avait invitée à Arenenberg.

L'annonce de ce voyage jeta le désarroi chez les familiers de l'Abbaye-aux-Bois, probablement peu dupes.

Le 16 août 1832, Juliette quittait Paris, en compagnie de sa femme de chambre, Fanny, et d'une amie naguère connue à Rome, Mme Salvage. Il semble que Mme Récamier ne partait pas de gaieté de cœur, la joie de rejoindre l'Enchanteur n'effaçant pas complètement le regret de quitter, peut-être pour de longues années, le royaume de l'Abbaye-aux-Bois.

Juliette ne revivait-elle pas un peu l'exil de Germaine de Staël, quand elle écrivait à Jean-Jacques Ampère :

« Je suis entraînée par la destinée. Adieu! adieu! »

Mme Récamier avait choisi Constance pour y donner rendez-vous à Chateaubriand. Prévenu à Lucerne, où il attendait toujours la lettre hypothétique d'Hortense, René se précipita à la rencontre de l'ange, et le 27 août, Juliette le vit arriver « dans la ville délabrée de Constance, devenue le Saint-Germain de l'Allemagne, où les vieilles gens de la société se sont retirés ».

Mme Récamier logeait à l'hôtel de l'Aigle-d'Or, sur le Merkstadt. René s'installa dans une chambre voisine de la sienne.

Pour la première fois depuis Chantilly, ils se trouvaient réunis, loin du monde.

Hélas! René avait soixante-quatre ans et Juliette cinquante-cinq. Mais elle était encore belle et il était resté séduisant. « M. de Chateaubriand a été bien parfaitement aimable pendant son séjour à Constance », avouera un jour Mme Récamier à Paul David, et l'on peut penser ce que l'on voudra de ce pudique aveu.

Dès le lendemain des retrouvailles, Chateaubriand avait paru apaisé. Une noce déjeunait à l'hôtel. Pour échapper à l'agitation, les deux amants s'embarquèrent, « traversant la nappe d'eau d'où sort le Rhin pour devenir fleuve », et ils descendirent à l'île de Mainau, où un château baroque s'enveloppe d'un grand parc aux essences exotiques.

Le site était solitaire; les premiers colchiques, émissaires de l'automne, ouvraient dans l'herbe des pelouses leurs calices mauves, veinés de blanc, que l'Enchanteur aimait appeler des « veilleuses ». Longtemps, ils se promenèrent dans des allées désertes à l'abri de mystérieux ombrages. Au détour d'un chemin, apparut un petit pavillon d'où « s'échappaient des harmonies de

harpe et de cor ». Cette musique magique les plaça soudain dans
« un vrai conte de fées » : ils s'assirent sur un banc couvert de
mousse et parlèrent, l'un et l'autre, avec un abandon qu'ils
croyaient ne plus jamais connaître.

L'Enchanteur décrivit les bourrasques qui agitaient encore
son vieux cœur, puis il lut à Juliette les pages qu'il venait de
griffonner sur les flots du lac des Quatre-Cantons et dans les
gorges des Schoellenen. Quand il lui eut tiré des larmes par son
appel désespéré à la Sylphide, elle le regarda avec admiration,
peut-être aussi avec angoisse.

René avait-il touché le fond de la misère humaine ? Avait-il
vraiment songé au suicide ?

Tout le problème de la sincérité des hommes de lettres dut
soudain agiter l'âme de celle qui régnait sur le premier salon
littéraire de son temps. Elle pensa à Jean-Jacques Rousseau,
dont on croyait alors qu'il s'était volontairement donné la mort
et auquel un pressentiment l'avait fait rêver, pendant son attente
à Constance, au point qu'elle avait noté sur son carnet de
citations les dernières paroles que l'on prêtait à l'auteur de *La
Nouvelle Héloïse* :

« Ma femme, ouvrez la fenêtre que je voie encore le soleil. »

Au retour de la tendre conversation dans l'île, René demanda
l'album et sous la citation de Rousseau, il écrivit au crayon :

« Ce que je voulais sur le lac de Lucerne, je l'ai trouvé sur le
lac de Constance, le charme et l'intelligence de la beauté. Je ne
veux point mourir comme Rousseau : je veux encore voir longtemps le soleil, si c'est avec vous que je dois achever ma vie.
Je veux que mes jours expirent à vos pieds, comme ces vagues,
doucement agitées, dont vous aimez le murmure.

« Au bord du lac de Constance, le 28 août 1832. »

Comme Juliette et René regagnaient la rive, ils aperçurent
deux promeneurs qui semblaient les attendre : c'étaient la reine
Hortense et le futur Napoléon III venus saluer les voyageurs et
les prier à dîner pour le lendemain.

Quelle grande décision pour le défenseur de la légitimité
que de se rendre dans la maison du prétendant bonapartiste !
Mais, ce jour-là, Juliette pouvait imposer sa volonté.

Le lendemain elle prendrait gîte au château de Wolfsberg,
sorte de pension de famille, située au-dessus du village d'Erma-
tingen, à côté d'Arenenberg. Elle pourrait ainsi, pendant plusieurs
semaines, voisiner quotidiennement avec la reine Hortense.

Ce dîner, le seul où Chateaubriand parut à Arenenberg, fut
marqué par un incident. Juliette et René s'étaient fait mener en

voiture à Wolfsberg afin d'y prendre un moment de repos avant de faire toilette pour le dîner.

Par suite d'une erreur des courriers, les caisses de Mme Récamier n'arrivèrent point à temps, et celle qui avait été la femme la plus élégante de son temps, l'ex-dame blanche qui avait ébloui deux générations d'amoureux, dut paraître chez la reine avec sa petite robe noire de voyage, qui contrastait lugubrement avec la toilette d'Hortense, vêtue de « gros de Naples rose, aux manches de blonde dégageant le bras, avec une grande chaîne gothique en argent ».

Chateaubriand se montra d'une amabilité et d'une courtoisie parfaites, bien qu'il eût trouvé triste la vue que, depuis la terrasse d'Arenenberg, on découvre sur les rivages capricieusement découpés du petit lac de Constance.

La société était un peu hétéroclite et, dans les *Mémoires*, le vicomte s'est raillé d'un jeune peintre romantique, M. Cottrau, au costume étrange, et qui semblait être à demeure pour les satisfactions charnelles de la reine Hortense.

Après le repas, pour éviter peut-être des conversations difficiles, on joua au jeu des taches d'encre, fort en vogue, où Chateaubriand accepta de transformer ses taches en autant de dessins que d'assistants.

Il était cependant impossible de ne pas évoquer la grande ombre impériale :

« Vous savez, prince, devait dire le vicomte au prétendant, que mon jeune roi est en Écosse; que, tant qu'il vivra, il ne peut y avoir pour moi d'autre roi de France que lui. Mais si Dieu, dans ses impénétrables conseils, avait rejeté la race de saint Louis, si les mœurs de notre patrie ne rendaient point l'état républicain possible, il n'y a pas de nom qui aille mieux à la gloire de la France que le vôtre. »

Malgré ces amabilités, il devait porter des appréciations fort sévères « sur la friperie dont la duchesse de Saint-Leu s'enthousiasmait quand elle faisait admirer à ses visiteurs un *petit chapeau*, quelques cordons et quelques défroques ayant servi à l'Empereur des Français ».

De Lucerne qu'il avait regagné pour y retrouver son épouse, le vicomte écrivit à Juliette pour l'aviser que ses projets d'établissement demeuraient incertains. Mme Récamier prolongea donc son séjour auprès de la reine Hortense qui lui lisait ses *Mémoires*. Avec sa bonté ordinaire, Juliette lui fit corriger tout ce qui pouvait porter atteinte à ses amis et notamment retirer quelques flèches contre Mme de Staël.

A la mi-septembre, Chateaubriand, s'étant de nouveau résigné à habiter Genève, s'y établit dans un appartement meublé de la vieille ville, au 25 rue de la Cité.

Le 17 septembre, il rouvrait ses « portefeuilles » et se remettait au travail; il espérait qu'au bout d'un an les grandes lignes d'une œuvre qu'il voulait posthume seraient achevées.

« Quand les murs et la charpente de mon édifice seront élevés, que je ne serai plus obligé de traîner après moi les immenses matériaux de mon travail, alors j'irai peindre mes intérieurs en Italie. »

Au moment où René, agité de nouveau par des passions qui ne voulaient pas mourir, recommençait à correspondre avec Hortense Allart, Mme Récamier arrivait à Genève, et comme à l'ordinaire la grâce de sa présence suscita l'apaisement.

Chaque après-midi, ayant consacré sa matinée au travail, le vicomte se promenait avec elle. Ces errances au bord de ce Léman qui rappelait à Juliette tant de chers souvenirs ranimèrent dans leurs esprits la mémoire de Corinne, et, par une belle journée d'octobre, ils se firent conduire à Coppet.

Dans ce château, Chateaubriand s'était arrêté deux ou trois jours, vingt-sept années plus tôt, au cours d'un voyage rapide, et ses propos avaient alors blessé plus que charmé la reine de ces lieux.

Pour Juliette, au contraire, c'était tout un monde de réminiscences que cette visite allait réveiller; dans cette demeure où avait vécu sa plus intime amie, elle avait, elle aussi, connu des orages; si le prince Auguste de Prusse, le premier homme qui eût éveillé dans son cœur un sentiment d'attirance amoureuse, lui écrivait encore, si Prosper de Barante, marié depuis plus de vingt ans, poursuivait une brillante carrière, elle allait trouver aussi une légion de fantômes, prêts à l'enlacer de leurs maléfices.

Le château inhabité était poussiéreux et les araignées y tissaient en paix leurs toiles. Les deux visiteurs traversèrent la grande galerie où Juliette avait triomphé en incarnant la tendre Aricie; elle revit les chambres contiguës où Germaine avait partagé avec elle des heures d'enthousiasme et aussi d'abattement.

Tout ce passé si proche avait fait place à un silence poignant. Les pas des deux rêveurs résonnaient lugubrement dans cet univers aboli, où Juliette songeait aux splendeurs défuntes et René à la grande salle de Combourg, car toutes les évocations le repliaient sur lui-même.

Ils sortirent, l'automne teintait les feuillages de ses premières rousseurs.

A quelque distance du parc, écrit Chateaubriand, est un taillis, mêlé d'arbres plus grands et environné d'un mur humide et dégradé. Ce taillis ressemble à ces bouquets de bois au milieu des plaines que les chasseurs appellent des *remises;* c'est là que la mort a poussé sa proie et renfermé ses victimes. Un sépulcre a été bâti d'avance dans ce bois pour y recevoir M. Necker, Mme Necker et Mme de Staël; quand celle-ci est arrivée au rendez-vous, on a muré la porte de la crypte.

Par pudeur, René avait laissé Juliette seule avec ses souvenirs. Assis sur un banc, il regardait le paysage d'eaux et de montagnes dont les lignes avaient ému Rousseau et Byron.

Juliette était entrée solitaire dans le bosquet abritant le tombeau que le duc de Broglie avait fait sceller après y avoir enseveli sa belle-mère. Aux côtés de la chapelle funéraire, on avait creusé des tombes pour John Rocca et pour Auguste de Staël. Sur cette dernière, où reposait un de ceux qui l'avaient aimée sans espoir, Juliette se pencha et déchiffra sur la dalle de pierre l'inscription gravée :

« Pourquoi cherchez-vous parmi les morts celui qui est vivant dans le Ciel ? »

Puis, pâle et en larmes, chancelante et désemparée, elle reparut à la lisière du bocage funèbre. Chateaubriand, tiré de sa rêverie, la vit revenir avec une émotion nouvelle.

« Si j'ai jamais senti à la fois la vanité et la vérité de la gloire et de la vie, c'est à l'entrée du bois silencieux, obscur et inconnu, où dort celle qui a eu tant d'éclat et de renom, et en voyant ce que c'est que d'être véritablement aimé. »

Le soleil s'inclinait, irradiant un fugitif instant sur la rive opposée la maison de Cologny où Byron avait habité; le vent d'automne, après avoir soufflé une partie de la journée, s'était abattu par degrés.

« Pour bien comprendre tout ce que cette course eut de douloureux pour Mme Récamier et de pénible pour moi, il est nécessaire de revenir sur des temps écoulés. Dans cette terre étrangère, entre la France, mes regrets et mon berceau, et l'Italie, mes délices et ma tombe en espérance, peintre-voyageur, je m'arrête un moment; j'essayerai, à la clarté de mon soleil couchant, de dessiner un ange sur le ciel pur de ces montagnes. »

Ce projet sera fidèlement exécuté et un livre spécial sur Mme Récamier formera une chapelle sacrée dans la grande cathédrale des *Mémoires d'outre-tombe.* Pour l'écrire, il faudra remonter le fleuve du temps et ce sera un rare bonheur que d'interroger Juliette sur ses années passées pour tenter de percer les secrets qui se cachent derrière ce sourire angélique.

Comme la nuit tombait, tous deux regagnèrent Genève. Avant de se coucher, alors que Mme de Chateaubriand dormait déjà, René ouvrit son Journal et nota :

> Maintenant, en écrivant cette page, à minuit, tandis que tout repose autour de moi et qu'à travers ma fenêtre je vois briller quelques étoiles sur les Alpes, il me semble que tout ce que j'ai aimé, je l'ai aimé dans Juliette, qu'elle était la source cachée de toutes mes tendresses, qu'amours véritables ou folies, ce n'était qu'elle que j'aimais. Mes souvenirs de divers âges, ceux de mes songes comme ceux des réalités de ma vie, se sont pétris, mêlés, confondus, pour faire un composé de charmes et de douces souffrances dont elle est devenue la forme visible...

A Coppet, en ce jour d'octobre 1832, Juliette avait enfin remporté la victoire, celle de l'immortalité sur la vieillesse, et désormais l'Enchanteur n'écrirait plus que pour elle et par elle...

Les lectures des « Mémoires »

Les *Mémoires* seraient entièrement bâtis avant la fin de l'année 1833, assurait leur auteur, en s'installant à Genève. Il y eut assez loin de ces projets à leur réalisation.

Quand Juliette, à la fin d'octobre 1832, eut regagné Paris, Chateaubriand n'eut plus qu'une idée, celle de la suivre; le faire sans être ridicule paraissait malaisé. La duchesse de Berry sauva la situation en se laissant arrêter à Nantes, à demi rôtie par le feu allumé devant la plaque de cheminée fermant sa cachette.

Aussitôt le vicomte écrivit à la princesse qu'il serait son défenseur et, pour que personne n'en ignorât, il envoya copie de sa lettre à toute la presse.

« Nul, nota méchamment Mme de Boigne, ne ressentit une plus vive satisfaction de l'arrestation de Mme la duchesse de Berry que M. de Chateaubriand. Il périssait d'ennui et ne savait comment revenir. Il accueillit comme l'étoile du salut l'arrestation faite à Nantes. »

Il y avait du vrai dans ce propos, mais pourquoi l'Enchanteur eût-il laissé passer l'occasion de retrouver Juliette, devenue plus que jamais indispensable, en même temps qu'il affirmait avec courage sa foi légitimiste?

« Illustre captive de Blaye, écrivit-il à la duchesse de Berry, Madame, que votre héroïsme présent, sur une terre qui se connaît en héroïsme, amène la France à vous répéter que mon indépendance politique m'a acquis le droit de vous dire : *Votre fils est mon roi.* »

Devenu l'animateur d'une sorte de conseil pour la défense de la prisonnière, il publiait, le 29 décembre 1832, son *Mémoire sur la captivité de Madame la duchesse de Berry*, dans lequel, assure Alfred de Vigny, il se montrait un peu républicain.

A cette brochure, le gouvernement de Louis-Philippe répondit, le 26 janvier 1833, en ordonnant des poursuites contre le vicomte de Chateaubriand. L'écrivain passa devant les tribunaux et le jury l'acquitta aux cris de « Vive Chateaubriand, vive la liberté de la presse ».

A cette époque, la situation de la duchesse de Berry avait sombré de la tragédie au vaudeville; l'illustre captive était enceinte, et Bugeaud, chargé de la surveiller, se préparait au rôle de garde-couches.

L'infortunée princesse chargea le vicomte d'aller plaider sa cause auprès de Charles X et de faire reconnaître son mariage avec le comte Lucchesi-Palli qui se disait le père de l'enfant. Malgré son regret d'être de nouveau séparé de Juliette, Chateaubriand accepta :

« Je partirai pour la dernière et la plus grande de mes ambassades. J'irai, de la part de la prisonnière de Blaye, trouver la prisonnière du Temple. »

Et il fit préparer pour sa route la calèche de Talleyrand, « bien qu'elle ne fût pas habituée à courir après des rois déchus ».

A ce voyage, l'on doit de belles lettres à Juliette et quelques-uns des plus admirables passages des *Mémoires*. La mission flattait la vanité de l'homme qui avait renoncé à tout par fidélité à une cause à laquelle il ne croyait pas, mais qui lui accordait soudain un surcroît de renommée.

« Que je suis malheureux de vous quitter, écrit-il à Juliette, dès la première étape. Mais je serai revenu vite et vous écrirai de la chute du Rhin. A vous pour la vie! à vous! à vous! »

La tendresse n'empêche pas la grandiloquence, et, de Bâle, il parle de « ce maudit Rhin qui a vu César et rit de me voir courir après des empires ».

De Waldmünchen, où l'ont immobilisé une absence de chevaux et une difficulté de passeports, il écrit à Juliette, le 22 mai 1833 :

« Je ne veux plus quitter mes amis et en voilà assez de trop

de voyages. Je ne songe qu'à vous revoir. Je compte les heures.
A bientôt, j'espère. Mais quand saurai-je de vos nouvelles ? Que
le temps est long ! Parlez de moi à la petite société de l'Abbaye. »

Enfin il arrive à Prague et, dans les couloirs du Hradschin,
il évoque les immensités de l'Escorial, autre tombeau dynastique.
Charles X le reçoit avec aménité ; le vieux roi est devenu indifférent à toutes choses :

« Mon cher Chateaubriand, je n'en veux à personne ; chacun
se conduit comme il l'entend. »

Le vicomte pleure d'émotion, puis est reçu par le jeune duc
de Bordeaux, auquel son grand-père a annoncé qu'il allait voir
« une puissance de la terre », alors que son gouverneur, le comte
de Damas, lui dépeint le visiteur comme un fou.

Le premier, René salua l'enfant de ce titre de roi qu'il ne
devait jamais porter, puis il alla plaider sans succès auprès de la
duchesse d'Angoulême, aux eaux de Carlsbad, et revint à Paris
ne rapportant qu'une brassée de beaux souvenirs.

Devenue mère d'une petite fille, la duchesse de Berry avait,
pendant ce temps, été expédiée en Italie. Elle y convoqua
Chateaubriand.

Il prit cette fois la route du Simplon et rêva en passant à
Bex où était morte la « reine des roses », puis à Vérone, où il fit
l'appel des membres du Congrès et répondit *in petto* à chaque
nouveau nom un « Mort » à l'accent sépulcral.

En attendant une inutile rencontre avec la duchesse de
Berry, à Ferrare, il passa une semaine dans cette Venise qui lui
avait tant déplu quand il l'avait traversée en 1806 et fut conquis
« par le triste spectacle d'une ville si charmante et si désolée ».

Un jour, il fit mener sa gondole jusqu'au Lido et rêva
longuement sur la plage dont les échos retentissaient encore des
chevauchées de Lord Byron. Il y retrouva les vagues, folles
compagnes de sa jeunesse, et, assis sur le sable, il se laissa aller
aux folies de son âme.

« J'ai écrit un nom tout près du réseau d'écume où la dernière
onde vient mourir. Les lames successives ont attaqué lentement
le nom consolateur ; ce n'est qu'au seizième déroulement qu'elles
l'ont emporté, lettre à lettre, comme à regret. Je sentais qu'elles
effaçaient ma vie. »

Les seize lettres de ce nom, c'étaient celles de Juliette Récamier, car elle emplissait maintenant tout ce qui restait de son
cœur ; sans sa présence il ne pouvait espérer mener à bien son
grand œuvre.

Avant de la retrouver, il fallut rencontrer la duchesse de

LES MÉMOIRES D'OUTRE-TOMBE

Berry à Ferrare, puis plaider une nouvelle fois, en vain, la cause de la malheureuse, devant Charles X, en séjour à Butschirad, où fut proclamée la majorité du comte de Chambord.

Le 6 octobre 1833, Chateaubriand regagnait le pavillon de la rue d'Enfer :

« Je retrouvai mes vieux prêtres, le coin solitaire de mon jardin, mes *Mémoires* ramenteurs de mes jours passés et surtout la petite société de l'Abbaye-aux-Bois. La bienveillance d'une amitié sérieuse fait abonder les pensées. »

Le 1er décembre, Chateaubriand rédigeait la préface testamentaire de ses *Mémoires*, et après une expérience électorale malheureuse, en janvier 1834, il laissait s'accomplir une grande idée de Juliette, qui avait vu dans les *Mémoires* la possibilité d'assurer la sécurité définitive d'un grand homme qui se consumait dans des difficultés matérielles de plus en plus épineuses.

C'était une idée fort remarquable que celle d'organiser à l'Abbaye-aux-Bois des lectures de passages soigneusement choisis, d'appâter les éditeurs, et de leur vendre en viager une œuvre qui n'aurait le droit de paraître qu'après la disparition physique de son auteur.

Sainte-Beuve a fortement souligné l'importance littéraire de ces réunions qui débutèrent au mois de février 1834 : « Les *Mémoires* n'étaient lus qu'à un petit cercle d'initiés, dans un sanctuaire délicieux, avec tous les arrangements de la grâce et les demi-voiles du mystère. »

En 1834, l'œuvre était déjà fort avancée ; la partie allant de 1768 à 1800 était terminée, ainsi que les récits de l'ambassade de Rome, de la révolution de 1830, et des voyages de l'année 1833, pour lesquels des notes avaient été prises au jour le jour.

Les principaux auditeurs furent le duc de Laval, le duc de la Rochefoucauld-Doudeauville, le duc de Noailles, Ballanche, Sainte-Beuve, Edgar Quinet, l'abbé Gerbet, Jean-Jacques Ampère, le ménage Lenormant, Mme Amable Tastu... Les invités se réunissaient à deux heures de l'après-midi. Chateaubriand apportait son texte enveloppé dans un mouchoir de soie. Ampère ou Lenormant donnaient lecture.

Ces cérémonies confidentielles firent grand bruit. Jules Janin, qui n'y avait pourtant pas assisté, leur consacra un article dans *La Revue de Paris*, en fin mars 1834. Nisard, Quinet, Nettement firent de même, dans d'autres périodiques.

Sainte-Beuve, qui eut vraisemblablement communication de ce qui était considéré comme définitif, prit des notes pertinentes, dont il tira un célèbre article, paru dans *La Revue des*

Deux Mondes, le 15 avril 1834 : il y glorifiait Chateaubriand en qui il désignait le chef de l'école littéraire du moment, en même temps que le politique avisé s'efforçant de concilier « la liberté moderne et la légitimité royale ».

Un passage des *Mémoires* sur « L'avenir du monde », publié dans *La Revue des Deux Mondes*, également dans le numéro du 15 avril 1834, provoqua d'énormes réactions de tendances fort diverses.

Un peu grisé par tout cet encens, Chateaubriand commit une imprudence, celle de faire jouer son *Moïse*, au théâtre de Versailles, en octobre 1834. La pièce n'obtint pas le moindre succès. Mme Récamier dut baisser son voile pour cacher ses larmes.

L'auteur, dépité, alla se terrer quelque temps « dans le délicieux désert de Fontainebleau », d'où il écrivit à Juliette :

« Qu'on est heureux d'être à l'écart de tout cela et de vous aimer ! »

En même temps qu'elles consolidaient encore la première gloire littéraire de ce temps, les lectures des *Mémoires* eurent également sur ses finances l'effet bénéfique qui en avait été escompté.

Alors que Chateaubriand, tout en achevant et en polissant les *Mémoires*, s'épuisait dans des travaux de littérature alimentaire, « traduisant du Milton à l'aune, ou rédigeant un *Essai sur la Littérature anglaise*, mal architecturé, mais fourmillant de morceaux d'un subtil intérêt, il mettait en train le traité qui allait assurer la tranquillité matérielle de ses dernières années.

Mme Récamier et ses amis avaient abouché le mémorialiste avec le libraire Delloye; celui-ci fit étudier les moyens juridiques et financiers de former une « société en participation » qui exploiterait le capital considérable représenté par les *Mémoires*.

La société fut constituée le 22 mars 1836. Le libraire Delloye versait comptant un acompte de 156 000 francs sur les *Mémoires*, complété par une rente viagère annuelle de 12 000 francs, réversible sur Mme de Chateaubriand. Le jour de la remise du manuscrit sur la guerre d'Espagne, la rente serait portée à 25 000 francs. L'acte définitif fut signé avec les libraires Delloye et Sala, chez Me Cahouet, notaire, le 21 avril 1836. En gage, le vicomte remit dix-huit portefeuilles contenant le manuscrit des *Mémoires* dans l'état présent, avec possibilité de le compléter et de le modifier.

Bien que la rente n'ait jamais atteint le montant prévu pour les années suivantes, Chateaubriand, délivré, par une hypothèque sur sa tombe, des soucis qui l'avaient toujours obsédé, allait pouvoir se donner entièrement à l'achèvement de son œuvre et à l'amour de Juliette.

L'Abbaye-aux-Bois au temps de Louis-Philippe

Cette dernière période de la tendre union de Juliette avec René va s'étendre sur une douzaine d'années, assez monotones, et dépourvues d'événements spectaculaires. L'évocation de quelques moments caractéristiques colore cependant une quotidienneté qui tourne facilement à la grisaille, quand la vieillesse commence à imprimer ses stigmates sur les visages et à rendre plus malaisés les promenades, les villégiatures et les voyages.

De grandes dates régulières encadraient un programme presque immuable : un mois ou deux, pendant l'été, Mme Récamier allait faire un séjour à Dieppe ou dans une ville d'eaux; parfois quelques brefs passages à la campagne dans des maisons amies, notamment chez le duc de Noailles à Maintenon.

A partir de 1837, elle passa parfois une partie de l'hiver dans l'hôtel du baron Pasquier, rue d'Anjou-Saint-Honoré, car le chauffage y était plus aisé que dans le vaste salon de l'Abbaye-aux-Bois.

En 1838, Chateaubriand vint s'établir à proximité de celle-ci, au 112, rue du Bac. En effet, l'archevêché de Paris avait offert de racheter la maison de la rue d'Enfer, si Mme de Chateaubriand renonçait à diriger l'infirmerie de Marie-Thérèse. Il y eut beaucoup d'hésitations autour d'une décision qui changeait des habitudes solidement établies.

Aux yeux des sœurs, le vicomte était une sorte de demi-dieu assez puissant pour obtenir par ses intercessions auprès des pouvoirs la solution de toutes les difficultés. Comme cette vue était en partie chimérique, les religieuses avaient pris l'habitude de monnayer la gloire de leur illustre voisin : aux visiteurs de l'infirmerie, elles promettaient de montrer M. de Chateaubriand, ce qui suscitait des offrandes généreuses.

A défaut de l'écrivain, on produisait son épouse, qui ne s'absentait guère. Elle contraignait les visiteurs à des amabilités impératives, dont la plus ordinaire était d'acheter un chocolat fabriqué par les religieuses et vendu au profit de l'œuvre. On doit à Victor Hugo le récit de la manœuvre. Le poète n'avait pas encore tiré fortune de l'exploitation de son talent, il n'était qu'un jeune père de famille accablé de charges et subissant des fins de mois difficiles. Venu voir Chateaubriand, il fut reçu, en son absence, par sa femme qui lui sourit :

C'était, rapporte-t-il, la première fois qu'elle daignait s'apercevoir que j'existais. Je saluai jusqu'à terre. Elle reprit : « Je suis charmée de vous voir. » Je n'en croyais pas mes oreilles. Puis elle montra du doigt une pile sur une petite table et ajouta : « Je vous ai réservé ceci. J'ai pensé que cela vous ferait plaisir. Vous savez ce que c'est. » C'était un chocolat religieux qu'elle protégeait et dont la vente était destinée à de bonnes œuvres. Je pris et je payai. Le chocolat catholique et le sourire de Mme de Chateaubriand me coûtèrent vingt francs, c'est-à-dire huit jours de nourriture. C'est le sourire de femme le plus cher qui m'ait été vendu.

Chateaubriand ne vit pas clairement la marge de tranquillité qu'il devait aux occupations de son épouse. Il la supplia donc d'accepter la proposition diocésaine :

« Tiens ferme contre l'infirmerie; tu vivras maintenant cent mille ans. Sois accommodante avec l'archevêque. Ne gronde ni ne récrimine. »

C'était un surcroît de sécurité financière qui s'offrait avec la purge des hypothèques sur le pavillon; c'était l'illusion que Mme de Chateaubriand, moins occupée, pourrait prendre du repos, ce qui la rendrait moins acariâtre; c'était surtout la possibilité de se rapprocher de l'Abbaye-aux-Bois :

« Je meurs de joie, écrit-il à Juliette, de nos arrangements futurs et de n'être plus qu'à dix minutes de votre porte. »

Cette proximité allait bien faciliter leurs rencontres pendant les années de leur vieillesse. Mais elle se paya aussi par les aigreurs accrues de Mme de Chateaubriand, qui, exaspérée par la concurrence du génie, se plaisait souvent à houspiller son mari :

« On prétend que tu es un grand homme, je ne suis pas une grande femme; ce ne sont pas de belles phrases que je veux, c'est un raisonnement. Je raisonne bien, moi.

— Certainement, mon amie, certainement, mais tu raisonnes si bien, vois-tu... tu as raison sans cesse, nul n'a d'esprit comme toi », répondait-il avec résignation dans l'espoir qu'elle finirait par se taire. Il eût sacrifié jusqu'à sa renommée pour obtenir la tranquillité dans son foyer. Il avait certes de grands torts envers sa femme, mais, assure Villèle dans ses *Mémoires*, « il l'aimait à sa manière ». Elle était une habitude de cinquante années et mettait dans sa vie de l'ordre, de l'unité, ce qu'il ne haïssait pas. Quand elle coupait du pain pour ses petits oiseaux dans une grande jatte de cuir bouilli, il la regardait avec tendresse et l'appelait « la fée aux miettes ».

Juliette apaisait les rancœurs qui auraient pu naître dans le cœur du vicomte vieilli. Céleste de Chateaubriand ne l'ignorait pas et en manifestait de l'aigreur contre Mme Récamier, bien

que l'âge et l'habitude l'eussent rendue son amie. Elle se reprochait parfois ses méchancetés :

« Hélas! c'est un péché que je n'ai pas porté loin. Savez-vous
comment cette chère dame s'est vengée de mes injures? En
m'envoyant mille francs pour commencer la souscription que je
vais faire afin d'avoir les moyens de loger Mlle Lemonnier à
l'hospice. »

Pour forcer ce cœur meurtri, Juliette mit en commun le souci
qu'elle éprouvait autant qu'elle, celui d'écarter les importunes,
les coquettes, les maraudeuses de gloire. L'amie, autant que
l'épouse, redoutait certaines promenades secrètes, où René, la
fleur à la boutonnière, errait mystérieusement à travers Paris,
dans des lieux où l'auraient attendues des amies trop indulgentes. « Sa journée avait ses heures et ses stations marquées
comme les signes où se pose le soleil. » Du moins, pour inquiéter
les deux femmes qui veillaient sur sa vieillesse, essayait-il de leur
faire croire à ses aventures secrètes. Il semble bien que tout se
passait désormais en paroles, car il avait conservé l'art du compliment. Rencontrant la célèbre actrice Rachel chez Mme Récamier,
il lui avait dit :

« Quel chagrin de voir naître une telle personne alors qu'on
va mourir.

— Monsieur le vicomte, lui répondit-elle, il y a des hommes
qui ne meurent pas. »

Et il badinait avec Delphine de Girardin :

« Je n'ai jamais été si tenté de ma vie... J'ai besoin de mes
quarante ans de vertu pour résister à cette double attaque de
votre beauté et de votre esprit. »

De ses anciennes grandes aventures, ne survivait, depuis la
mort de Nathalie de Mouchy dans une maison de santé en 1835,
que Cordelia de Castellane, dont la liaison avec Molé avait pris
la régularité et la gravité d'un mariage. Juliette pouvait donc
être tranquille et Céleste aussi : la première possédait à jamais
son cœur, l'autre était son habitude.

C'est sur ce fond immuable qu'il faut placer quelques
anecdotes, telle cette visite de Lamartine racontée par Sainte-
Beuve :

L'autre jour, j'étais chez Mme Récamier; il n'y avait
qu'elle et Chateaubriand. On annonça Lamartine; *Jocelyn*
venait de paraître dans la huitaine et on ne parlait que de
cela. Mme Récamier, avec son empressement habituel, le
mit là-dessus dès le premier mot : « Je vous lis, monsieur,

nous vous lisons, nous vous devons bien des plaisirs; M. de Chateaubriand surtout est bien charmé. » Chateaubriand, ainsi provoqué en témoignage, ne disait mot; il avait pris son foulard, selon son habitude et le tenait entre ses dents, comme quand il est décidé à ne pas parler (il mord alors son foulard, et le tire de temps en temps avec la main, en le retenant avec les dents, ce que ses anciens amis appellent : *sonner la cloche*). Il sonnait la cloche, sans rien dire, et Mme Récamier se prodiguait d'autant plus pour couvrir son silence : « On vous a fait, monsieur, disait-elle à Lamartine, des critiques bien peu fondées sur le mariage des prêtres et sur le style qui est si pur et charmant ! » Lamartine, dès l'abord, était entré sans façon dans cet éloge de lui-même; au premier compliment de Mme Récamier, il l'avait interrompue, *en lui demandant à quelle lecture elle en était.* « Mais à la première. — C'est, reprit-il, qu'*on ne goûte bien le livre qu'à la seconde.* — Mais dès cette première fois, répondit-elle, je n'ai pas de peine à comprendre combien il y a de beautés qui doivent gagner sans doute à être relues. »

Quand elle eut prononcé le mot de *style* et dit quelque chose des critiques injustes que l'on avait fait à l'auteur sur ce point, Lamartine s'écria : « Le *style*, c'est précisément ce que j'ai soigné le plus, *c'est fait à la loupe.* » Après un certain temps de conversation sur ce ton, elle louant, lui l'y aidant avec cette fatuité naïve, il sortit; elle l'accompagna jusque dans le second salon pour lui redoubler encore ses compliments; mais la portière de la chambre était à peine retombée que Chateaubriand qui, jusque-là, n'avait pas desserré les dents (quoique deux ou trois fois, Mme Récamier se fût appuyée de son témoignage dans les éloges), éclata tout d'un coup et s'écria, comme s'il eût été seul : « *Le grand dadais !* » J'y étais et je l'ai entendu.

En 1837, Chateaubriand se sentit malade, au point qu'il éprouva la crainte de ne pouvoir achever ses *Mémoires ;* le 12 juin, il rédigea son testament où il institua sa femme légataire universelle. Mais il ajoutait :

« Je lègue à Mme Récamier la copie de *La Sainte Famille* de Raphaël, par Mignard, que je tenais par testament de Mme la duchesse de Duras; elle est digne de cet héritage consacré par l'amitié et par la mort. Je n'ai pas besoin de lui renouveler les assurances d'un attachement dont elle trouvera les preuves à toutes les pages de mes *Mémoires.* »

Mme Récamier tomba malade en même temps que son illustre ami; un mal de gorge persistant lui fit perdre quelque temps la voix et sa vue parut s'obscurcir. Ces incommodités, attribuées par le docteur Récamier à l'humidité hivernale de l'Abbaye-aux-Bois, pesèrent d'une manière décisive dans les installations rue d'Anjou pendant les saisons trop froides.

Le prince Auguste de Prusse avait appris avec émotion la maladie de celle qui lui était restée si chère; en février 1837, il lui écrivit de Berlin, en la suppliant de se soigner et en lui suggérant d'écrire ses mémoires.

Le 16 juin 1837, un deuil frappa le salon de l'Abbaye-aux-Bois, en la personne d'Adrien de Montmorency, duc de Laval. Depuis 1830, ayant refusé de se rallier à la monarchie de Juillet, il avait renoncé à toutes fonctions et vivait une partie de l'année dans sa terre de Montigny-le-Gannelon. Philosophe qui passa ses derniers jours à cultiver des roses, Adrien correspondait régulièrement avec Juliette, qui alla même faire un séjour dans son château.

Au cours de l'été 1837, Chateaubriand, complètement rétabli, acheva l'architecture générale de ses *Mémoires;* puis, au moment où, pour la première fois, Juliette quitta l'Abbaye pour la rue d'Anjou, il décida de faire un séjour à Dieppe. Il partit le 28 octobre. En traversant Chantilly, il fut repris par la nostalgie des anciens souvenirs. Il prit gîte dans une médiocre auberge qu'il ne trouva plus le courage de quitter.

« Je n'ai qu'une pensée en me promenant dans ces bois, en voyant de longues percées traversant arbres après arbres, c'était vous, écrit-il à Juliette, le 31 octobre. Pourquoi ma vie est-elle si entravée? Que deviendrai-je? Que ferons-nous? Je ne veux plus m'appesantir là-dessus car j'en crèverais. J'ai pourtant travaillé aujourd'hui et je vais travailler encore une huitaine de jours, pour lever, si je puis dire, les obstacles matériels; mais reste Mme de Chateaubriand. »

Au cours de ces treize jours de solitude, où il écrivit son chapitre sur la mort du duc d'Enghien, le vicomte, peinant sans relâche, acheva la mise au point de ses quatre volumes sur le Congrès de Vérone, dont il escomptait le doublement de la rente prévue par le contrat avec Delloye et Sala.

Le livre parut au début de l'année 1838. Comme il n'obtint pas de succès, les actionnaires des *Mémoires* refusèrent d'exécuter intégralement le contrat; à la suite d'un compromis, la pension fut réduite de 25 000 francs à 16 000. Cette réduction fut un peu compensée par la vente du pavillon de la rue d'Enfer, et ce fut sans soucis matériels harcelants que Chateaubriand put, de 1838 à 1841, achever les *Mémoires*, dans lesquels il inséra, en 1839, le livre dédié spécialement à Juliette.

Chateaubriand consacra les mois d'été 1838 à un voyage de tourisme dans les provinces méridionales de la France. Juliette ne pouvait songer à l'accompagner et elle passa la saison chaude chez Mme de Boigne, à Châtenay.

L'hiver 1838-1839 ne vit guère sortir Mme Récamier : elle organisa de nombreuses lectures chez elle, notamment celle des œuvres de Fontanes, publiées par les soins de Sainte-Beuve, qui, l'hiver suivant, donna aux habitués de l'Abbaye-aux-Bois la primeur de son *Port-Royal*.

Souffrant constamment de la gorge, Juliette décida, au début de l'été 1840, de faire une saison aux eaux d'Ems; son séjour, animé par Meyerbeer, Astolphe de Custine et la princesse Belgiojoso, lui laissa de brillants souvenirs, mais la séparation d'avec Chateaubriand avait fait planer sur elle une constante mélancolie. Demeuré à Paris, le vicomte lui écrivait régulièrement :

Vous êtes partie : je ne sais plus que faire. Paris est le désert, moins sa beauté... Les Mémoires *sont finis, vie passée comme vie présente* (19 juillet 1840).

Je fais toujours copier des Mémoires, *corrigeant par-ci, par-là, quelques mots sur ces vieilleries... Je ne demande plus de lettres, vous n'écririez pas. Vous m'avez soumis. Je ne suis qu'un pauvre esclave résigné* (Paris, 6 août 1840).

Mais où avez-vous pris que je me plaignais de votre silence? Je n'ai pas dit un mot de cela. Je suis le plus soumis, le plus dompté de ceux qui vous aiment (8 août 1840).

Par cette même lettre, Chateaubriand apprenait à Mme Récamier que leur hôte d'Arenenberg, le prince Louis-Napoléon, venait d'être arrêté à Boulogne, au cours d'une tentative de coup de main sur la ville.

La Chambre des pairs devait bientôt condamner le prince à la réclusion à vie dans une forteresse du territoire, juste au moment où Louis-Philippe prenait le soin de faire inhumer la dépouille de Napoléon sous le dôme des Invalides.

Au cours de l'hiver 1840-1841, le Rhône et la Saône ayant inondé Lyon, Mme Récamier organisa, au profit de ses compatriotes sinistrés, une soirée par souscription. Tous ses amis l'aidèrent : le duc de Noailles organisa le buffet, le marquis de Vérac prêta ses voitures, Rachel récita une partie d'*Esther*.

Chateaubriand s'affaiblissait alors visiblement; il disait lui-même que son courage n'était pas usé, mais qu'il était « surmonté par le dégoût » et ne songeait plus qu'à mourir en chrétien. Il anticipait volontiers, mais il souffrait beaucoup de goutte et de rhumatismes déformants; dès 1838, il lui était parfois impossible de tenir sa plume et il dictait. Pour améliorer cette impotence envahissante, il se résigna à faire une saison à Néris, au cours de l'été 1841; au retour, il s'arrêta une semaine chez son ami, l'ancien ministre Hyde de Neuville. Puis, réinstallé rue du Bac, il écrivit la conclusion de ses *Mémoires* :

> Ce 16 novembre 1841, ma fenêtre qui donne à l'Ouest, sur les jardins des Missions étrangères, est ouverte; il est six heures du matin; j'aperçois la lune pâle et élargie; elle s'abaisse sur la flèche des Invalides à peine révélée par le premier rayon doré de l'Orient; on dirait que l'ancien monde finit et que le nouveau commence. Je vois les reflets d'une aube dont je ne verrai pas se lever le soleil.

Dernières pérégrinations de Chateaubriand

Ce soleil allait pourtant se lever pour Chateaubriand près de sept années encore; les quatre premières de ces ultimes années furent marquées par plusieurs séparations auxquelles nous devons près de quatre-vingts lettres de René à Juliette, permettant de cerner de manière assez précise des états d'âme qui révèlent la constance d'un sentiment dominant les autres rêveries et aussi la multiplication des désenchantements engendrés par les décadences que le vieillissement des corps fait partager aux esprits.

Cette période, au cours de laquelle l'Enchanteur écrira celui de ses livres dont la perfection et l'envolée se rapprochent le plus des *Mémoires d'outre-tombe*, cette *Vie de Rancé* qui en forme en quelque sorte le complément, est aussi consacrée au remaniement total du manuscrit des *Mémoires*, considérés prématurément comme achevés, au matin du 16 novembre 1841.

En 1842, quatre jours après l'accident qui avait coûté la vie au duc d'Orléans, Chateaubriand reprit la route de Néris, tandis que, pour fuir la chaleur, Juliette s'installait à Neuilly, dans la Folie Saint-James, alors aménagée en pension de famille.

« Votre écriture produit sur moi l'effet d'un rayon de soleil », lui écrit-il de Néris, le 26 juillet 1842, et, les jours suivants, il se plaindra vivement de recevoir si peu de lettres de celle qu'il appelle parfois « une terrible femme ».

Pris d'un épouvantable mal de gorge, qui le retint plusieurs jours au lit, Chateaubriand, à sa première sortie au bras de son secrétaire Pilorge, glissa sur un pavé et s'affaissa lourdement. « L'illustre vieillard est tombé sur la tête », imprima méchamment la presse. René rassura Juliette, en pestant « contre cette grosse bêtise des journaux ». En fait, l'écrivain, dans sa chute, avait heurté du front une pierre et pendant vingt-quatre heures l'anxiété fut grande.

Le 15 août 1842, Chateaubriand quittait Néris et allait retrouver Mme Récamier, en séjour à Maintenon; le duc de Noailles, qui avait des velléités académiques (il sera le successeur de Chateaubriand sous la Coupole), invitait de plus en plus volontiers le monde littéraire, et avait obtenu qu'un livre des *Mémoires d'outre-tombe* fût consacré aux réunions de Maintenon. Chateaubriand défera à ce désir, mais comme il n'en fit qu'à son idée, son texte ne contenta point un hôte qui espérait plus son propre éloge que celui de ses ascendants.

La duchesse de Dino, partie quelques jours avant l'arrivée de Chateaubriand, a laissé ce malveillant portrait de Juliette, en 1842 :

Il y a ici une ancienne célébrité, Mme Récamier, qui, grâce à une névralgie au visage, ne parle pas; elle a un sourire permanent qui me fatigue un peu. M. Ampère, professeur distingué et fort protégé par Mme Récamier, qui le mène à sa suite, a de l'esprit et du mouvement, sans grande distinction de manières. M. Brifaut, pâle académicien, également satellite de Mme Récamier, lit ici d'anciennes tragédies de sa façon.

Charles Brifaut, poète dramaturge fort oublié, avait été attiré à l'Abbaye-aux-Bois, parce que Juliette recrutait discrètement des voix en faveur de Ballanche, qu'elle voulait pousser à l'Académie, où il subit d'abord un échec. Il avait refusé de poursuivre, car il craignait de gêner Victor Hugo, plusieurs fois repoussé, auquel on voulait l'opposer.

En cette année 1842, grâce aux habiles manœuvres de l'Abbaye-aux-Bois et à l'appui déclaré de Chateaubriand, Ballanche fut élu au fauteuil d'Alexandre Duval. Le *Dictionnaire satirique des Célébrités contemporaines* écrivit alors sous le pseudonyme de *Fortunatus* :

« Tout récemment, on a embaumé ce profond vieillard déjà antique; on l'a ficelé de bandelettes et déposé dans une niche à l'Académie, avec cette étiquette « Ballanche-Logogriphe ». Et pourtant les ombres de La Fontaine et de Fénelon lui ont souri. »

Le même folliculaire disait à propos de Chateaubriand :

« Il y a vingt ans qu'il nous entretient du voisinage de sa tombe. Il est donc bien temps de publier une dernière édition de ses œuvres complètes, avec cette épigraphe : « *Quotidie morior.* »

Juliette n'était pas oubliée puisqu'elle était qualifiée : «La Ninon de Lenclos du XIXe siècle, plus la vertu. »

Il était peu élégant de moquer ainsi trois personnages âgés, qui contribuaient à la gloire littéraire de leur temps. C'est à ce moment qu'Alfred de Vigny, également candidat, a tracé ce portrait de Chateaubriand, lors de la visite d'usage qu'il lui rendit, et qu'il nota dans le *Journal d'un Poète :*

Je fus frappé de son attitude infirme; il était juché sur un fauteuil de travail, de hauteur ordinaire, d'où ses pieds ne touchaient pas terre et pendaient à quatre pouces de distance. Il se déclarait tout prêt à disparaître de la scène, lorsqu'il aurait payé quelques dettes d'amitié, lorsqu'il aurait, par exemple, pu donner sa voix d'académicien à son « pauvre Ballanche » qu'il connaissait depuis soixante ans.

Ce propos confirme le pouvoir de grand électeur de Chateau-briand, qui parvint également, en 1844, à faire recevoir Sainte-Beuve, bien que le critique atteignît tout juste quarante ans et qu'ils eussent failli se brouiller, en 1842, parce que, dans un article de *La Revue des Deux Mondes*, Sainte-Beuve avait publié une page de Chateaubriand, inscrite en 1813 sur l'album de Mme de Rémusat, texte prouvant que, malgré ses dédains, le vicomte avait gardé des contacts avec le personnel impérial.

En arrivant de Maintenon à Paris, après avoir calmé les inquiétudes de sa femme qui l'avait cru perdu lors de sa chute à Néris, Chateaubriand reçut un buste du duc de Bordeaux, maintenant comte de Chambord. Il donna une réunion pour en célébrer l'inauguration et, le 24 août 1842, Berryer prononça un discours légitimiste dans le salon de la rue du Bac.

Maintenant que le prétendant approchait de sa majorité, il paraît probable que le vicomte n'était pas éloigné de penser qu'il pourrait encore jouer un rôle politique. Il ne fit donc pas de manières pour accepter de celui qu'il appelait Henri V, sa pension de pair de 12 000 francs qu'il avait refusée de Charles X. Cette pension, servie à partir du mois de mars 1843, compensa les défaillances des souscripteurs des *Mémoires*, auxquels

Chateaubriand consacrait de minutieuses relectures, assorties de corrections d'un bonheur inégal.

Au cours de ces travaux, il eut une dispute, dont on ignore la cause, avec Hyacinthe Pilorge, son secrétaire fidèle depuis vingt-sept ans, et le remplaça par un de ses aides, le Breton Julien Daniélo, un jeune homme à prétentions littéraires qui se montrera moins compétent que le disgracié.

Après avoir songé à une cure dans les Pyrénées, Chateaubriand opta finalement pour Bourbonne-les-Bains, considéré alors comme souverain pour les rhumatismes.

J'ai fait mon voyage, comme tout ce qu'on fait à regret en vous quittant, écrit-il à Juliette de Bourbonne, le 30 juin 1843. Me guérirai-je ici ? Je l'écris rue du Bac, mais on ne guérit point des années. J'en suis toujours à la même chanson. Nous sommes tous une bande de blessés ici, mais enfin je ne tarderai pas à vous revoir.

Bourbonne, 1er juillet 1843 : Vous êtes mille fois admirable. Profitez de ce beau temps pour reprendre la santé. Allez quelque part, où vous voudrez, je ne me fâcherai pas. Tous les soirs, je cause de vous avec les alouettes qui me donnent de vos nouvelles...

6 juillet : C'est encore moi pour vous dire d'aller voir Mme de Chateaubriand qui se plaint de ne pas vous voir. Que voulez-vous ? puisque vous êtes associée à ma vie, il faut la partager tout entière...

9 juillet : Je ne puis pas monter sur mon coteau pour aller voir mes alouettes, elles me manqueront. Tout me quitte, excepté votre image qui me suit partout...

16 juillet : Votre petite lettre si méchante me fait pourtant grand plaisir. Votre colère me prouve que vous m'aimez...

Cette cure fit grand bien à Chateaubriand. Dès sa rentrée à Paris, il put aller faire un séjour à la Grande Trappe, pour y recueillir des renseignements sur l'abbé de Rancé. Pour ce voyage, il avait encore été accompagné par Pilorge, avec lequel il ne rompit complètement qu'au retour. Ce fut Daniélo qui l'accompagna à Chambord, lieu qu'il voulait connaître également, avant d'écrire le Rancé.

Comme il revenait, émerveillé, de la visite du château, il reçut une lettre de son propriétaire : le comte de Chambord se rendait à Londres, en vue d'une manifestation légitimiste, et il y invitait Chateaubriand; celui-ci quitta Paris pour l'Angleterre le 19 novembre.

Londres, le 25 novembre 1843 : Vous voyez que je ne vous oublie pas, écrit-il à Juliette. Tous les jours vous aurez un petit mot de moi. Je n'ai point encore vu le prince qui n'arrive que lundi.

Londres, 26 novembre 1843 : J'habite maintenant l'appartement que Mme de Lévis m'avait préparé par ordre chez le prince qui arrive demain. Je suis allé me promener avec tristesse dans Kensington où vous vous êtes promenée comme la plus belle des Françaises. J'ai revu ces arbres sous lesquels René m'était apparu; c'était une chose étrange que cette résurrection de mes songes au milieu des tristes réalités de ma vie. Quand je rêvais alors, ma jeunesse était devant moi. Je pouvais marcher vers cette chose inconnue que je cherchais. Maintenant je ne peux plus faire une enjambée sans toucher à la borne. Oh! que je me trouverais bien couché, mon dernier rêve étant pour vous...

Londres, 30 novembre 1843 : Je viens de recevoir la récompense de toute ma vie. Le prince a daigné parler de moi au milieu d'une foule de Français, avec une effusion digne de sa jeunesse. Si je savais raconter, je vous raconterais cela; mais je suis là, comme une bête, à pleurer. Protégez-moi de toutes vos prières...

Dans cette manifestation, au petit hôtel de Belgrave square, modeste résidence choisie pour son séjour, le comte de Chambord, au milieu d'un groupe de légitimistes, conduits par un pair de France, le duc de Fitz-James, avait embrassé Chateaubriand qui représentait « la royauté de l'intelligence ».

En affirmant des droits que la suite le révéla incapable d'exercer utilement, le comte de Chambord avait fortement inquiété le gouvernement de Louis-Philippe, et d'orageux débats parlementaires au début de 1844 furent la sanction des réceptions de Belgrave square : cinq députés légitimistes, dont Berryer, furent invalidés puis triomphalement réélus.

Dès les premiers jours de décembre, René était rentré à Paris; Juliette le vit reparaître avec bonheur; elle avait éprouvé une grande émotion dans les jours précédents : une lettre d'Alexandre de Humboldt lui avait annoncé la mort du prince Auguste de Prusse. Celui-ci s'était marié sans amour et avait eu des enfants qu'il avait élevés avec un soin exemplaire. Mais, assurait la lettre : « Votre nom, Madame, le nom de votre illustre amie Mme de Staël, la gloire de M. de Chateaubriand étaient sans cesse présents à sa mémoire. »

Un article particulier du testament du prince Auguste de Prusse avait corroboré ce propos : « Le prince ordonne, écrit Humboldt à Mme Lenormant, qu'on renvoie avec grand soin à Mme Récamier son grand tableau peint par Gérard, de même qu'un petit tableau que l'on trouvera dans une armoire, qui représente également cette dame et qui porte l'inscription *exil.* »

Au cours de l'année 1844, Chateaubriand publia la *Vie de Rancé,* qui bénéficia d'une réédition au bout d'un mois, en juillet. Le vicomte qui projetait une cure à Aix-les-Bains dut y renoncer à la suite d'une forte bronchite. La société des *Mémoires* lui causait alors de graves contrariétés.

En assurant à l'auteur une rente viagère confortable, les membres de la société avaient trop espéré que leur sacrifice serait de courte durée. Maintenant Chateaubriand avait dépassé soixante-quinze années, et, en dépit de gémissements fondés sur sa mauvaise santé, il ne se décidait nullement à disparaître de la scène.

Pour trouver de l'argent frais, en vue d'assurer la rente, les sociétaires avaient donc imaginé de vendre le droit de pré-publier les *Mémoires* en feuilleton à Émile de Girardin, dans son journal *La Presse.* La somme de 80 000 francs pour laquelle il acquérait ce droit, permettrait plus que largement d'atteindre les quatre-vingts ans du vicomte. Celui-ci explosa :

« Je suis maître de mes cendres et je ne permettrai pas qu'on les jette au vent; je ne m'embarrasse pas de gens qui veulent voler jusqu'à mon cercueil. »

Ballanche, indigné, avait assuré qu'il y avait violation des droits garantis à Chateaubriand par son contrat. Ce n'était pas évident, mais l'auteur, soucieux de faire pièce aux agissements de ses actionnaires, déclara alors que pour devancer leurs tortueuses manœuvres, il publierait lui-même ses *Mémoires* de son vivant. Et il chargea de la défense de ses intérêts son ami et conseil juridique, Me Mandaroux-Vertamy, avocat au Conseil d'État et à la Cour de Cassation. Celui-ci, dans ses conclusions, soutint, sans grande conviction, que son client avait entièrement raison, mais il semble qu'il conseilla une transaction; faute de quoi, Chateaubriand qui, par dignité, avait refusé le quartier de sa pension, risquait de finir ses jours dans la misère la plus totale.

L'arrangement fut trouvé de la manière suivante : l'auteur,

s'étant réservé le droit, jusqu'à son dernier jour, d'apporter des corrections à son œuvre, pouvait s'opposer à toute publication jusqu'à la fin de cette revision. D'autre part, il demeurait maître d'en publier quelques extraits.

En fait, seule la première clause reçut une exécution du vivant de l'auteur : il s'astreignit à une revision totale, qui comporta de nouvelles corrections, d'une valeur parfois discutable, et procéda à de nombreuses suppressions, qui retardèrent de trois quarts de siècle la connaissance de l'œuvre intégrale. Le manuscrit, considéré comme définitif en 1845, folioté par l'auteur recto et verso, comportait quatre mille et soixante-quatorze pages; ce qui fut publié après la mort de Chateaubriand était nettement plus court.

En dépit de cette tâche immense, que le départ de Pilorge rendit très malaisée, le vicomte n'avait pas cru pouvoir résister à une nouvelle invitation du comte de Chambord, le convoquant cette fois à Venise, où l'ex-duchesse de Berry, comtesse Lucchesi-Palli, venait de louer le palazzo Danieli.

A l'appel du prétendant, il avait répondu :

« Le bon plaisir est tout-puissant signifié du fond de l'adversité. »

Dans l'état de santé de René, le cénacle de l'Abbaye-aux-Bois considérait ce voyage comme une folie, mais lui, ivre de revoir l'Italie, croyait qu'il allait retrouver une partie de sa jeunesse. Il quitta Paris le 26 mai 1845, et, presque d'une traite, « d'un vol qui fut comme un papillon » il traversa le Mont-Cenis enneigé et vint faire halte à Turin. Ensuite, plus lentement, il se dirigea vers Vicence et Padoue.

Venise, le 8 juin 1845 : Que vous écrire de Venise? Quand je regarde la mer si triste, je pense à vous et à tout ce que ces lieux ont vu de plus charmant dans la vie... Adieu, Venise, que je ne reverrai plus sans doute. Il n'y a que vous, Juliette, que je ne puis consentir à quitter. Votre pensée et votre écriture m'attendaient ici. J'ai baisé respectueusement votre lettre dans la ville des souvenirs...

Le vicomte ne pensait rester qu'une journée dans la cité des Doges, mais sur l'insistance du comte de Chambord, il prolongea un séjour qui flattait tous ses goûts, y compris celui des vanités.

Venise, 9 juin 1845 : J'allais partir; les embrassements et les prières de l'infortuné prince me retiennent. Mes jours sont à lui et quand il me demande un sacrifice de vingt-quatre heures, où sont mes droits pour refuser? C'est vous, si vous m'aimez réellement, qui avez le droit de vous plaindre...

Adieu, je vous aime, vous le savez bien. Permettez-moi de vous le redire une dernière fois...

Chateaubriand revint en partie par voie maritime. Le 18 juin, il annonçait son débarquement à Marseille, et était bientôt de retour à Paris.

Mme Récamier devait passer une partie de l'été à Maintenon où Chateaubriand, pressé de travail, vint la voir assez brièvement, puis elle se rendit à la Rivière-Thibouville, en Normandie, tandis que le vicomte, rentré à Paris, reprenait ses correspondances avec elle.

Paris, le 28 août 1845 : Je commence à me voir mourir, je ne veux pas m'en réjouir de crainte de vous affliger... Je vous écris du désert de Paris :

Dans l'Orient désert, quel devint mon ennui!

Paris, 14 septembre 1845 : Votre lettre, ou plutôt votre billet de ce matin me consterne; j'ai plus besoin de vous voir que vous n'en avez; je vais bientôt quitter la terre; il est temps que je mette à profit mes derniers moments; ces moments sont à vous et je voudrais vous les donner. Je ne vous dis pas : revenez; à quoi bon revoir un homme qui n'a plus que quelques instants de vie ? Mais enfin ces instants sont à vous et tant que j'aurai quelques battements de cœur, vous pouvez les compter comme des restes de vie qui vous appartiennent...

Ce mot si émouvant, Chateaubriand n'avait pu l'écrire lui-même, tant ses rhumatismes contractaient sa main; il l'avait dicté à Daniélo et seulement signé.

Peu de jours après, il congédia ce secrétaire et c'est avec un nouvel aide, nommé Maujard, qu'il devait passer l'année 1846 à recommencer une dernière revision des *Mémoires*, après avoir fait effectuer, dans le salon de Mme Récamier, au cours de l'hiver, une lecture presque complète du texte arrêté par lui en 1845.

Il lui avait semblé que l'enthousiasme du public avait été moins unanime que lors de la découverte de ses souvenirs en 1835 quand la lecture n'avait été que partielle.

En face d'une génération montante, le cénacle de l'Abbaye-aux-Bois perdait peu à peu son influence; il commençait à n'être plus qu'un agrégat de vieillards sur lesquels descendaient lentement les ombres suprêmes.

CHAPITRE XII

LE TEMPS DES SÉPULTURES

LA NUIT DESCEND ‖ L'ÉLECTION D'AMPÈRE A L'ACADÉMIE ET LA MORT DE BALLANCHE ‖ LE PROJET DE MARIAGE ENTRE CHATEAUBRIAND ET MADAME RÉCAMIER ‖ LA FIN DE MADAME RÉCAMIER ‖ LES MYSTÈRES DE JULIETTE.

La nuit descend

DANS la *Vie de Rancé*, Chateaubriand a décrit de manière admirable l'évolution, à travers les sentiments, du texte des lettres d'amour, vives et multipliées quand débute la passion, plus conventionnelles quand l'amour ne croît plus, puis glissant au désenchantement et à l'ennui quand l'extase a sombré dans la morne habitude.

Il a tout de même concédé une exception à ce processus de l'infirmité des choses humaines : « Il arrive quelquefois que, dans une âme assez forte, un amour dure assez pour se transformer en amitié passionnée, pour devenir un devoir, pour prendre les qualités de la vertu; alors il perd sa défaillance de nature et vit de ses principes immortels. »

Pauline de Beaumont, Delphine de Custine, Nathalie de Mouchy, Hortense Allart avaient passé dans la vie de René et en avaient peu à peu disparu. Cordelia de Castellane, fort décrépite, allait mourir le 8 avril 1847. Fortunée Hamelin n'était plus que la ruine de la déesse complaisante qu'elle avait été. Léontine de Villeneuve, devenue comtesse de Castelbajac, vient lui rendre visite un jour avec son mari; elle le trouve « se réchauffant tout ensemble à la flamme d'un petit feu et à celle d'un rayon de

soleil ». Il lui tend les mains et dit avec surprise : « C'est vous! »
car les années ont encore alourdi les formes naturellement
opulentes de la poétesse du gave de Cauterets. Quand elle lui
fait ses adieux, il se croit obligé de lui dire : « Je vous ai bien
aimée » et d'ajouter, en laissant échapper une larme : « Je vous
aime toujours », mais c'est sur lui-même qu'il pleure et sur ses
ardeurs à jamais mortes.

Rien de tel avec Juliette dont trente années de fidélité et
de patience ont fait naître cette amitié passionnée qui est si
rarement la conclusion de l'amour. « Tout ce que j'ai aimé, je
l'ai aimé en Juliette », c'est bien là le chant qui berce une vieillesse
de plus en plus douloureuse.

Bien qu'il passât le plus clair de son temps à corriger ses
Mémoires, Chateaubriand connaissait de cruels moments de
défaillance où il mêlait les souvenirs et parfois les oubliait. Avec
les années, son visage avait pris une beauté tragique et presque
surhumaine, immortalisée dans le portrait d'Etex que Juliette
fit exécuter peu de temps avant sa mort.

Ce portrait put-elle en savourer toute la troublante fidélité ?
Après ses maladies de 1837, Mme Récamier avait été affectée
d'une baisse de la vue qui s'accentua rapidement; elle voulut
cacher cette défaillance. Elle mit en place, une fois pour toutes,
les meubles et bibelots de son salon pour pouvoir les appréhender
de mémoire; si bien que, pendant plusieurs années, personne ne
devina qu'elle agissait surtout par réflexe et que la lecture lui
était devenue difficile.

Vers 1845, la cataracte accentua ses ravages; un de ses yeux
ne voyait plus du tout et le reste de vision qui demeurait chez
l'autre lui permettait à peine de se guider. Dans son miroir, elle
ne distinguait plus les traits, à peine flétris, qui avaient fait vibrer
tant de cœurs pendant de si longues années.

Peut-être était-ce une grâce du Ciel que de ne pas voir
chaque jour la décrépitude physique qui accablait de plus en
plus Chateaubriand. Le 16 août 1846, à la suite d'un léger accident de voiture, le vicomte se fractura la clavicule. Il fut long à
se remettre et son déclin s'accentua. Pendant de longues semaines,
il ne put plus se rendre à l'Abbaye-aux-Bois; ce fut Juliette qui,
au bras d'un guide, se rendit chaque jour à l'appartement de la
rue du Bac. Quand il put sortir de nouveau, il fallait le porter.
Pour cacher sa déchéance, il arrivait à l'Abbaye-aux-Bois avant
tous les autres visiteurs; on l'installait dans un fauteuil, d'où
il ne bougeait pas jusqu'au départ du dernier présent; Juliette
était installée de l'autre côté de la cheminée, écoutant les

conversations tomber de bouches qu'elle ne distinguait plus.

Louis de Loménie, historien distingué, académicien en 1871, et futur gendre de Mme Lenormant, a laissé un récit d'une visite qu'il fit, le 30 septembre 1846, au vicomte immobilisé par sa fracture :

> J'ai trouvé l'illustre vieillard, le bras en écharpe, courbé plutôt qu'assis sur une chaise placée devant la fenêtre de son petit jardin ; il paraît, d'après ce qu'il m'a dit, que c'est dans cette situation qu'il passe la plus grande partie de sa journée, absorbé en lui-même, ne lisant rien, et n'ayant d'autre distraction que de promener ses regards sur ce petit jardin fort négligé et qui lui convient aussi, m'a-t-il dit, parce qu'il ressemble à un cimetière. Ce pauvre grand homme s'ennuie affreusement ; rien ne le touche plus, rien ne le distrait ; il n'a plus de goût pour rien, le mouvement du monde lui devient de plus en plus étranger ; il n'a point d'enfants, point de famille. Mme de Chateaubriand me fait l'effet de s'ennuyer également beaucoup ; les étrangers s'éloignent de plus en plus d'un homme qui éprouve à un si haut degré cette maladie de l'ennui, de sorte qu'à mon sens, voilà une des vieillesses les plus tristes qu'on puisse imaginer.

A ce témoignage irrécusable, on peut joindre celui d'Eugène Manuel ; il vint, à la fin de 1846, voir Chateaubriand, qui avait répondu à sa demande de rendez-vous : « C'est sans doute par erreur qu'on vous a dit que j'habitais la terre. » Le visiteur, accompagné de quelques amis, fut frappé « par ces rares cheveux blancs, cette bouche contractée par un sourire énigmatique, ce corps grêle et affaissé, cet ensemble tout humain, tout mortel, déjà penché vers la tombe ». Mais ce qui étonna le plus ce groupe de normaliens fut d'apercevoir, ouvert sur la table du grand homme, le journal comique *Le Charivari*. Ayant saisi la direction de leurs regards, Chateaubriand dit simplement : « On s'égaie comme on peut. »

Tandis que le vicomte, sombrant dans la sénescence, se raccrochait « à la robe du Christ » et disait : « Une longue expérience m'a prouvé que la religion est la seule chose vraie sur la terre », Juliette Récamier, que la lumière du soleil abandonnait un peu plus chaque jour, semblait s'éveiller aux clartés surnaturelles.

Un de ses cousins lyonnais, M. Delphin, a laissé ce témoignage :

L'Abbaye avait encore la même rigueur de manières, mais, par contre, une grande réserve, une grande indulgence, tenant à un profond sentiment de ce que doit la conscience à des convictions franches et généreuses. Pratiquait-on ? Je crois qu'on se tenait un peu en dehors... Mais il y eut alors changement.

Mme Récamier n'avait jamais cessé de se confesser; elle se confiait à un père mariste d'une spiritualité très élevée, M. Morcel. Il disait que sa pénitente était sainte à force de tendresse. Mais cet excès de cœur l'entraînait dans certaines hérésies jadis connues. Le père Morcel ne lui en donnait pas moins l'absolution sans hésiter.

La présence de cette femme « sainte à force de tendresse » va maintenir cette indulgence et cette douceur qui vont apaiser les derniers moments de Ballanche et de Chateaubriand dont les jours sont maintenant comptés.

L'élection d'Ampère à l'Académie et la mort de Ballanche

Le premier semestre de l'année 1847 allait être fécond en émotions pour Mme Récamier et les derniers fidèles de l'Abbaye.

L'immobilisation presque totale de Chateaubriand changea des habitudes qui paraissaient immuables : maintenant qu'il ne quittait plus la rue du Bac, c'était Juliette qui venait lui rendre visite chaque jour, mais elle s'y trouvait « sous le feu des regards de Mme de Chateaubriand qui avait ainsi le dernier mot sur le sublime volage ». Il semble bien que cette présence fréquente irrita de plus en plus l'épouse délaissée et qu'elle s'efforça, dans la mesure du possible, de détourner son mari d'une affection qui lui était si profondément fidèle.

Elle ne parvint pas à mener jusqu'au terme son action destructrice : la rue du Bac ne triompha pas complètement de l'Abbaye-aux-Bois, car Céleste de Chateaubriand précéda subitement dans la tombe ceux dont elle jalousait la tendre union : elle mourut en quelques jours d'une fluxion de poitrine, le 9 février 1847.

Pour rendre à sa femme les derniers devoirs, Chateaubriand, claustré depuis de longs mois, se fit porter à la chapelle de l'infirmerie de Marie-Thérèse, que la défunte avait choisie pour son dernier repos. De nombreux écrivains s'étaient rendus aux obsèques. Dans *Choses vues*, Victor Hugo a raconté que Chateau-

briand revint rue du Bac en riant aux éclats. Pour excuser cette
attitude inconvenante, Pilorge a invoqué l'affaiblissement d'esprit
de son ancien patron. Édouard Bertin a vu, avec plus de pertinence, « une preuve de raison » dans ce rire libérateur. Chateaubriand venait de voir tomber la plus pesante de ses chaînes;
il l'avait portée, parfois avec impatience, depuis cinquante-
cinq ans et la liberté totale dont il avait toujours rêvé ne lui
était accordée qu'au seuil de la quatre-vingtième année.

Peut-on encore faire des projets à cet âge? son avenir
s'appelait-il Juliette Récamier? Il dut le penser dès la mort de
son épouse, mais il ne paraît pas qu'il s'en ouvrît tout de suite
à celle qui représentait trente années d'affection.

Le 17 mars 1847, il refit son testament; circonvenu par le
souvenir impérieux de Céleste, il n'y fit plus figurer le nom de
Mme Récamier, à moins que l'omission n'ait été intentionnelle et
comme une préparation au projet qu'il formait. Il semble
qu'avant de prendre une décision, exigeant un délai de viduité,
il ait voulu revoir ce qui subsistait de ses anciennes amours.

C'est, semble-t-il, au printemps de 1847 qu'il faut placer la
visite de la comtesse de Castelbajac. On sait, d'autre part,
qu'Hortense Allart, en réponse à la lettre de condoléances qu'elle
avait adressée rue du Bac, fut avertie « qu'une personne qui ne
peut monter m'attend en voiture. Je mets un chapeau; je descends, je trouve M. de Chateaubriand qui me demande si je veux
faire une promenade avec lui. Je monte dans sa voiture. Il est
aimable et tendre. Quand la voiture commence à marcher, il se
tourne tout entier de mon côté pour me regarder. Il était enveloppé dans un élégant manteau. Il me dit qu'il s'ennuyait...
Nous parlons de Rome... Je l'ai vu plusieurs fois chez lui et en
nous promenant il m'a charmée et touchée. Il ne peut plus
marcher; il est mélancolique; il a ses anciennes grâces, cette
distinction, cette élévation, qui en font un homme si attrayant.
L'âge, au lieu de changer la beauté de son visage, l'a rendue
plus remarquable. »

Il doit exister une assez grande part de vérité dans ce récit,
bien qu'il sente un peu la femme de lettres. Ces rencontres
donnent à supposer, qu'avant de prendre une décision à l'égard
de Juliette, il n'avait pas déplu à René de revoir la dernière
créature qu'il eût connue selon la chair.

Le 21 avril 1847, Chateaubriand, qui depuis longtemps
n'allait plus à l'Académie, s'y fit porter, : on votait ce jour-là en
vue de pourvoir le fauteuil laissé vacant par la mort du poète
Alexandre Guiraud. Le salon de l'Abbaye-aux-Bois avait battu

le rappel en faveur de son candidat : Prosper de Barante. Molé, encore endeuillé par la mort de Cordelia de Castellane, Brifaut et Sainte-Aulaire, tous deux fort malades, avaient joint leurs efforts à ceux de Chateaubriand pour assurer le succès de Jean-Jacques Ampère.

Le jeune amoureux de Mme Récamier avait fait du chemin depuis qu'en 1827 il l'avait quittée pour parcourir le monde, résigné alors à épouser la fille de Cuvier. Tandis qu'il était reçu par Gœthe à Weimar, Mlle Cuvier mourait et Jean-Jacques Ampère demeurait fidèle, moins à son souvenir, qu'à son impossible amour pour Juliette dont il restera sans cesse l'un des plus dévoués amis. Celui qui demeurera le dernier survivant des amoureux de Mme Récamier, se montrera également le plus efficace parmi les exécuteurs testamentaires de Chateaubriand, qui l'avait toujours honoré d'une confiante amitié.

La carrière littéraire de Jean-Jacques Ampère avait été originale et brillante. Le jeune rêveur qui traçait sur son album des stances romantiques, tandis qu'avec Juliette à son bras il admirait les vestiges de la civilisation romaine, était devenu un érudit tout en restant un voyageur. Il avait appris le chinois, était devenu professeur à l'Athénée de Marseille, puis au Collège de France. Ses loisirs demeuraient consacrés à Mme Récamier, qu'il accompagnait souvent dans ses villégiatures, et il mettait à profit ses périodes de vacances pour écrire des tragédies classiques et même, assure Sainte-Beuve, sous des pseudonymes, des pièces de vers qu'il adressait, sans succès, dans les concours littéraires.

Aux yeux du public, il était l'auteur de récits de voyages, d'une *Histoire littéraire de la France,* vivement appréciée et qui lui avait valu le prix Gobert des Inscriptions et Belles-Lettres, compagnie qui l'admit dans son sein dès 1842. Une fois reçu sous la Coupole, Ampère devait donner une œuvre très importante, d'où se détache, comme un sommet, une *Histoire romaine à Rome* qui compte six volumes.

L'accession de Jean-Jacques Ampère à l'Académie française est le dernier succès littéraire remporté par le cénacle de l'Abbaye-aux-Bois; il n'est plus désormais promis qu'à des deuils et à des tristesses.

Après l'élection, Mme Récamier se décida à une opération pour tenter de recouvrer la vue; on incisa celui de ses cristallins qui était devenu complètement opaque. Un repos absolu lui fut recommandé pour obtenir la guérison; ce repos indispensable, Juliette ne l'obtint pas.

Dans les premiers jours de juin 1847, Ballanche tomba gravement malade d'une pleurésie. Bravant les instructions des médecins, Mme Récamier vint soigner son vieil ami, établi près d'elle, dans un petit appartement donnant sur le jardin de l'Abbaye-aux-Bois.

C'était le jour de la Fête-Dieu : de son lit, Ballanche pouvait découvrir le reposoir que les religieuses dressaient dans le jardin. Les chants éclatèrent et la procession se déroula. Alors Ballanche, remué jusqu'aux moelles, prit la main de l'amie qui était venue l'assister et demanda un prêtre. Mme Récamier ne put retenir ses larmes, et elle en versa tant pendant les jours suivants, qu'elle compromit à jamais le résultat de l'opération qu'elle venait de subir : en venant soigner Ballanche et en renonçant ainsi au repos prescrit, elle perdit définitivement l'œil qu'elle avait eu l'espoir de récupérer.

L'aumônier de l'Abbaye-aux-Bois, l'abbé Hamelin, vint apporter à Ballanche les secours de son ministère. Il fut frappé et ému du degré de foi avec lequel Ballanche acquiesçait aux mystères du christianisme. Pour lui, une vérité dans l'ordre intellectuel était mille fois plus certaine que le fait attesté par ses sens.

Ballanche mourut le 12 juin 1847, en présence de Mme Récamier, de Mme Lenormant et du disciple favori du philosophe, le poète lyonnais Victor de Laprade. Sa mort fut annoncée par un curieux faire-part sur lequel figuraient Chateaubriand, Mme Récamier, Mme Lenormant et Jean-Jacques Ampère. La dépouille de Ballanche fut inhumée au cimetière Montmartre dans le caveau familial des Récamier.

Les funérailles avaient été très solennelles : les cordons du poêle furent tenus par Villemain, Tocqueville et Dupaty, au nom de l'Académie française, par Laprade au nom de la ville et de l'Académie de Lyon. Le deuil fut conduit par Ampère et Mme Lenormant. Tocqueville et Laprade parlèrent sur la tombe. L'éloge académique de Ballanche fut prononcé par son successeur, le comte de Saint-Priest.

C'était un homme singulier qui venait de disparaître et probablement le plus fidèle ami de Juliette Récamier. Elle avait été la Béatrice de ce Dante, qui n'avait pu écrire entièrement sa *Divine Comédie*, cette *Palingénésie* qui offre de si curieux aperçus sur l'évolution religieuse de l'humanité. Des hautes sphères de poésie et de philosophie, le rêveur descendait volontiers pour s'adonner à des travaux manuels. Fils d'imprimeur, Ballanche s'intéressait aux machines, et ses inventions n'ont pas été sans utilité dans les progrès des presses à imprimer.

M. Ballanche, écrivit Paul David à qui l'on doit beaucoup de révélations sur sa tante Récamier, fut, je ne dirai pas son unique confident, car Mme Récamier nous honorait tous d'une confiance absolue, discutant constamment, dans nos réunions intimes, ses projets, ses actions, ses lettres même, mais M. Ballanche lui servait habituellement de secrétaire, et ce fut, avec sa nièce Mme Lenormant, la main qu'elle employa le plus fréquemment; c'est ainsi qu'il écrivit le testament mystique qu'on abandonna ensuite, craignant que cette forme employée par une aveugle pût être invalidée, et qui fut remplacé par un testament authentique, qui n'était d'ailleurs que la reproduction des mêmes volontés.

Les testaments vont désormais jouer un rôle pénible dans cette société que la mort est en train de dissoudre.

Cependant avant d'ordonner les cortèges funéraires, il avait été question d'une cérémonie nuptiale : Mme Récamier était veuve depuis vingt ans; Chateaubriand se trouvait libre depuis quelques mois. Pourquoi, après tant d'années de tendresse, un mariage n'unirait-il pas la fin de ces deux destins hors du commun?

Le projet de mariage entre Chateaubriand et Mme Récamier

Avant de prendre une décision, il semblait bien que Chateaubriand avait d'abord voulu revoir celles qui vivaient encore de ses anciennes maîtresses. Une seule lui avait vraiment été fidèle, la mer qui avait bercé les songes de sa jeunesse. Il décida de la rencontrer une dernière fois.

Surmontant son impotence, il prit la route de Dieppe, en compagnie de M. Mandaroux-Vertamy, devenu le principal confident des soucis dus à la publication de ses *Mémoires*.

De ceux-ci, il avait commencé une nouvelle lecture devant témoins au mois de mai 1847; après de nouvelles retouches, elle devait être complétée en novembre de la même année, et il fut décidé que seule la version alors approuvée serait publiée.

Ce fut après un séjour d'une semaine au château de Malesherbes, chez son neveu Louis de Chateaubriand, que le 13 juillet 1847, le vicomte s'était lancé sur la route de Dieppe. A l'étape de Gisors, le 14 juillet, il fit adresser par Mandaroux-Vertamy le mot suivant à Mme Récamier :

*Partis hier de Paris, nous sommes arrivés un peu tard à
Gisors, d'où nous nous dirigeons vers Dieppe.*

*Notre illustre voyageur a passé une bonne nuit. Nous venons
de déjeuner et allons nous mettre en route. Dieu veuille que nous
ne manquions pas trop souvent de chevaux!*

J'ai voulu me hâter pour avoir l'honneur de vous donner des
nouvelles de la résolution prise (et même) de son commencement
d'exécution.

*Permettez, Madame, que je mette à vos pieds l'hommage de
mon tendre et profond respect.*

MANDAROUX-VERTAMY.

La résolution prise? Ce terme ne paraît pas désigner le
projet de voyage dont Juliette était évidemment informée. Il y a
donc tout lieu de penser que Chateaubriand s'est alors ouvert
à son ami et confident de son projet de mariage, et peut-être
qu'il l'a consulté sur les conséquences juridiques posées par le
problème.

Deux jours plus tard, Mandaroux-Vertamy donne des
détails sur le séjour au bord de la mer :

*Dieppe, le 16 juillet 1847 : Nous sommes arrivés à Dieppe
avant-hier soir à neuf heures. A dix heures, une sérénade brillante
était établie dans la cour de l'hôtel et s'est prolongée jusqu'à minuit,
ce qui était trop pour notre illustre voyageur. Cependant sa santé
est bonne, Dieu merci ! Il est, à Dieppe, l'objet d'un saint enthousiasme, on peut le dire ; c'est à qui aura le bonheur de l'approcher.
Visites d'hommes et de femmes, de prêtres et de laïques, députations,
enfin rien n'y manque. Je fais de mon mieux pour ménager ses
forces et pour le préserver de quelques fatigues ; cependant, je ne
voudrais pas me faire lapider.*

*Au surplus, Madame, nous ne sommes pas ici pour longtemps.
Déjà le signal du départ s'approche suivant ce que j'entrevois...*

De fait, cinq jours après, Mandaroux-Vertamy annonçait à
Mme Lenormant que Chateaubriand était de retour à Paris
depuis le soir du 19 juillet, et qu'il souhaitait voir rapidement
Mme Récamier, partie pour la campagne.

On peut donc supposer, sans en apporter de preuves, que
ce fut avant de partir que Chateaubriand avait demandé à
Juliette la permission de lui donner son nom : il était veuf depuis
près de six mois, ce qui sauvegardait les règles de la bienséance.
Tout donne à penser que le premier réflexe de Juliette fut une
acceptation, et qu'ensuite le problème fut discuté entre les
survivants de l'Abbaye-aux-Bois.

L'idée y rencontra beaucoup d'opposition : Chateaubriand était infirme, à peu près paralysé, d'un abord difficile ; Mme Récamier n'y voyait presque plus et projetait de faire opérer son second œil. Pour unir ces deux vieillards, il fallait modifier des habitudes : Mme Récamier ne pouvait se guider que dans son intérieur dont les aîtres lui étaient familiers au toucher ; Chateaubriand ne pouvait habiter commodément qu'un rez-de-chaussée, afin que l'on pût rouler son fauteuil dans le jardin.

D'autres considérations, celles-ci d'ordre juridique, furent soulevées par Mandaroux-Vertamy, à qui l'on demanda conseil : la société d'exploitation des *Mémoires* avait prévu la réversion de la rente sur Mme de Chateaubriand ; celle-ci étant morte, il fallait trouver une nouvelle solution en cas de remariage : on était déjà dans une atmosphère de procès ; un fait nouveau l'eût fait éclater. C'est du moins ce qui ressort des réticences et l'on ne peut que s'en tenir à la discrète relation de Mme Lenormant :

Peu de mois après la mort de sa femme, M. de Chateaubriand, en exprimant à celle qui s'était faite le bon ange de ses derniers jours son ardente reconnaissance, la supplia d'honorer son nom en consentant à le porter. Il mit dans l'expression de ses désirs de mariage une insistance qui toucha profondément Mme Récamier, mais elle fut inébranlable dans son refus :

« Un mariage, pourquoi ? à quoi bon ? disait-elle. A nos âges, quelle convenance peut s'opposer aux soins que je vous rends ? Si la solitude vous est une tristesse, je suis toute prête à m'établir dans la même maison que vous. Le monde, j'en suis certaine, rend justice à la pureté de notre liaison, et on m'approuverait de tout ce qui rendrait plus facile la tâche d'entourer votre vieillesse de bonheur, de repos, de tendresse. Si nous étions plus jeunes, je n'hésiterais pas, j'accepterais avec joie de vous consacrer ma vie. Ce droit, les années, la cécité, me l'ont donné ; ne changeons rien à une affection parfaite. »

C'était peut-être une grande sagesse que d'éviter une cohabitation fort difficile. Pourtant, au retour de Dieppe, René revint à la charge :

28 juillet 1847 : C'est grand dommage d'être toujours séparés. Hélas ! quand nous reverrons-nous ? Je pense toujours qu'il ne faut jamais se quitter, car on n'est pas sûr de se revoir. Ma santé est bonne, mais elle sera meilleure quand

vous reviendrez. Revenez donc vite, j'ai grand besoin de ne plus vous quitter. Adieu, adieu et toujours adieu : c'est là dont se compose la vie.

On sait par une amie de Mme Récamier, la comtesse de Cafarelli, que dès son retour de la campagne, Juliette vint tenir compagnie à son vieil ami, mais n'en persista pas moins dans sa résolution.

Alors Chateaubriand éprouva un dernier désir de voyager et se rendit à l'invitation d'Hyde de Neuville, au château de l'Étang, près de Sancerre, dans la seconde quinzaine d'octobre 1847. Au lieu de revenir à Paris par la route directe, il fit un long crochet, qui le mena aux abords de Fougères. Vraisemblablement, il voulait revoir Combourg et les décors de sa jeunesse; puis la force lui manqua, et il rentra à Paris, au début de novembre, pour achever la relecture des *Mémoires* commencée au printemps.

Figurez-vous, rapporte Louis de Loménie, un des rares présents à ces ultimes lectures, une chambre à coucher simple et modeste comme une cellule; puis, au fond de la chambre à gauche, en entrant, un petit lit en fer drapé de rideaux blancs; entre les rideaux, un crucifix appendu au mur; en face du lit, deux fenêtres donnant sur un petit jardin ombragé et silencieux qui domine le vaste et beau jardin des Missions étrangères; vis-à-vis de la cheminée, un des plus beaux tableaux de Raphaël, *La Sainte Famille* de François Ier, copié par Mignard; c'est le principal, ou mieux l'unique ornement de cette chambre; sur la cheminée, deux statuettes représentant l'une M. de Fitz-James et l'autre Velléda; des livres épars sur quelques meubles, et enfin, entre le pied du lit et le mur, une caisse de bois blanc, avec une serrure détraquée qui ne fermait pas.

De cette caisse, on extrayait, à tour de rôle, un des portefeuilles contenant les *Mémoires*. Chateaubriand prenait place dans un fauteuil, à gauche de la cheminée, la tête légèrement inclinée sur l'épaule droite, le regard dirigé vers la fenêtre. Mme Récamier arrivait, « hésitante dans sa marche, les bras un peu étendus en avant ». Entraient alors Ampère, le duc de Noailles et Louis de Loménie. Puis la lecture commençait.

Au cours des ultimes séances précédant le « Bon à tirer » de fin novembre 1847, Juliette demanda des coupures dans le Livre X qui lui était entièrement consacré, puis en exigea la suppression complète.

Chateaubriand accorda tout et il remit à son amie une copie intégrale du livre à elle consacré, tel qu'il l'avait initialement conçu. Peut-être est-ce pour le relire que Juliette hâta l'opération de l'œil qui lui demeurait; le chirurgien n'obtint qu'un succès partiel et Mme Récamier resta presque complètement aveugle.

Les mois suivants, Chateaubriand s'enlisa lentement dans la mort; il connaissait encore quelques moments de lucidité : il faisait reprendre les *Mémoires* par Maugard et y apportait encore d'ultimes retouches. Après quoi il retombait dans le vague.

Un jour, il reçut la visite d'un jeune couple et, rassemblant ses esprits, il montra d'abord une extrême courtoisie de gentil-homme, « trouvant des mots délicats pour complimenter les nouveaux époux ». Puis il oublia soudain la présence de ses hôtes, laissa errer ses regards dans le vide et se prit à chantonner un refrain, fort étrange dans sa bouche : « Les petits cochons! et nous mangeons les petits cochons! » Les visiteurs, interdits, gardèrent le silence et s'éclipsèrent discrètement.

Sainte-Beuve, qui avait tant admiré Chateaubriand, consi-dérait que c'était lui rendre hommage que de ne pas aller voir sa déchéance :

> M. de Chateaubriand ne dit plus une parole, notait-il en décembre 1847, on ne peut plus lui arracher un son. Béranger prétend qu'il trouve encore moyen, quand il y va, de le faire causer un quart d'heure, mais, comme Thiers le remarque très bien, quand Béranger a parlé à quelqu'un, il s'imagine que ce quelqu'un lui a parlé.

Dans cette détresse, seule Juliette restait fidèle, et la pauvre aveugle passait la plus grande partie de ses journées auprès du vieux paralytique :

> Cela était touchant et triste, rapporte Victor Hugo. La femme qui ne voyait plus cherchait l'homme qui ne sentait plus. Leurs deux mains se rencontraient. Que Dieu soit béni! l'on va cesser de vivre, on s'aime encore!

La dernière semaine de février 1848 vit sombrer, en quarante-huit heures, le régime dont Chateaubriand avait si vivement combattu la naissance dans ce discours du 7 août 1830, qui avait consacré le naufrage de sa carrière politique. Entendant la rumeur de la rue, « il voulut, rapporte Alexis de Tocqueville, savoir ce qui se passait. On lui apprit que Paris venait de renver-ser la monarchie de Louis-Philippe :

« C'est bien fait », dit-il. »

La mansuétude n'avait jamais été son fort; chez lui la rancune survivait à la conscience.

Au mois de mars 1848, il fut atteint d'un catarrhe à la vessie qui lui causa de vives souffrances. Il les surmonta avec énergie et apprit qu'il avait été désigné comme tête de la liste légitimiste à Paris, pour les prochaines élections. Une telle tentative était alors fort au-dessus de ses possibilités. Il survécut pourtant assez pour être conscient des émeutes provoquées en juin par la fermeture des ateliers nationaux et la répression du général Cavaignac.

« Quel est ce bruit? » demanda-t-il.

On lui répondit que c'était le canon; il fit alors des efforts pour se lever, en disant : « Je veux y aller. » Puis il retomba sur son oreiller; il était atteint d'une fluxion de poitrine et arrivait à l'heure d'accomplir le programme qu'il avait lui-même tracé dans sa conclusion du 19 novembre 1841 :

Il ne me reste plus qu'à m'asseoir au bord de ma fosse; après quoi, je descendrai hardiment, le Crucifix à la main, dans l'éternité.

Le 3 juillet, il demanda un prêtre et dicta à son neveu Louis de Chateaubriand :

« Je déclare devant Dieu rétracter tout ce qu'il peut y avoir dans mes écrits de contraire à la foi, aux mœurs, et généralement aux principes conservateurs du bien. »

Il reçut alors l'extrême-onction. Sainte-Beuve assure qu'il ne pouvait alors suivre une idée. Ce n'est pas le témoignage rapporté par Mme Récamier : elle s'était provisoirement installée dans la maison même de Chateaubriand, chez son amie Mme Mohl, ce qui lui permit d'assister René jusqu'à son dernier soupir. Elle assure qu'il avait été très frappé par la mort héroïque de l'archevêque de Paris, Mgr Affre, lors des journées de juin, qu'il avait accepté les secours religieux en pleine connaissance, dans des sentiments profonds de foi et d'humilité.

Quand il eut reçu les derniers sacrements, Chateaubriand sombra dans le silence. La fièvre colorait ses joues d'une ultime rougeur. Seul son regard demeurait en vie et il était fixé sur Juliette. Dès que celle-ci s'éloignait du lit, une angoisse paraissait dans les yeux de René. Mme Récamier, qui ne pouvait plus voir cette dernière expression de tendresse, se désespérait seulement de son silence.

A huit heures un quart du matin, le 4 juillet 1848, Chateaubriand exhalait son dernier souffle, tandis que Mme Récamier lui pressait tendrement la main. Seuls assistaient avec elle à cette fin le confesseur, l'abbé Deguerry, curé de Saint-Eustache, le neveu, Louis de Chateaubriand et la supérieure de l'infirmerie de Marie-Thérèse.

On procéda à la toilette mortuaire ; un croquis représente le corps entouré de bandelettes ; le visage apaisé reflète une grande expression de noblesse.

Dans la chambre aux volets clos, à la lueur tremblante des cierges, une partie du monde littéraire défila :

> Aux pieds de M. de Chateaubriand, rapporte Victor Hugo, il y avait deux caisses de bois blanc, posées l'une contre l'autre. La plus grande partie contenait le manuscrit complet des *Mémoires*. Sur la cheminée, était un buste en marbre de Henri V ; devant ce buste, une statuette de Chateaubriand en pied. Des élèves de l'École polytechnique et de l'École normale assurèrent un service d'honneur pour le veiller et virent une vieille dame fort émue, agenouillée sur un prie-Dieu : c'était Mme Récamier.

Le service mortuaire eut lieu en fort petit comité à la chapelle des Missions étrangères, le 8 juillet 1848.

> Ce pauvre Chateaubriand, écrit sur un ton mitigé le chancelier Pasquier, quel tour lui est joué, en le faisant mourir à une époque où il y a à peine place dans *Les Débats* pour quelques lignes sur lui.

Paris, dit encore Victor Hugo, était comme abruti par les journées de juin et tout ce b uit de fusillade, de canon et de tocsin, qu'il avait encore dans les oreilles, l'empêcha d'entendre, à la mort de M. de Chateaubriand, cette espèce de silence qui se fait autour des grands hommes disparus. Il y eut peu de foule et une émotion médiocre... Telle fut cette cérémonie qui eut tout ensemble je ne sais quoi de pompeux qui excluait la simplicité et je ne sais quoi de bourgeois qui excluait la grandeur. C'était trop et trop peu. J'eusse voulu pour M. de Chateaubriand des funérailles royales, Notre-Dame, le manteau de pair, l'habit de l'Institut, l'épée du gentilhomme émigré, le collier de l'Ordre de la Toison, tous les corps présents, la moitié de la garnison sur pied, des tambours drapés, le canon de cinq en cinq minutes, ou le corbillard du pauvre dans une église de campagne.

A défaut de ces grandeurs absentes ou de cette simplicité manquée, René recevait, du moins, la seule chose qui eût encore du prix pour lui : les larmes de Juliette.

Incapable, par suite de sa cécité, de se rendre à l'inhumation à Saint-Malo, elle était rentrée tristement à l'Abbaye-aux-Bois. Le 12 juillet, elle reçut la visite de son amie, Valérie Masuyer, l'ancienne lectrice de la reine Hortense, qui a raconté :

> Elle était seule avec Mme Lenormant; nous avons donc eu toute facilité de nous entretenir sans contrainte. La douleur de cette femme est admirable, comme la sincérité de l'affection dont elle découle. Quoi de plus touchant que la fidélité de cette septuagénaire à l'octogénaire qui vient de la quitter... Elle me pria d'accepter, en souvenir d'elle, une mèche de cheveux de M. de Chateaubriand, coupée parmi les autres, selon son désir, aussitôt après sa mort. Sur l'émotion de la reconnaissance que je lui exprimais, elle m'embrassa et me remit en outre une branche de verveine. La verveine, paraît-il, était une des fleurs préférées de M. de Chateaubriand. Son mysticisme, me dit-elle, faisait qu'il attribuait, presque malgré lui, un présage heureux aux feuilles de verveine. « Aussi, ajouta-t-elle, je fis déposer sur son lit mortuaire deux bouquets de ces fleurs. L'un d'eux a été mis dans sa bière et l'autre m'a été rendu pour le partager entre moi et mes amis; acceptez cette branche en souvenir de nous deux. »

Grâce à la sollicitude de Juliette, la plante vénérée des druides, la verveine qui couronnait dans *Les Martyrs* la tête de Velléda, accompagna René jusque dans la tombe qu'il s'était choisie et dans laquelle, le 19 juillet 1848, il allait être inhumé en une pompe magnifique.

De Saint-Malo, le 20 juillet, Jean-Jacques Ampère décrivit à Juliette la cérémonie qui avait conduit la dépouille de l'Enchanteur à l'îlot du Grand-Bé :

> Je vais vous raconter la journée d'hier, journée bien triste mais dont la tristesse était comme voilée sous la magnificence de ce deuil extraordinaire et l'incroyable poésie du spectacle. Après la grand-messe, nous avons traversé une partie de la ville au milieu du même recueillement que la veille; je portais un des cordons du char funèbre... Nous sommes arrivés à la place que la mer laisse libre quand la marée est basse; nous nous sommes donc avancés sur cette plage; un clergé très considérable marchait processionnellement en serpentant sur la grève. A côté des surplis qui flottaient au vent, resplendissaient les casques et les fusils

et ondulaient les drapeaux; tout le cortège guerrier s'avançait au son de la musique, entre les remparts et la pleine mer; les remparts et les récifs étaient couverts de spectateurs. On a gravi le rocher avec une espèce de tempête. Arrivé à la pointe de l'îlot, où est le tombeau, un grand calme est revenu; alors la cérémonie religieuse s'est accomplie et les discours ont été prononcés... J'avais bien envie de pleurer en parlant de vous...

De loin, en pensée, Juliette pouvait ainsi revivre cette pompe ultime où son souvenir jouait un si grand rôle.

Au musée de Saint-Malo, le bas-relief de Tenerani représentant la mort d'Eudore et de Cymodocée allait bientôt trouver sa place, immortalisant le souvenir d'un grand amour que la mort elle-même ne pouvait plus briser.

La fin de Mme Récamier

Mme Récamier n'allait survivre qu'une dizaine de mois à celui qu'elle avait tant aimé. Cette période d'intense douleur fut assombrie encore par d'autres chagrins dus à la cupidité et à la mesquinerie des hommes.

Les premières semaines, Mme Récamier reçut de nombreux témoignages de sympathie. N'ayant pas oublié les rencontres de Rome et d'Arenenberg, Louis-Napoléon, alors représentant du peuple, vint lui rendre visite à l'Abbaye-aux-Bois. Il ne la trouva point, et comme il accéda peu après à la présidence de la République, il ne renouvela pas sa tentative. Parmi les nombreux visiteurs il faut au moins noter Béranger et Daniel Stern (la fameuse Mme d'Agoult) qui a laissé, dans ses *Souvenirs*, la dernière description que l'on connaisse de Juliette; elle l'avait trouvée « dans un salon assez grand et d'un aspect vieux, assise à l'angle de la cheminée, sur une causeuse en soie bleue qu'enveloppait un paravent de couleur grise... Elle était svelte encore et d'une taille élancée. Elle portait une robe et un mantelet noirs; son bonnet blanc, orné de rubans gris, encadrait son visage pâle, des traits fins, un *tour* de faux cheveux bruns, frisés à la mode ancienne. Sa physionomie était douce, sa voix aussi, son accueil fort gracieux quoique embarrassé... Elle se plaignit de sa vue, et, caressant de sa petite main effilée mon manchon d'hermine, dont la blancheur attirait sans doute un peu son regard : « J'ai mis mes lunettes pour tâcher de vous voir un peu », me dit-elle.

La conversation porta sur Lamartine. Mme Récamier prit, contre son interlocutrice, la défense de l'*Histoire des Girondins* : « C'est le livre où il y a le plus de justice pour les oppresseurs et le plus de pitié pour les victimes. »

Comment n'aurait-elle pas été possédée par la soif de justice alors qu'elle était témoin des mesquineries dont était accablée l'œuvre suprême de Chateaubriand?

Un mois après la mort du vicomte, les difficultés avaient éclaté.

Émile de Girardin exigea de commencer la publication des *Mémoires d'outre-tombe* en feuilleton. Des discussions, fort âpres de ton, s'ouvrirent à partir du 20 septembre 1848, entre l'éditeur Sala et les exécuteurs testamentaires. Le duc de Lévis, retenu auprès du comte de Chambord, fut remplacé par Charles Lenormant qui défendit les souhaits de Mme Récamier. Le 23 septembre, les scellés furent levés, rue du Bac, en présence d'un commissaire du gouvernement, venu réclamer les papiers de l'ancien ambassadeur qui pouvaient présenter un caractère politique.

Les négociations furent pénibles et longues; elles aboutirent à un compromis qui altéra sensiblement l'architecture des *Mémoires* telle que l'avait prévue leur auteur. La publication en feuilleton débuta le 21 octobre 1848, avec une présentation de Charles Monselet, ce qui était un choix médiocre en un temps où vivaient Victor Hugo, Lamartine et Balzac.

Faite sans ordre et sans méthode, la publication désola Mme Récamier. La communication du testament lui fut une autre épreuve puisque, dans l'ultime rédaction du 17 mars 1847, Chateaubriand avait effacé le nom de son amie, en révoquant les donations antérieures; il fallut même remettre au comte Louis de Chateaubriand le buste de son oncle, par David d'Angers, qui trônait depuis longtemps sur la cheminée du salon de l'Abbaye-aux-Bois.

Tout porte la trace des volontés de Mme de Chateaubriand, écrivait alors Mme Lenormant à Mme de Boigne. Elle a abusé de l'affaiblissement de son mari pour lui faire signer, avant sa mort à elle, toutes sortes de dispositions qui n'auraient pas été sa volonté à lui; et comme sa mémoire était tout à fait éteinte, il n'en avait nulle conscience. C'est grand-pitié!

De fait, dans le préambule du testament, rédigé trois semaines après la mort de sa femme, le vicomte avait précisé qu'il exécutait les intentions de la défunte; au-delà de la tombe, l'épouse légitime avait voulu blesser la maîtresse et l'amie.

Il est probable aussi que Chateaubriand avait caché à Juliette, outre le testament, quelques passages des *Mémoires;* quand elle prit connaissance « de certaines pages regrettables » concernant des amours antérieures, elle réagit vivement et éprouva de grandes appréhensions de voir son nom mêlé à ces divulgations.

« Je ne puis en croire mes oreilles », confia-t-elle à son confesseur, le père Morcel », au mois de mars 1849.

En sa qualité d'exécuteur testamentaire, Charles Lenormant assuma la responsabilité de retirer du coffre de bois blanc le Livre X consacré à Mme Récamier, livre dont elle avait elle-même demandé la suppression au vicomte, et que, par vanité d'auteur peut-être, il avait négligé de mettre de côté.

Ces difficultés eurent pour conséquence d'interrompre pendant quelques semaines la suite de la publication des *Mémoires d'outre-tombe.* Mais, inquiète de l'opinion que pourrait avoir d'elle la postérité, Mme Récamier passa désormais ses journées à se faire relire, par son neveu Paul David, les lettres et les papiers contenus dans ses tiroirs. Sans grande méthode, il classa et reclassa. Une petite malle noire reçut les documents les plus intimes, ceux que, dans son testament, Mme Récamier avait enjoint à Amélie Lenormant de livrer au feu.

Aux yeux de ses proches, Juliette paraissait vieillir rapidement, comme si, depuis la mort de Chateaubriand, « la source de vie » avait paru se tarir en elle. Plus rien ne l'attachait désormais à la terre.

« Il est difficile de la rassurer en présence de l'inconnu », écrit Ampère à Barante, en avril 1849.

Au printemps de 1849, une épidémie de choléra ravagea de nouveau Paris et frappa spécialement le quartier de la rue de Sèvres. Par prudence, le jour de Pâques 1849, Mme Récamier quitta l'Abbaye-aux-Bois et vint s'installer à la Bibliothèque nationale, où habitait alors le ménage Lenormant.

Elle y reçut, le 7 mai, la visite du comte de Saint-Priest, qui venait lui soumettre l'éloge de Ballanche, dont il allait occuper le fauteuil académique.

Deux jours après cette audition, elle voulut se rendre à l'Abbaye-aux-Bois chercher des papiers et y passa quelques heures. Au retour, elle se sentit fatiguée et voulut se coucher. En se mettant au lit, elle s'évanouit.

Puis, revenant à elle, Juliette exprima le désir de voir

Amélie et, d'une voix brisée, lui fit ses dernières recommandations. On alla chercher le docteur Récamier; il était absent et
ce fut un autre médecin, le docteur Cruveilhier, qui diagnostiqua,
sans hésiter, une attaque de choléra.

Pendant douze heures Mme Récamier souffrit horriblement.
Ampère, Paul David et Charles Lenormant veillèrent dans le
salon et prodiguèrent à la malade leurs soins affectueux.

Mme Récamier avait demandé aussitôt un prêtre et, en
pleine connaissance, elle reçut l'extrême-onction; après une
agonie qui dura plus de six heures, elle expira le 11 mai 1849,
à dix heures du matin.

> Quelques heures avant sa mort, écrit son neveu Paul
> David, sa figure avait pris une expression de sérénité angé-
> lique, qui se maintenait encore quand on a dû la placer
> dans sa bière. Ses traits avaient repris leur ancienne pureté
> et elle était vraiment belle.

C'est le sentiment que l'on éprouve en regardant le dessin
d'Achille Devéria qui la représente sur sa couche funèbre.

Conformément à ses vœux, Juliette Récamier fut inhumée
au cimetière Montmartre (30e division, 2e ligne, no 43 de l'avenue
de la Croix). Elle y repose aux côtés du ménage Bernard, de
M. Récamier et de Ballanche.

Au milieu des événements politiques, sa mort fit peu de
bruit; quelques témoignages révèlent cependant l'admiration
qu'elle avait suscitée parmi ses amis.

> Elle garda, écrit John Lemoine dans un article où il
> révélait qu'une grande partie des papiers de Juliette avaient
> été brûlés par son ordre, cette grâce privée, ce charme secret
> que le poète donne aux roses qui rougissent ignorées, *roses
> that blush unseen;* elle ne chercha jamais la célébrité que
> pour les autres et ne la rencontra elle-même que sans le
> vouloir et sans le savoir.

> Adieu! madame Récamier, écrit Marceline Desbordes-
> Valmore, et sa grâce et ses douces mains, bien courageuses
> aussi pour attirer et soutenir les plus souffrants. La perte
> de M. de Chateabriand l'a déracinée de la terre. Ses beaux
> yeux sont devenus aveugles; et cette créature, jugée légère
> parce qu'elle souriait même en pleurant, a voulu mourir.
> Elle me l'a dit, près de ces places vides quittées par Ballanche
> et le grave René. Quelle solitude pour moi dans ce coin
> autrefois si habité, si bon, si sûr. Adieu!...

Ampère écrit à Prosper de Barante :

Cette affection emplissait ma vie, était toute ma vie. C'était pour moi le bonheur de la famille dans ce qu'il y a de plus sûr et de plus doux. C'était le charme de la société la plus exquise. C'était plus que tout cela, c'était elle, la personne unique et incomparable, que nous avons connue, que nous avons aimée.

Et Prosper, malgré le poids des années, évoque dans ses *Souvenirs* « cette coquetterie qui allait au-delà de l'amitié sans arriver jusqu'à l'amour ».

La mort de Mme Récamier allait causer beaucoup de soucis à ses héritiers. Le 9 juin 1849, Girardin avait repris la publication dans *La Presse* des *Mémoires d'outre-tombe ;* le 30 juin, il annonçait qu'entre le sixième et le septième volume de l'œuvre de Chateaubriand, il allait faire connaître à ses lecteurs soixante-treize lettres inédites de Benjamin Constant à Mme Récamier.

Héritière de Mme Récamier, s'étant vu confier la mission de détruire une partie de ses papiers et de conserver par-devers elle, comme elle le jugerait convenable, ce qui ne serait pas détruit, Mme Lenormant fit signifier par huissier à *La Presse*, l'interdiction de donner suite à ce projet. Le soir même, elle reçut la lettre suivante :

Samedi soir, 30 juin 1849.

Madame, en rentrant ce soir, j'ai trouvé, à ma grande surprise, la signification que vous et votre mari m'avez fait faire par huissier... Je n'ai pas abusé de la confiance de Mme Récamier... Je suis en possession des lettres de Benjamin Constant, par une donation écrite de Mme Récamier. Je n'ai, de ma vie, capté ni testament, ni legs. Quant à vous, Madame, vous pouvez avoir hérité de la fortune de Mme Récamier, mais certes, vous n'avez en rien hérité de sa bonté, de sa grâce et de la délicatesse de ses procédés.

J'ai l'honneur de vous saluer.

Cette insolente missive était signée : Louise Colet. Celle-ci, née Revoil, était surnommée, dans le monde des Lettres, la *dixième muse.* Jeune femme d'une éblouissante beauté, elle comptait sur ses charmes physiques autant que sur ses talents poétiques pour faire carrière. Celle qui fut tour à tour la maîtresse d'Alfred de Musset, de Victor Cousin, de Villemain, de Victor Hugo, de Vigny et surtout de Gustave Flaubert s'était insinuée dans le salon de l'Abbaye-aux-Bois vers 1844 ; par ses insidieuses flatteries, elle avait capté la confiance de Mme Récamier. Sainte-

Beuve ayant écrit alors un article fort dur sur la sécheresse de cœur de Constant, Louise Colet prit la défense de l'auteur d'*Adolphe* en présence de Juliette et celle-ci lui confia imprudemment une copie des lettres. Puis, abusant de la cécité de Mme Récamier, la poétesse intrigante lui fit signer un papier par lequel elle conférait la propriété de ces textes à Mme Colet. Girardin voulait exciper de ce document pour affirmer que puisque Mme Récamier autorisait la publication des lettres adressées à elle par Constant, ses héritiers n'avaient pas qualité pour interdire que le livre X des *Mémoires d'outre-tombe* ne fût pas communiqué. L'affaire connut un épilogue judiciaire qui donna raison aux Lenormant.

Ceux-ci avaient aussi connu des difficultés, réglées à l'amiable, avec le duc de Broglie. Mme Récamier avait promis de remettre les lettres reçues de Mme de Staël, à la duchesse de Broglie, sa fille. Celle-ci étant morte en 1837, Mme Lenormant ne se jugea pas tenue de la même obligation à l'égard du veuf, qui n'avait pourtant d'autre intention que de conserver pieusement ces documents dans son chartrier.

La conduite générale de Mme Lenormant ne manquait nullement de logique ; elle s'estimait seule habilitée à restituer à la postérité, au moyen de documents authentiques, la figure d'une tante passionnément aimée, qui avait été pour elle une véritable mère. Ce projet fut réalisé en 1859, par les deux volumes dénommés *Souvenirs et Correspondance de Madame Récamier*, recueil de lettres, souvent expurgées, mais dont l'ensemble reste d'un intérêt puissant ; cet agrégat de documents encadré de textes de liaison a longtemps fixé la personnalité séduisante et énigmatique de Juliette Récamier.

Les mystères de Juliette

Personnalité énigmatique, Juliette Récamier le fut certainement, et il est rare qu'une vie aussi étalée au grand jour ait posé tant de problèmes à ceux qui en furent les témoins et laissèrent la recherche des solutions à la sagacité des historiens, des curieux et aussi des hommes de science.

Les jugements portés sur Mme Récamier ont été fort divers : ils vont de la louange hyperbolique au blâme le plus total.

Les femmes n'ont jamais été tendres à son égard : l'envie que suscitaient sa grâce, son élégance, sa beauté et son succès expliquent assez aisément cette réaction. Par exemple, la troisième épouse de Metternich, Mélanie de Zichy-Ferraris, qui tint, elle aussi, un salon littéraire fort couru, traitait généralement Juliette de niaise, et Hortense Allart, qui avait de bonnes raisons pour cela, affirme dans ses *Enchantements de Prudence*, que Chateaubriand lui aurait dit :

« Vous me faites rire avec vos jalousies; Mme Récamier n'est pour moi ni un amour, ni une amitié; ce n'est qu'une habitude. »

On pourrait multiplier ce genre d'appréciations, dont la plus violente et aussi la plus intéressante, car elle touche à la fois le moral et le physique, a été récemment révélée par la publication de la *Correspondance* de Stendhal. Une lettre de Duvergier de Hauranne, datée de Rome le 14 juin 1824, raconte, en effet, ceci à l'auteur du traité *De l'amour* :

> Les roucoulements d'Ampère pour Mme Récamier n'ont fait, depuis votre départ, que croître et embellir, et comme il y a toujours une maudite *barre* qui les empêche de se changer en quelque chose de plus positif, il est probable qu'ils dureront longtemps. On prétend qu'il y a un mois environ les yeux indiscrets ont été témoins au Colisée d'une scène qui ferait pâlir toutes celles de Corinne et d'Oswald, si une plume habile pouvait s'en emparer. Mais c'est à la retenue d'Oswald que Corinne a dû son salut, tandis qu'ici... Maudite *barre !* Faut-il que tu viennes sans cesse contrarier le bonheur de deux amants qui se conviennent si bien !...

Cette lettre insiste, assez lourdement d'ailleurs, sur cette impossibilité physique que l'on a prêtée à Juliette de s'adonner aux jeux amoureux; cette difficulté, doublée d'une indéniable coquetterie, a suscité bien des commentaires aussi grivois que peu obligeants. Si l'on ajoute que l'on répétait sous le manteau que M. Récamier était le père de son épouse, cela donne un assez bel ensemble de tares secrètes sur la reine d'un des salons les mieux fréquentés de Paris.

Il convient donc, pour achever ce livre, d'essayer d'éclairer ces recoins d'ombre en cherchant à expliquer l'histoire de Mme Récamier autrement que par le simple récit de sa vie, tel qu'il vient d'être exposé.

Au fond que connaît-on de Juliette ? Des portraits qui l'éternisent non seulement sous un aspect troublant de grâce et de beauté, mais avec ce mystère d'attirance que notre époque résume dans le terme de *sex-appeal*. Si l'on ajoute que ses gestes, sa démarche, le son de sa voix étaient des charmes supplémentaires dont nous ne pouvons avoir conscience, on peut vraiment assurer qu'elle fut une des plus séduisantes créatures de tous les temps.

On possède très peu de lettres de Mme Récamier, presque aucun fragment de ses propres souvenirs, tout ayant été sacrifié dans l'autodafé de Paul David, qui, par fidélité à une mémoire chérie, brûla sans discernement les documents que la pauvre aveugle avait, en tâtonnant, entassés dans la malle dont le contenu était voué au feu.

Dans les textes enthousiastes des proches, Benjamin Constant, Ballanche, Chateaubriand, Ampère, on ne trouve rapportés aucun de ces mots d'esprit lapidaires qui ont assuré la réputation d'une Ninon de Lenclos ou d'une Mme du Deffand. On en est donc réduit à se fier à ce qu'a dit d'elle un de ses familiers, dont les jugements se sont révélés tellement pertinents dans tous les domaines qu'il faut lui faire confiance quand il parle de Mme Récamier. Il s'agit de Sainte-Beuve, qui a écrit, dans son *Lundi* du 26 novembre 1849 :

> Elle dit un mot à chacun, elle présenta chaque personne à l'autre avec une louange appropriée; et, à l'instant, la conversation devint générale, le lien fut trouvé.
>
> Ce qu'elle fit là, elle le fit tous les jours. Dans son petit salon de l'Abbaye, elle pensait à tout; elle étendait au loin son réseau de sympathie. Pas un talent, pas une vertu, pas une distinction qu'elle n'aimât à connaître, à convier, à obliger, à mettre en lumière, à mettre surtout en rapport et en harmonie autour d'elle, à marquer au cœur d'un petit signe qui était sien. Il y a là de l'ambition, sans doute; mais quelle ambition adorable, surtout quand s'adressant aux plus célèbres, elle ne néglige pas même les plus obscurs et quand elle est à la recherche des plus souffrants! C'était le caractère de cette âme si multipliée de Mme Récamier d'être à la fois universelle et très particulière, de ne rien exclure, que dis-je? de tout attirer et d'avoir pourtant le choix.
>
> Ce choix pouvait même sembler unique. M. de Chateaubriand, dans les vingt dernières années, fut le grand centre de son monde, le grand intérêt de sa vie, celui auquel je ne dirai pas qu'elle sacrifiait tous les autres (elle ne sacrifiait personne, qu'elle-même) mais auquel elle subordonnait tout... Elle était coquette pour sa gloire... Jamais Mme de Maintenon ne s'ingénia à désennuyer Louis XIV autant que

Mme Récamier pour M. de Chateaubriand. « J'ai toujours remarqué, disait Boileau en revenant de Versailles, que, quand la conversation ne roulait pas sur ses louanges, le Roi s'ennuyait d'abord, et était prêt à bâiller ou à s'en aller. » Tout grand poète vieillissant est un peu Louis XIV sur ce point. Elle avait chaque jour mille inventions gracieuses pour lui renouveler et lui rafraîchir la louange. Elle lui ralliait de toutes parts des amis, des admirateurs nouveaux. Elle nous avait tous enchaînés aux pieds de sa statue avec des chaînes d'or.

Dans ces lignes si pertinentes en dépit de leur cruauté se trouve l'explication d'un des charmes les plus efficaces de Mme Récamier; elle s'intéressait aux autres, leur parlait d'eux-mêmes, et, désireuse de garder le choix, elle ne décourageait personne. Cette psychologie fort habile paraît simple, mais elle ne dévoile pas tous les secrets de Juliette et pour les éclaircir, il sera nécessaire de se montrer un peu plus explicite que Sainte-Beuve résumant tout dans ce joli mot sur l'amour :

« Mme Récamier aurait voulu tout arrêter en *avril*. »

Il faut donc revenir à 1793 et au mariage de cette enfant de quinze ans avec un homme de quarante-deux, qui avait été suffisamment l'amant de Mme Bernard pour supposer qu'il épousait sa propre fille, ce qui empêchait absolument de penser à la consommation d'un mariage contracté uniquement pour assurer à Juliette la dévolution d'une fortune en des temps où l'on n'était pas assuré d'être encore vivant le lendemain.

Cette paternité, Mme Lenormant l'a reconnue plusieurs fois à mots couverts dans les *Souvenirs et Correspondance;* elle a été récemment corroborée par une page du Journal inédit de Louis de Loménie, gendre de Mme Lenormant, qui écrit, le 4 décembre 1850 :

Un jour, M. Récamier, allant à Belley voir sa famille et trouvant au salon un buste de sa femme, s'écria : « *Voilà mon sang.* » Ce mot frappa la personne qui me l'a raconté, qui, du reste, paraît croire que M. Récamier n'eut avec sa femme que des rapports paternels.

Ce propos confirme le témoignage de Mme Lenormant. Même si M. Récamier ne devint l'amant de Mme Bernard qu'après la naissance de Juliette, ce qui eût évité l'inceste, il la considéra seulement comme sa fille et ne la connut pas selon la chair.

Étant donné la pieuse éducation reçue par Juliette au couvent de la Déserte, son jeune âge au moment du mariage, la fausse pudeur dont était alors entourée l'éducation sexuelle, tout donne à penser que la nouvelle Mme Récamier, aussi innocente d'esprit que de corps, ne prit pas conscience tout de suite de l'étrangeté de sa situation. Depuis son jeune âge, elle éprouvait une affection profonde pour Jacques-Rose Récamier; elle trouva donc naturel de vivre chez lui, comme sa fille, dans une maison luxueuse, où elle était gâtée comme une enfant qu'elle resta toujours un peu.

La première déclaration d'amour qu'elle suscita, celle de son neveu Paul David, qui était encore comme elle un enfant, n'ouvrit vraisemblablement pas ses yeux sur les réalités sexuelles. Ce fut probablement la fréquentation, d'ailleurs modérée, de la société dissolue du Directoire, puis les déclarations de Lucien Bonaparte, qui l'éclairèrent sur les réalités de l'amour.

Elle s'ouvrit en confiance à son mari des déclarations qui lui avaient été faites; il faut évidemment voir dans cette conduite une preuve de l'honnêteté de son âme, mais il paraît également raisonnable de conclure qu'une aventure ne la tentait pas parce que ses sens n'étaient pas éveillés.

Le docteur Récamier, qui la soigna depuis ses vingt ans, a probablement su si la vie sexuelle de Juliette comportait des anomalies; tenu au secret, il n'en a évidemment rien dit, et il ne semble pas que des dérèglements hormonaux aient affecté cette femme, si féminine d'aspect.

Il est certain que pour conserver, comme elle le souhaitait, l'amitié de tous les hommes, elle s'obligeait un peu à ne céder à aucun. Mais sensible aux hommages masculins, heureuse qu'on lui fît la cour, si elle tempéra toujours ses encouragements, elle ne paraît pas avoir voulu jamais les tempérer tout de suite; elle avait le goût d'être adorée, comme une divinité, et ne semble pas avoir eu totalement conscience des souffrances que sa réserve finale ne manquait pas de provoquer.

« Coquette angélique », a encore dit justement Sainte-Beuve! Elle était certainement coquette et c'était la rançon naturelle de sa beauté. Mais elle ne semble pas avoir eu beaucoup de mérite à ne pas aller jusqu'au bout de l'engagement, du moins avant sa trentième année, âge où l'on considérait volontiers alors que le temps de l'amour arrivait chez les femmes à son déclin.

On peut s'interroger sur l'influence de Mme de Staël; il est plus que probable que Germaine parla souvent à son amie des plaisirs qu'elle trouvait dans l'amour, et rien n'empêche de penser qu'elle lui fournit des précisions sur un sujet qui la tourmentait continuellement. Mais, fort virile d'esprit, Mme de Staël était infiniment féminine dans ses réactions amoureuses; il est donc à croire, qu'en dépit de nombreuses insinuations malveillantes sur ce chapitre, ses tendresses avec Juliette, si elles purent émouvoir parfois celle-ci, restèrent dans les limites de la décence.

Mme de Staël craignait assurément la rivale possible dans une femme plus séduisante qu'elle sur le plan physique. Les hommes se laissent d'abord tenter par celui-ci et ce n'est souvent qu'après qu'ils se préoccupent de savoir si leurs belles partenaires ont de l'esprit. Le prince Auguste de Prusse fut donc, aux yeux de Germaine de Staël, un moyen commode de décourager ses propres amants de faire la cour à Juliette.

Bien fait de sa personne, habile à séduire, paré des prestiges d'un sang royal et des malheurs de la captivité, le prince Auguste possédait beaucoup d'atouts pour être remarqué par une femme de trente ans, qui traversait alors de grandes épreuves, puisque la ruine de son mari la vouait désormais à la médiocrité.

Il n'est pas exclu que ces éléments sociaux aient joué un rôle dans la manière dont Juliette accueillit les avances du prince, mais il est aussi infiniment probable que cette femme, jusque-là insensible, fut, pour la première fois, touchée par le désir et connut enfin le bonheur d'aimer un être. Qu'elle ait accordé au prince de Prusse de légères privautés ne paraît pas douteux, mais c'était pour le bon motif. Son union avec M. Récamier n'en était pas une; il était vieux et ruiné; un mariage presque royal s'offrait avec un homme vers lequel elle se sentait entraînée d'une manière toute nouvelle. Cela explique la promesse de mariage et la demande de divorce; mais donne également à penser que si Mme Récamier envisagea ce mariage, c'est qu'elle se considérait comme normalement constituée, capable d'avoir des enfants et qu'aucune expérience antérieure ne lui avait indiqué qu'elle était physiquement impropre à l'amour.

Il faut donc voir dans la rupture avec le prince Auguste la réaction d'une femme de devoir, qui se console ensuite parce qu'elle retrouve une joie profonde à être courtisée; la coquette reprend le pas sur l'amoureuse et la frigidité reconquiert ses droits.

Mais, en face de Chateaubriand, au lendemain de la mort de Mme de Staël, Juliette est une nouvelle fois attirée, probablement plus par la gloire et le brillant de l'esprit que par l'idée d'amour physique avec un homme proche de la cinquantaine, alors qu'elle atteint elle-même quarante ans.

Il est fort probable que René, n'ayant pas la fibre platonique, a exigé de Juliette le don complet d'elle-même; il ne paraît pas moins probable que Mme Récamier se montra une amante fort inexperte et qu'elle déçut son soupirant lors de cette expérience qui eut lieu à Chantilly.

Les médecins ont prononcé le mot de « vaginisme », ce qui peut être un défaut de conformation, mais aussi une inhibition nerveuse. Que la contraction ait cédé devant la fougue et l'habileté de Chateaubriand, c'est ce que l'on ne saura jamais d'une manière précise. Il est vraisemblable que ce sensuel exigeant se trouva incomplètement comblé; c'est même certain puisqu'il continua à prendre des maîtresses. Femme par le cœur, l'esprit et la beauté, Mme Récamier eut alors la digne réaction d'une amante trompée, puisqu'elle prit la fuite. Mais l'amour n'était pas mort et il devint fort solide quand il fut réduit à une amitié qui allait durer jusqu'à la mort.

Cette explication qui paraît la meilleure a été récemment renforcée par la publication d'un document tiré des papiers de Louis de Loménie, par son petit-fils l'historien Emmanuel Beau de Loménie. De ce texte dont Édouard Herriot paraît avoir eu connaissance, mais dont il n'a pas fait état dans son étude, il convient de citer le passage essentiel qui semble résoudre le problème qui a irrité tant de curieux :

(Vers 1840) Mme Récamier m'a retenu à dîner avec ses deux inséparables, le père David et le père Ballanche. Après le dîner les deux vieux sont partis et le tête-à-tête a commencé.

Nous avons passé sur le fameux amour du prince de Prusse, sur le séjour à Coppet, la promesse de mariage, la lettre à M. Récamier pour demander qu'il consentît au divorce, la réponse de M. Récamier, la fureur du prince en voyant qu'elle refuse de rompre violemment. Elle a trouvé un tour charmant de femme pour me faire une confession difficile. Les quinze jours à Coppet :

« On allait se promener sur l'eau. Le prince ramait et était ravi. Dans la persuasion où j'étais que nous allions nous marier, nos rapports étaient fort intimes. Toutefois, a-t-elle ajouté, je dois vous prévenir qu'*il lui manquait quelque chose*. Le souvenir de ces quinze jours et celui des deux années de l'Abbaye au temps des amours avec M. de Chateaubriand sont les plus beaux, les seuls beaux de ma vie. Il y a cependant une différence, c'est qu'il manquait

quelque chose au prince de Prusse; *à M. de Chateaubriand,
il ne manquait rien !* »

« Ah ! me suis-je dit, serrant les lèvres, voilà le grand mot
lâché ; ce n'est pas malheureux. »

Ensuite nous avons passé sur ses amours avec Chateaubriand. Le gaillard variait les plaisirs et l'amour n'était pas
sans trouble : « M. de Chateaubriand, m'a-t-elle dit, a
beaucoup de noblesse, un immense amour-propre, une
délicatesse très grande ; il est prêt à faire tous les sacrifices
pour les personnes qu'il aime. *Mais de vraie sensibilité,
il n'en a pas l'ombre ; il m'a causé plus d'une souffrance.* »

Il semble bien que ces derniers propos dissipent à peu près
tous les mystères. Mais une femme en possède toujours de plus
secrets, et le sourire qui fleurit sur les lèvres de Juliette continuera
probablement toujours d'émouvoir ceux qui, en le contemplant,
seraient tentés de murmurer les vers de Samain :

> Mon amour...
> Cherche en vain sans trouver la paix
> Ce je ne sais quoi de ton âme,
> De ton cœur, de tes sens, ô femme,
> Qu'il ne possédera jamais.

APPENDICES

I. SOURCES D'ARCHIVES

Pour ne pas alourdir le récit, j'ai volontairement évité les notes; mais je garantis à mes lecteurs l'exactitude des faits et citations, tous puisés aux documents originaux.

La véritable source des études sur Mme Récamier est à trouver dans ses propres archives, dont une partie a été regrettablement détruite en 1849, en exécution de ses volontés testamentaires.

Ce qui en restait a représenté un fonds considérable dont Mme Lenormant a publié, en plusieurs ouvrages *(Souvenirs et Correspondance, Coppet et Weimar, Madame Récamier, les amis de sa jeunesse)*, une grande partie des pièces. Toutefois, pour ne pas gêner les contemporains dont certains étaient les descendants directs des amis de Mme Récamier, ces publications ont alors été volontairement triées ou amputées; ce qui a maintes fois altéré leur caractère ou leur signification.

Mme Lenormant mourut presque octogénaire en 1893. En 1895, à la suite d'une vente publique, ses archives furent en partie dispersées, et notamment privées des copies des *Mémoires d'outre-tombe* réalisées par Mme Récamier, et entrées alors dans la collection Champion. Les héritiers de Mme Lenormant parvinrent cependant à s'entendre pour racheter l'essentiel dont la garde fut confiée à Charles de Loménie, fils de l'historien Louis de Loménie, puis à sa mort au docteur Charles Lenormant son neveu. Au décès de celui-ci, en 1948, le fonds se serait trouvé partagé entre trois lignes de cohéritiers, les Lenormant, les Itier, les Beau de Loménie. Donnant un admirable exemple, les ayants droit s'entendirent pour déposer le fonds à la Bibliothèque nationale où, à l'exception de certaines pièces, il peut être librement consulté depuis l'année 1952.

Il existe quelques dossiers d'intérêt secondaire sur le ménage Récamier aux Archives nationales.

Les papiers de Ballanche sont à la bibliothèque de Lyon; une copie des lettres à Mme Récamier, exécutée par Mme Lenormant, a été donnée par elle à Victor de Laprade, et m'a été communiquée par le petit-fils de celui-ci, mon cousin Jacques de Laprade, ainsi que diverses autres correspondances de Ballanche.

Depuis la bibliographie établie par Édouard Herriot au début de ce siècle, la plupart des inédits des archives Récamier, de Benjamin Constant, de Mme de Staël, de Chateaubriand, de Ballanche, de Prosper de Barante, ont été publiés et ont fait l'objet d'études citées dans la bibliographie qui suit.

Il faut accorder des mentions particulières aux *Cahiers staëliens* animés par la comtesse de Pange et par les publications de la *Société Chateaubriand*, fondée à la Vallée-aux-Loups par le docteur Le Savoureux.

II. BIBLIOGRAPHIE

En tête de sa thèse de doctorat sur *Madame Récamier et ses amis*, Édouard Herriot avait rassemblé par ordre chronologique de publication tous les titres des ouvrages alors connus, où il était fait mention de Mme Récamier.

Ce travail considérable, contenant 323 articles, demeure la base essentielle et j'y ai fait appel pour établir la bibliographie qui fait suite. Mais je n'en ai gardé que les indications les plus importantes.

D'autre part, j'ai essayé, autant que possible, de mettre à jour ce travail en indiquant les principales publications de documents effectuées depuis 1904, intéressant tant soit peu Mme Récamier, ainsi que les ouvrages traitant d'elle ou de ses entours dont plusieurs sont de grande importance.

Pour que l'on puisse plus commodément retrouver les sources bibliographiques, j'ai uniquement utilisé la classification alphabétique des auteurs, les dates de parution des ouvrages ayant été indiquées toutes les fois que j'en ai eu la possibilité.

ABRANTÈS (Duc d') : *Le Salon de Madame Récamier*. Paris, Ducessois, 1844, in-8°.

ABRANTÈS (Duchesse d'): *Mémoires*. Paris, Ladvocat, 1831-34. 18 vol. in-8°.

— *Mémoires sur la Restauration*. Paris, L'Henry (1835-36), 6 vol. in-8°.

ALLART (Hortense) (Mme P. de Saman) : *Les Enchantements de Prudence*, avec préface de George Sand. Paris, Calmann-Lévy, 1872, in-12.

ALTON-SHÉE (Cte d') : *Mes Mémoires* (1826-1848). Paris, Librairie internationale, 1868-1869, 2 vol.

AMPÈRE (A.-M. et J.-J.) : *Correspondance et Souvenirs*, recueillis par Mme H.C., 2 vol. in-18. Paris, Hetzel, 1875.

AMPÈRE (J.-J.) : *Ballanche*. Paris, René, 1848, in-8°.

— *Littérature, Voyages et Poésies*. Paris, Didier, 1850.

ANCELOT : *Vie de Chateaubriand*. Paris, Garnier, 1856, gd in-8°.

ANCELOT (Mme) : *Les Salons de Paris. Foyers éteints*. Paris, Tardieu, 1858.

ANDRIEUX (Maurice) : *Madame Récamier à Rome* (RDM, 15 avril 1968).

ANDRYANE (Alexandre) : *Souvenirs de Genève*. Paris, Coquebert, 2 vol. in-8°, 1839.

ANONYME (Mme Lenormant) : *Souvenirs et Correspondance tirés des papiers de Madame Récamier*, 2 vol. in-8°. Paris, Calmann-Lévy (1859).

— *Coppet et Weimar, Mme de Staël et la Grande-Duchesse Louise*. Paris, Lévy, 1862, in-8°.

— *Madame Récamier, les amis de sa jeunesse, par l'auteur des Souvenirs de Madame Récamier*, Paris, 1874, 1 vol.

APPONYI (Cte Rodolphe) : *Vingt-cinq ans à Paris*. Journal publié par Ernest Daudet. Paris, Plon (1913-1914), 2 vol. in-8°.

AULARD : *Histoire politique de la Révolution française*. Paris, Colin, 1901.

AURIANT : *Madame Colet et Madame Récamier*, dans *France, Revue de l'État nouveau*, février 1844.

BALLANCHE : *Œuvres*, 1833, 6 vol. in-8°, Paris.

BARANTE (Baron de) : *Souvenirs*, 8 vol. in-8°. Paris, Calmann-Lévy, 1891 à 1894.

BARBEY D'AUREVILLY : *Les Bas-Bleus*, in-18. Paris, Palmi, 1878.

— *Littérature épistolaire*. Paris, Lemerre, 1893.

BARDOUX (Agénor) : *Madame de Custine*. Paris, Calmann-Lévy, 1888, in-8°.

— *La Duchesse de Duras*. Paris, Calmann-Lévy, 1898, 1 vol. in-8°.

BAWR (Mme de) : *Mes Souvenirs*. 2e éd., Paris, Passard, 1853.

BEAU DE LOMÉNIE (E.) : *La Carrière politique de Chateaubriand*. 2 vol., Paris, 1931.

— *Lettres de Madame de Staël à Madame Récamier*. 1 vol., Domat, 1952.

— *Madame de Staël et Madame Récamier* dans *Hommes et Mondes*, septembre 1949, pp. 47 à 69.

BEAUMONT-VASSY : *Les Salons de Paris*. Sartorius, Paris, 1866, in-8°.

BEAUNIER (André) : *Trois Amies de Chateaubriand (Pauline de Beaumont, Madame Récamier, Hortense Allart)*. Paris, Charpentier, 1910, in-12.

BERTAUT (Jules) : *Madame Récamier*. 1 vol., Grasset, Paris, 1947.

BERTHOUD (Dorette) : *La Seconde Madame Benjamin Constant d'après ses lettres*. Payot, Lausanne, 1943.

BESNARD (F.-Y.) : *Souvenirs d'un Nonagénaire*. Paris, Champion, 1880.

BILLY (André) : *L'Amitié amoureuse de Mme de Staël et de Mme Récamier* dans *Le Figaro littéraire* du 21 juillet 1956.

Bizet (René) : *Le Ménage Récamier* (RDM du 1er août 1944).

Broc (Vte de) : *La Vie en France sous le premier Empire*. Paris, Plon, 1895, 1 vol.

Boigne (Ctesse de) : *Mémoires* (Récits d'une tante), 3 vol. Paris, 1907.

Boissy (Mis de) : *Mémoires* (rédigés par P. Breton), 2 vol. in-8°. Paris, 1970.

Bonaparte et les Bourbons (Relations secrètes des agents de Louis XVIII à Paris sous le Consulat), publiées par le Cte Remacle. Paris, Plon, 1899, 1 vol.

Bondois : *Napoléon et la société de son temps*. Paris, Alcan, 1895, 1 vol.

Bordeaux (H.) : *Le Secret de Madame Récamier*, dans *Conferencia*, 5 février 1932.

Boubée (Roland) : *Lettres inédites sur Madame Récamier*, dans *Nouvelle Revue* du 15-1-1896.

Boullée (A.) : *Biographies contemporaines*, II. Paris, Valon, 1863.

Boumienne (L.-A. de) : *Mémoires* (1829-1831), tome X.

Bouilly (Jean-Nicolas) : *Mes Récapitulations*. Paris, Janet, 1837.

Broglie (Duc Albert de) : *Histoire et Politique*. Paris, Calmann-Lévy, 1897, 1 vol.

Broglie (Duc L.-V. de) : *Souvenirs*. Paris, 1886, 1 vol.

Broglie (Prince Jacques de) : *Madame de Staël et sa cour au château de Chaumont*. Paris, 1936, 1 vol.

Cabanès (Docteur) : *Le Cabinet secret de l'Histoire*, 2e série. Paris, 1897, Charles, 1 vol.

Cahiers staëliens, publiés par la comtesse de Pange depuis 1934.

Camp (Maxime du) : *Souvenirs littéraires*, 2 vol. in-8°. Paris, Hachette, 1882.

Chamisso (Adalbert de) : *Œuvres*, 6 vol. Hitzig, Leipzig (1837-1839). Voir les volumes V et VI.

Chapuisat (Édouard) : *Madame de Staël et la police*. 1 vol., Genève, sd.

Chastenay (Mme de) : *Mémoires*. Paris, Plon, 1896, 2 vol.

Chasles (Philarète) : *Mémoires*, 2 vol. in-18. Paris, Charpentier, 1876.

Chateaubriand (F.-R. de) : *Mémoires d'outre-tombe*.

Chateaubriand (Vtesse de) : *Correspondance*, 1 vol., Flammarion, 1956.

Collombet (F.-Z.) : *Chateaubriand, sa vie et ses écrits*. Lyon et Paris, Périsse, 1851, 1 vol. in-8°.

Constant (premier valet de chambre de Napoléon Ier) : tome III de ses *Mémoires*. Paris, Ladvocat, 1830.

Constant de Rebecque (Benjamin) : *Journaux intimes*, édition intégrale des manuscrits autographes, publiée par Alfred Roulin et Charles Roth. Paris, Gallimard, 1952.

— *Cécile*, présentée par Alfred Roulin. Paris, Gallimard, 1951.

Benjamin Constant et Madame de Stael : *Lettres un ami*, cent douze lettres inédites à Claude Hochet, publiées par Jean Mistler. Neuchâtel, La Baconnière, 1949.

Coigny (Aimée de) : *Mémoires*. Paris, Calmann-Lévy, 1902.

DANIÉLO (J.) : *Les Conversations de Chateaubriand.* Paris, Dentu, 1864, 1 vol.

DARRAGON (F.-L.) : *Le dire sur M. Récamier, banquier de Paris ou l'Infortune aux prises avec l'opinion publique.* Brochon, Paris, 16 frimaire an XIV (7 décembre 1805). (B.N. Ln 27, 17098.)

DEGERANDO (Baron) : *Lettres inédites et Souvenirs biographiques de Mme Récamier et Mme de Staël.* Paris, Vve Renouard, 1868.

DEGERANDO (Baronne) : *Lettres,* 1 vol. in-12. Paris, Lévy, 1864, 1 vol.

DELACROIX (Eugène) : *Journal,* tome III. Paris, Plon, 1897.

DELÉCLUZE (E.-J.) : *Louis David, son école et son temps. Souvenirs,* 1 vol. in-18. Paris, Didier, 1854.

— *Souvenirs de soixante années.* Paris, Lévy, 1862, 1 vol. in-18.

— *Deux Romans d'amour chez Mme Récamier,* 1 vol. Julliard, 1954.

DESBORDES-VALMORE (Marceline) : *Correspondance intime,* 2 vol. Paris, Lemerre, 1896.

DOLLOT (René) : *Stendhal et Mme Récamier,* dans *Le Temps,* 31 janvier 1942.

DUFFY (Bella) : *Madame de Staël.* Londres, Allen, 1887, 1 vol.

DUNAN (Marcel) : *Amitié amoureuse ou politique (Germaine de Staël et Madame Récamier),* article de *La Revue,* 1956, pp. 486 à 498.

DURRY (M.-J.) : *La Vieillesse de Chateaubriand.* Le Divan, 1933, 2 vol.

EDGEWORTH (Maria) : *Lettres intimes.* Guilhaumin, 1896, 1 vol.

ESPINCHAL (H. d') : *Souvenirs militaires,* 2 vol. Ollendorf, 1901.

ESTOURMEL (Cte Joseph d') : *Derniers Souvenirs.* Paris, Dentu, 1860, 1 vol.

FABRE-LUCE (Alfred) : *Benjamin Constant.* Paris, 1939, 1 vol.

FAGUET (Émile) : *Politiques et Moralistes du XIXe siècle,* 1re série. Paris, Lecine, 1891, 1 vol. in-18.

FAURIEL : *Les Derniers Jours du Consulat,* manuscrit publié par C. Lalanne, in-8º. Paris, Calmann-Lévy, 1896.

FILON : *Mérimée et ses Amis.* Paris, Hachette, 1894, 1 vol.

FOUCHÉ, duc d'Otrante : *Mémoires.* Paris, Le Rouge, 2 vol. in-8º.

GANS (Ed.) : *Le Salon de Madame Récamier,* dans *Revue de Paris,* 1936 (traduit du journal allemand *Der Litterarische Zodiacus*).

GAY (Delphine) : *Essais poétiques.* Paris, 1824, in-8º.

GENLIS (Ctesse de) : *Mémoires.* Paris, 1825, 10 vol., in-8º.

— *Athénaïs ou le Château de Coppet en 1807.* Paris, Didot, 1832, in-8º.

GÉRARD (François) : *Correspondance.* Paris, Laîné et Havard, 1867, 1 vol. in-8º.

GODET (Philippe) : *Histoire littéraire de la Suisse française.* Paris, Fischbacher, 1890, 1 vol. in-8º.

GOHIER (Louis-Jérôme) : *Mémoires.* Paris, Bossange, 1824, 2 vol.

GONCOURT (E. et J. de) : *Histoire de la Société française pendant le Directoire.* Paris, 1855, 1 vol. in-8º.

GUIZOT : Article sur Mme Récamier dans RDM du 1er décembre 1859. Lettre à Mme Lenormant.

Haussonville (Cte d') : *Sainte-Beuve, sa vie, ses œuvres*. Paris, Lévy, 1875, 1 vol. in-18.

— *Ma jeunesse*. Paris, Lévy, 1885, in-8°, 1 vol.

Herriot (Édouard) : *Madame Récamier et ses Amis*. 1 vol. in-8°. Paris, Gallimard, 1934 (1re édition en 2 vol. en 1904).

Hugo (Madame Victor) : *Victor Hugo raconté par un témoin de sa vie*. Tome II, 1863, 2 vol. gd in-8°.

Hugo (Victor) : *Choses vues*. Paris, 1913, Imprimerie nationale, 2 vol. gd in-8°.

Humboldt (A. de) : *Correspondance avec Varnhagen*, Bruxelles, 1860, 1 vol. in-8°.

Houssaye (Arsène) : *Les Femmes du temps passé*. Paris, Morizot, 1863, 1 vol. in-8°.

Hyde de Neuville : *Mémoires et Souvenirs*. Paris, Plon, 1888-1892, 3 vol.

Iung (Th.) : *Lucien Bonaparte et ses Mémoires*. Paris, Charpentier, 3 vol. in-18.

Jal : *Dictionnaire de Biographie critique et d'Histoire*. Paris, Plon, 1872.

Jaubert (Mme C.) : *Souvenirs*. Paris, Hetzel, 1881, 1 vol. in-18.

Kohler (Pierre) : *Madame de Staël et la Suisse*. Paris-Lausanne, 1916, 1 vol.

Lacretelle (J. de) : *La Galerie des Amants* (Madame de Staël d'après ses lettres). *Revue de Paris*, novembre 1962, pp. 1-13.

Lang (André) : *La Vie la plus soigneusement camouflée que l'on connaisse*, dans *Le Figaro littéraire* du 10 février 1962.

Lamarque (Comte) : *Mémoires et Souvenirs*. Paris, Fournier, 1835, 3 vol. in 8°.

Lamartine (A. de) : *Souvenirs et Portraits*. Paris, Hachette, 1871, 3 vol. in-16.

Lamothe-Langon : *Mémoires et Souvenirs d'une dame de qualité sur Louis XVIII*. Paris, 1830, Mame, 4 vol. in-8°.

Laprade (Victor de) : *Ballanche, sa vie et ses écrits*. Lyon, Boitel, 1848, 1 vol. in-8°.

La Rochefoucauld, duc de Doudeauville : *Esquisses et Portraits*. Paris, Léautey, 1844, le tome II.

Las Cases (Cte de) : *Mémorial de Sainte-Hélène*, le tome II.

Launay (Louis de) : *Un Amoureux de Madame Récamier* (Le journal de J.-J. Ampère). Paris, H. Champion, 1 vol., 1927.

Le Goffic (Ch.) : « Les dernières années de Chateaubriand » dans *L'Ame bretonne*. Paris, Champion, 1902.

Lemaitre (Jules) : *Chateaubriand*. Calmann-Lévy, 1 vol.

Le Marois (Ctesse) : *A l'ombre de deux femmes célèbres : Auguste de Staël*, dans *Revue des Deux Mondes*, 15 juin 1959.

Léger (Charles) : *Madame Récamier, la reine Hortense et quelques autres*. La société mondaine et littéraire sous la Restauration et le Second Empire. Paris, 1941, 1 vol.

Lenormant : Voir Anonyme.

Lenormant (Charles) : *Esquisse d'un Maître*. Paris, Lévy, 1874, 1 vol.

Levaillant (Maurice) : *Les Amours de Benjamin Constant*. Hachette, 1958, 1 vol.

— *Chateaubriand, Madame Récamier et les Mémoires d'outre-tombe*. Delagrave, 1936, 1 vol. in-8°.

— *Une Amitié amoureuse : Madame de Staël et Madame Récamier*. Hachette, 1956, 1 vol.

— *Benjamin Constant et Madame Récamier*, dans *Revue de Paris*, septembre 1957, pp. 41 à 63.

Le Savoureux (Docteur) : *Chateaubriand*. Paris, Rieder, 1931, 1 vol. (soixante planches in-texte).

Loewe-Vemars : *Benjamin Constant*, dans RDM, 1883, I, 185 et seq.

Loménie (Louis de) : Nombreux articles sur Chateaubriand. *Journal* inédit.

Lucas (H.) : *Portraits et Souvenirs littéraires*. Paris, Plon, 1890.

Luppé (Mis de) : *Les Rendez-vous de Chantilly*, dans RDM, 1 décembre 1959.

Marcellus (Cte de) : *Chateaubriand et son temps*. Paris, Lévy, 1859, 1 vol. in-8°.

Marigny (Ctesse de, sœur de Chateaubriand) : *Journal inédit*, publié par Ladreit de Lacharrière. Émile-Paul, 1907.

Marin (Scipion) : *Histoire de la vie et des ouvrages de M. de Chateaubriand*. Paris, Vincent, 1832, 2 vol. in-8°.

Marshall (J.-F.) : *Madame de Staël et Madame de Tessé*, dans *Revue d'Histoire littéraire de la France*, pp. 114 à 123.

Maurois (André) : *Chateaubriand*. Paris, Grasset, 1 vol.

Méneval (Baron de): *Souvenirs historiques*, tome III. Paris, Amyot, 1845.

Mengin (Urbain) : *L'Italie des Romantiques*. Paris, Plon, 1902, 1 vol.

Mérimée (Prosper) : *Correspondance*.

Metternich (Prince de) : *Mémoires*, tome V. Paris, Plon, 1882, in-8°.

Michaud (L.-G.) : *Biographie universelle*, 1842-1865, 45 vol., gd in-8°.

Mistler (Jean) : *Le Salon de l'Europe* (Coppet), dans *Jours de France*, 11 janvier 1958, pp. 33-40.

— Madame de Stael et Maurice O'Donnell. Paris, Calmann-Lévy, 1925, 1 vol.

Monselet (Charles) : *Statues et Statuettes contemporaines*. Paris, Giraud et Dagnéau, 1852.

— *Portraits après Décès*. Paris, Faure, 1866, in-18.

Montesquiou (A. de) : *Conversation chez Madame Récamier*, dans *Revue de Paris*, mars 1948.

Monty (Léopold) : *Le Salon de Madame Récamier*, dans *Revue européenne*, tome VII. Paris, 1860.

Ouy (Achille) : *Une Amitié amoureuse, Mme de Staël et Mme Récamier*, dans *Mercure de France*, octobre 1956, pp. 349 à 355.

Ozanam (Frédéric) : *Lettres*. Paris, Lecoffre, 1869, 2 vol. in-8°.

Pange (Ctesse J. de) : *Madame de Staël et François de Pange*, 1925.

— *Madame de Staël et la Découverte de l'Allemagne*. Paris, Malfère, 1929

— *Le Dernier Amour de Madame de Staël* (d'après des documents inédits). La Palatine, Genève, 1946.

— *Auguste-Guillaume Schlegel et Madame de Staël*. Paris, éditions Albert, 1938.

PFLAUM (Rosalynd) : *Madame de Staël*. Fischbascher, 368 p., 1970.

PIXÉRÉCOURT (Guilbert de) : Traduction avec notes de *Erinnerungen aus Paris im Jahre 1804*, de August von Kotzebue, qui consacre un chapitre à Mme Récamier.

POLIQUET (Docteur) : *Le Secret de Madame Récamier, révélé par M. Récamier*. Paris, 1913, in-8°, 62 pages.

— *Chateaubriand : l'anatomie de ses formes et de ses amies. Physiologie et pathologie sexuelles*. Paris, 1913, 1 vol. tiré à 100 ex.

PONTMARTIN (A. de) : *Souvenirs d'un vieux critique*, 8e série. Paris, Lévy, 1887, in-18.

— *Nouveaux samedis*, 9e série. Paris, Lévy, 1872.

QUINET (Edgar) : *Correspondance. Lettres à sa mère*. Paris, Garnier-Baillère, 1878, 2 vol. in-18.

REISET (Vtesse de) : *Souvenirs*. Paris, Calmann-Lévy, 1899.

ROUGÉ (Cte A., duc de Caylus) : *Le Marquis de Vérac et ses Amis*. Paris, Plon, 1890, 1 vol.

SAINTE-BEUVE (Ch.) : Nombreux « Lundis » sur Mme Récamier et ses amis.

— *Portraits de Femmes*.

— *Madame Récamier*, « Lundi » du 26 novembre 1849.

— *Chateaubriand et son Groupe littéraire sous l'Empire*. Paris, Garnier, 1860, 2 vol.

— *Correspondance et Nouvelle Correspondance*. Lévy, 1877, et Ollendorf, 1879.

SCHÉRER (Ed.) : *Études sur la Littérature contemporaine*. Paris, Lévy, tome V, in-18, 1875-1876.

SOREL (Albert) : *Madame de Staël*. Paris, Hachette, 1893, in-16, 2e édition.

SOURY (Jules) : *Portraits de Femmes*. Paris, Sandoz, 1875, in-18.

STAËL (Mme de) : *Lettres à Madame Récamier*, présentées et annotées par E. Beau de Loménie. Paris, Domat, 1957, 1 vol.

— *Choix de Lettres*. Paris, Klincksieck, 588 p., 1970.

— *Considérations sur les principaux Événements de la Révolution française*. Paris, Delaunay, 1818, 3 vol. in-8°.

— *Dix années d'exil* (édition nouvelle d'après les manuscrits par Paul Gautier). Paris, Plon, 1904, 1 vol.

STENDHAL : *Correspondance*. Bibliothèque de la Pléiade, Gallimard. 3 vol. T. I, 1962; t. II, 1967; t. III, 1968.

SUMMER (Marie) : *Les Belles amies de M. de Talleyrand*. 1860, in-18, Calmann-Lévy.

SWETCHINE (Mme) : *Lettres*, publiées par le comte de Falloux. Paris, Didier, 1862, 2 vol. in-18.

TALLEYRAND (Ch.-M. de, prince de Bénévent) : *Lettres à Madame de Staël* (R.D.H., 1890).

TAPIÉ (V.-L.) : *Chateaubriand*, Éditions du Seuil, 1968.

TROUSSON (Raymond) : *L'Antigone de Pierre-Simon Ballanche*, dans *Synthèses*, pp. 97-105, avril 1960.

THIBAUDEAU (A.-C.) : *Mémoires*. Paris, 1824, 2 vol.

THIÉBAULT (Général baron) : *Mémoires*. Paris, Plon, 1894, 5 vol. in-8°. 4e édition.

TOCQUEVILLE (Alexis de) : *Œuvres et Correspondances*. Paris, Lévy, 1861, tome II.

— *Souvenirs*. Paris, Calmann-Lévy, 1893.

TOUCHARD-LAFOSSE : *Souvenirs d'un demi-siècle*, tome VI. Paris, Dumont, 1836.

TURQUAN (J.) : *Madame Récamier*, avec des documents nouveaux ou inédits. Paris, Mongrédien, 1902.

VAN LOYE (Charles) : *Les Portraits de Madame Récamier*, dans *Société belge d'études napolitaines*, n° 67, juin 1969.

VIGNY (Alfred de) : *Journal d'un Poète*, édition revue et augmentée par F. Baldensperger. Londres, Scholar Press, 1928.

VILLENEUVE (Léontine de, Ctesse de Castelbajac) : *Le Roman de l'Occitanienne et de Chateaubriand*, publié par sa petite-fille, la comtesse de Saint-Roman, avec 70 lettres inédites de Chateaubriand. Paris, Plon, 1925, in-12.

WALLON (H.) : *Notice historique sur Charles Lenormant*. Paris, Didot, 1878.

WALSH (Vte) : *Souvenirs de cinquante ans*. Paris, 1845, au bureau de *La Mode* (BN La 33, 111).

WELSCHINGER (H.) : *La Censure sous le Premier Empire*. Paris, Charavay, 1882, in-8°.

WITT (Mme de, née Guizot) : *Monsieur Guizot dans sa famille et avec ses amis*. Paris, Hachette, in-16, 1880.

III. ICONOGRAPHIE

On peut considérer comme complète l'iconographie établie par M. Édouard Herriot en tête de son ouvrage *Madame Récamier et ses Amis*.

La liste comprend 31 articles, tableaux, bustes, miniatures, dessins, médaillons.

Le médaillon de Juliette Récamier dont il n'a pu retrouver la trace et qui est attribué à James Pradier me semble être celui qui figure aujourd'hui dans la collection du marquis de Luppé, arrière-petit-fils de Mme de Staël.

Au cours de mes recherches sur le sujet, j'ai également trouvé dans la collection de M. Maurice Bérard, à Paris, un dessin aquarellé de Gérard qui semble une étude préparatoire au portrait conservé actuellement au musée Carnavalet. Ce dessin me paraît être celui que le duc de Laval laissa en 1837 à mon trisaïeul, le marquis de Vérac (1768-1858), familier de l'Abbaye-aux-Bois, qui le légua ou le céda à Jean-Jacques Ampère.

A la Vallée-aux-Loups, le docteur Le Savoureux a réuni en reproductions une partie très considérable de l'iconographie de Mme Récamier.

IV. CHRONOLOGIE DE MADAME RÉCAMIER

Il n'existe, à ma connaissance, aucune chronologie de la vie de Mme Récamier.

Certains événements, au cours de sa biographie, ayant été traités dans leur ensemble, il m'a paru intéressant de donner l'ordre des principales dates de son existence, comme complément utile à consulter.

1751   Naissance à Lyon de Jacques-Rose Récamier, fils de François Récamier, industriel en chapellerie, et d'Émeraude Delaroche.

1777   Naissance à Lyon, rue La Cage, de Jeanne, Françoise, Julie, Adélaïde Bernard, le 4 décembre, de Jean Bernard, notaire royal, et de Julie Matton.

1784   M. Bernard, nommé receveur des Finances à Paris, s'y établit, 13, rue des Saints-Pères. Juliette Récamier est confiée à sa tante, Mme Blachette, à Villefranche-sur-Saône, et y a pour compagne sa cousine Blachette, qui sera la baronne de Dalmassy.

1785   Juliette Récamier au couvent de la Déserte à Lyon.

1791   Première communion à Saint-Pierre-de-Chaillot, à Paris.

1793   24 avril. Mariage de Juliette Bernard avec Jacques-Rose Récamier à l'Hôtel de Ville de Paris.

1796   Mme Récamier loue le château de Clichy.

1797   10 décembre. Première rencontre avec Bonaparte.

1798   Rencontre de Mme de Staël et achat à celle-ci de l'hôtel sis nº 7, rue du Mont-Blanc (actuelle rue de la Chaussée-d'Antin).

1799   Mme Récamier courtisée par Lucien Bonaparte.

1800   Rencontre avec Bonaparte, Premier Consul.
Connaissance d'Adrien et de Mathieu de Montmorency.
M. Bernard nommé receveur des Postes à Paris.
David ébauche le portrait de Mme Récamier.

1801   Chez Mme de Staël, première rencontre de Mme Récamier avec Chateaubriand.
Mme Récamier quête à la grand-messe de Saint-Roch.
Portrait de Mme Récamier par Gérard.

1802   Mai-juin. Séjour de Mme Récamier à Londres.
9 mai. Mort de M. de Staël.
Été. M. Bernard, compromis dans une affaire de propagande royaliste, est destitué et emprisonné. Mme Récamier obtient sa libération par l'entremise de Bernadotte.

1803 Exil de Mme de Staël et d'Adrien de Montmorency, duc de Laval.
Mme Récamier ferme son salon.
Premières difficultés financières de M. Récamier.

1804 Mort de Necker.
Accointances de Mme Récamier avec le général Moreau lors du procès de la conspiration Moreau-Cadoudal.

1805 Napoléon essaie d'attirer Mme Récamier à la cour impériale.

1806 Séjours chez Mme de Staël à Vincelles.
Faillite de M. Récamier.

1807 Mort de Mme Bernard.
10 juillet. Arrivée à Coppet.
22 août. Après une représentation d'*Andromaque* à Ouchy, grand succès de Mme Récamier dont le prince Auguste de Prusse devient amoureux.
28 octobre. Le prince Auguste de Prusse et Mme Récamier échangent des promesses écrites de mariage.
Fin octobre. M. Récamier refuse de divorcer.
Fin novembre. Départ de Mme de Staël pour l'Allemagne.
9 décembre. De Paris, Juliette Récamier refuse de rejoindre le prince Auguste de Prusse

1808 Janvier. Tentative de suicide de Mme Récamier.
Juillet. Mme Récamier s'installe rue Basse-du-Rempart, 32.
Elle envoie au prince Auguste de Prusse son portrait par Gérard.

1809 Correspondance entre Mme Récamier et Prosper de Barante.
19 juin. Mme Récamier rejoint Mme de Staël à Lyon.
Été 1809. Mme Récamier en séjour à Coppet.
13 juillet. Lettre de rupture du prince Auguste de Prusse.
Automne. Mme Récamier rouvre son salon à Paris et y reçoit les opposants au régime impérial.

1810 24 avril. Mme de Staël s'installe à Chaumont-sur-Loire.
Auguste de Staël amoureux de Mme Récamier.
Été. Au retour d'une saison à Aix-les-Bains, Mme Récamier fait étape à Cressin et demande d'adopter sa nièce Amélie Cyvoct, future Mme Lenormant; puis elle partage son temps entre Paris et Chaumont-sur-Loire.
26 septembre. Saisie du livre *De l'Allemagne*.

1811 Exil de Mathieu de Montmorency et d'Alexis de Noailles.
23 août. Départ. de Mme Récamier pour Coppet.
3 septembre. Mme Récamier est exilée à quarante lieues de Paris.
Ne pouvant se rendre à un rendez-vous avec Auguste de Prusse à Schaffouse, elle s'installe à Châlons-sur-Marne.
Chateaubriand est élu à l'Académie française par 13 voix contre 12 à Lacretelle.

1812 27 mars. Mme Récamier quitte Châlons-sur-Marne.
Séjour à Lyon, découverte de Ballanche.
Intimité avec les duchesses de Luynes et de Chevreuse.

Mme de Staël s'enfuit de Coppet pour gagner la Suède.

1813   Mars. Mme Récamier quitte Lyon pour l'Italie.
26 mars. Mme Récamier à Turin.
Avril. Séjour à Rome. Intimité avec Canova.
Juillet. Ballanche à Rome. Séjour à Albano.
Décembre. Voyage et séjour à Naples. Intimité avec Joachim et Caroline Murat.

1814   2 janvier. A Naples, Neipperg apporte à Mme Récamier des nouvelles de Mme de Staël.
Mars. Retour de Mme Récamier à Rome.
6 avril. Abdication de Napoléon.
25 avril. Vitrolles raie Mme Récamier de la liste des exilés.
Mme Récamier assiste au retour de Pie VII à Rome.
1er juin. Retour de Mme Récamier à Paris.
20 août. Longue conversation de Mme Récamier avec Benjamin Constant qui devient amoureux d'elle le 31.
Mme Récamier reprend sa vie mondaine à Paris; flirt avec Wellington.
Fin septembre. Benjamin Constant, jaloux d'Auguste de Forbin, veut se battre en duel avec lui pour lui disputer Mme Récamier.

1815   Mars. Incident du bal masqué avec Victor de Broglie.
Benjamin Constant travaille aux *Mémoires* de Mme Récamier.
Début mars. Napoléon débarque au golfe Juan.
11 et 19 mars. Articles royalistes de B. Constant.
23 mars. Fuite de Benjamin Constant.
28 mars. Retour de Constant qui dîne chez Juliette à Paris.
13 et 14 avril. Entrevues de Constant et de Napoléon.
20 avril. Constant conseiller d'État.
22 avril. Constant rédige l'*Acte additionnel*.
6 septembre. Tentative de suicide de Constant, qui se détache enfin de Mme Récamier.

1816   20 février. Mariage d'Albertine de Staël avec le duc de Broglie à Livourne.
Intimité de Ballanche et de Mme Récamier : *Antigone*.
Mars. Constant publie *Adolphe*.
Juin. Retour de Mme de Staël à Coppet; puis elle revient à Paris et s'établit rue Royale, puis rue des Mathurins.

1817   Au chevet de Mme de Staël, Chateaubriand devient amoureux de Mme Récamier (28 mai).
14 juillet. Mort de Mme de Staël à Paris.
Chateaubriand, rayé de la liste des ministres d'État, met en loterie son domaine de la Vallée-aux-loups.

1818   Mme Récamier sert d'intermédiaire entre Gérard et le prince Auguste de Prusse pour la commande du tableau *Corinne au cap Misène*.

Mathieu de Montmorency achète la Vallée-aux-Loups; Mme Ré-
camier la loue et y passe l'été.
Au cours d'une saison à Aix-la-Chapelle, elle revoit le prince
Auguste de Prusse.
Octobre, Mystérieux rendez-vous à Chantilly où il semble que
Mme Récamier cède à Chateaubriand.

1819   Seconde faillite Récamier.
Mme Récamier vend son hôtel rue d'Anjou-Saint-Honoré et
s'installe modestement au troisième étage de l'Abbaye-aux-Bois.

1820   1er janvier. Jean-Jacques Ampère est présenté à Mme Récamier.
Chateaubriand prend ses habitudes à l'Abbaye-aux-Bois.
Octobre. J.-J. Ampère déclare son amour à Mme Récamier.
30 novembre. Chateaubriand est nommé ministre plénipotentiaire à Berlin.

1821   Janvier-avril. Séjour de Chateaubriand à Berlin.
1er mai. Baptême du duc de Bordeaux.
15 décembre. Mathieu de Montmorency ministre des Affaires
étrangères dans le ministère Villèle.

1822   Mme Récamier et Mme de Duras font obtenir à Chateaubriand
l'ambassade de Londres où il succède à Decazes.
2 avril. Départ de Chateaubriand pour Londres.
Mme Récamier jalouse des aventures de Chateaubriand à
Londres.
Vers le 11 septembre. Mme Récamier va accueillir, à Chantilly,
Chateaubriand qui arrive de Londres pour se rendre au Congrès
de Vérone.
26 décembre. A la suite de la démission de Mathieu de Montmorency, Chateaubriand devient ministre des Affaires étrangères.

1823   Liaison de Chateaubriand avec Mme Hamelin et Olympe
Pélissier.
28 janvier. Louis XVIII annonce la guerre d'Espagne.
25 février. Discours de Chateaubriand en faveur de l'intervention.
Adrien de Montmorency ambassadeur à Rome.
Septembre. Liaison de Chateaubriand avec Cordelia de Castellane.
2 novembre. Jalouse de Cordelia de Castellane, Mme Récamier
part pour l'Italie.
Novembre-décembre. Séjour à Florence.
15 décembre. Arrivée à Rome.

1824   Février. Mme Récamier retrouve à Rome la reine Hortense.
6 juin. Disgrâce de Chateaubriand.
1er juillet. Mme Récamier s'établit à Naples avec Ballanche,
Jean-Jacques Ampère et Amélie Cyvoct.
Décevante visite au cap Misène.

16 septembre. Mort de Louis XVIII, avènement de Charles X.
Rencontre d'Amélie Cyvoct avec Charles Lenormant.
Liaison à Rome avec Mme Swetchine. Amitié avec Thorwaldsen.

1825   Mars. Reprise de la correspondance entre Chateaubriand et
Mme Récamier ; elle invite Chateaubriand à la rejoindre en Italie.
20 avril. Mme Récamier quitte Rome pour Paris. Elle fait étape
à Venise et va voir Caroline Murat à Trieste.
29 mai. Mme Récamier arrive à Paris le jour du sacre de
Charles X à Reims.
31 mai. Chateaubriand retrouve Mme Récamier à l'Abbaye-
aux-Bois.
3 novembre. Mathieu de Montmorency est élu à l'Académie
française au siège de Bigot de Préameneu.

1826   1er février. Mariage d'Amélie Cyvoct avec Charles Lenormant
dans l'église de l'Abbaye-aux-Bois.
2 février. Mort de Brillat-Savarin.
9 février. Mathieu de Montmorency reçu à l'Académie.
28 mars. Mort de Mathieu de Montmorency, au cours de l'office
du Vendredi saint à Saint-Thomas-d'Aquin.
30 mars. Traité de Chateaubriand avec Ladvocat pour la publication de ses « Œuvres complètes ».
Au cours de l'été. Mme Récamier et Mme Lenormant recopient
le texte du début des *Mémoires d'outre-tombe*.

1827   Jean-Jacques Ampère est reçu par Gœthe à Weimar.
Mars. Mort de M. Bernard, père de Mme Récamier.

1828   3 juin. Chateaubriand est nommé ambassadeur à Rome à la
place du duc de Laval envoyé à Vienne.
16 septembre. Départ de Chateaubriand pour Rome et reprise
de la correspondance avec Mme Récamier.
Chateaubriand remet 15 000 francs à Mme Récamier pour
qu'elle organise une représentation du *Moïse*.
26 novembre. Ladvocat, ruiné, vend la propriété des « Œuvres
complètes » de Chateaubriand.
Décembre. Chateaubriand retire le *Moïse*.

1829   10 février. Mort du pape Léon XII. Chateaubriand reste à Rome
pour la Conclave.
18 avril. Liaison de Chateaubriand avec Hortense Allart à Rome.
Juin. Lecture du *Moïse* à l'Abbaye-aux-Bois en présence de
Chateaubriand.
Août. Chateaubriand à Cauterets : idylle avec l'Occitanienne.
28 août. Chateaubriand envoie à Polignac sa démission d'ambas-
sadeur.
Mme Récamier s'installe au premier étage de l'Abbaye-aux-
Bois qui comporte un grand salon de réception.

1830   26 février. Mme Récamier assiste à la première d'*Hernani*.
Avril. Mort de M. Récamier à l'Abbaye-aux-Bois.

Juillet. Mme Récamier à Dieppe, où Chateaubriand part la rejoindre le 26, puis il revient à Paris en apprenant la révolution.
Début août. Offres du duc d'Orléans à Chateaubriand.
7 août. Discours de Chateaubriand à la Chambre des pairs.
Été. A. Barbier et Sainte-Beuve à l'Abbaye-aux-Bois.
8 décembre. Mort de Benjamin Constant.

1831 Chateaubriand s'expatrie en Suisse et charge Mme Récamier de vendre la maison de la rue d'Enfer.
Ballanche publie la *Vision d'Hébal*.
Balzac est présenté à l'Abbaye-aux-Bois.

1832 Chateaubriand conspirateur : son arrestation le 16 juin.
8 août. Chateaubriand, libéré, part pour la Suisse.
27 août. Il retrouve Mme Récamier à Constance.
29 août. Mme Récamier et Chateaubriand à Arenenberg.
Octobre. Mme Récamier rejoint Chateaubriand à Genève et fait avec lui un pèlerinage à Coppet.

1833 27 février. Procès de Chateaubriand en raison de son action pour la duchesse de Berry.
14 mai. Départ de Chateaubriand pour Prague.
4 septembre. Chateaubriand quitte de nouveau Paris pour aller retrouver la duchesse de Berry à Ferrare, puis pour voir Charles X à Butschirad.

1834 Premières lectures des *Mémoires d'outre-tombe* à l'Abbaye-aux-Bois.
Déplorable représentation du *Moïse*.
Publication de *L'Avenir du monde* (RDM, 15 avril 1834).

1835 Mauvaise santé de Mme Récamier dont la vue s'affaiblit.
Alexis de Tocqueville reçu à l'Abbaye-aux-Bois.
Août. Séjour de Mme Récamier à Maintenon, chez le duc de Noailles.
26 décembre. Mort de Nathalie de Mouchy.

1836 22 mars, Arrangement financier pour les *Mémoires d'outre-tombe*.
Août. Nouveau séjour à Maintenon.

1837 12 juin. Testament de Chateaubriand.
16 juin. Mort d'Adrien de Montmorency, duc de Laval.
28 octobre-16 novembre. Séjour de Chateaubriand à Chantilly.

1838 Mme Récamier passe l'hiver dans l'hôtel du baron Pasquier, rue d'Anjou-Saint-Honoré.
Juillet : Séjour chez Mme de Boigne.

1839 Chateaubriand écrit le livre des *Mémoires d'outre-tombe* consacré à Mme Récamier.
Mme Récamier atteinte de la cataracte.

1840 Mme Récamier, malade de la gorge, fait une saison à Ems.
19 juillet. Chateaubriand assure qu'il a terminé les *Mémoires d'outre-tombe*.

1841 Mme Récamier organise une soirée en faveur des inondés de Lyon.

Chateaubriand aux eaux de Néris.

1842   Ballanche est reçu à l'Académie française.

Jean-Jacques Ampère est élu à l'Académie des Inscriptions.

1843   Chateaubriand accepte d'Henri V sa pension de pair.

Juin. Chateaubriand aux eaux de Bourbonne-les-Bains.

7-8 août. Chateaubriand à la Trappe pour la *Vie de Rancé*.

Novembre. Le comte de Chambord à Belgrave Square.

Dernières lettres d'Auguste de Prusse à Mme Récamier.

1844   Mort du prince Auguste de Prusse qui renvoie le tableau de Gérard à Mme Récamier.

Amitié de Mme Récamier et de Louise Colet.

Publication de la *Vie de Rancé*.

Ennuis de Chateaubriand avec les actionnaires des *Mémoires* et avec Émile de Girardin qui veut publier les *Mémoires* en feuilleton.

1845   Lecture d'ensemble des *Mémoires* à l'Abbaye-aux-Bois.

Chateaubriand rend visite au comte de Chambord à Venise.

1846   Mme Récamier prend un confesseur attitré.

17 août. Chateaubriand se fracture la clavicule au Champ-de-Mars.

1847   9 février. Mort de Mme de Chateaubriand.

17 mars. Refaisant son testament, Chateaubriand supprime son legs à Mme Récamier.

8 avril. Mort de Cordelia de Castellane.

22 avril. Jean-Jacques Ampère est élu à l'Académie française au fauteuil d'Alexandre Guiraud.

Mme Récamier est opérée de la cataracte.

12 juin. Mort de Ballanche.

Chateaubriand propose à Mme Récamier de l'épouser.

A la demande de Mme Récamier, Etex fait le portrait de Chateaubriand.

Mme Récamier collabore avec J.-J. Ampère à une *Vie de Ballanche*.

1848   24 février. Révolution et chute de Louis-Philippe.

2 avril. Chateaubriand désigné comme tête de liste pour les élections.

4 juillet. Mort de Chateaubriand en présence de Mme Récamier.

19 juillet. Inhumation de Chateaubriand au Grand-Bé.

21 octobre. Début de la publication des *Mémoires d'outre-tombe*.

1849   Début mai. Craignant le choléra, Mme Récamier s'installe chez Mme Lenormant à la Bibliothèque nationale.

11 mai. Mme Récamier meurt du choléra.

Elle est inhumée au cimetière Montmartre aux côtés de son mari, de ses parents et de Ballanche.

ERRATA ET ADDENDA

P. 13, ligne 16 : lire *Jean-Paul-Sébastien Marat* au lieu de Jean-Roch-Sébastien Marat.

P. 16, ligne 5 : lire *3 décembre* et non 4 décembre.

P. 15, lignes 4-5 : lire *au manège* et non au Palais des Tuileries.

P. 336, ligne 23 : Ajouter BURON (Pierre-Émile) *Le Cœur et l'esprit de Madame Récamier.* Combourg, 1981.

P. 336, ligne 34 : Ajouter CHATEAUBRIAND (F.-R. de), *Correspondance générale,* par Pierre Ribette ;
T. I, 1789-1807, Gallimard, 1977.
T. II, 1808-1814, Gallimard, 1979.
T. III, 1815-1820, Gallimard, 1982 (Longue annexe *Les lettres de Mme Récamier à Chateaubriand.*)

P. 339, ligne 44 : Ajouter ORMESSON (J. d') *Mon dernier rêve sera pour vous ; biographie sentimentale de Chateaubriand.* Lattès, 1982.

TABLE DES MATIÈRES

Figures de proue

L'action des grands hommes sur le destin des peuples reste un des problèmes essentiels de l'Histoire.

La collection *Figures de Proue* rassemble des biographies historiques qui sont toutes des livres de fonds. Certaines, anciennes, qui « épuisent la question », n'ont jamais été remplacées ; les autres, inédites, ont pour auteurs des historiens contemporains dont l'œuvre deviendra classique.

Tous ces ouvrages ont en commun de concilier une documentation solide, une analyse rigoureuse, une synthèse parfaitement maîtrisée avec une grande qualité d'écriture.

Cet ouvrage
a été achevé d'imprimer en avril 1983
sur presse CAMERON
dans les ateliers de la S.E.P.C.
à Saint-Amand-Montrond (Cher)

— N° d'édit. 2550. — N° d'imp. 660. —
Dépôt légal : novembre 1982.

I.S.B.N. 2-235-01340-6

Imprimé en France